Kreuzers Gartenpflanzen Lexikon

1

Laubgehölze

Nadelgehölze

Die Deutsche Bibliothek – CIP-Einheitsaufnahme

Kreuzer, Johannes:
[Gartenpflanzen-Lexikon] Kreuzers Gartenpflanzen-Lexikon /
[Bearb. und Erg.: Marianne Kröger]. – Braunschweig: Thalacker Medien
Früher teilw. im Gartenbuchverl. Kreuzer, Tittmoning/Obb.
Bd. 1. Laubgehölze, Nadelgehölze. – 10., überarb. Aufl. 1998
ISBN 3-87815-119-5

© 1990, 1998 THALACKER MEDIEN, Bernhard Thalacker Verlag, Postfach 8364, D-38133 Braunschweig

Die Veröffentlichungen erfolgen trotz sorgfältiger Bearbeitung ohne Gewähr. Für Fehler und Unrichtigkeiten kann Schadenersatz nicht geleistet werden.
Alle Rechte, insbesondere die der Übersetzung in fremde Sprachen, bleiben vorbehalten. Das Lexikon darf ohne schriftliche Erlaubnis des Verlages weder ganz noch teilweise durch Fotokopie oder Mikrofilm oder auf andere Weise reproduziert und auch nicht in eine für Datenverarbeitungsanlagen geeignete Form übertragen bzw. übersetzt werden.
Nachahmung, Nachdruck sowie jede Art der Vervielfältigung oder Wiedergabe bedürfen der schriftlichen Zustimmung des Verlages.
Urheberrechtlich geschützt sind insbesondere auch
– Art und Aufbau der Beschreibung
– Systematik und Gruppierung von Bild und Text.

Titelfoto: Floraprint International, Vaduz
Bearbeitung und Ergänzungen: Marianne Kröger, Elmshorn
Herstellung: Brigitte Mayr, Braunschweig
Titelentwurf: Schroers Werbeagentur, Braunschweig
Satz und Typografie: M.U.T., Bernd Kristen, Braunschweig
Buchbinderei: Fa. Papyrus, A-1100 Wien
Druck: Floraprint Gesellschaft m. b. H., Missindorfstraße 21, A-1140 Wien
Farbbilder: Floraprint International, Vaduz, Liechtenstein (588); Hans Hachmann, Barmstedt (50); Ingmar Holmåsen, Malmköping (99);
10. überarbeitete Auflage, Oktober 1998.

ISBN 3-87815-119-5

Vorwort

Seit nunmehr 20 Jahren ist das Gartenpflanzen-Lexikon von Johannes Kreuzer ein Standardwerk für den Gartenbau. Weit über 250.000 Lexikonbände wurden inzwischen nachgefragt.

Der vorliegende Band 1 'Laubgehölze und Nadelgehölze' erscheint bereits in der 10. Auflage und wurde gegenüber der 9. Auflage geringfügig verbessert.

Das Gesamtwerk besteht mittlerweile aus sieben Bänden, in denen alle von Gärtnereien in Mitteleuropa angebotenen Zier- und Nutzpflanzen enthalten sind. Die Einzelbände fassen jeweils bestimmte Pflanzengruppen zusammen. Durch die neue Konzeption ergibt sich folgende Einteilung in sieben Teilbereiche:

Band 1:
Laubgehölze und Nadelgehölze
(10. Auflage 1998)

Band 2:
Stauden, Farne, Gräser, Sumpf- und Wasserpflanzen
(6. Auflage 1995)

Band 3:
Obst
(3. Auflage 1997)

Band 4:
Sommerblumen, Blumenzwiebeln und -knollen, Beet- und Balkonpflanzen
(3. Auflage 1993)

Band 5:
Zimmerpflanzen, Sukkulenten und Kübelpflanzen
(2. Auflage 1994)

Band 6:
Rosen und Kletterpflanzen
(1. Auflage 1996)

Band 7:
Gemüse, Kräuter und Kulturpilze
(1. Auflage 1998)

Alle Bände des Gartenpflanzen-Lexikons bieten durch ihren einheitlichen und stichwortartigen Aufbau besonders viele Informationen auf engstem Raum. Der Beschreibung der einzelnen Pflanzen liegen dasselbe Schema und die gleiche Reihung der Stichwörter zugrunde. Durch die alphabetische Anordnung und die Übersichtlichkeit der Einträge wird sich der Benutzer in kürzester Zeit in jedem Lexikonband zurechtfinden.

Ergänzt wird der Hauptteil der einzelnen Bände durch viele anschauliche Tabellen sowie komprimierte Hinweise zu Standortwahl, Kulturansprüchen, Pflanzenschutz und Schädlingsbekämpfung. Somit werden alle wesentlichen Aspekte der Pflanzung, der Verwendung und der Pflege der im Lexikon vorgestellten Pflanzen kurz und bündig behandelt.

Die Attraktion und Einmaligkeit dieser Lexikonreihe besteht in der riesigen Anzahl der vorgestellten Pflanzenarten und -sorten und den vielen naturgetreuen, farbigen Pflanzenabbildungen. Dabei wird besonders darauf geachtet, daß nur Pflanzen aufgenommen werden, die sich in Mitteleuropa durchgesetzt haben und deshalb auch in Gärtnereien und Baumschulen angeboten werden.

Bei der Zusammenstellung der Lexikonbände schöpfte Johannes Kreuzer aus jahrzehntelanger Erfahrung in Pflanzenvermehrung, Pflanzenzucht, Anlage von Gärten und Parks sowie Beratung von Kunden in der bekannten Baumschule Kreuzer in Tittmoning. Mit viel Liebe und Ausdauer hat er sein Fachwissen zusammengetragen und einer breiten Leserschaft zugänglich gemacht. Bis zu seinem Tod im Januar 1992 hat der Gründer dieser Lexikonreihe aktiv an der Weiterentwicklung des Gartenpflanzen-Lexikons mitgewirkt.

Bereits im Jahr 1989 übertrug Johannes Kreuzer THALACKER MEDIEN die verlegerische Betreuung seines Werkes. Hier erscheint neben mehreren bedeutenden deutschen Gartenbau-Fachzeitschriften eine interessante Palette von Fachbüchern zu Themen rund um Gartenbau, Landschaft und Floristik.

Der Verlag und das Lexikon-Team setzen die Arbeit von Johannes Kreuzer in seinem Geist fort. Dem Lexikon-Team gehören besonders qualifizierte Autoren an, die sich jeweils durch spezielle Fachkenntnisse auszeichnen.

Für den Teil Pflanzenschutz und Schädlingsbekämpfung konnte wiederum Kurt Henseler vom Pflanzenschutzamt Bonn gewonnen werden. Ihm schulden wir ebenso Dank wie allen Züchtern und Fotografen, die uns bereitwillig Farbbilder ihrer Sortimente zur Verfügung gestellt haben.

Braunschweig, im Sommer 1998

Inhalt

	Seite
Vorwort	3
Einleitung	5
Vermehrung	6
Pflanzenliebhaber-Gesellschaften und Literaturquellen	8
Laubgehölze von A–Z	9
Nadelgehölze von A–Z	175

Anhang:
- Pflanzenschutz und Schädlingsbekämpfung 217
- Wuchsformen und Kulturansprüche Laubgehölze 227
- Wuchsformen und Kulturansprüche Nadelgehölze 240
- Heckenpflanzen für geschnittene Hecken 245
- Gehölze zur Verwendung in der Landschaft 246
- Gehölze mit Rindenschmuck 247
- Wildgehölze 247
- Bienennährpflanzen 249
- **An Kinderspielplätzen ungeeignete Pflanzen-Arten** 250

Index:
- **Deutsch-Botanisches Namensverzeichnis** 251
- **Botanisches Namensverzeichnis** 262

Einleitung

In diesem Buch werden die in den Baumschulen Mitteleuropas herangezogenen Laubgehölze und Nadelgehölze beschrieben.

Das Sortiment umfaßt zum überwiegenden Teil die von kundiger Gärtnerhand gezüchteten Zierformen, aber auch die Wildarten, wie sie sich am ursprünglichen Standort in Europa oder in vergleichbaren Klimazonen entwickelt haben. Entsprechend groß ist die Vielfalt der Erscheinungsformen und Standortansprüche.

In der Pflanzenbeschreibung finden Sie jeweils allgemeine Angaben zu den Ansprüchen der beschriebenen Pflanze, die als Leitlinie für die Auswahl des Standortes dienen können. Die folgenden Informationen gelten in erster Linie für den Standort Garten und sind nur als Grundregeln zu verstehen.

Die beste Pflanzzeit . . .

Gehölze, Nadelgehölze und Laubgehölze, gehen in den Winterschlaf. Das ist die Zeit vom Laubfall der meisten Arten im Herbst bis zum Laubaustrieb der frischen Blätter im Frühjahr. Nach dem Laubfall, wenn der Boden noch nicht gefroren ist, oder vor dem Laubaustrieb, können die Gehölze gepflanzt werden.

Wurzelnackt oder wurzelverpackt . . .

Gehölze können Sie in drei verschiedenen Angebotsformen erwerben. Als sogenannte wurzelnackte Pflanze, üblich bei Sträuchern und Heckenpflanzen, als Ballenpflanze mit von einem Leinentuch umhüllten Erdballen und als Gehölz im Kunststofftopf, der sogenannten Containerpflanze.

Zwischenlagerung . . .

Der empfindlichste Teil des Gehölzes sind die Wurzeln. Ist noch keine Zeit zum Pflanzen, sind wurzelnackte Gehölze in einem frostfreien Raum zwischenzulagern. Die Wurzeln werden mit feuchten Säcken abgedeckt. Schutz gegen Sonne und austrocknenden Wind bei längerer Zwischenlagerung fordern auch Gehölze mit Ballen und die Containerpflanzen.

Vor dem Pflanzen wässern . . .

Feuchtigkeitsverluste durch Rodung und Transport sind mit intensivem Wässern auszugleichen. Wurzelnackte Pflanzen einige Stunden ins Wasserbad stellen, Ballenpflanzen und Containerpflanzen vor dem Pflanzvorgang so lange untertauchen, bis aus dem Ballen oder Topf keine Luftblasen mehr nach oben steigen. Diese Methode ist natürlich nur bei Pflanzen möglich, deren Wurzelvolumen wässern oder tauchen zuläßt. Größere, sogenannte Solitärpflanzen, werden entsprechend intensiv nach der Pflanzung gewässert.

Pflanzen ausstellen . . .

Machen Sie es wie Profis und stellen Sie die Pflanzen zunächst einmal probeweise auf den vorgesehenen Standort. Die Vorteile: Sie können besser abschätzen, ob die Pflanze in ausgewachsenem Zustand einen ausreichenden Wuchsraum haben werden und – besonders bei Containerpflanzen – die „schöne Seite" ins Blickfeld rücken. Dann markieren Sie die gefundenen Standorte mit kleinen Stöckchen und die Arbeit des Pflanzens kann beginnen.

Das Pflanzloch muß „passen" . . .

Eine Faustregel sagt, daß das Pflanzloch etwa doppelt so groß und tief sein soll, wie der Wurzelballen. Bei Großgehölzen mit entsprechend starkem Wurzelballen sollen mindestens zwei Spatenbreiten Abstand zwischen Grubenrand und Ballen liegen.

Boden verbessern oder nicht? . . .

Jede Pflanze, ob Laubgehölz oder Nadelgehölz, stellt Mindestanforderungen an das Substrat, d.h. an die Qualität des Bodens, in das sie gepflanzt wird. Erfreulicherweise verfügen die meisten Gehölze über eine relativ große Anpassungsfähigkeit. Ausnahmen sind die Standortspezialisten, wie zum Beispiel die Gruppe der sogenannten Moorbeetpflanzen wie Rhododendron, Freilandazaleen und andere immergrüne Laubgehölze, die grundsätzlich einen überwiegend sauren Boden verlangen. Angaben hierzu finden Sie in den Beschreibungen der einzelnen Arten und Sorten.

Bevorzugt locker und humos ...

Fast alle Gartengehölze lieben lockeren, durchlässigen Boden, in dem die Wurzeln „atmen" können. Bei zu schweren, schluffigen oder lehmhaltigen Böden nutzen Sie daher Zusatzstoffe, wie sie der Fachhandel anbietet, zum Auflockern der Pflanzfläche. Moorbeetpflanzen, wie Rhododendron und andere Immergrüne wünschen saures Substrat, d.h. zirka 1/3 Torfzusatz zur Pflanzerde, damit sie gedeihen.

Pflanze in die Grube ...

Wurzelnackte Pflanzen in die Grube stellen, Erde auffüllen, die Pflanze etwas auf- und abbewegen, damit die Wurzeln von allen Seiten in Erde gebettet sind. Wichtig: Die Pflanze nur so tief stellen, wie sie in der Baumschule gestanden hat – erkennbar am Wurzelhals. Ballenpflanzen in die Pflanzgrube stellen, Ballentuch am Wurzelhals lösen und etwas zurückschlagen – das Ballenleinen kann in der Grube verbleiben, da es im Laufe der Zeit verrottet.
Oder bei Containerpflanzen die Pflanze aus dem Topf entfernen, in dem man sie über Kopf hält und durch Klopfen auf den Topfboden den Ballen löst. Die Oberfläche des meist festverwurzelten Ballens mit geeignetem Werkzeug aufrauhen und eventuell durch die Löcher am Topfboden hindurchgewachsene Wurzeln abschneiden.

Halt für Pflanzen ...

Größere Bäume, vor allem Nadelbäume mit flachem Ballen, werden vom Wind leicht umgeweht. Empfehlenswert ist daher bei Stammformen ein Pflanzpfahl, der in der Hauptwindrichtung vor die Pflanze gestellt, mit Bindeseil die Pflanze gegen den Winddruck sichert. Oder bei größeren Nadelgehölzen auch ein Halteseil, das in drei Richtungen gespannt und mit Pflöcken im Boden verankert wird. Fachliche Ratschläge dazu erhalten Sie bei Ihrem Pflanzenlieferanten.

Hecken ...

Der Pflanzenbedarf richtet sich nach der Stärke der Pflanzen. Als Faustregel gilt für Hecken bis 50 cm Wuchshöhe zirka 6 Pflanzen, für Hecken bis 100 cm 5 Pflanzen und für höhere Hecken 4 Pflanzen je laufenden Meter. Für die Anlage von Hecken empfiehlt sich ein Pflanzgraben, so daß die Pflanzen nach dem Einsetzen mit Hilfe der Pflanzschnur in eine gerade Linie gebracht werden können.

Pflanzschnitt ...

Mit dem Pflanzschnitt wird das oberirdische Pflanzenvolumen reduziert, um dem Gehölz das Anwachsen zu erleichtern. Bei größeren Gehölzen, besonders bei Hochstämmen und Obstgehölzen empfiehlt es sich, den Pflanzschnitt bereits beim Kauf durch einen Fachmann vornehmen zu lassen. Andere Laubgehölze, wie Heckenpflanzen und Ziersträucher werden grundsätzlich auch bei Herbstpflanzung erst im Frühjahr, aber vor dem Austrieb, um circa 1/3 zurückgeschnitten. Auch hier empfiehlt sich, Informationen dazu vom Fachmann einzuholen. Nicht geschnitten werden Nadelgehölze, Rhododendron und andere immergrüne Laubgehölze. Möglichst ohne Schnitt bleiben sollten auch wertvolle Solitärgeholze, wie Magnolien, Hammamelis, u.a.

Wässern nicht vergessen! ...

Alle Gehölze, ob Laubgehölze oder Nadelgehölze, sollen nach dem Pflanzen durchdringend gewässert werden. Durchdringend heißt, daß die Erde kein Wasser mehr aufnimmt. Bei größeren Gehölzen empfiehlt es sich, einen sogenannten Gießrand aus Erde in Ringform um den Stamm herum anzulegen und in den Wochen nach der Pflanzung weiter kräftig zu wässern. Besonders Nadelgehölze sollten im Herbst zusätzliche Wassergaben erhalten, um mit ausreichender Grundfeuchte durch den Winter zu kommen.

Pflanzenschutz im Winter ...

Pflanzen auf durch Wind oder Wintersonne gefährdeten Standorten sollten durch Matten oder Planen gegen Austrocknung geschützt werden. In jedem Fall empfehlenswert ist das Abdecken der Pflanzscheiben, des sogenannten Traufenbereiches mit Laub oder Kompost. Im übrigen gilt in Bezug auf das Thema Winterhärte die Regel, daß probieren über studieren geht.

Vermehrung

Die Vermehrung von Bäumen und Sträuchern erfordert besondere Kenntnisse, geeignete Mutterpflanzen und vor allem die dafür erforderlichen gärtnerischen Einrichtungen. Diese Voraussetzungen werden in erster Linie von den Baumschulen erfüllt, die sich auf die Anzucht von Gehölz-Jungpflanzen spezialisiert haben. Wissen muß man auch, daß je nach Gehölzart unterschiedliche Vermehrungsmethoden – wie Aussaat, Absenken, Veredeln oder Teilung – angewendet werden müssen.

Alle diese Vorbedingungen werden vom Fachmann und in Ausnahmefällen von besonders passionierten Pflanzenfreunden erfüllt. Für den interessierten Hobbygärtner, der dennoch den Wunsch hat, ein besonderes Gehölz zu vermehren, seien hier einige wesentliche Voraussetzungen genannt und erläutert.

Für die Vermehrung von Gehölzen, bei denen der Abkömmling die gleichen Eigenschaften wie das Muttergehölz aufweisen soll, empfehlen sich die Teilung, das Absenken oder die Anzucht mit Steckholz bzw. Steckling. Welche dieser Methoden für die ausgewählte Pflanze in Frage kommt, sollte – um Mißerfolge möglichst zu vermeiden – unbedingt beim Fachmann erfragt werden.

Vermehrung durch Wurzelausläufer oder durch Teilung

Manche Sträucher verbreiten sich über Wurzelausläufer. Die im Umkreis der Mutterpflanze erscheinenden junge Triebe können abgestochen und verpflanzt werden.

1. Den Trieb vorsichtig umstechen

2. Den Trieb mit soviel Wurzeln wie möglich herausheben

3. In der gleichen Pflanzenhöhe verpflanzen und kräftig wässern

Der günstigste Zeitpunkt für diese Vermehrungsmethode ist für laubabwerfende Gehölze der Spätherbst vor dem Frost, für Immergrüne Gehölze der April oder September.

Für die Vermehrung durch Teilung eignen sich u.a. *Cornus alba*, *Kerria*, *Mahonia*, *Pachysandra*, *Pernettya* und *Vinca*.

Vermehrung durch Absenker

Bei dieser Vermehrungsmethode wird ein Zweig so in die Erde versenkt, daß er dort neue Wurzeln bildet und nach einigen Monaten als eigene, neue Pflanze Verwendung finden kann.

Voraussetzung ist ein elastischer Zweig, der am besten im Frühjahr oder Herbst in der abgebildeten Weise behandelt wird.

1. Einen jungen elastischen Zweig aussuchen und darunter eine flache Mulde anlegen

2. An der Unterseite des Zweiges einen 2 bis 3 cm langen Schnitt anbringen, in dem ein streichholzstarkes Stück Holz eingeklemmt wird (um an dieser Stelle die Wurzelbildung anzuregen)

3. Den Zweig in die vorbereitete Mulde drücken und mit einer Mischung aus Erde und Torf oder auch industrieller Pflanzerde füllen

4. Das Ende des Absenkers an einem Stock befestigen

Die Dauer des Absenkens bis zur Bildung von feinen Faserwurzeln ist je nach Gehölz unterschiedlich. Während einige Gehölze bereits nach wenigen Monaten bewurzeln, dauert es bei anderen wie z.B. *Hamamelis* und *Ilex* manchmal 2–3 Jahre.

Vermehrung mit Stecklingen oder Steckholz

Dieses, in der Praxis neben der Aussaat wohl häufigste Verfahren, eignet sich zur Vermehrung von Jungpflanzen, die die gleichen Eigenschaften wie die Mutterpflanze aufweisen sollen. Allerdings setzt die Vermehrung mit Stecklingen oder mit Steckholz im Gegensatz zu den beiden vorher beschriebenen Verfahren ein größeres Maß an Wissen und Fertigkeit voraus. Wer sich an dieser Methode versuchen will, sollte nach Möglichkeit das Gespräch mit dem Gärtner suchen und über diese Ausführungen hinausgehende Fachliteratur in Anspruch nehmen.

Der Schnitt von Steckholz

Für die Gewinnung von Steckholz empfehlen sich die Wintermonate in der Zeit vor dem Frost. Geeignet sind kräftige, gesunde und ausgereifte Triebe. Geschnitten werden etwa bleistiftstarke Ruten vom einjährigen Holz. Das Steckholz wird auf ca. 15 bis 20 cm Länge gekürzt. Bei laubabwerfenden Gehölzen mit einem geraden, glattrandigen Schnitt oben knapp *über* und am unteren Ende knapp *unter* einer Knospe oder Knospenpaar, bei Immergrünen Gehölzen über und unter einem Blatt oder Blattpaar.

Das Steckholz wird im Winter in einem sterilen Plastikbeutel oder in einem Topf mit sterilisierter Erde kühl aufbewahrt.

Im Frühjahr, März oder April, werden die Steckhölzer bei offenem frostfreiem Wetter im Freiland in lockeres, tiefgründiges Erdreich gesteckt. Das Steckholz sollte lediglich mit einem „Auge" aus dem Erdreich herausragen.

Der Schnitt von Stecklingen

Neben dem Schnitt von Steckhölzern im Winter gibt es auch die Möglichkeit, im Sommer während der Vegetation Stecklinge zu schneiden. Ausgewählt werden dafür gut entwickelte, gesunde einjährige Triebe. Als Kopfsteckling wird die Triebspitze eines jungen, diesjährigen Triebes mit einem geraden Schnitt knapp unterhalb eines Knospenpaares in einer Länge von 8 bis 10 cm abgetrennt. Als Alternative werden auch sogenannte Triebstecklinge verwendet. Für Triebstecklinge werden Triebe (auch Seitentriebe) geschnitten, deren untere Hälfte bereits leicht verholzt ist.

In beiden Fällen werden die unteren Blätter entfernt und die so vorbereiteten Stecklinge in einen Topf mit speziellem Jungpflanzen-Substrat gesteckt. Der Topf kommt anschließend in einen Vermehrungskasten und die Stecklinge werden bei einer Temperatur von 18 bis 21 °C feine Faserwurzeln entwickeln. Stecklinge bewurzeln sich am ehesten bei feucht gehaltener Erde und hoher Luftfeuchtigkeit. Sobald die Wurzeln sich entwickelt haben, werden die Stecklinge einzeln in Töpfe verpflanzt und an einem schattigen Platz im Freiland auf den endgültigen Standort vorbereitet.

Tabelle Gehölzvermehrung

	vermehrbar durch:				vermehrbar durch:		
	Teilung oder Wurzelausläufer	Absenker	Stecklinge/Steckholz		Teilung oder Wurzelausläufer	Absenker	Stecklinge/Steckholz
Aesculus parviflora		•		Lycium barbarum		•	
Alnus viridis		•		Mahonia aquifolium		•	
Aronia melanocarpa	•			Mahonia bealei		•	
Buddleja alternifolia			•	Pachysandra terminalis	•		•
Buxus sempervirens 'Suffruticosa'	•			Parrotia persica		•	
Calluna vulgaris	•		•	Philadelphus coronarius			•
Calycanthus floridus		•		Populus × canescens	•		
Caragana arborescens		•	•	Populus nigra 'Italica'			•
Cercidiphyllum japonicum		•		Populus tremula	•		
Cornus alba		•		Potentilla fruticosa		•	•
Cornus alternifolia		•		Pterocarya fraxinifolia		•	
Cornus canadensis		•		Rhododendron		•	•
Cornus mas		•		Ribes alpinum		•	•
Cornus sanguinea		•	•	Ribes aureum		•	•
Corylopsis pauciflora		•		Rubus fruticosus	•		
Corylopsis spicata		•		Rubus idaeus	•		
Corylus avellana		•		Rubus odoratus	•	•	
Corylus colurna		•		Salix alba		•	•
Cotinus coggygria			•	Salix aurita		•	
Deutzia gracilis			•	Salix caprea		•	•
Deutzia × kalmiiflora			•	Salix cinerea		•	
Deutzia × magnifica			•	Salix helvetica		•	
Elaeagnus angustifolia		•		Salix lanata		•	
Elaeagnus commutata		•		Salix purpurea		•	
Elaeagnus multiflora		•		Salix viminalis		•	
Erica carnea	•	•	•	Sambucus nigra			•
Erica cinerea	•	•	•	Sambucus racemosa			
Euonymus fortunei			•	Spiraea × arguta			•
Forsythia × intermedia			•	Spiraea nipponica			
Halesia carolina		•		Spiraea × vanhouttei			•
Hamamelis × intermedia		•		Stephanandra incisa 'Crispa'		•	
Hamamelis japonica		•		Stephanandra tanakae			
Hibiscus syriacus			•	Stranvaesia davidiana			
Hippophae rhamnoides	•			Symphoricarpos × chenaultii			•
Ilex aquifolium		•		Viburnum carlesii		•	
Ilex crenata		•		Viburnum davidii		•	
Ilex verticillata		•		Viburnum lantana		•	
Ilex × meserveae 'Blue Angel'		•		Viburnum opulus		•	
Ilex × meserveae 'Blue Prince'		•		Vinca major	•		
Ilex × meserveae 'Blue Princess'		•		Vinca minor	•		
Kalmia angustifolia 'Rubra'		•		Weigela florida			•
Kalmia latifolia		•					
Kerria japonica	•						
Kolkwitzia amabilis			•				
Lespedeza thunbergii			•				
Ligustrum vulgare			•				
Liriodendron tulipifera		•					
Lonicera tatarica			•				

Pflanzenliebhaber-Gesellschaften

Deutsche Dendrologische Gesellschaft e.V. (DDG)
Hünstollenstr. 32, 37136 Waake, Tel. (05507) 91387,
Fax (05507) 91388

Deutsche Rhododendron Gesellschaft e.V.
Marcusallee 60, 28359 Bremen, Telefon (0421) 361-3025,
Fax (0421) 3613610

Europäische Bambusgesellschaft Deutschland (EBS)
John-Wesley-Straße 4, 63584 Gründau, Telefon (0172) 6644290

Gesellschaft der Heidefreunde e.V.
Tangstedter Landstraße 276, 22417 Hamburg, Tel. (040) 5202871

Gesellschaft der Staudenfreunde e.V. (GdS)
Meisenweg 1, 65795 Hattersheim, Telefon (06190) 3642,
Fax (06190) 71865

Verein Deutscher Rosenfreunde e.V.
Waldseestraße 14, 76530 Baden-Baden, Telefon (07221) 31302,
Fax (07221) 38337

Internationale Clematis Gesellschaft
Hagenwiesenstraße 3, 73066 Uhingen, Telefon (07163) 4196,
Fax (07163) 4789

Literaturquellen

– Bärtels, A.: Gartengehölze, 3. neubearb. und
  erw. Auflage, Ulmer-Verlag, Stuttgart (1991)

– BdB-Handbuch I „Laubgehölze",
  Verlagsgesellschaft „Grün ist Leben" mbH,
  Pinneberg, 15. Auflage (1994)

– BdB-Handbuch II „Nadelgehölze, Rhododendron und Heide-
  pflanzen", Verlagsgesellschaft „Grün ist Leben" mbH,
  Pinneberg, 12. Auflage (1993)

– BdB-Handbuch VIII „Wildgehölze des mitteleuropäischen
  Raumes", Verlagsgesellschaft „Grün ist Leben" mbH,
  Pinneberg, 4. Auflage (1992)

– Bruns Pflanzen-Sortimentskatalog 93/94,
  Joh. Bruns Deutsche Exportbaumschulen (1993)

– Enzyklopädie der Garten- und Zimmerpflanzen,
  Mosaik Verlag GmbH, Sonderausgabe Orbis-Verlag
  für Publizistik GmbH München (1994)

– Fitschen: Gehölzflora, 10. überarbeitete Auflage,
  Quelle & Meyer Verlag, Heidelberg und Wiesbaden (1994)

– Godet, J.-D.: Bäume und Sträucher,
  Arboris-Verlag, Hinterkappelen – Bern (1987)

– Godet, J.-D.: Blüten einheimischer und wichtiger
  fremdländischer Baum- und Straucharten
  Arboris-Verlag, Bern (1984)

– Hachmann, H.: Rhododendron – Neuzüchtungen,
  Zwerggehölze und Raritäten, Baumschul-Katalog
  H. Hachmann, Barmstedt (1994)

– Hegi, Gustav: Illustrierte Flora von Mitteleuropa
  Band V, Teil 1, Verlag Paul Parey, Berlin und Hamburg

– Janson, ir. T. J. M.: Stadsbomen – van Acer tot Zelkova,
  Bomenstichting Utrecht (1989)

– Krüssmann, G.: Handbuch der Laubgehölze,
  2. Aufl., Parey Verlag, Berlin und Hamburg (1978)

– Mallet, Corinne et alt.: Hortensias et autres Hydrangea,
  Centre d'Art Floral (1992)

– Mitteilungen der Deutschen Dendrologischen Gesellschaft
  Nr. 68, Register 1926 – 1974, Verlag Ulmer, Stuttgart (1976)

– Pardatscher: Schöne Blütengehölze: Zierkirschen, Zieräpfel,
  Flieder, Magnolien, Ulmer-Verlag, Stuttgart (1990)

– Phillips, Roger: Das Kosmosbuch der Bäume:
  Über 500 Wald- und Parkbäume, Franck'sche Verlagshandlung
  W. Keller & Co, Stuttgart (1986)

– Phillips, Roger und Rix, Martin: Sträucher,
  Droemersche Verlagsanstalt Th. Knaur Nachf.,
  München (1989)

– Schmalscheidt, Walter: Rhododrendron- und
  Azaleenzüchtung in Deutschland, Teil II –
  W. Schmalscheidt und Gartenbild H. Hansmann, (1991)

– The Hillier colour dictionary of trees and shrubs
  Hillier Nurseries (1981) pbl. David & Charles

– Udenhout b.v.: boomkwekerij – laanbomen
  Udenhout – Holland, Ausgabe 1989

– Van de Laar, H. J.: Naamlijst van houtige Gewassen
  Proefstation voor de Boomkwekerij, Boskoop (1989)

– van den Oever & Zonen BV, Het geslacht Alnus
  BoomSpiegel – F. J. Fontaine (1991)

– van den Oever & Zonen BV, Het geslacht Robinia
  BoomSpiegel – F. J. Fontaine (1993)

– van Gelderen, D. M. und van Hoey Smith, J. R. P.:
  Coniferen – Timber Press, Inc. (1986)

– Vertrees, J. D.: Japanische Ahorne,
  Timber Press, Inc. (1987) und Ulmer Verlag, Stuttgart (1993)

– Wieting, Joh.: Pflanzenliste 1994/95
  Joh. Wieting Baumschulen, Westerstede

LAUBGEHÖLZE

Acer campestre
Feld-Ahorn, Maßholder

Abb. 1: *Acer campestre* 'Elsrijk'

Familie: *Aceraceae* – Ahorngewächse
Herkunft: Europa, Westasien
Wuchs: kleiner Strauch bis Baum, rundkronig, auch mehrstämmiger Großstrauch; 5–15(–20) m hoch wachsend, 5–10(–15) m breit
Blatt: oberseits dunkelgrün, unterseits heller, 3–5lappig, gegenständig; Herbstfarbe leuchtend gelb bis orange
Blüte: unscheinbare, gelb-grüne Rispen mit dem Austrieb
Blütezeit: V
Frucht: Spaltfrucht, Flügel waagerecht ausgespreizt, meist zu mehreren, hängend
Standort: Sonne bis lichter Schatten, anpassungsfähig an Boden und Standort
Verwendung: als Landschaftsgehölz für Windschutz, Bodenschutz, Vogelschutz und in Feldgehölzen; im Siedlungsbereich als kleinkroniger Straßenbaum, als Hausbaum und für freiwachsende oder geschnittene Hecken
Eigenschaften: frosthart, windfest, schnittverträglich
Sorten: 'Elsrijk', Blätter etwas kleiner als die Art, Wuchs etwas schwächer

Acer capillipes
Roter Schlangenhaut-Ahorn

Familie: *Aceraceae* – Ahorngewächse
Herkunft: Japan
Wuchs: kleiner Baum oder Großstrauch, lockerkronig verzweigt; 6–9(–12) m hoch, 4–5 m breit
Blatt: glänzend dunkelgrün, 3lappig, gegenständig; im Austrieb rot
Blüte: hängende Trauben, gelblich, am mehrjährigen Holz
Blütezeit: V
Frucht: Spaltfrucht mit waagerecht zueinander gestellten Fruchtflügeln
Standort: sonnig bis absonnig
Bodenansprüche: bevorzugt humos, alkalisch, gut drainiert
Verwendung: durch das Rindenbild – olivgrün mit weißen Längsstreifen – besonders attraktiv zur Einzelstellung in Gärten und Parks

Acer cappadocicum
Kolchischer Spitz-Ahorn

Familie: *Aceraceae* – Ahorngewächse
Herkunft: Kaukasus, Kleinasien
Wuchs: Baum, mittelhoch mit breit-rundlicher und lockerer Krone; 10–15 m hoch, 6–10 m breit
Blatt: glänzendgrün, gelappt mit 5–7 Lappen, diese dreieckig und lang zugespitzt, im Herbst goldgelb
Blüte: aufrechte Doldentrauben, mit 10–15 hellgelben Blüten
Blütezeit: V/VI
Frucht: Spaltfrucht, grüngelb, mit weitwinklig auseinanderstehenden Fruchtflügeln
Standort: sonnig
Bodenansprüche: bevorzugt humos und gleichmäßig feucht, insgesamt anpassungsfähig
Verwendung: Park- und Straßenbaum im Siedlungsbereich
Eigenschaften: empfindlich gegen Druck im Wurzelbereich
Sorten: 'Rubrum' – Kolchischer Blut-Ahorn: im Austrieb blutrot, später vergrünend, Herbstfärbung auffallend goldgelb

Abb. 3: *Acer ginnala*

Abb. 2: *Acer cappadocicum*

Acer ginnala
Feuer-Ahorn

Familie: *Aceraceae* – Ahorngewächse
Herkunft: Ostasien
Wuchs: Großstrauch oder kleiner Baum, vieltriebig, locker aufrecht, im Alter ausladend; 5–7(–9) m hoch, 5–7 m breit
Blatt: glänzend grün, 3lappig, gegenständig; Herbstfärbung leuchtend rot
Blüte: in aufrechten, grünlichweißen Büscheln, 3–4 cm breit, zahlreich am mehrjährigen Holz, duftend
Blütezeit: V
Frucht: Spaltfrucht mit 2,5 cm langen, fast parallel gestellten Flügeln, die sich rötlich verfärben
Standort: sonnig bis absonnig
Bodenansprüche: trocken bis frisch, insgesamt anspruchslos, bevorzugt schwach sauer bis neutral
Verwendung: in Gruppen als Zierstrauch, Deckstrauch, Windschutzhecke; als kleiner Baum zur Einzelstellung
Eigenschaften: winterhart, schnittverträglich

Acer japonicum 'Aconitifolium'
Japanischer Feuer-Ahorn

Familie: *Aceraceae* – Ahorngewächse
Herkunft: Japan
Wuchs: Großstrauch, meist baumartig; locker aufrecht mit kurzem Stamm. 3–5 m hoch und ausgewachsen ebenso breit
Blatt: frischgrün, tief fiederschnittig gelappt (9–11 Lappen), 8–15 cm lang; auffallende, leuchtendrote Herbstfärbung
Blüte: Trauben, kurz, purpurfarben mit gelben Staubgefäßen, am mehrjährigen Holz
Blütezeit: V
Frucht: unauffällige Spaltfrucht, Flügel im Herbst rot
Standort: sonnig bis leicht schattig
Bodenansprüche: gute Gartenböden
Verwendung: zur Einzelstellung als Zierstrauch im Garten und Park, auch in gut gepflegten Pflanzgefäßen
Eigenschaften: empfindlich gegen Kalk, Nässe und Bodenverdichtung; im Jugendstadium schattieren

Abb. 4: *Acer japonicum* 'Aconitifolium'

Acer monspessulanum
Felsen-Ahorn, Französischer Ahorn

Abb. 5: *Acer monspessulanum* (Foto: Holmåsen)

Abb. 6: *Acer negundo*

Familie: *Aceraceae* – Ahorngewächse
Herkunft: Mittelmeerraum, in Deutschland im Weinbauklima
Wuchs: kleiner Baum, sparrig verzweigt mit oft unregelmäßiger Krone; 5–8 m hoch, 3–5 m breit
Blatt: oberseits glänzend dunkelgrün, unterseits bläulichgrün, drei ausgeprägte abgerundete Lappen, Blattlänge 3–6 cm, gegenständig; Herbstfarbe gelb
Blüte: Doldentrauben, gelblichgrün, während des Austriebs
Blütezeit: IV–V
Frucht: Spaltfrucht, Fruchtflügel fast parallel zueinander abwärts gerichtet
Standort: sonnig bis absonnig
Bodenansprüche: bevorzugt kalkhaltig, durchlässig
Verwendung: Landschaftsgehölz, in Laubholzwäldern, in Gruppen, als Straßenbaum an Landstraßen
Eigenschaften: langsam wachsend, besonders widerstandsfähig gegen Trockenheit, konkurrenzschwach

Acer negundo
Eschen-Ahorn

Familie: *Aceraceae* – Ahorngewächse
Herkunft: Nordamerika
Wuchs: Baum, oft mehrstämmig, mit lockerer, breiter Krone, Äste teilweise überhängend; 10–15(–20) m hoch, 10–12 m breit
Blatt: oben frischgrün, unten heller, unpaarig gefiedert mit 3–5(–7) Fiederblättchen, Blättchen elliptisch bis eiförmig, im oberen Bereich grob gesägt, bis 10 cm lang
Blüte: in gelblich-weißen Trauben, hängend am mehrjährigen Holz, zweihäusig
Blütezeit: III–IV
Frucht: Spaltfrucht, Fruchtflügel stumpfwinklig zueinander, häufig durchscheinend
Standort: sonnig bis halbschattig
Bodenansprüche: toleriert fast alle Bodenarten, bevorzugt frisch bis feucht
Verwendung: als Piniergehölz mit raschem Jugendwachstum und großer Standortamplitude, im Öffentlichen Grün für Abpflanzungen, frei wachsende hohe Hecken und in Parks
Eigenschaften: raschwüchsig, frosthart und hitzeverträglich, im Alter oft windbrüchig; im Hausgarten besser nachfolgend genannte Sorten verwenden

Acer negundo 'Aureomarginatum' (*Acer negundo* 'Aureovariegatum')
Goldeschen-Ahorn

kleiner Baum oder Großstrauch. 5–7 m hoch, 4–6 m breit. Blatt dunkelgrün mit goldgelben Flecken, gefiedert, gegenständig. Zur Einzelstellung in Gärten und Parks

Abb. 7: *Acer negundo* **'Aureomarginatum'**

Acer negundo 'Flamingo'
Eschen-Ahorn 'Flamingo'

kleiner Baum oder Großstrauch. 5–7 m hoch, 4–6 m breit. Blatt unregelmäßig weiß gerandet, anfangs hellrosa; Blattstiele rosarot, gegenständig. Zur Einzelstellung in Gärten und öffentlichen Grünanlagen geeignet

Abb. 8: *Acer negundo* 'Flamingo'

Acer negundo 'Odessanum'
Eschen-Ahorn 'Odessanum'

kleiner Baum oder Großstrauch. 7–10 m hoch, 5–7 m breit. Blatt leuchtend goldgelb, gefiedert, gegenständig. Zur Einzelstellung in Gärten und Parks geeignet

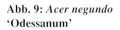

Abb. 9: *Acer negundo* 'Odessanum'

Acer negundo 'Variegatum'
Silbereschen-Ahorn

kleiner Baum oder Großstrauch. 5–7 m hoch, 3–5 m breit. Blatt grün, unregelmäßig weiß gerandet, gefiedert, gegenständig. Zur Einzelstellung in Gärten und Parks

Abb. 10: *Acer negundo* 'Variegatum'

Acer opalus
Italienischer Ahorn

Familie: *Aceraceae* – Ahorngewächse
Herkunft: Südeuropa
Wuchs: Großstrauch oder kleiner Baum; 8–12(–20) m hoch, 5–10 m breit
Blatt: dunkelgrün, unterseits graugrün, rundlich mit 3–5 schwach ausgeprägten Lappen, gegenständig; Herbstfärbung leuchtend orange bis rot
Blüte: Doldentrauben, zitronengelb, zierend, vor dem Laubaustrieb
Blütezeit: V
Frucht: Spaltfrucht, Fruchtflügel spitz- bis rechtwinklig zueinander, nach unten gebogen
Standort: sonnig
Bodenansprüche: trocken bis frisch, kalkliebend
Verwendung: mediterranes Gehölz für Standorte mit entsprechender Disposition
Eigenschaften: wärmeliebend, trockenheitsresistent

Abb. 11: *Acer opalus* (Foto: Holmåsen)

Acer palmatum
Fächer-Ahorn

Abb. 12: *Acer palmatum* (Foto: Holmåsen)

Familie: *Aceraceae* – Ahorngewächse
Herkunft: Japan, Korea
Wuchs: Großstrauch, meist mehrstämmig mit rundlicher, im Alter schirmartiger Krone
Blatt: oben frischgrün, unterseits hellgrün, meist 5lappig, stark eingeschnitten, wie gefingert, 6–11 cm breit, Herbstfärbung orange bis rot
Blüte: Trauben, purpurfarben, am mehrjährigen Holz
Blütezeit: V
Frucht: Fruchtflügel stumpfwinklig, rot
Standort: sonnig–halbschattig
Bodenansprüche: lockerer, frischer bis feuchter Boden; schwach sauer
Verwendung: zur Einzelstellung in Gärten und Parks
Eigenschaften: empfindlich gegen verdichtete Böden und Staunässe, in der Jugend frostgefährdet

Acer palmatum 'Atropurpureum'
Roter Fächer-Ahorn
Abb. 13 + 14

baumartig wachsender, breiter Strauch. 3–5 m hoch, 3–5 m (und mehr) breit. Blatt konstant dunkelrot bis schwarzrot, im Herbst leuchtend rot; 5–7lappig, tief geschlitzt, gegenständig. Blüte und Frucht unscheinbar. Blütezeit V. Zur Einzelstellung in Gärten und Parks, in Pflanzgefäßen, Dachgärten

Abb. 15: *Acer palmatum* 'Dissectum Garnet'

Acer palmatum 'Ornatum'
(*Acer palmatum* 'Dissectum Atropurpureum')
Roter Schlitz-Ahorn
Abb. 16

Strauch, gedrungen halbkugelig, Zweige bogig abwärts gerichtet. 2–3 m hoch, 2–4 m breit. Blatt zunächst braunrot, später grünlichbraun, Herbstfärbung flammend rot und gelb

Abb. 13 + 14: *Acer palmatum* 'Atropurpureum'

Acer palmatum 'Dissectum'
Grüner Schlitz-Ahorn

baumartiger, halbkugeliger Strauch, im Alter ausgebreitet schirmförmig, Zweige bogig überhängend. 1,5–2 m hoch, 2–3 m breit. Blatt hellgrün, 5–7lappig, tief und fein geschlitzt, gegenständig, Herbstfärbung leuchtend gelb bis orange. Blüte und Frucht unscheinbar. Zur Einzelstellung, in Pflanzgefäßen, als Grabbepflanzung, auf Dachgärten

Acer palmatum 'Dissectum Garnet'
Dunkelroter Schlitz-Ahorn
Abb. 15

flachkugeliger, gedrungener Strauch. 2–2,5 m hoch, 2–4 m breit. Blatt beständig dunkelbraunrot bis zum Herbst, tief und fein geschlitzt, gegenständig

Abb. 16: *Acer palmatum* 'Ornatum'

Acer palmatum 'Dissectum Nigrum'
Schwarzroter Schlitz-Ahorn

Kleinstrauch, gedrungen-kugelig, Zweige schirmförmig bogig abwärts gerichtet. 1,5–2 m hoch, 2–3,5 m breit. Blatt dunkelbraunrot, 5–7lappig, tief und fein geschlitzt

Acer palmatum 'Osakazuki'
Fächer-Ahorn 'Osakazuki'
Abb. 17

breitbuschiger, aufrechter Strauch. 4–6 m hoch und ebenso breit. Blatt grün, 7lappig, gegenständig; auffallende Herbstfärbung in Orange bis Rot

Acer

Abb. 17: *Acer palmatum* 'Osakazuki'

Acer pensylvanicum
Streifen-Ahorn

Abb. 18

Familie: *Aceraceae* – Ahorngewächse
Herkunft: westliches Nordamerika
Wuchs: Großstrauch oder kleiner Baum, meist mehrstämmig, lockere, breite Krone; 7–9 m hoch, 3–6 m breit
Blatt: dunkelgrün, 3lappig, gegenständig; Herbstfärbung rein gelb
Blüte: hängende gelbe Trauben, am mehrjährigen Holz
Blütezeit: V
Frucht: Fruchtflügel sichelförmig gekrümmt, stumpfwinklig zueinander
Standort: sonnig bis schattig
Bodenansprüche: humos, frisch bis feucht, sauer bis neutral
Verwendung: einzeln, in Randlagen, in Gärten und Parks,
Eigenschaften: anspruchslos

Abb. 19 + 20: *Acer platanoides*

Blütezeit: IV–V
Frucht: Spaltfrucht, flache Nuß mit stumpfwinkligen, fast waagerecht gespreizten Fruchtflügeln, sehr zahlreich, endständig in Büscheln
Standort: sonnig–halbschattig
Bodenansprüche: alkalisch bis leicht sauer, kalkhold, mäßig trocken bis feucht, bevorzugt auf sandigen Lehmböden
Verwendung: als heimisches Laubgehölz einzeln und in Gruppen mit Eichen, Ulmen und Linden, im ländlichen und städtischen Siedlungsbereich bevorzugter Baum; siehe auch Sorten
Eigenschaften: schnellwüchsig, im Jugendstadium Zuwachs bis zu 60 cm pro Jahr, frosthart, windfest, empfindlich gegen stauende Nässe
Sorten: 'Cleveland': 10–12 m

Abb. 18: *Acer pensylvanicum*

Acer platanoides
Spitz-Ahorn

Abb. 19 – 26

Familie: *Aceraceae* – Ahorngewächse
Herkunft: Europa, Kleinasien
Wuchs: großer Baum, rundkronig-geschlossen und dicht verzweigt; 15–25(–30) m hoch, 12–15 m breit
Blatt: oben glänzend grün, unten heller grün, im Umriß rundlich mit 3, 5 oder 7 ungleich großen Lappen, fein zugespitzt, 12–18 cm groß, gegenständig
Blüte: endständige Doldentrauben im äußeren Kronenbereich vor dem Laubaustrieb, zitronengelb und duftend mit jeweils 30–40 Einzelblüten

Abb. 21 + 22: *Acer platanoides* 'Crimson King'

Acer

Abb. 23 + 24: *Acer platanoides* 'Drummondii'

Acer pseudoplatanus
Berg-Ahorn

Familie: *Aceraceae* – Ahorngewächse
Herkunft: Europa–Westasien
Wuchs: großer Baum mit breitgewölbter Krone; im Laufe des Sommers rötlich verfärbend
Standort: sonnig–halbschattig
Bodenansprüche: bevorzugt frisch bis feucht, tiefgründig

Abb. 27: *Acer pseudoplatanus* 'Atropurpureum'
(Foto: Holmåsen)

hoch; oval-runde, kompakte Krone; Blatt frischgrün. 'Columnare': 8–10 m hoch; säulenförmige Krone, Blatt dunkelgrün. 'Crimson King': 8–15 m hoch; kegelförmige Krone; Blatt schwarz-rot. 'Deborah': 15–20 m hoch; Krone breit-pyramidal; Blatt dunkelgrün. 'Drummondii': 8–15 m hoch; Krone breit-pyramidal; Blatt grün, weiß gerandet. 'Emerald Queen': 12–15 m hoch; oval-rundliche Krone, Blatt glänzend grün. 'Faassen's Black': 8–15 m hoch; kegelförmige Krone; Blatt rotbraun. 'Globosum': 3,5–4 m hoch; kugelförmige, dichte Krone, Blatt frischgrün. 'Olmstedt': 10–12 m hoch; Krone säulen-/kegelförmig; Blatt glänzend grün. 'Reitenbachii': 15–20 m hoch; oval-runde Krone; Blatt grün-rötlich, gefleckt. 'Royal Red': 15–20 m hoch; breite, kegelförmige Krone; Blatt schwarz-rot. 'Schwedleri': 15–20 m hoch; breit kegelförmige, dichte Krone; Blatt glänzend oliv-grün. 'Summershade': 15–20 m hoch; breit ovale Krone; Blatt tief dunkelgrün

25–30(–40) m hoch, 15–20 m breit
Blatt: oben dunkelgrün, unten graugrün behaart, breit elliptisch, 3–5lappig, 8–18 cm breit, gegenständig; Herbstfärbung goldgelb
Blüte: hängende Trauben, 8–12 cm lang, gelbgrün, am mehrjährigen Holz
Blütezeit: V
Frucht: Spaltfrüchte, Fruchtflügel rechtwinklig zueinander,

Verwendung: in der Landschaft einzeln und in Gruppen, in Mischpflanzungen, als Dorf- und Hofbaum
Eigenschaften: sehr frosthart, empfindlich gegen Bodenverdichtung, für Stadtklima nur bedingt geeignet, da luftfeuchtes Klima bevorzugend

Abb. 25: *Acer platanoides* 'Faassen's Black'

Abb. 26: *Acer platanoides* 'Globosum'

Abb. 28: *Acer pseudoplatanus* 'Brillantissimum'

Abb. 29: *Acer pseudoplatanus* 'Erectum'

Acer

Abb. 30: *Acer pseudoplatanus* 'Negenia'

Sorten: 'Atropurpureum': 20–25 m hoch, Krone breitgewölbt. 'Brillantissimum': 4–5 m hoch, rundliche Krone. 'Erectum': 15–20 m hoch, Krone eiförmig. 'Negenia': 20–30 m hoch, Krone kegelförmig

Acer rubrum
Rot-Ahorn

Familie: *Aceraceae* – Ahorngewächse
Herkunft: östliches Nordamerika
Wuchs: Baum mit kegelförmiger bis rundlich-ovaler Krone; 7–12 m hoch, 4–7 m breit
Blatt: frischgrün, später matt, unten blaugrün; Umriß breiteiförmig, meist 3lappig, gegenständig; Herbstfärbung auffallend rosa bis rot
Blüte: zahlreiche rote Blütenbüschel, vor dem Laubaustrieb
Blütezeit: III–IV
Frucht: Fruchtflügel auffallend rot, spitzwinklig zueinander
Standort: sonnig bis leicht schattig
Bodenansprüche: frisch bis feucht, sauer bis neutral
Verwendung: einzeln und in Gruppen in feuchten Lagen, an Ufern, in Niederungen, als Ziergehölz in Parks (Blüte, Herbstfärbung)
Eigenschaften: empfindlich gegen Bodenverdichtung, kalkhaltige Böden und Hitze

Abb. 31: *Acer rubrum*

Acer rufinerve
Rostbart-Ahorn

Familie: *Aceraceae* – Ahorngewächse
Herkunft: Japan
Wuchs: kleiner Baum, oft mehrstämmig und strauchartig; 7–10 m hoch, 4–6 m breit
Blatt: oberseits dunkel- bis blaugrün, unten heller, Adern braunrot behaart; Umriß rundlich mit drei Lappen, mittlerer Lappen fein zugespitzt, gegenständig 6–12 cm lang
Blüte: Blütentrauben, aufrecht, bis 15 cm lang, grünlich, rostrot behaart
Blütezeit: V
Frucht: Spaltfrucht, Fruchtflügel spitzwinklig zueinander
Standort: sonnig bis lichter Schatten
Bodenansprüche: humos, sauer bis neutral, ausreichend frisch
Verwendung: Solitärbaum für Gärten und Parks, im Siedlungsbereich als anspruchsvoller Straßenbaum, in beschatteten Innenhöfen
Eigenschaften: frosthart, meidet heißen und trockenen Stand

Abb. 32: *Acer rufinerve*

Acer saccharinum
Silber-Ahorn

Familie: *Aceraceae* – Ahorngewächse
Herkunft: Nordamerika
Wuchs: großer Baum, breitkronig, ausladend mit überhängenden Zweigen; 15–20(–25) m hoch, 15–20 m breit
Blatt: oben mittelgrün, unten silbergrau, 5lappig, 10–15 cm lang, gegenständig; Herbstfärbung gelb
Blüte: unscheinbare, grünliche Büschel, vor dem Austrieb, am mehrjährigen Holz
Blütezeit: III

Frucht: Spaltfrucht, Fruchtflügel stumpfwinklig zueinander
Standort: sonnig, windgeschützt
Bodenansprüche: sauer bis schwach alkalisch
Verwendung: in Parks und großen Grünanlagen als Solitärbaum oder als Gruppengehölz
Eigenschaften: schnellwüchsig, neigt zu Windbruch

Acer saccharinum 'Laciniatum Wieri' (Acer saccharinum 'Wieri')
Geschlitzter Silber-Ahorn

großer Baum, Krone locker, mit ausladenden Ästen und hängenden Seitenzweigen. 12–15 m hoch, 8–15 m breit.

Blatt hellgrün, unten glänzend silbrigweiß, 5lappig, tief und fein geschlitzt, Herbstfärbung gelb

Acer saccharinum 'Pyramidale'
Silber-Ahorn 'Pyramidale'

großer Baum, Krone zunächst säulenförmig, später oval. 15–20 m hoch, 8–12 m breit.

Blatt dunkelgrün, unten silbrigweiß, tief eingeschnitten, etwas kleiner als die Art

Abb. 33: *Acer saccharinum*   (Foto: Holmåsen)

Abb. 35: *Acer saccharinum* 'Pyramidale'

Abb. 34: *Acer saccharinum* 'Laciniatum Wieri'

Acer × zoeschense 'Annae' (Acer neglectum 'Annae')
Zoeschener Ahorn

Familie: Aceraceae – Ahorngewächse
Herkunft: (Acer campestre x Acer lobelii)
Wuchs: kleiner Baum mit horizontal abstehenden Ästen und entsprechend breiter Krone; 8–10 m hoch, 10–12 m breit
Blatt: im Austrieb rotbraun, später grün, 5lappig, gegenständig, 8–12 cm breit
Blüte: gelbgrüne Doldentrauben
Blütezeit: V
Frucht: unscheinbar
Standort: sonnig bis schattig
Bodenansprüche: frisch bis feucht, anspruchslos
Verwendung: zur Einzelstellung im freien Stand in Parks und großen Gärten
Eigenschaften: schattenverträglich, frosthart, hitzeverträglich

Aesculus

Aesculus × *carnea*
Rotblühende Roßkastanie

Familie: *Hippocastanaceae* – Roßkastaniengewächse
Herkunft: *(Aesculus hippocastanum x Aesculus pavia)*
Wuchs: Baum mit runder, dichtgeschlossener Krone; 10–15(–20) m hoch, 8–12 m breit
Blatt: oberseits matt dunkelgrün, meist runzelig, unterseits gelbgrün, Herbstfärbung gelb bis braun; meist fünfzählig gefingert, Fiederblätter elliptisch, 6–16 cm lang, Blätter gegenständig
Blüte: hellrote, aufrechte, 15–20 cm hohe Rispen
Blütezeit: V
Frucht: wenige Kastanien
Standort: sonnig
Bodenansprüche: bevorzugt sandig-lehmig, nährstoffreich und tiefgründig
Verwendung: im Siedlungsbereich zur Einzelstellung, in Parks und anderen Freiflächen, an breiten Alleen
Eigenschaften: anspruchslos
Sorten: 'Briotii' – Scharlach-Roßkastanie: breit-kegelförmige Krone, 10–15 m hoch, Blüten dunkelrot

Abb. 38: *Aesculus hippocastanum*

Abb. 36 + 37: *Aesculus* × *carnea*

Aesculus hippocastanum
Gewöhnliche Roßkastanie

Familie: *Hippocastanaceae* – Roßkastaniengewächse
Herkunft: Südosteuropa
Wuchs: großer Baum mit hochgewölbter Krone; 20–25(–30) m hoch, 15–20 m breit
Blatt: oberseits dunkelgrün, unten heller und graugrün, Herbstfärbung gelb bis braun; 5 oder 7zählig gefingert, gegenständig; Fiederblätter verkehrt eiförmig-länglich, 5–15 cm lang
Blüte: aufrechte Rispen, bis 30 cm hoch, weiß mit gelbroten Flecken
Blütezeit: V
Frucht: glänzend-dunkelbraune Kastanie in stacheliger, grüner Fruchthülle, ab IX
Standort: sonnig bis absonnig
Bodenansprüche: bevorzugt tiefgründige, nährstoffreiche Böden, frisch bis feucht, schwach sauer bis alkalisch
Verwendung: stattlicher Solitärbaum in großen Parks, als Hofbaum, auf Dorfplätzen, vor Gasthäusern, an breiten Straßen
Eigenschaften: frosthart, empfindlich gegen Emmissionen und Verdichtung des Oberbodens sowie gegen Strahlungshitze
Sorten: 'Baumannii' – Gefülltblühende Roßkastanie: aufrechte, weiße, gefülltblühende Rispen; kaum Fruchtbildung

Abb. 39: *Aesculus hippocastanum* 'Baumannii'

Aesculus parviflora
Strauch-Roßkastanie

Familie: *Hippocastanaceae* – Roßkastaniengewächse
Herkunft: südöstliches Nordamerika
Wuchs: Großstrauch oder kleiner Baum, meist mehrtriebig, wenig verzweigt; 3–4(–5) m hoch, im Alter deutlich breiter als hoch
Blatt: grün, im Austrieb bronzefarben, Herbstfärbung leuchtend gelb; wechselständig, 5 oder 7zählig, fingerförmig gefiedert. Fiederblätter schmal

Abb. 40: *Aesculus parviflora*

verkehrt-eiförmig, 10–18 cm lang
Blüte: aufrechte Rispen, bis 30 cm hoch, weiß, zahlreich
Blütezeit: VII–VIII
Standort: sonnig bis schattig
Bodenansprüche: nährstoffreich, durchlässig
Verwendung: Ziergehölz in Parks und größeren Gärten
Eigenschaften: frosthart, wärmeliebend, durch Ausläufer sich ausbreitend, stadtklimaverträglich

Ailanthus altissima
Götterbaum

Familie: *Simaroubaceae* – Bittereschengewächse
Herkunft: China, Korea
Wuchs: großer Baum, breitkronig, offene, durchlässige Krone, oft mehrstämmig; 20–25 m hoch, 10–20 m breit
Blatt: oben matt-dunkelgrün, unten etwas heller, bis zu 75 cm lang, wechselständig angeordnet; 10–18 Paare von Fiederblättern, länglich-eiförmig, 5–15 cm lang, meist unpaarig
Blüte: gelblichgrüne Rispen, 10–20 cm lang
Blütezeit: VI–VII
Frucht: geflügelt, sehr zahlreich, in Büscheln
Standort: sonnig
Bodenansprüche: anspruchslos, auf allen Böden
Verwendung: in der Landschaft als Pioniergehölz, im städtischen Bereich als Park- und Alleebaum
Eigenschaften: schnellwüchsig, 50–80 cm pro Jahr, reichlich Wurzelbrut, trockenheitsresistent

Abb. 43 + 44: *Alnus cordata*

Abb. 41 + 42: *Ailanthus altissima*

Alnus cordata
Italienische Erle

Familie: *Betulaceae* – Birkengewächse
Herkunft: Italien, Korsika
Wuchs: Baum, klein bis mittelgroß, eiförmige Krone; 10–15 m hoch, 3–6 m breit
Blatt: dunkelgrün glänzend, herzförmig, 5–10 cm lang, wechselständig, langhaftend
Blüte: grünliche Kätzchen, 7,5–10 cm lang
Blütezeit: III–IV
Frucht: eiförmige Fruchtzapfen, bis 2,5 cm lang, grünlich, nach dem Samenfall braun
Standort: sonnig bis lichter Schatten
Bodenansprüche: gering
Verwendung: in der Landschaft einzeln und in Mischpflanzungen, als Windschutz, Feldgehölz, an Landstraßen

Alnus glutinosa
Schwarz-Erle, Rot-Erle

Familie: *Betulaceae* – Birkengewächse
Herkunft: Europa mit Ausnahme der nördlichen Zone sowie in Westasien und Nordafrika
Wuchs: großer Baum mit lockerer, breitangelegter Krone, auch mehrstämmig; Zweige waagerecht bis schräg aufrecht; 10–20 m hoch, 8–12 m breit
Blatt: mittel- bis dunkelgrün, rundlich-breit bis stumpf-eiförmig mit eingekerbter Spitze
Blüte: männliche Kätzchen,

Abb. 45: *Alnus glutinosa* (Foto: Holmåsen)

Alnus

gelblichgrün, 5–10 cm lang
Blütezeit: III–IV
Frucht: eiförmige Fruchtzapfen, 1–2 cm lang, grünlich, nach dem Samenfall verholzend, braun
Standort: Sonne bis lichter Schatten
Bodenansprüche: gering, bevorzugt jedoch frische bis feuchte Böden
Verwendung: in der freien Landschaft als Pioniergehölz, zur Boden- und Uferbefestigung, als Schutzpflanzung, in Knicks
Eigenschaften: verträgt zeitweise Überschwemmungen und Einschüttungen, kalkmeidend

Alnus incana
Grau-Erle, Weiß-Erle

Familie: *Betulaceae* – Birkengewächse
Herkunft: Europa, Westasien, Nordafrika
Wuchs: Baum mit pyramidaler, dichter Krone; 10–20 m hoch, 4–8(–12) m breit
Blatt: oben dunkelgraugrün, unterseits graugrün, breiteirund, spitz, 4–10 cm groß, wechselständig
Blüte: 7–10 cm lange Blütenkätzchen, rötlichbraun; weibliche Blüten unscheinbar
Blütezeit: III
Frucht: Fruchtzapfen zu 4–8, oval-rund, etwa 1 cm lang, gelblichbraun
Standort: Sonne bis lichter Schatten
Bodenansprüche: keine besonderen Ansprüche, mäßig trocken bis feucht
Verwendung: in der freien Landschaft als Pioniergehölz, zur Boden- und Uferbefestigung, als Schutzpflanzung, in Knicks
Eigenschaften: sehr frosthart, windfest, salzverträglich, hohes Ausschlagvermögen, Wurzelbrut
Sorten: 'Aurea' – Gold-Erle: kleiner Baum oder mehrstämmiger Großstrauch; Blätter im Austrieb gelb, später gelbgrün

Alnus × *spaethii*
Purpur-Erle

Abb. 46

Kreuzung aus *Alnus japonica* × *Alnus subcordata*. Baum mit pyramidaler Krone; 12–15 m hoch und 6–8 m breit. Blatt dunkelgrün, ledrig-glänzend, lanzettlich bis elliptisch, bis 16 cm lang und wechselständig angeordnet

Abb. 46: *Alnus* × *spaethii*

Alnus viridis
Grün-Erle

Familie: *Betulaceae* – Birkengewächse
Herkunft: Europa
Wuchs: mehrstämmiger Strauch, bis 2 m hoch
Blatt: glänzend dunkelgrün, unterseits etwas heller, eiförmig bis rundlich, 2,5–9 cm lang, wechselständig
Blüte: hängende Kätzchen, zylindrisch, Blüte während des Laubaustriebs
Frucht: Fruchtzapfen in Trauben, zu 3–5
Standort: sonnig bis lichter Schatten
Bodenansprüche: gering
Verwendung: Feldgehölz, Windschutz, Bodenschutz
Eigenschaften: sehr winterhart

Amelanchier laevis
Kahle Felsenbirne

Abb. 47

Abb. 47: *Amelanchier laevis* (Foto: Holmåsen)

Familie: *Rosaceae* – Rosengewächse
Herkunft: östliches Nordamerika
Wuchs: Strauch bis Großstrauch, mehrstämmig, locker aufrecht, als Kleinbaum rundkronig; 3–5(–7) m hoch, 3–5 m breit
Blatt: im Austrieb rötlich, dann gelblich- bis bläulichgrün, eiförmig bis elliptisch; Herbstfärbung gelb bis rot
Blüte: Einzelblüten sternförmig, in Trauben hängend; weiß, duftend, sehr zahlreich, am mehrjährigen Holz
Blütezeit: V
Frucht: einzelne, runde Beeren, zunächst rot, später blauschwarz bereift, eßbar, ab VIII
Standort: Sonne bis lichter Schatten
Bodenansprüche: schwach sauer bis neutral, mäßig trocken bis feucht
Verwendung: in der Landschaft einzeln und in Gruppen, in Knicks und Feldgehölzinseln, Vorpflanzung am Waldrand; in der Stadt als Ziergehölz in Gärten und Parks
Eigenschaften: Vogelnähr-, Nist- und Schutzgehölz, Bienenweide; frosthart, verträgt Staunässe und Trockenperioden, empfindlich gegen Bodenverdichtung im Wurzelbereich

Amelanchier lamarckii (*Amelanchier canadensis*)
Kupfer-Felsenbirne

Abb. 48 + 49

Abb. 48: *Amelanchier lamarckii*

Aralia

Familie: *Rosaceae* – Rosengewächse
Herkunft: Nordamerika
Wuchs: Großstrauch oder auch kleiner Baum mit mehreren trichterförmig wachsenden Grundstämmen; 4–6(–8) m hoch, 3–5 m breit
Blatt: im Austrieb kupferrot, dann mittelgrün, elliptisch, 3–8 cm lang; Herbstfärbung leuchtend gelb bis orangerot
Blüte: sternförmige Einzelblüten, in aufrechten Büscheln, reinweiß, zahlreich
Blütezeit: IV–V
Standort: Sonne bis lichter Schatten
Bodenansprüche: schwach sauer bis neutral, mäßig trocken bis feucht
Verwendung: in der Landschaft einzeln und in Gruppen, in Knicks und Feldgehölzinseln, Vorpflanzung am Waldrand; in der Stadt als Ziergehölz in Gärten und Parks
Sorten: 'Ballerina': wie die Art; Blätter jedoch dunkelgrün und etwas größer

Andromeda polifolia
Kahle Rosmarinheide

Familie: *Ericaceae* – Heidekrautgewächse
Herkunft: nördliche Halbkugel
Wuchs: Zwergstrauch, kriechend oder aufgerichtet, weitstreichende Ausläufer, 10–20 cm hoch
Blatt: immergrün, schmal lanzettlich, 1,5–3 cm lang, wechselständig, giftig
Blüte: rosa bis weiß, zu 3–8 in endständigen, nickenden Dolden
Blütezeit: V–VI
Frucht: eiförmige Kapseln, 5–6 mm
Standort: sonnig
Bodenansprüche: feucht bis naß, sauer
Verwendung: Begleitpflanze in Heidegärten, in der Landschaft auf stark sauren und nassen Standorten
Eigenschaften: Blätter stark giftig

Abb. 51: *Andromeda polifolia*

Abb. 49: *Amelanchier lamarckii* 'Ballerina'

Amelanchier ovalis
Gewöhnliche Felsenbirne

Familie: *Rosaceae* – Rosengewächse
Herkunft: Europa, Kleinasien, Nordafrika
Wuchs: aufrecht wachsender Strauch, locker verzweigt; 1–3 m hoch und breit
Blatt: oben dunkelgrün, unten graufilzig, eiförmig bis breitoval, wechselständig; Herbstfärbung orange bis rot
Blüte: sternförmig, weiß, in Büscheln, außen zottig behaart; vor dem Blattaustrieb
Blütezeit: IV–V
Frucht: kugelige Beeren, 8–10 mm groß, blauschwarz bereift, eßbar
Standort: Sonne bis lichter Schatten
Bodenansprüche: schwach sauer bis neutral, mäßig trocken bis feucht
Verwendung: Landschaftsgehölz, Pioniergehölz, im Siedlungsbereich auf heißen, trockenen Standorten ausdauernd

Abb. 50: *Amelanchier ovalis*

Aralia elata
Japanische Aralie

Familie: *Araliaceae* – Kraftwurzgewächse
Herkunft: Ostasien
Wuchs: Großstrauch oder mehrstämmiger Kleinbaum, Stämme stachelig, wenig verzweigt; 3–5(–7) m hoch, bis 3 m breit

Abb. 52: *Aralia elata* (Foto: Holmåsen)

Aralia

Blatt: dunkelgrün, doppelt gefiedert, Länge bis zu 80 cm, Blättchen bis 12 cm; Herbstfärbung gelb
Blüte: cremeweiße Trugdolden, bis 50 cm, anhaltend
Blütezeit: VIII–IX
Frucht: zahlreiche kugelige Beeren im Herbst, mäßig giftig
Standort: sonnig, geschützt bis warm
Bodenansprüche: nährstoffreich, durchlässig
Verwendung: Ziergehölz zur Einzelstellung im Hausgarten mit dekorativen, schirmförmigen Blättern
Eigenschaften: frostgefährdet, kurzlebig (8–10 Jahre), Ausläufer bildend
Sorten: 'Variegata': Blattrand weiß, sonst wie die Art

Arctostaphylos uva-ursi
Europäische Bärentraube

Abb. 53

Familie: *Ericaceae* – Heidekrautgewächse
Herkunft: Europa und Nordamerika
Wuchs: niederliegender, teppichbildender Zwergstrauch; 0,2–0,3 m hoch
Blatt: oben glänzend dunkelgrün, unten glänzend hellgrün, verkehrt eiförmig, vorne abgerundet, 1–3 cm lang
Blüte: weiße Trauben, endständig, zu 4–8
Blütezeit: IV–V
Frucht: beerenartige Steinfrüchte, glänzend rot, erbsengroß
Standort: sonnig bis halbschattig
Bodenansprüche: durchlässig, trocken
Verwendung: als Bodendecker in Gärten und Parks, teppichbildend mit bis zu 100 cm langen Zweigen
Eigenschaften: sehr frosthart, empfindlich gegen stauende Nässe und sauren Boden

Abb. 55: *Aronia melanocarpa* 'Viking' (Foto: Holmåsen)

Abb. 53: *Arctostaphylos uva-ursi*

Aronia melanocarpa
Schwarze Apfelbeere

Abb. 54 + 55

Abb. 54: *Aronia melanocarpa*

Familie: *Rosaceae* – Rosengewächse
Herkunft: Nordamerika
Wuchs: mehrtriebiger Kleinstrauch, straff aufrecht; 1–2 m hoch, 1–2,5 m breit
Blatt: oben glänzend grün, unten heller, elliptisch bis verkehrt eiförmig, wechselständig; Herbstfärbung rot–braunrot
Blüte: weiße, schirmförmige Doldenrispen mit 10–20 Blüten, etwa 1 cm breit
Blütezeit: V
Frucht: erbsengroße Beeren, glänzend schwarz, ab VIII–IX, eßbar
Standort: sonnig–halbschattig; anspruchslos mit breiter Standortamplitude
Verwendung: im Siedlungsbereich zur Abpflanzung, im Straßenbegleitgrün, als Deckstrauch auf trockenem Standort
Eigenschaften: sehr frosthart, salzfest, hitzebeständig, Ausläufer bildend
Sorten: 'Viking': Auslese mit besonders starkem Fruchtbesatz, sonst wie die Art; weitere Fruchtsorten gelegentlich verfügbar

Berberis buxifolia 'Nana'
Grüne Polster-Berberitze

Abb. 56

Abb. 56: *Berberis buxifolia* 'Nana'

Familie: *Berberidaceae* – Sauerdorngewächse
Wuchs: rundlicher, dichtbuschiger Zwergstrauch; Höhe 0,8–0,5 m, 0,4–0,6 m breit
Blatt: immergrün, ledrig-dunkelgrün, elliptisch, 1–2 cm lang, wechselständig
Blüte: orange-gelb, unscheinbar, selten
Blütezeit: IV–V
Frucht: unscheinbar, selten
Standort: sonnig bis absonnig, anspruchslos, verträgt Trockenheit
Verwendung: für flächige Pflanzungen, Einfassungen, Steingärten, in Kübeln und Trögen
Eigenschaften: frosthart, trockenresistent, schnittverträglich, kaum bedornte Triebe

Berberis candidula
Kissen-Berberitze

Familie: *Berberidaceae* – Sauerdorngewächse
Herkunft: China
Wuchs: halbkugelförmiger, sehr dichter Zwergstrauch; 0,5–0,8 m hoch, 1–1,2 m breit
Blatt: immergrün, oben dunkelgrün glänzend, unten weiß, elliptisch, 2–3 cm lang, wechselständig
Blüte: einzeln, hellgelb, 1,5 cm ø
Blütezeit: V
Frucht: unscheinbare, blauschwarz bereifte Beeren, giftig
Standort: sonnig bis schattig
Bodenansprüche: gering, bevorzugt humos und frisch
Verwendung: Ziergehölz zur Einzelstellung in Heide- und Steingärten, für Grabbepflanzung, an Böschungen
Eigenschaften: ausreichend frosthart, mäßig Trockenheit vertragend, stark bedornte Triebe

Abb. 58: *Berberis × frikartii* 'Telstar'

Abb. 57: *Berberis candidula*

Berberis × frikartii
Immergrüne Kugel-Berberitze

Familie: *Berberidaceae* – Sauerdorngewächse
Herkunft: (*Berberis candidula* × *Berberis verruculosa*)
Wuchs: breitbuschiger Kleinstrauch, dicht verzweigt, rundlich; 1–1,5 m hoch, 1–2 m breit
Blatt: immergrün, glänzend-dunkelgrün, unterseits weiß, elliptisch, bis 3 cm lang, Blattdornen, wechselständig
Blüte: einzeln, goldgelb
Blütezeit: V
Frucht: blauschwarze Beeren, selten, giftig
Standort: sonnig bis halbschattig
Bodenansprüche: gute Gartenböden
Verwendung: Ziergehölz zur Einzelstellung in Heide- und Steingärten, für Grabbepflanzung, an Böschungen
Eigenschaften: frosthärter als andere immergrüne Berberitzen, stark bedornte Triebe
Sorten: 'Amstelveen', 'Telstar', 'Verrucandi'

Berberis gagnepainii var. *lanceifolia*
Lanzen-Berberitze

Familie: *Berberidaceae* – Sauerdorngewächse
Herkunft: China
Wuchs: dichtverzweigter Strauch mit aufrechten Grundtrieben, ausgewachsen mit locker überhängenden Zweigen; 1,5–3 m hoch, 1–1,5 m breit
Blatt: immergrün, oberseits stumpfgrün, unterseits heller, lanzettlich, bis 10 cm lang, wechselständig
Blüte: kleine gelbe Rispen, am mehrjährigen Holz
Blütezeit: V–VI
Frucht: blauschwarze Beeren, ø etwa 1 cm, giftig
Standort: sonnig bis schattig
Bodenansprüche: gering, bevorzugt humos und frisch
Verwendung: im Siedlungsbereich, einzeln, im Öffentlichen Grün, im Hausgarten zusammen mit anderen Ziersträuchern
Eigenschaften: ausreichend frosthart, mäßig Trockenheit vertragend, stark bedornte Triebe

Berberis hookeri
Immergrüne Berberitze 'Hooker'

Familie: *Berberidaceae* – Sauerdorngewächse
Herkunft: Himalaja
Wuchs: 1,5–2 m hoher, dichtbuschiger Strauch
Blatt: immergrün, oberseits glänzend grün, unterseits weiß bereift, elliptisch, wechselständig
Blüte: grüngelb, in Büscheln zu 2–6, am mehrjährigen Holz
Blütezeit: V–VI
Frucht: längliche, schwarze Beeren, giftig
Standort: sonnig bis absonnig
Bodenansprüche: gering

Berberis

Verwendung: im öffentlichen und privaten Grün als Zierstrauch; in Einzelstellung und mit anderen Ziersträuchern
Eigenschaften: starke, bis 3 cm lange Blattdornen

Berberis × hybrido-gagnepainii
Immergrüne Berberitze 'Gagnepainii'

Familie: *Berberidaceae* – Sauerdorngewächse
Herkunft: (*Berberis gagnepainii* × *Berberis verrucolosa*))
Wuchs: breitbuschiger Strauch mit aufrechten Grundtrieben; 2–3 m hoch und breit
Blatt: immergrün, oberseits glänzend grün, unterseits grünlich-weiß bereift, schmal elliptisch bis lanzettlich, wechselständig
Blüte: in Büscheln, intensivgelb
Blütezeit: V–VI
Frucht: schwarze, bereifte Beeren, giftig
Standort: sonnig bis absonnig
Bodenansprüche: gering
Verwendung: als Zierstrauch im öffentlichen und privaten Grün, einzeln und in Verbindung mit anderen Ziersträuchern
Eigenschaften: spitz bedornt, bis 2 cm lang, dreiteilig an Langtrieben
Sorten: in einer Reihe von Sorten mit unterschiedlicher Verfügbarkeit in Kultur

Berberis julianae
Immergrüne Berberitze 'Juliana'

Familie: *Berberidaceae* – Sauerdorngewächse
Herkunft: China
Wuchs: Strauch bis Großstrauch, aufrechte Grundtriebe, dicht verzweigt, Triebe bogig überhängend; 2–3(–4) m hoch, 2–4 m breit
Blatt: immergrün, oberseits ledrig-dunkelgrün, unterseits blaßgrün, länglich, verkehrteiförmig, wechselständig
Blüte: reingelbe Doldentrauben zu 8–15, am mehrjährigen Holz
Blütezeit: V–VI
Frucht: elliptische, schwarze Beeren, blau bereift, giftig
Standort: sonnig bis absonnig
Bodenansprüche: gering
Verwendung: im öffentlichen und privaten Grün als Zierstrauch; in Einzelstellung und mit anderen Ziersträuchern
Eigenschaften: dreiteilige Blattdornen, bis 4 cm lang

Berberis × media 'Parkjuwel'
Berberitze 'Parkjuwel'

Abb. 60: *Berberis* × *media* 'Parkjuwel'

Familie: *Berberidaceae* – Sauerdorngewächse
Herkunft: (*Berberis hybrido-gagnepainii* × *Berberis thunbergii*)
Wuchs: rundlicher Strauch mit aufrechten Grundtrieben, geschlossen; angewachsen mit bogig überhängenden Seitenzweigen; 1,0–1,5 m hoch, 1,5–2,0 m breit
Blatt: wintergrün, glänzend dunkelgrün, länglich–eiförmig
Blüte: gelb, in Büscheln, selten
Blütezeit: V–VI
Standort: sonnig–halbschattig
Bodenansprüche: gering
Verwendung: im Siedlungbereich für Einfassungshecken, im Steingarten, als Grabbepflanzung, in Kübeln und Trögen
Eigenschaften: frosthart, stadtklimafest

Berberis × ottawensis 'Superba'
Große Blut-Berberitze

Abb. 59: *Berberis julianae*

Abb. 61: *Berberis* × *ottawensis* 'Superba' (Foto: Holmåsen)

Berberis

Familie: *Berberidaceae* – Sauerdorngewächse
Herkunft: *(Berberis thunbergii × Berberis vulgaris)*
Wuchs: Großstrauch mit aufrechten Grundtrieben, Zweige überhängend; 3–4 m hoch, 2–3 m breit
Blatt: sommergrün, braunrot mit metallischem Glanz, rundlich, bis 5 cm lang, wechselständig; Herbstfärbung
Blüte: in leuchtendgelben Rispen, zu 5–10, zahlreich und auffallend
Blütezeit: V
Frucht: hellrote, langhaftende Beeren, giftig
Standort: sonnig
Bodenansprüche: alle normalen Gartenböden
Verwendung: als Zierstrauch mit auffallender Laubfarbe und apartem Blütenschmuck im Mai, Beerenschmuck bis in den Winter

Berberis × *stenophylla*
Schmalblättrige Berberitze

Abb. 63: *Berberis thunbergii* (Foto: Holmåsen)

Abb. 62: *Berberis* × *stenophylla*

Familie: *Berberidaceae* – Sauerdorngewächse
Herkunft: *(Berberis darwinii × Berberis empetrifolia)*
Wuchs: Strauch mit lockerem Aufbau, Triebe in Bogen überhängend, ausladend; Höhe 1,5–2(–3) m, 1,5–2 m breit
Blatt: immergrün, oberseits dunkelgrün, unten bläulichweiß, schmal-lanzettlich, mit eingerolltem Rand
Blüte: in Büscheln, zahlreich, goldgelb, auffallend
Blütezeit: V
Frucht: erbsengroße Beeren, blauschwarz bereift, giftig
Standort: sonnig bis halbschattig, geschützt
Bodenansprüche: gute Gartenböden, nahrhaft und durchlässig
Verwendung: als malerischer Zierstrauch in Gärten und Parks; in geschützten Lagen
Eigenschaften: begrenzt winterhart, gegen Frost schützen, nach Frostschäden scharfer Rückschnitt bewirkt Neuaustrieb; schnittverträglich

dig; Herbstfärbung rot bis orange
Blüte: gelb, einzeln oder zu mehreren
Blütezeit: V
Frucht: elliptische, korallenrote, langhaftende Beeren, giftig
Standort: Sonne bis lichter Schatten
Bodenansprüche: alle Bodenarten; bevorzugt frisch, schwach sauer bis neutral

Abb. 64: *Berberis thunbergii* 'Aurea'

Abb. 65: *Berberis thunbergii* 'Green Ornament'

Berberis thunbergii
Hecken-Berberitze

Familie: *Berberidaceae* – Sauerdorngewächse
Herkunft: China, Japan
Wuchs: vieltriebiger, dicht verzweigter Strauch, straff aufrecht; 1,5–2(–3) m hoch, 1,5–2 m breit
Blatt: sommergrün, oben frischgrün, unten bläulichgrün, verkehrt eiförmig, wechselstän-

Abb. 66: *Berberis thunbergii* 'Bagatelle'

Berberis

Abb. 67: *Berberis thunbergii* 'Atropurpurea'

Berberis verruculosa
Warzen-Berberitze

Familie: *Berberidaceae* – Sauerdorngewächse
Herkunft: China
Wuchs: halbkugelförmiger Kleinstrauch, dicht, Zweige bogig überhängend; 1,0–1,5 m hoch und breit
Blatt: immergrün, oberseits glänzendgrün, unterseits blaugrün, verkehrt-eiförmig, stark gewellt, wechselständig
Blüte: dunkelgelbe Einzelblüten
Blütezeit: V
Frucht: längliche, schwarze Beeren, blau bereift, giftig
Standort: sonnig–halbschattig
Bodenansprüche: gering
Verwendung: als Einzelpflanze in Gärten und Parks, vergesellschaftet mit Ziersträuchern, als Heckenpflanze, in Pflanzgefäßen
Eigenschaften: sehr frosthart, stadtklimafest, schnittfest, schattenverträglich

Verwendung: zur Einzelstellung, als Straßenbegleitgrün, für freiwachsende oder geschnittene niedrige Hecken, in Kübeln und Trögen
Eigenschaften: frosthart, schnittverträglich, stadtklimafest, hohes Ausschlagvermögen
Sorten: 'Atropurpurea' – Rotblättrige Hecken-Berberitze: Blätter purpurrot bis rotbraun; 2–3 m hoch und breit. 'Atropurpurea Nana' – Rote Zwerg-Berberitze: Blätter purpurrot bis rotbraun; 0,6 m hoch, bis 1 m breit. 'Aurea': Blätter goldgelb; 1,5–2 m hoch und breit. 'Bagatelle': Blätter braunrot bis schwarzrot; 0,4 m hoch, 0,8–1 m breit. 'Green Carpet': Blätter glänzend grün, im Herbst gelb; 0,8–1,0 m hoch, 1,0–1,5 m breit. 'Green Ornament': Blätter oben graugrün, unten weißlich; bis 1,5 m hoch und breit. 'Kobold': Blätter dunkelgrün; 0,4 m hoch, 0,8 m breit. 'Red Chief': Blätter purpur bis braunrot; 2–3 m hoch und breit

Abb. 68: *Berberis verruculosa* (Foto: Holmåsen)

Betula albosinensis
Kupfer-Birke

Abb. 69: *Betula albosinensis* (Foto: Holmåsen)

Familie: *Betulaceae* – Birkengewächse
Herkunft: China
Wuchs: Baum mit lockerer Krone, Triebe dünn, leicht überhängend; 8–10 m hoch, 5–6 m breit
Blatt: gelbgrün, unterseits heller, eiförmig, wechselständig; Herbstfärbung goldgelb
Blüte: bis 4 cm lange Kätzchen, zusammen mit dem Blattaustrieb
Blütezeit: IV
Frucht: unbedeutend
Standort: sonnig bis halbschattig, etwas geschützt
Bodenansprüche: alle Böden
Verwendung: als Solitärgehölz in Parks und großen Gärten, attraktiver Hausbaum
Eigenschaften: Borke orange bis rotorange, auffallend, ganz dünn abrollend

Betula ermanii
Ermans-Birke, Gold-Birke

Familie: *Betulaceae* – Birkengewächse
Herkunft: Japan, Korea
Wuchs: großer Baum, Krone locker ausladend und breit, oft mehrstämmig; 15–20 m hoch, 8–10 m breit
Blatt: frischgrün, herzförmig bis dreieckig, wechselständig; Herbstfärbung goldgelb
Blüte: gelb-grüne Kätzchen, eiförmig, aufrecht
Blütezeit: IV
Frucht: unbedeutend
Standort: sonnig
Bodenansprüche: gering, auf allen Böden
Verwendung: im Siedlungsbereich und in der Landschaft; zur Einzelstellung und in Gruppen
Eigenschaften: Borke cremeweiß mit glatter Rindenstruktur, abrollend

Abb. 70: *Betula ermanii*   (Foto: Holmåsen)

Abb. 71: *Betula humilis*

Betula humilis
Strauch-Birke

Familie: *Betulaceae* – Birkengewächse
Herkunft: Mitteleuropa
Wuchs: Kleinstrauch mit aufrechter, etwas sparriger Verzweigung; 0,5–1,5 m hoch und breit
Blatt: frischgrün, rundlich bis eiförmig, nur 1–3,5 cm lang; Herbstfärbung gelb
Bodenansprüche: bevorzugt auf feuchten, nährstoffarmen, sauren Böden; auch auf frischen bis feuchten, normalen Standorten
Verwendung: heimisches Wildgehölz für die Bestandspflege von Biotopen, sonst in naturnahen Anlagen in standortgerechter Vergemeinschaftung
Eigenschaften: sehr frosthart

Betula maximowicziana
Maximowiczs Birke

Familie: *Betulaceae* – Birkengewächse
Herkunft: Japan
Wuchs: Baum mit lockerer, ausladender Krone; 15–20 m hoch, 8–10 m breit
Blatt: dunkelgrün, anfangs behaart, sehr groß, 8–15 cm lang, breit-herzförmig zugespitzt, wechselständig; Herbstfärbung gelb
Standort: sonnig
Bodenansprüche: gering
Verwendung: im Siedlungsbereich und in der Landschaft; zur Einzelstellung und in Gruppen
Eigenschaften: Borke anfangs orangebraun, später weißgrau, dünn abrollend

Betula nana
Zwerg-Birke

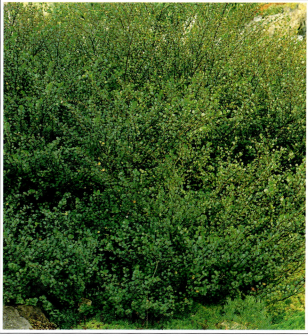

Abb. 72: *Betula nana*

Betula

Familie: *Betulaceae* – Birkengewächse
Herkunft: Nord- und Mitteleuropa
Wuchs: Zwergstrauch bis Kleinstrauch, meist ausgebreitet, oft niederliegend; 0,2–0,6(–1,2) m hoch wachsend, 0,6–1,2 m breit
Blatt: oberseits dunkelgrün, unterseits weißlich mit grünen Adern, rundlich-breit, 0,5–1,5 cm lang, wechselständig; Herbstfärbung gelb
Blüte: aufrechte Kätzchen, 0,8 mm lang
Blütezeit: V
Frucht: unscheinbar
Bodenansprüche: bevorzugt auf schwachsauren bis sauren Böden, toleriert auch kultivierte Gartenböden, feucht bis frisch
Verwendung: heimisches Wildgehölz, auf Hochmooren und Moorwiesen, autochthon für Biotope; Liebhabergehölz für Moorbeetpflanzungen

Betula nigra
Schwarz-Birke

Abb. 73: *Betula nigra*   (Foto: Holmåsen)

Betula papyrifera
Papier-Birke

Abb. 74: *Betula papyrifera*   (Foto: Holmåsen)

Familie: *Betulaceae* – Birkengewächse
Herkunft: Nordamerika
Wuchs: großer Baum, Krone tief angesetzt, hochgewölbt, licht, oft auch mehrstämmig; 15–20(–30) m hoch wachsend, 10–15(–20) m breit
Blatt: oben mattgrün, unterseits heller, eiförmig, zugespitzt, 4–10 cm lang, wechselständig; Herbstfärbung goldgelb
Blüte: grüngelbe, hängende Kätzchen, bis 4 cm lang
Blütezeit: IV–V
Frucht: unscheinbar
Standort: sonnig
Bodenansprüche: mäßig trocken bis feucht, sauer bis leicht alkalisch, durchlässig und nährstoffreich
Verwendung: im Siedlungsbereich in großen Gärten, als Hausbaum, in Parkanlagen einzeln und in Gruppen
Eigenschaften: Borke glänzend cremeweiß, glatt, papierartig sich lösend; hitzeempfindlich, hoher Lichtanspruch

Familie: *Betulaceae* – Birkengewächse
Herkunft: östliches Nordamerika
Wuchs: Baum, anfangs trichterförmig, später locker rundkronig mit variablem Kronendurchmesser; neigt zur Mehrstämmigkeit; 15–20 m hoch, 10–15 m breit
Blatt: oben anfangs stumpfgrün, später glänzend, unterseits blaugrün, rauten- bis eiförmig, bis 5 cm lang, wechselständig; Herbstfärbung gelb
Blüte: eiförmige bis 8 cm lange Kätzchen, gelblich, vor dem Austrieb
Blütezeit: IV–V
Frucht: geflügelte Nüßchen
Standort: sonnig
Bodenansprüche: bevorzugt feucht und nährstoffreich
Verwendung: im Siedlungsbereich einzeln und in Gruppen, in der Landschaft in Mischpflanzungen, an breiten Alleen, in Parks
Eigenschaften: Borke gelbgrau bis braun, kraus abrollend, aber am Stamm haftend, frosthart, meidet Schattenlagen

Betula pendula
Sand-Birke, Weiß-Birke

Familie: *Betulaceae* – Birkengewächse
Herkunft: Europa, Kleinasien
Wuchs: großer Baum, Krone locker kegelförmig, später hochgewölbt; mit hängenden Zweigen; Größe und Form sehr variabel, 8–20(–30) m hoch, 8–12 m breit
Blatt: oberseits dunkelgrün, unterseits hell graugrün; dreieckig bis rautenförmig, am Ende zugespitzt, 3–7 cm lang, wechselständig; Herbstfärbung goldgelb
Blüte: walzenförmige, gelbliche Kätzchen, 2–3 cm lang, vor dem Laubaustrieb
Blütezeit: IV–V
Frucht: Nüßchen in kleinen Zapfen, geflügelt
Standort: sonnig
Bodenansprüche: feucht bis trocken, auch nährstoffarm
Verwendung: Landschaftsgehölz, Pioniergehölz mit großer Standortamplitude, als Feldgehölz, als Bestand in Laubwäldern, für Knicks, als Straßen-, Park- und Alleebaum
Eigenschaften: Borke anfangs glänzend hellbraun, später glatt weiß mit schwarzborkigen Rissen, lichthungrig

Abb. 75: *Betula pendula*

Betula pendula 'Fastigiata'
Säulen-Birke

Baum mit säulenförmiger Krone, straff aufrecht, geschlossen; 12–15 m hoch und 4–6 m breit

Betula pendula 'Purpurea'
Blut-Birke

kleiner Baum mit lockerer Krone; 10–12 m hoch und 3–5 m breit. Blatt im Austrieb dunkelrot, später purpurfarben; Herbstfärbung variierend rot

Betula pendula 'Tristis'
Hänge-Birke

Baum mit durchgehendem Stamm, unregelmäßiger Kronenform und kaskadenartig herabhängenden Zweigpartien; 15–20 m hoch und 5–10 m breit

Betula pendula 'Youngii'
Trauer-Birke

kleiner Baum, Krone schirmförmig mit lang herunterhängenden Zweigen. 5–7 m hoch, 3–5 m breit

Betula pendula 'Crispa'
(*Betula pendula dalecarlica* hort.)
Ornäs-Birke

Herkunft Südschweden. Baum mit schmal-aufrechter Krone, Zweige dünn, hängend. 10–15 m hoch, 5–7 m breit. Blatt grünglänzend, tief gelappt, 4–8 cm groß, wechselständig; Herbstfärbung gelb. Borke reinweiß, dünnabrollend

Abb. 76: *Betula pendula* 'Tristis'

Abb. 77: *Betula pendula* 'Youngii'

Betula platyphylla var. *japonica*
Japanische Weiß-Birke

Herkunft Japan, Nordchina. Baum mit ovaler, lichter Krone; 15–20 m hoch, 10–12 m breit. Bevorzugt sonnigen Standort, auf schwach saueren bis alkalischen, frischen bis feuchten Böden; Liebhaberpflanze

Betula pubescens
Moor-Birke

Familie: *Betulaceae* – Birkengewächse
Herkunft: Europa
Wuchs: Baum oder Großstrauch, kurze Grundstämme, lockere, unregelmäßige Krone; (3–)5–15(–20) m hoch, standortbedingt
Blatt: dunkelgrün-ledrig, rund- bis eiförmig, wechselständig; Herbstfärbung gelb
Blüte: gelbliche Kätzchen, hängend, bis 2,5 cm lang
Blütezeit: IV–V
Standort: sonnig
Bodenansprüche: gering, bevorzugt jedoch feuchte, saure Böden
Verwendung: heimisches Wildgehölz, in sauren, feuchten und nährstoffarmen Biotopen, autochthon zur Biotoppflege oder aus Kultur zur Anlage von naturnahem Grün
Eigenschaften: Borke weiß, in dünnen Streifen abrollend, an alten Stämmen tiefe schwarzgraue Risse

Abb. 78: *Betula pubescens*

Betula utilis 'Doorenbos'
Himalaja-Birke

Familie: *Betulaceae* – Birkengewächse
Herkunft: Himalaja und China
Wuchs: mittelgroßer Baum, meist mehrstämmig, Krone anfangs schmal aufrecht, später breitoval; 10–15 m hoch, 6–8 m breit
Blatt: grün, herzförmig, 3–5 cm lang, wechselständig; Herbstfärbung goldgelb
Blüte: männliche Kätzchen etwa 5 cm lang
Blütezeit: V
Standort: sonnig
Bodenansprüche: gering, auf kultivierten Böden
Verwendung: Solitärbaum in großen Gärten, Parks und anderen öffentlichen Grünanlagen
Eigenschaften: Borke weißgrau gefleckt, dünn abrollend

Abb. 79: *Betula utilis* 'Doorenbos' (Foto: Holmåsen)

Buddleja alternifolia
Buddleie, Sommerflieder

Familie: *Buddlejaceae* – Sommerfliedergewächse
Herkunft: Westchina
Wuchs: Strauch bis Großstrauch, breitbuschig mit überhängenden Trieben; 2–4 m hoch und breit
Blatt: oben stumpfgrün, unten silbrig-weiß, schmallanzettlich, 3–10 cm lang, wechselständig
Blüte: in dichten Büscheln, achselständig entlang der Zweige am vorjährigen Holz, hellviolett, duftend
Blütezeit: VI
Frucht: unscheinbar
Standort: sonnig, warm
Bodenansprüche: kultivierte Böden, bevorzugt durchlässig
Pflege: Schnitt nur zum Auslichten, kein Rückschnitt
Verwendung: Zierstrauch in Hausgärten und öffentlichen Grünanlagen; zur Einzelstellung oder mit anderen Sträuchern
Eigenschaften: frosthart, hitzeverträglich

Abb. 80: *Buddleja alternifolia*

Abb. 81: *Buddleja alternifolia*

Buddleja-Davidii-Hybriden
Buddleie, Sommerflieder

Familie: *Buddlejaceae* – Sommerfliedergewächse
Wuchs: straff aufrecht wachsender Strauch, leicht geneigte Seitenzweige mit aufrechten oder geneigten Blütenrispen; 3–4 m hoch und breit
Blatt: oberseits graugrün, unterseits weißfilzig, eilanzettlich bis lanzettlich, gegenständig
Blüte: am einjährigen Holz in bis 30 cm langen Rispen am Ende der Zweige
Blütezeit: VII–IX
Standort: sonnig, bevorzugt warm und geschützt
Bodenansprüche: auf allen kultivierten Böden, kalkliebend
Pflege: Rückschnitt im März

Buddleja

Abb. 82: *Buddleja davidii* 'Empire Blue'

Abb. 84: *Buddleja davidii* 'Nanho Blue'

fördert den Blütenansatz
Verwendung: attraktiver Blütenstrauch, einzeln oder in Sorten (!) in Hausgärten, Vorgärten, öffentlichen Anlagen
Sorten: 'Black Knight': 2–3 m hoch; Blüte purpur bis violett, in bis 30 cm langen Rispen. 'Cardinal': 2–3 m hoch; Blüte tief purpurrot, in bis 40 cm langen Rispen. 'Empire Blue': 2 m hoch; Blüte purpur bis violett, in bis 30 cm langen Rispen. 'Fascination': 2–3 m hoch, Blüte rosa, in bis 50 cm langen Rispen. 'Nanho Blue': 1–1,5 m hoch; Blüte blau, in bis 15 cm langen Rispen. 'Nanho Purple': 1–1,5 m hoch; Blüten purpurrot, in bis 15 cm langen Rispen. 'Peace': 2 m hoch; Blüte weiß, in bis 30 cm langen Rispen. 'Pink Delight': 2–3 m hoch; Blüte rosa, in bis 30 cm langen Rispen. 'Purple Prince': 2 m hoch; Blüte tiefviolett, in bis 50 cm langen Rispen. 'Royal Red': 2–3 m hoch; Blüte purpurrot, in bis 50 cm langen Rispen

Abb. 85: *Buddleja davidii* 'Royal Red'

Abb. 86: *Buddleja davidii* 'Pink Delight'

Abb. 83: *Buddleja davidii* 'Fascination'

Abb. 87: *Buddleja davidii* 'Nanho Purple'

Buxus

Buxus sempervirens 'Suffruticosa'
Einfassungs-Buchsbaum

Familie: *Buxaceae* – Buchsbaumgewächse
Herkunft: Cultivar
Wuchs: Zwergstrauch bis Kleinstrauch, straff aufrecht, dichtbuschig verzweigt; bis 1 m hoch, 0,3–0,5 m breit
Blatt: immergrün, oberseits glänzend dunkelgrün, eiförmig, 1–2 cm lang, gegenständig, giftig!
Blüte: unscheinbar
Blütezeit: IV–V
Frucht: unscheinbar
Standort: sonnig bis schattig
Bodenansprüche: neutral bis kalkhaltig, frisch bis mäßig trocken
Verwendung: für niedrige Hecken in Bauerngärten und zur Einfassung von Rabatten, Wegen und Gräbern
Eigenschaften: winterhart, ganzjährig schnittverträglich

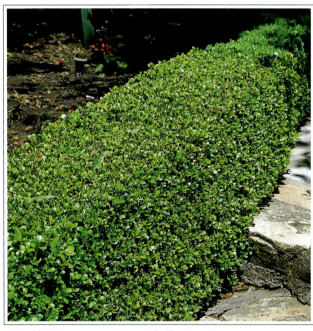

Abb. 88: *Buxus sempervirens* 'Suffruticosa'

Buxus sempervirens var. *arborescens*
Gewöhnlicher Buchsbaum

Abb. 89: *Buxus sempervirens* 'Rotundifolia'

Familie: *Buxaceae* – Buchsbaumgewächse
Herkunft: Südeuropa
Wuchs: Großstrauch, breit aufrecht, dichtbuschig, gelegentlich auch mehrstämmiger kleiner Baum; 0,3–4(–6) m hoch
Blatt: immergrün, oben ledrig dunkelgrün, unten heller, Form elliptisch bis eiförmig und sehr veränderlich, 1,5–3 cm lang, gegenständig
Blüte: unscheinbar, gelb-grünlich, in dichten Büscheln mit strengem Geruch
Blütezeit: IV–V
Frucht: unauffällige, braune Kapseln, 7–8 mm lang, ab VIII
Standort: sonnig bis schattig
Bodenansprüche: neutral bis kalkhaltig, frisch bis mäßig trocken
Verwendung: für immergrüne frei wachsende oder geschnittene Hecken, in Mischpflanzungen
Eigenschaften: gut frosthart, stadtklimafest, ganzjährig schnittverträglich
Sorten: 'Bullata': Blätter dunkelblaugrün, breit eiförmig, bis 3,5 cm lang. 'Handsworthiensis': Blätter breit eirund, Rand nach unten gewellt, 4 cm lang. 'Rotundifolia': Blätter rund bis breit eiförmig, bis 2,5 cm lang

Callicarpa bodinieri var. *giraldii*
Schönfrucht, Liebesperlenstrauch

Abb. 90: *Callicarpa bodinieri* var. *giraldii*

Familie: *Verbenaceae* – Eisenkrautgewächse
Herkunft: China
Wuchs: Strauch mit aufrechten Grundtrieben und feinen verzweigten Trieben; 2 m hoch und breit
Blatt: stumpfgrün, elliptisch bis eiförmig, fein gezähnt, 5–12 cm lang, gegenständig
Blüte: in lila Trugdolden am einjährigen Holz, unscheinbar
Blütezeit: VII–IX
Frucht: violette Perlen, 4 mm ø, achselständig in dichten Büscheln, zahlreich und zierend, von VII–IX
Standort: sonnig bis lichter Schatten, bevorzugt für warme, milde Lagen. Winterschutz empfehlenswert
Bodenansprüche: auf gut kultivierten Böden, sauer bis neutral
Verwendung: Zierstrauch in Hausgärten, auf Terrassen, auch in Kübeln und Trögen
Eigenschaften: mehrere Pflanzen zusammen fördern den Fruchtansatz; Winterschutz empfehlenswert
Sorten: 'Profusion'

Calycanthus

Abb. 91: *Callicarpa bodinieri* 'Profusion'

Calluna vulgaris
Besen-Heide, Sommer-Heide

Familie: *Ericaceae* – Heidekrautgewächse
Herkunft: Europa, Kleinasien
Wuchs: dichtbuschiger Zwergstrauch, niederliegend bis aufrecht, stark verzweigt; 0,2–0,8 m hoch
Blatt: immergrün, nadelförmig, dunkelgrün bis graugrün, 1–3 mm lang, gegenständig
Blüte: glockenförmig, dicht gedrängt in Trauben, am Ende der Zweige; Farbe der Art rosalila, sonst sortenbedingt
Blütezeit: VIII–IX
Frucht: unscheinbar
Standort: sonnig
Bodenansprüche: mäßig trocken bis feucht, sauer bis neutral, nährstoffarme Sandböden und saure Substrate
Pflege: Rückschnitt im März/April auf die Hälfte des letztjährigen Triebes
Verwendung: Landschaftsgehölz der Heiden, bestandsbildend durch Beweidung, sonst Teil von Zwergstrauchgesellschaften, an Waldrändern und in lichten Wäldern; Sortenreiches Ziergehölz der Hausgärten
Eigenschaften: Wurzeln weitstreichend ausbreitend, verträgt keine Düngung
Sorten: weißblühend: 'Alba Plena': Blüte weiß, gefüllt; Blatt frischgrün. 'Kinlochruel': Blüte weiß, gefüllt; Blatt mittelgrün. 'Long White': Blüte weiß, einfach; Blatt frischgrün.
rosa bis lila: 'County Wicklow': Blüte hellrosa, gefüllt; Blatt mittelgrün. 'H.E.Beale': Blüte hellrosa, gefüllt; Blatt dunkelgrün. 'J.H. Hamilton': Blüte lachsrosa, gefüllt; Blatt dunkelgrün. 'Mullion': Blüte lilarosa, einfach; Blatt dunkelgrün. 'Peter Sparkes': Blüte rosa, gefüllt; Blatt mittelgrün. 'Roter Favorit': Blüte lachsrosa, gefüllt; Blüte frischgrün. 'Schurig's Sensation': Blüte dunkelrosa, gefüllt; Blatt dunkelgrün.
purpur bis rot: 'Allegro': Blüte dunkelkarminrot; Blatt dunkelgrün. 'Alportii': Blüte karminrot, einfach; Blatt dunkelgrün. 'Dark Star': Blüte reinrot, einfach; Blatt mittelgrün. 'Red Star': Blüte purpurrot, gefüllt; Blatt graugrün.
besondere Blattfarbe: 'Gold Haze': Blüte weiß, einfach; Blatt goldgelb. 'Silver Knight': Blüte lilarosa, einfach; Blatt silbergrau

Abb. 92: *Calluna vulgaris* (Foto: Holmåsen)

Calycanthus floridus
Echter Gewürzstrauch

Familie: *Calycanthaceae* – Gewürzstrauchgewächse
Herkunft: Nordamerika
Wuchs: breitbuschiger, aufrechter Strauch, mit zahlreichen Grundtrieben; 1–3 m hoch, 1,5–2,0 m breit
Blatt: oberseits grün, unterseits graugrün, behaart, oval bis eirund, 5–12 cm lang, gegenständig
Blüte: etwa 5 cm groß, dunkelbraunrot, duftend, magnolienähnliche Form
Blütezeit: VI–VII
Frucht: selten ausgebildet, daher unbedeutend
Standort: sonnig, warm und geschützt
Bodenansprüche: tiefgründiger, nahrhafter Boden, bevorzugt frisch bis feucht
Pflege: Bodenschutz empfehlenswert; nach strengen Wintern Rückschnitt erfrorener Triebe vor dem Austrieb
Verwendung: Zierstrauch zur Einzelstellung und in Gruppen, in Gärten und im Öffentlichen Grün

Abb. 93: *Calycanthus floridus*

Caragana

Caragana arborescens
Gewöhnlicher Erbsenstrauch

Familie: *Leguminosae* – Hülsenfruchtgewächse
Herkunft: Sibirien, Mandschurei
Wuchs: großer Strauch mit straff aufrechten Trieben, wenig verzweigt; 4–6 m hoch, 3–5 m breit
Blatt: hellgrün, Fiederblätter zu 8–10, wechselständig, Blättchen elliptisch, Stipeln meist dornig
Blüte: hellgelbe Schmetterlingsblüten, selten
Blütezeit: V–VI
Frucht: unbedeutend
Standort: sonnig
Bodenansprüche: gering, bevorzugt auf leichten, trockenen und sandigen Böden
Verwendung: Deckstrauch, für Windschutz und Hecken, Pioniergehölz auf devastierten Böden
Eigenschaften: salzverträglich, trockenheitsverträglich

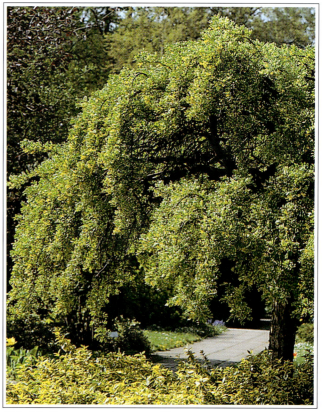

Abb. 95: *Caragana arborescens* 'Pendula' (Foto: Holmåsen)

Abb. 94: *Caragana arborescens*

Caragana arborescens 'Lorbergii'
Erbsenstrauch 'Lorbergii'

Gartenform. Strauch mit straff aufrechtem Grundtrieb, Triebspitzen etwas überhängend. 2–3 m hoch, 1–2 m breit. Blatt schmal-lanzettlich. Sonst wie die Art

Caragana arborescens 'Pendula'
Hängender Erbsenstrauch

Gartenform. Auf Hochstamm veredelte Hängeform mit bogig herabhängenden Zweigen. Sonst wie die Art

Caragana arborescens 'Pygmaea'
Zwerg-Erbsenstrauch

Wildform. Zwergstrauch bis Kleinstrauch, vieltriebig breitwachsend; 0,5–0,75 m hoch. Blatt hellgrün, Fiederblätter, Blättchen 8–15 mm lang, linealisch bis verkehrt-lanzettlich; Stipeln verdornend. Gelbe, bis 2 cm lange Blüten, von V–VI

Carpinus betulus
Hainbuche, Weißbuche

Familie: *Betulaceae* – Birkengewächse
Herkunft: Europa, Vorderasien
Wuchs: Baum mit hochgewölbter, rundlicher Krone, auch mehrstämmig; Stamm oft drehwüchsig; 5–20 m hoch, 3–15 m breit
Blatt: frischgrün, eiförmig bis länglich-eiförmig, Seitenadern stark ausgeprägt, 4–10 cm lang, wechselständig, langhaftend
Blüte: männliche Kätzchen gelb, bis 8 cm lang, weibliche Kätzchen bis 3 cm lang
Blütezeit: IV–V
Frucht: ovale Nüßchen auf

Abb. 96: *Carpinus betulus*

Castanea

Abb. 97: *Carpinus betulus* 'Fastigiata'

Hochblättern
Standort: sonnig bis absonnig
Bodenansprüche: auf nahezu allen Böden, alkalisch bis sauer, trocken bis feucht
Verwendung: als heimisches Laubgehölz, in der Landschaft für Knicks, Wallhecken, Feldgehölzinseln, Waldrand, Windschutz, Hangbefestigung; im Siedlungsbereich als Straßenbaum und klassische Heckenpflanze
Eigenschaften: sehr schnittverträglich, zuverlässig frosthart, verträgt Hitzeperioden, jedoch keine stauende Nässe
Sorten: 'Fastigiata' – Pyramiden-Hainbuche: Wuchs säulenförmig schmal

Caryopteris × *clandonensis*
Bartblume

Abb. 98 + 99

Abb. 98: *Caryopteris* × *clandonensis* 'Heavenly Blue'

Abb. 99: *Caryopteris* × *clandonensis* 'Kew Blue'

Familie: *Verbenaceae* – Eisenkrautgewächse
Herkunft: Japan, Ostchina
Wuchs: kleiner Strauch, vieltriebig aus der Basis mit straff aufrechten Grundtrieben; bis 1 m hoch
Blatt: oben tiefgrün glänzend, unten filzig graugrün, lanzettlich, bis 8 cm lang, gegenständig
Blüte: dunkelblau, kronenförmig angeordnete kurze Röhren, auslaufend in Zipfeln, endständig und in den Achseln der oberen Blätter, am einjährigen Holz
Blütezeit: IX–X

Standort: sonnig
Bodenansprüche: humos, schwach sauer bis alkalisch, trocken bis frisch
Pflege: im Winter Bodenschutz empfehlenswert. Rückschnitt erfrorener Triebe vor dem Laubaustrieb fördert zugleich den Blütenansatz
Verwendung: Zierstrauch in Vergemeinschaftung mit Stauden, in Steingärten, Heidegärten, Kübeln und Trögen
Eigenschaften: verträgt Hitze und Trockenheit, bedingt winterhart
Sorten: 'Arthur Simmonds', 'Heavenly Blue', 'Kew Blue'

Abb. 100 + 101

Castanea sativa
Edel-Kastanie, Marone

Familie: *Fagaceae* – Buchengewächse
Herkunft: Südeuropa, Westasien
Wuchs: großer Baum mit mächtiger, breit ausladender Krone auf meist kurzem, drehwüchsigem Stamm; 15–30 m hoch, 12–20 m breit
Blatt: tiefgrün, mattglänzend, länglich bis lanzettlich, 12–25 cm lang, wechselständig; Herbstfärbung braun
Blüte: männliche Blüten zu mehreren in Knäueln, grünlichweiß als aufrechte Ähren, bis 20 cm lang, duftend; weibliche Blüten unscheinbar
Blütezeit: VI–VII
Frucht: halbkugelig, glänzendbraun, (Maronen) in stacheliger, grünbrauner Fruchthülle, reif ab X
Standort: sonnig
Bodenansprüche: humos, trocken bis frisch und kalkarm
Verwendung: Parkbaum für Einzelstellung im Siedlungsbereich, Landschaftsgehölz in Mischwäldern in Höhen bis 900 m
Eigenschaften: bevorzugt im Weinbauklima, nur dort regelmäßige Fruchtreife

Castanea

Abb. 100: *Castanea sativa* 'Spanish Chestnut'
Abb. 101: *Castanea sativa*

Frucht: auffallende Schoten im Juli, bis 35 cm lang, hängend
Standort: sonnig, geschützt
Bodenansprüche: auf warmen, humosen Böden
Pflege: in der Jugend Frostschutz empfehlenswert
Verwendung: Parkbaum zur Einzelstellung in Parks und großen Grünanlagen, auffallend mit Blatt und Blüte. Bienenfutterpflanze
Sorten: 'Aurea' – Gold-Trompetenbaum: Blätter im Austrieb goldgelb, später grünlichgelb. 'Nana' – Kugel-Trompetenbaum: Kleinbaum, auf Stamm veredelt. Krone dichttriebig-kugelförmig, später flach-rund. Keine Blüten. Höhe je nach Veredelung 4–7 m

Abb. 103: *Catalpa bignonioides* 'Nana'

Catalpa bignonioides
Trompetenbaum

Abb. 102 + 103

Familie: *Bignoniaceae* – Trompetenbaumgewächse
Herkunft: Nordamerika
Wuchs: Baum mit kurzem Stamm und breiter, hochgewölbter Krone, weit ausladende Seitenäste, im Alter überhängend; 10–15 m hoch, 8–10 m breit
Blatt: frischgrün, herzförmig, bis 20 cm lang, kurz und weich behaart, gegenständig
Blüte: reinweiße Rispen, 15–20 cm lang, am einjährigen Holz, vielblütig
Blütezeit: VI–VII

Ceanothus × delilianus 'Gloire de Versailles'
Säckelblume 'Gloire de Versailles'

Abb. 104

Abb. 102: *Catalpa bignonioides*
Abb. 104: *Ceanothus × delilianus* 'Gloire de Versailles'

Familie: *Rhamnaceae* – Kreuzdorngewächse
Herkunft: *(Ceanothus americanus × Ceanothus coeruleus)*
Wuchs: kleiner Strauch, Triebe aufrecht aus der Basis, Zweige fein behaart; 1,5(–2) m hoch, 1,5 m breit
Blatt: dunkelgrün, unterseits filzig, elliptisch bis eilänglich, bis 8 cm lang, wechselständig
Blüte: dunkelblaue Rispen, aufrecht, am einjährigen Holz, bis 10 cm lang
Blütezeit: VII–X
Standort: sonnig, geschützt
Bodenansprüche: auf kultivierten Böden, sandig bis kiesig, kalkverträglich
Pflege: Bodenschutz empfehlenswert da nur bedingt winterhart, radikaler Rückschnitt im Frühjahr (II–III) möglich
Verwendung: Zierstrauch in Vergemeinschaftung mit Stauden, Rosen, Zwerggehölzen

Ceanothus × pallidus 'Marie Simon' — Abb. 105
Säckelblume 'Marie Simon'

zahlreiche Blüten in Rosa; Blütezeit von VI–VIII. Sonst ähnlich *Ceanothus* x *delilianus* 'Gloire de Versailles'

Abb. 105: *Ceanothus × pallidus* 'Marie Simon'

Cercidiphyllum japonicum — Abb. 106
Kuchenbaum, Katsurabaum

Familie: *Cercidiphyllaceae* – Kuchenbaumgewächse
Herkunft: Japan
Wuchs: kleiner Baum, Krone pyramidal bis schirmförmig, oft mehrstämmig; 8–10 m hoch, 5–7 m breit
Blatt: im Austrieb rotbraun, später frischgrün, stumpf-herzförmig bis breitrund, 6–12 cm lang, gegenständig; Herbstfärbung in Farbtönen von hellgelb bis scharlachrot
Blüte: karminrot, zweihäusig, unscheinbar, vor dem Blattaustrieb
Blütezeit: IV
Frucht: in Fruchthülsen, gelblich, bis 2 cm lang
Standort: im lichten Schatten
Bodenansprüche: gering, bevorzugt nährstoffreiche, tiefgründige Böden, schwach sauer bis alkalisch
Pflege: in Trockenperioden ausreichend wässern
Verwendung: Parkbaum zur Einzelstellung in Parks, öffentlichen Grünanlagen und großen Gärten
Eigenschaften: spätfrost- und trockenheitsgefährdet

Abb. 106: *Cercidiphyllum japonicum* (Herbstfärbung) (Foto: Holmåsen)

Cercis siliquastrum — Abb. 107
Gewöhnlicher Judasbaum

Abb. 107: *Cercis siliquastrum* (Foto: Holmåsen)

Cercis

Familie: *Caesalpiniaceae* – Caesalpiniengewächse
Herkunft: Südeuropa
Wuchs: großer Strauch oder kleiner Baum, meist mehrstämmig, Krone schirmartig
Blatt: stumpfgrün, unterseits bläulichgrün, fast kreisrund, Basis herzförmig eingeschnitten, 7–12 cm lang und ebenso breit, wechselständig
Blüte: in Blütenbüscheln, purpurrosa, unmittelbar am Holz der Zweige und am Stamm; vor dem Laubaustrieb
Blütezeit: IV–V
Standort: sonnig, geschützt
Bodenansprüche: bevorzugt mäßig nährstoffreiche, durchlässige Böden von neutral bis mäßig sauer, frisch
Verwendung: Parkbaum zur Einzelstellung in Gärten und Parks
Eigenschaften: frostempfindlich, nur an heißen, sonnigen und geschützten Standorten empfehlenswert

Chionanthus virginicus
Schneeflockenstrauch

Abb. 108

Abb. 108: *Chionanthus virginicus*

Familie: *Oleaceae* – Ölbaumgewächse
Herkunft: südöstliches Nordamerika
Wuchs: aufrechter, breitbuschiger Strauch; bis 3 m hoch und breit
Blatt: frischgrün, ledrigglänzend, elliptisch bis eiförmig, gegenständig, 10–20 cm lang
Blüte: locker überhängende Rispen, weiß, bis 20 cm lang, duftend, am mehrjährigen Holz
Blütezeit: VI
Frucht: unscheinbar
Standort: sonnig bis halbschattig
Bodenansprüche: auf guten Gartenböden, bevorzugt feucht, schwach sauer
Verwendung: Zierstrauch im Hausgarten
Eigenschaften: bedingt winterhart, Schnitt nur nach der Blüte, da Blüten an vorjährigen Trieben

Choenomeles japonica
(Chaenomeles japonica)
Japanische Zierquitte, Niedrige Scheinquitte

Familie: *Rosaceae* – Rosengewächse
Herkunft: Japan
Wuchs: Kleinstrauch, breitwüchsig, sparrig verzweigt; 1–1,5 m hoch und breit
Blatt: oberseits glänzendgrün, unten heller, breit-eiförmig, wechselständig, 3–5 cm lang
Blüte: schalenförmig, in Büscheln, ziegelrot, zahlreich am mehrjährigen Holz
Blütezeit: IV–V
Frucht: apfelförmig, gelb, oft orange gepunktet, 4–5 cm ø, duftend, eßbar
Standort: sonnig bis halbschattig
Bodenansprüche: auf kultivierten Böden, frisch bis feucht, sauer bis neutral
Verwendung: Zierstrauch, anspruchsloses Gruppengehölz, für niedrige, freiwachsende Hecken, als Blütengehölz im Hausgarten
Eigenschaften: ausläufertreibend, schnittverträglich

Choenomeles speciosa
(Chaenomeles speciosa, Chaenomeles lagenaria)
Chinesische Zierquitte, Hohe Scheinquitte

Abb. 109 – 111

Abb. 109: *Choenomeles speciosa*

Abb. 110: *Choenomeles speciosa* 'Nivalis'

Clethra

Abb. 111: *Choenomeles speciosa* **'Simonii'**

Familie: *Rosaceae* – Rosengewächse
Herkunft: China, Japan
Wuchs: Strauch mit aufrechten Trieben und ausladenden Zweigen; 2–3 m hoch und breit
Blatt: dunkelgrün, hochglänzend, spitzoval, wechselständig, bis 8 cm lang
Blüte: schalenförmig, in Büscheln, leuchtend rosa bis dunkelrot am mehrjährigen Holz
Blütezeit: III–V
Frucht: länglich bis 8 cm, gelbgrün bis bräunlich, schwachduftend, eßbar
Standort: sonnig–halbschattig
Bodenansprüche: auf kultivierten Böden, frisch bis feucht, sauer bis neutral
Verwendung: Zierstrauch, anspruchsloses Gruppengehölz, für niedrige, freiwachsende Hecken, als Blütengehölz im Hausgarten
Sorten: 'Nivalis': Blüten reinweiß. 'Simonii': flacher Wuchs, Blüten samtrot, halbgefüllt

Choenomeles × superba (*Chaenomeles superba*)
Zierquitten

Abb. 112 + 113

Herkunft *(Chenomeles japonica × Chenomeles lagenaria –* Selektionen). Kleine breitbuschige Sträucher, 1,5 m hoch und breit. Sorten: 'Andenken an Carl Ramcke': leuchtend zinnoberrot. 'Crimson and Gold': dunkelrot, gelbe Staubgefäße. 'Elly Mossel': feuerrot, frühblühend. 'Fire Dance': rot mit gelben Staubgefäßen. 'Nicoline': scharlachrot, groß

Abb. 113: *Choenomeles × superba* **'Nicoline'**

Clethra alnifolia
Scheineller, Zimterle

Abb. 114

Familie: *Clethraceae* – Scheineller, Zimtgewächse
Herkunft: östliches Nordamerika

Abb. 114: *Clethra alnifolia*

Abb. 112: *Choenomeles × superba* **'Fire Dance'**

Clethra

Wuchs: straff aufrechter und buschiger Strauch; 2–3 m hoch, 1,5–2 m breit
Blatt: grün, 4–10 cm lang, zugespitzt, verkehrt eiförmig
Blüte: in Blütentrauben, bis 15 cm lang, weiß, am einjährigen Holz, duftend
Blütezeit: VII–IX

Frucht: unscheinbar
Standort: sonnig bis schattig
Bodenansprüche: gering
Pflege: Winterschutz empfehlenswert, Schnitt nicht erforderlich
Verwendung: Zierstrauch für den Hausgarten, Blütengehölz im Spätsommer

Colutea arborescens
Blasenstrauch

Abb. 115

Abb. 115: *Colutea arborescens*

Familie: *Leguminosae* – Hülsenfruchtgewächse
Herkunft: Südeuropa, Nordafrika
Wuchs: Strauch bis Großstrauch, Grundtriebe aufrecht, im Alter ausgebreitet; 2–3(–4) m hoch, 2–3 m breit
Blatt: oben frischgrün, unten weißfilzig, 30–60 cm lang; Fiederblätter lanzettlich, 6–12 cm lang, unpaarig gefiedert
Blüte: gelbe Schmetterlingsblüten in Trauben, zu 6–8, am einjährigen Holz
Blütezeit: V–VIII

Frucht: Hülsen, 5–8 cm lang, hellgrau, auffallend
Standort: sonnig bis halbschattig
Bodenansprüche: bevorzugt leichte, kalkhaltige und trockene Böden
Verwendung: heimisches Wildgehölz; in der Landschaft auf Rohböden und in extremen Trockenlagen, an Böschungen; entsprechend im Siedlungsbereich
Eigenschaften: besonders hitze- und trockenheitsverträglich, Stickstoffsammler

Cornus alba
Weißer Hartriegel

Abb. 116 + 117

Familie: *Cornaceae* – Hartriegelgewächse
Herkunft: Osteuropa bis Sibirien, Korea
Wuchs: breiter, aufrecht wachsender Strauch, im Alter bogig überhängend; 3–4(–5) m hoch, 3–5 m breit
Blatt: oberseits lebhaft grün, unterseits bläulich, elliptisch-eiförmig, 4–8 cm lang, gegenständig; Herbstfärbung gelb bis rot
Blüte: gelblich-rahmweiße Trugdolden, 3–5 cm groß
Blütezeit: V
Frucht: unscheinbar
Standort: sonnig bis schattig
Bodenansprüche: gering, bevorzugt feucht
Verwendung: Pioniergehölz, als Windschutzgehölz, in Knicks und Hecken, im Hausgarten als Zierstrauch mit roter Rinde
Eigenschaften: frosthart, kalkverträglich, verträgt Verjüngungsschnitt im II/III
Sorten: 'Argenteomarginata' – Weißbunter Hartriegel: Blätter weißgerandet. 'Kesselringii': Rinde purpur, Blätter bräunlichgrün. 'Spaethii': Rinde hellgrün, Blätter gelbgerandet

Abb. 116 *Cornus alba*

Abb. 117: *Cornus alba* 'Spaethii'

Cornus alba 'Sibirica'
Sibirischer Hartriegel

Abb. 118

Herkunft Sibirien. Mittelhoher Strauch, zunächst straff aufrecht, später locker-breitbuschig wachsend, 2–3 m hoch und breit. Auffallend korallenrote Rinde mit hohem Zierwert, besonders während der Vegetationsruhe

Abb. 118: *Cornus alba* 'Sibirica'

Cornus alternifolia
Etagen-Hartriegel

Familie: *Cornaceae* – Hartriegelgewächse
Herkunft: östliches Nordamerika
Wuchs: großer Strauch, etagenförmiger Aufbau mit breit ausladenden Seitenästen; 4–6 m hoch, 3–5 m breit
Blatt: oberseits frischgrün, unterseits bläulich, breit eiförmig, 6–12 cm lang, wechselständig; Herbstfärbung dunkelviolett
Blüte: weiße Schirmrispen, bis 5 cm groß
Blütezeit: V–VI
Frucht: blauschwarz bereifte Beeren an roten Stielen, ø 4–6 mm
Standort: sonnig bis schattig
Bodenansprüche: gering, bevorzugt feucht
Verwendung: als Ziergehölz mit interessanter Wuchsform, und auffallender, glänzend purpurbrauner Rinde

Familie: *Cornaceae* – Hartriegelgewächse
Herkunft: Nordamerika, Kanada
Wuchs: staudenartig kriechend, kaum fußhoch (10–20 cm); durch Wurzelausläufer ausbreitend
Blatt: wintergrün, glänzendgrün, eiförmig, quirlständig, 2–4 cm lang
Blüte: kleine, grünlichrote Blütenköpfe in der Mitte von vier großen, weißen Hochblättern
Blütezeit: VI
Frucht: erbsenförmig, zu mehreren, leuchtend rot
Standort: halbschattig
Bodenansprüche: lockere, humose und saure Böden
Verwendung: für flächige Pflanzungen in schattigen Lagen; im Hausgarten und im Öffentlichen Grün

Abb. 121: *Cornus canadensis*   Abb. 122: *Cornus canadensis*

Cornus controversa
Pagoden-Hartriegel

Familie: *Cornaceae* – Hartriegelgewächse
Herkunft: China, Japan
Wuchs: kleiner Baum mit quirlförmig angeordneten, ausgeprägt waagerecht stehenden Ästen; 8–10(–12) m hoch, 8–10 m breit
Blatt: runzlig-grün, unterseits bläulich, breit elliptisch, 7–15 cm lang, wechselständig, in der Form variabel
Blüte: weiße Schirmrispen, bis 15 cm groß
Blütezeit: VI
Frucht: blauschwarze Beeren, ø 6 mm, zahlreich, im Herbst
Standort: sonnig bis halbschattig
Bodenansprüche: humos, neutral bis sauer, frisch bis feucht
Pflege: bei Trockenheit gut wässern
Verwendung: Ziergehölz für Park und Garten mit attraktivem Habitus
Eigenschaften: gegen Trockenheit empfindlich

Abb. 119: *Cornus alternifolia* 'Argentea'

Cornus canadensis
Teppich-Hartriegel

Abb. 120: *Cornus canadensis*

Abb. 123: *Cornus controversa*

Cornus

Cornus florida
Amerikanischer Blumen-Hartriegel

Abb. 124: *Cornus florida* (Foto: Holmåsen)

Familie: *Cornaceae* – Hartriegelgewächse
Herkunft: Nordamerika
Wuchs: großer Strauch, breitbuschig verzweigt oder kleiner Baum mit kurzem Stamm; 4–6 m hoch und breit
Blatt: oberseits sattgrün, unterseits weißlich-grün, breitelliptisch, 7–15 cm groß, gegenständig; Herbstfärbung scharlach bis violett
Blüte: kleine grünliche Blütenköpfchen, in der Mitte von vier weißen Hochblättern
Blütezeit: V–VI
Frucht: eiförmig, klein, scharlachrot, unauffällig
Standort: sonnig–halbschattig
Bodenansprüche: humos, schwach sauer bis neutral, frisch bis feucht
Pflege: in Trockenperioden wässern
Verwendung: zur Einzelstellung als dekoratives Ziergehölz in Gärten, Parks und anderen öffentlichen Grünanlagen
Eigenschaften: anspruchsvoll in Bezug auf Bodenfeuchtigkeit
Sorten: *Cornus florida* f. *rubra* – Roter Blumen-Hartriegel: Hochblätter rosa, sonst wie die Art

Abb. 125: *Cornus florida* f. *rubra*

Cornus kousa
Japanischer Blumen-Hartriegel

Familie: *Cornaceae* – Hartriegelgewächse
Herkunft: Japan, Korea
Wuchs: großer Strauch oder kleiner Baum, straff aufrecht mit etagenförmig angeordneten Seitenästen; 4–6(–8) m hoch, 4–5 m breit
Blatt: oberseits dunkelgrün, unterseits blaugrün, eiförmig, 5–9 cm lang, leicht gewellt, gegenständig; Herbstfärbung scharlachrot
Blüte: kleine Blütenköpfchen, eingefaßt von weißen, länglich-eiförmigen Hochblättern
Blütezeit: V–VI
Frucht: kugelig, rosa bis rot, ø bis 2,5 cm, VIII/IX
Standort: sonnig bis halbschattig
Bodenansprüche: nahrhaft-humos, sauer bis neutral, mäßig trocken bis frisch
Verwendung: zur Einzelstellung als dekoratives Ziergehölz in Gärten, Parks und anderen öffentlichen Grünanlagen
Eigenschaften: Kalk und Staunässe meidend

Abb. 126: *Cornus kousa*

Cornus kousa var. *chinensis*
Chinesischer Blumen-Hartriegel

Herkunft China. Großer Strauch oder kleiner Baum, im Habitus ähnlich *Cornus kousa*, jedoch größer: 5–7(–9) m hoch, 4–6 m breit. Blatt oberseits grün, unterseits weißlich-grün, elliptisch, bis 10 cm lang, kaum gewellt, gegenständig; Herbstfärbung leuchtend rot. Blüte wie *Cornus kousa*, Hochblätter größer, 5–6 cm lang, länglich-eiförmig zugespitzt, weiß

Abb. 127: *Cornus kousa* var. *chinensis*

Cornus mas
Kornelkirsche

Familie: *Cornaceae* – Hartriegelgewächse
Herkunft: Europa bis Kleinasien
Wuchs: Großstrauch mit starken Grundtrieben, sparrig verzweigt, im Alter oft baumartig-grundkronig; 3–6(–8) m hoch, 3–6 m breit
Blatt: oben glänzendgrün, unten mittelgrün mit stark hervortretenden Adern, elliptisch, 4–10 cm groß, gegenständig
Blüte: kleine gelbe Dolden, am mehrjährigen Holz, vor dem Laubaustrieb, langandauernd
Blütezeit: III–IV
Frucht: kirschförmig, rot, bis 2 cm ø, eßbar
Standort: sonnig bis schattig
Bodenansprüche: gering
Verwendung: Landschaftsgehölz, Heckenpflanze, Windschutzgehölz, im Straßenbegleitgrün, auch als Zierstrauch mit Blüten im zeitigen Frühjahr
Eigenschaften: kalkliebend, gut schnittverträglich, Bienenfutterpflanze, Wildfruchtgehölz, Vogelnährgehölz

Abb. 129: *Cornus nuttallii*

Abb. 128: *Cornus mas*

Cornus nuttallii
Blüten-Hartriegel

Familie: *Cornaceae* – Hartriegelgewächse
Herkunft: westliches Nordamerika
Wuchs: aufrechter, breiter Großstrauch; 4–6 m hoch, 3–5 m breit
Blatt: grün, elliptisch, 8–12 cm lang, gegenständig; Herbstfärbung gelb bis orangerot
Blüte: kleine halbkugelige Blütenköpfchen, am Grunde von (meist) 6 Hochblättern, gelblichweiß oder rosa überhaucht, 5–8 cm lang
Blütezeit: V
Frucht: elliptisch, bis 1 cm lang, orangerot
Standort: sonnig bis halbschattig
Bodenansprüche: sauer bis neutral, frisch bis feucht
Verwendung: auffallendes Ziergehölz zur Einzelstellung in Gärten und Parks
Eigenschaften: spätfrostgefährdet, bevorzugt geschützte, warme Standorte mit ausreichender Boden- und Luftfeuchtigkeit

Cornus sanguinea
Roter Hartriegel

Familie: *Cornaceae* – Hartriegelgewächse
Herkunft: Europa
Wuchs: Großstrauch, zunächst straff aufrecht, später ausbreitend, überhängend; 2–5(–8) m hoch, 2–5 m breit
Blatt: oberseits dunkelgrün, unten heller, breit elliptisch, 4–10 cm lang, gegenständig; Herbstfärbung rot
Blüte: weiße Schirmrispen,

Abb. 130: *Cornus sanguinea* (Foto: Holmåsen)

Cornus

4–8 cm groß, streng duftend
Blütezeit: V–VI
Frucht: kugelig, schwarzviolett, weiß punktiert, 5–8 mm groß an roten Stielen, schwach giftig
Standort: sonnig bis schattig
Bodenansprüche: gering
Verwendung: Landschaftsgehölz, als Pioniergehölz mit großer Standortamplitude, für Schutzpflanzungen, in Knicks und Wallhecken, zur Vorpflanzung vor Gehölzgruppen, im Verkehrsbegleitgrün
Eigenschaften: frosthart, schattenverträglich, über Wurzelausläufer sich verbreitend, hohes Ausschlagvermögen, verträgt starken Rückschnitt

Cornus stolonifera 'Flaviramea'
Gelber Hartriegel
Abb. 131

Abb. 131: *Cornus stolonifera* 'Flaviramea'

Familie: *Cornaceae* – Hartriegelgewächse
Herkunft: Nordamerika
Wuchs: vieltriebiger Strauch mit bogenförmigen, später schleppenbildenden Zweigpartien; 1,5–3,5 m hoch und breit
Blatt: hellgrün bis gelblichgrün, eilänglich, 5–10 cm lang, gegenständig
Blüte: gelblichweiße, unscheinbare Schirmrispen
Blütezeit: V
Frucht: rundlich, weiß, ø 7–9 mm, unscheinbar
Standort: sonnig bis schattig
Bodenansprüche: fast alle Böden
Verwendung: Zierstrauch im Öffentlichen Grün und im Hausgarten, der durch die leuchtend gelblichgrüne Rinde seinen Zierwert gewinnt
Eigenschaften: durch Wurzelausläufer bedingte Ausbreitung zu Gebüschgruppen

Cornus stolonifera 'Kelsey's Dwarf'
Zwerg-Hartriegel

Familie: *Cornaceae* – Hartriegelgewächse
Wuchs: Kleinstrauch, breitbuschig, halbkugelförmig, mit aufliegenden Zweigen; Höhe 0,4–0,6 m, 0,6–1,0 m breit
Blatt: frischgrün, eiförmig bis lanzettlich, gegenständig, 6–8 cm lang
Standort: sonnig bis absonnig
Bodenansprüche: bevorzugt frisch bis feucht, schwach sauer bis alkalisch
Verwendung: einzeln in Verbindung mit Stauden und Gräsern, in Gruppen zur ornamentalen Gestaltung oder als Bodendecker
Eigenschaften: verbreitet sich durch Bodentriebe, schnittverträglich, hohes Ausschlagvermögen

Corylopsis pauciflora
Scheinhasel
Abb. 132

Familie: *Hamamelidaceae* – Zaubernußgewächse
Herkunft: Japan
Wuchs: breitbuschiger und feintriebiger Kleinstrauch; 1–1,5 m hoch und breit
Blatt: oben hellgrün, unten bläulich-grün, im Austrieb rötlich, eiförmig, 3–7 cm lang; Herbstfärbung gelb
Blüte: hellgelbe Glöckchen zu 2–3 in kurzen, hängenden Trauben, sehr zahlreich; vor dem Laubaustrieb
Blütezeit: III–IV
Frucht: unscheinbar
Standort: sonnig bis halbschattig, geschützt
Bodenansprüche: auf allen kultivierten, humosen Böden
Verwendung: Ziergehölz für Gärten, als Frühjahrsblüher empfehlenswert; vor Nadelgehölzen, in Innenhöfen, in Trögen
Eigenschaften: im Austrieb etwas frostgefährdet, geschützte Lagen wählen

Abb. 132: *Corylopsis pauciflora* (Foto: Holmåsen)

Corylopsis spicata
Ährige Scheinhasel
Abb. 133

Familie: *Hamamelidaceae* – Zaubernußgewächse
Herkunft: Japan
Wuchs: locker aufrecht wachsender Strauch mit oft sparrigen Trieben; 1–2 m hoch und breit
Blatt: oben sattgrün, unten blaugrün, Umriß herz-eiförmig bis eirund, 3–10 cm lang, wechselständig; Herbstfarbe gelb bis orange
Blüte: grünlichgelbe Glöckchen, zu 7 bis 10, in achselständigen Ähren
Blütezeit: III–IV
Standort: sonnig–halbschattig
Bodenansprüche: auf allen kultivierten, humosen Böden
Pflege: gezielter Rückschnitt

im II oder III möglich
Verwendung: Ziergehölz für Gärten, als Frühjahrsblüher empfehlenswert; vor Nadelgehölzen, in Innenhöfen, in Trögen
Eigenschaften: im Austrieb etwas spätfrostgefährdet

Abb. 133: *Corylopsis spicata* (Foto: Holmåsen)

Corylus avellana
Haselnuß

Abb. 134

Familie: *Betulaceae* – Birkengewächse
Herkunft: Europa, Westasien
Wuchs: großer, breit aufrecht wachsender Strauch, vielstämmig aus der Basis; im Alter breit schirmförmig; 4–7 m hoch und breit
Blatt: oben mittelgrün, unterseits etwas heller, rundlich oder herzförmig, 5–10 cm lang, wechselständig; Herbstfärbung gelb
Blüte: hängende, gelbe Kätzchen, 3–6 cm lang, vor dem Laubaustrieb
Blütezeit: II–III
Frucht: hartschalige Nüsse, zu 1 bis 4, in becherförmigen, geschlitzten Fruchthüllen, eßbar
Standort: sonnig bis schattig
Bodenansprüche: große Standortamplitude; meidet saure Böden und Staunässe
Verwendung: heimisches Landschaftsgehölz für Schutzpflanzungen, Feldgehölzinseln, Hecken, Waldrand, Unterholz in Laub-Mischwäldern, im Hausgarten gerne als Zierstrauch
Eigenschaften: anspruchslos, winterhart, schnittverträglich bis zum radikalen Verjüngungsschnitt

Corylus avellana 'Contorta'
Korkenzieher-Hasel

Abb. 135

Herkunft Cultivar. Strauch mit korkenzieherartig gedrehten Grundtrieben und Zweigen; ausgewachsen dicht verzweigt. 4–5 m hoch und breit. Männliche Kätzchen gelb, zahlreich, hängend, vor dem Austrieb, von II–III. Weniger Früchte als bei der Art. Verwendung als Zierstrauch im Garten mit auffallendem Fruchtschmuck (Kätzchen) im Frühjahr und aparten Zweigformen im Winter

Abb. 135: *Corylus avellana* 'Contorta'

Corylus colurna
Baum-Hasel

Abb. 136

Abb. 136: *Corylus colurna* (Foto: Holmåsen)

Corylus

Familie: *Betulaceae* – Birkengewächse
Herkunft: Südosteuropa bis Kleinasien
Wuchs: Baum mit deutlich kegelförmiger geschlossener Krone und geradem Stamm; 10–15 m hoch, 8–12 m breit
Blatt: dunkelgrün, breit-eiförmig mit doppelt gesägtem Rand, 6–15 cm lang, wechselständig; Herbstfärbung goldgelb
Blüte: hängende, gelblichbraune Kätzchen, bis 12 cm lang, vor dem Laubaustrieb
Blütezeit: II–III
Frucht: hartschalige Nüsse in Fruchthüllen aus tief zerteilten Zipfeln, Früchte in Büscheln, eßbar
Standort: sonnig, anspruchslos
Bodenansprüche: bevorzugt durchlässig-nahrhaft, neutral bis kalkhaltig
Verwendung: Straßenbaum auch an Innenstadtstraßen und in versiegeltem Umfeld, im Öffentlichen Grün; einzeln, in Gruppen und für Alleen
Eigenschaften: ausgesprochen widerstandsfähig gegen Trockenperioden und Strahlungshitze, bei ausgewachsenen Bäumen kann der Fruchtfall etwas lästig werden

Cotinus coggygria
Perückenstrauch

Abb. 138 + 139

Abb. 138: *Cotinus coggygria* (Foto: Holmåsen)

Corylus maxima 'Purpurea'
Purpur-Hasel

Abb. 137

Abb. 137: *Corylus maxima* 'Purpurea' (Foto: Holmåsen)

Familie: *Anacardiaceae* – Sumachgewächse
Herkunft: Südeuropa bis Ostasien
Wuchs: Strauch bis Großstrauch, breitbuschig; 2–5 m hoch und breit
Blatt: ober- und unterseits bläulich bereift, oval bis verkehrt-eiförmig, 3–8 cm lang, wechselständig
Blüte: große gelblichgrüne Rispen, 15–20 cm lang und endständig
Frucht: unscheinbare Steinfrucht
Standort: sonnig, etwas geschützt
Bodenansprüche: mäßig nahrhaft
Verwendung: als Zierstrauch zur Einzelstellung oder in Gruppen
Eigenschaften: anspruchslos an Bodenverhältnisse, besonders trockenheits- und hitzeresistent
Sorten: 'Royal Purple' – Roter Perückenstrauch: Blätter vom Austrieb bis zum Laubfall intensiv schwarzrot und metallisch glänzend

Abb. 139: *Cotinus coggygria* 'Royal Purple'

Familie: *Betulaceae* – Birkengewächse
Wuchs: Strauch mit straff aufrechten Grundtrieben, im Alter schirmartig ausgebreitet; 2–4 m hoch und breit
Blatt: ausdauernd schwarzrot, rund-eiförmig, 5–12 cm lang, leicht gelappt und wechselständig
Blüte: rötliche Blütenkätzchen, 5–7 cm lang; weibliche Kätzchen unscheinbar
Blütezeit: III–IV
Standort: sonnig bis leichter Schatten
Bodenansprüche: alle kultivierten Böden
Verwendung: Zierstrauch im Hausgarten, als Farbkontrast zu anderen Ziersträuchern oder in Einzelstellung

Cotoneaster adpressus
Niedrige Zwergmispel

Familie: *Rosaceae* – Rosengewächse
Herkunft: Westchina
Wuchs: Zwergstrauch, niederliegend und mit fächerförmig verzweigten Trieben kriechend; 0,2–0,3 m hoch
Blatt: oben stumpfgrün, unten heller grün, breit-eiförmig zugespitzt, gewellter Rand, 0,5–1,5 cm lang, wechselständig
Blüte: zu 1–2, rötlich, am mehrjährigen Holz, leicht duftend
Blütezeit: V–VII
Frucht: eirundliche, rote Beeren mit Steinkernen, ø 6–7 mm, ab IX
Standort: sonnig–halbschattig
Bodenansprüche: gering
Verwendung: für flächige Pflanzungen im Hausgarten und im Öffentlichen Grün, in Steingärten, Kübeln und Trögen, auf Gräbern
Eigenschaften: frosthart, anspruchslos

Cotoneaster bullatus
Runzlige Strauchmispel

Familie: *Rosaceae* – Rosengewächse
Herkunft: Westchina
Wuchs: Strauch, locker und breit ausladend, im Alter überhängende Zweige; 2–3 m hoch, 2–5 m breit
Blatt: oben runzlig-dunkelgrün, unterseits graugrün behaart, eilänglich spitz, 3–7 cm lang, wechselständig; Herbstfärbung rot
Blüte: Doldenrispen, ø 8 cm, rötlich zu 3–7 am mehrjährigen Holz
Blütezeit: V–VI
Standort: sonnig–halbschattig
Bodenansprüche: gering
Verwendung: Zierstrauch in Einzelstellung oder in Gruppen
Eigenschaften: feuerbrandgefährdet

Abb. 141: *Cotoneaster dammeri* 'Coral Beauty'

Abb. 140: *Cotoneaster bullatus* (Foto: Holmåsen)

Cotoneaster dammeri
Zwergmispel

Familie: *Rosaceae* – Rosengewächse
Wuchs: Zwergstrauch, Zweige flach ausgebreitet oder niederliegend; Größe je nach Sorte
Blatt: immergrün, elliptisch bis eiförmig, klein, wechselständig
Blüte: weiß bis weißlichrosa, eher unscheinbar
Blütezeit: V–VI
Frucht: Beeren, sortenabhängig in verschiedenen Rottönen, meist zahlreich
Standort: sonnig–halbschattig
Bodenansprüche: gering
Verwendung: für flächige Pflanzungen im Öffentlichen Grün, im Hausgarten, auf Grabanlagen
Sorten: 'Coral Beauty'*: Wuchs teils bogig überhängend, teils kriechend, 0,6 m hoch; reichfruchtend, orangerote Beeren. 'Eichholz'*: Wuchs niedrig und kompakt, 0,2–0,4 m hoch, dicht verweigt, frosthart. 'Holsteins Resi': Wuchs flach aufliegend, ausgebreitet, 0,2–0,3 m hoch, widerstandsfähig gegen Feuerbrand. 'Jürgl'*: Wuchs bogig überhängend bis flachliegend, bis 0,5 m hoch; reichfruchtend, hellrote Beeren. 'Major' *(Cotoneaster dammeri* var. *radicans)*: Zweige flach aufliegend, ausgebreitet, 0,1–0,2 m hoch. 'Skogholm'*: Wuchs teils bogig überhängend, teils kriechend, 1,0–1,2 m hoch, starkwüchsig, vieltriebig. 'Streib's Findling': Wuchs flach aufliegend, ausgebreitet, 0,1-0,2 m hoch, reichfruchtend, langsam wachsend. 'Thiensen': Wuchs flach aufliegend, ausgebreitet, 0,1–0,15 m hoch, widerstandsfähig gegen Feuerbrand.

* Laut Gehölzsichtung Bundessortenamt (BSA) und Bund deutscher Baumschulen (BdB) e.V. empfehlenswert

Abb. 142: *Cotoneaster dammeri* 'Skogholm'

Cotoneaster

Abb. 143: *Cotoneaster dammeri* 'Streib's Findling'

Cotoneaster dielsianus
Graue Felsenmispel

Abb. 144

Familie: *Rosaceae* – Rosengewächse
Herkunft: China
Wuchs: breit-aufrecht wachsender Strauch mit bogig überhängenden Zweigen; 2–5 m hoch und breit
Blatt: oberseits glänzend dunkelgrün, unterseits graugelbfilzig, eirundlich, 1–1,5 cm lang, wechselständig; Herbstfärbung gelb bis rot
Blüte: rosa und weiß, in Schirmtrauben zu 3–7 am mehrjährigen Holz, zahlreich
Blütezeit: VI–VII
Frucht: scharlachrote Beeren, etwa erbsengroß, ø 0,5–0,8 mm, zahlreich und langhaftend
Standort: sonnig–halbschattig
Bodenansprüche: gering
Verwendung: Zierstrauch, einzeln oder in Gruppen, im Siedlungsbereich, auch als freiwachsende Hecke
Eigenschaften: feuerbrandgefährdet

Cotoneaster divaricatus
Breite Strauchmispel

Abb. 145

Abb. 145: *Cotoneaster divaricatus* (Foto: Holmåsen)

Abb. 144: *Cotoneaster dielsianus*

Familie: *Rosaceae* – Rosengewächse
Herkunft: China
Wuchs: Strauch mit breit-aufrechtem Wuchs und fächerförmig abstehenden Zweigen; 2–3 m hoch, 2–5 m breit
Blatt: oberseits glänzend dunkelgrün, unterseits heller, elliptisch, 1–2,5 cm lang, wechselständig; Herbstfärbung braunrot
Blüte: weiß, Basis rötlich, in Schirmtrauben zu 2–4 am mehrjährigen Holz
Blütezeit: VI
Frucht: Beeren korallenrot, oval bis eiförmig, sehr zahlreich, langhaftend
Standort: sonnig–halbschattig
Bodenansprüche: gering
Verwendung: Ziergehölz, einzeln und in Gruppen, im Siedlungsbereich
Eigenschaften: eine der besten Fruchtsorten mit hohem Zierwert, jedoch auch durch Feuerbrand gefährdet

Cotoneaster franchetii
Franchet's Strauchmispel

Familie: *Rosaceae* – Rosengewächse
Herkunft: China
Wuchs: aufrechter Strauch, mit lang überhängenden Trieben und wintergrüner Belaubung; 1–2 m hoch und breit
Blatt: halbimmergrün, oberseits schwach glänzendgrün, unterseits silbergrau-filzig, breit-lanzettlich, 2–3,5 cm lang, wechselständig
Blüte: zu 5–11 in Schirmrispen, weiß und rosa, am mehrjährigen Holz
Blütezeit: VI
Frucht: orangerote, eiförmige Beeren, ø 6–7 mm, langhaftend und zierend
Standort: sonnig bis halbschattig
Bodenansprüche: gering
Verwendung: Ziergehölz, einzeln und in Gruppen, im Siedlungsbereich
Eigenschaften: etwas frostempfindlich, feuerbrandgefährdet

Abb. 147: *Cotoneaster horizontalis*

Abb. 146: *Cotoneaster franchetii*

Cotoneaster lucidus
Spitzblättrige Strauchmispel

Familie: *Rosaceae* – Rosengewächse
Herkunft: Nordchina
Wuchs: Strauch, anfangs straff aufrecht, später stark verzweigt und breit, mit überhängenden Trieben; 2–3 m hoch und breit
Blatt: oben glänzend dunkelgrün, unterseits weißlich, elliptisch, 2–5 cm lang, spitz, wechselständig; Herbstfärbung braunrot
Blüte: rötlich, zu 5–10 am mehrjährigen Holz, streng duftend
Blütezeit: V–VI
Frucht: rundliche, schwarze Beeren, ø 8–10 mm, ab IX
Standort: sonnig bis halbschattig
Bodenansprüche: gering
Verwendung: im Siedlungsbereich einzeln und in Gruppen; als freiwachsende Hecke
Eigenschaften: winterhart, feuerbrandgefährdet

Cotoneaster horizontalis
Fächer-Felsenmispel

Familie: *Rosaceae* – Rosengewächse
Herkunft: Westchina
Wuchs: Kleinstrauch; freistehend niedrig, flach ausgebreitet mit fischgrätenartig verzweigten Trieben; an Mauern aufgerichtet deutlich höher; 0,7–1,5 m hoch, bis 3 m breit
Blatt: oben glänzend dunkelgrün, unten hellgrün, ledrig, fast kreisrund, bis 1,2 cm ø, wechselständig; Herbstfärbung verschiedene Rottöne
Blüte: weiß oder rötlichweiß, etwa 1–2 cm groß, schwach duftend, unauffällig
Blütezeit: V–VI
Frucht: hellrote Beeren, rundlich, zahlreich entlang der Triebe, langhaftend
Standort: sonnig bis absonnig
Bodenansprüche: gering
Verwendung: im Siedlungsbereich, für Böschungen, vor Mauern und an Wänden, an Treppenwangen und Gitterzäunen, in Steingärten

Cotoneaster microphyllus var. cochleatus
Immergrüne Kissenmispel

Familie: *Rosaceae* – Rosengewächse
Wuchs: Zwergstrauch, niederliegend und ausgebreitet mit leicht bogenförmigen Trieben; 0,3–0,5 m hoch
Blatt: immergrün, oberseits glänzend dunkelgrün, unterseits weißbehaart, elliptisch bis verkehrt eiförmig, 0,5–1 cm lang, wechselständig
Blüte: einzeln, weiß, etwa 1 cm ø, schwach duftend, am mehrjährigen Holz, unauffällig
Blütezeit: V–VI
Frucht: scharlachrote Beeren, ø 5–6 mm, ab IX
Standort: sonnig bis halbschattig
Bodenansprüche: gering
Verwendung: Bodendecker für Böschungen, Mauern, Steingärten, Tröge und Kübel
Eigenschaften: bedingt winterhart, nach Verkahlen kräftiger Rückschnitt möglich

Abb. 148: *Cotoneaster microphyllus* var. *cochleatus*

Cotoneaster multiflorus
Blüten-Felsenmispel

Familie: *Rosaceae* – Rosengewächse
Herkunft: Ostasien
Wuchs: Strauch, auch Großstrauch, trichterförmig aufrecht mit bogig überhängenden Zweigen; 2–3(–4) m hoch, 2–3 m breit
Blatt: oberseits blaugrün, matt, unterseits hell-graugrün, breit eiförmig, 2–5 cm lang, wechselständig; Herbstfärbung reingelb
Blüte: in lockeren Blütenständen mit 10–20 weißen Einzelblüten; diese sind 10–12 mm breit
Blütezeit: V–VI
Frucht: leuchtend kirschrote Beeren, sehr zahlreich, ab IX
Standort: sonnig bis halbschattig
Bodenansprüche: gering
Verwendung: Zierstrauch zur Einzelstellung und in Mischpflanzungen
Eigenschaften: stark feuerbrandgefährdet

Abb. 149: *Cotoneaster multiflorus* (Foto: Holmåsen)

Cotoneaster praecox
Nanshan-Zwergmispel

Familie: *Rosaceae* – Rosengewächse
Herkunft: Westchina
Wuchs: Zwergstrauch, bogig überhängend, abwärts gerichtete, sparrig verzweigte Triebe; 0,8–1,2 m hoch, 1–2 m breit
Blatt: oben dunkelgrün glänzend, unten heller grün, eirundlich bis elliptisch, 1–2,5 cm lang, gewellter Rand, wechselständig; Herbstfärbung rot
Blüte: zu 1–3 in den Blattachseln, weiß bis rosa, zahlreich, zierend
Blütezeit: V
Frucht: rundliche, orangerote Beeren, ø 7–12 mm, schwach duftend
Standort: sonnig bis halbschattig
Bodenansprüche: gering
Verwendung: im Siedlungsbereich für Böschungen, an Terrassen, in Steingärten, Kübeln und Trögen, zur Grabbepflanzung
Eigenschaften: frosthart, widerstandsfähig gegen Trockenheit

Abb. 150: *Cotoneaster praecox*

Cotoneaster salicifolius var. *floccosus*
Weidenblättrige Felsenmispel

Familie: *Rosaceae* – Rosengewächse
Herkunft: Westchina
Wuchs: mehrtriebiger, aufrechter Strauch mit breit ausladenden und bogig überhängenden Zweigen; 2–3(–5) m hoch, 3–5 m breit
Blatt: immergrün, oberseits runzlig-dunkelgrün, unterseits filzig behaart, länglich-lanzettlich, 3–10 cm lang, beidendig spitz
Blüte: Schirmrispen mit zahlreichen weißen Einzelblüten, 6–8 mm breit, stark duftend
Blütezeit: VI
Frucht: längliche, orangerote Beeren, ø 4–6 mm, sehr zahlreich und auffallend
Standort: sonnig–halbschattig
Erde: anspruchslos
Verwendung: Zierstrauch zur Einzelstellung und in Gruppen
Eigenschaften: stadtklimafest, schnittverträglich, jedoch extrem feuerbrandgefährdet
Sorten: 'Herbstfeuer' – Zwergmispel: kriechender, bodendeckender Zwergstrauch, schnellwüchsig ausbreitend, bis 0,4 m hoch. 'Parkteppich' – Zwergmispel: bodendeckender Zwergstrauch bis 0,5 m hoch, bogig überhängend und flach aufliegend.

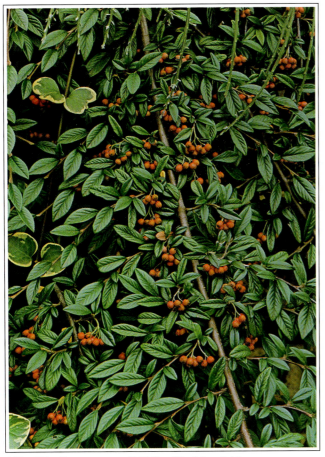

Abb. 151: *Cotoneaster salicifolius* 'Parkteppich'

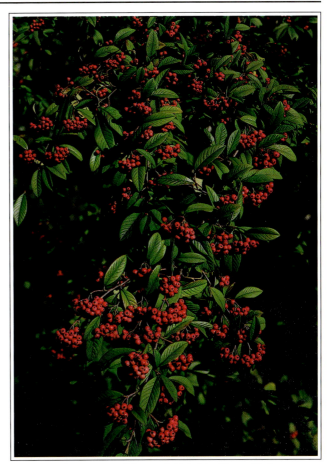

Abb. 152: Cotoneaster-Watereri-Hybride 'Cornubia'

Cotoneaster-Watereri-Hybriden
(Cotoneaster × watereri)
Englische Felsenmispel

Familie: *Rosaceae* – Rosengewächse
Herkunft: *(Cotoneaster frigidus × Cotoneaster henryanus)*
Wuchs: Strauch mit aufwärts gerichteten Trieben, weit ausladend, locker verzweigt, Spitzen überhängend; 2,5–4 m hoch, 2–4 m breit
Blatt: meist wintergrün, runzlig-stumpfgrün, elliptisch bis länglich-lanzettlich, 7–10 cm lang, wechselständig; Herbstfärbung braunrot
Blüte: in großen, weißen Doldentrauben, stark duftend
Blütezeit: ab VI
Frucht: kugelige, rote Beeren, in großen Mengen
Standort: sonnig bis halbschattig, geschützt
Bodenansprüche: bevorzugt nahrhafte, frische bis feuchte Böden
Verwendung: Zierstrauch im Einzelstand und in Vergesellschaftung mit Ziersträuchern
Eigenschaften: ausreichend frosthart, jedoch Winterschutz empfehlenswert

Cotoneaster-Watereri-Hybride 'Cornubia'
(Cotoneaster × watereri 'Cornubia')
Felsenmispel 'Cornubia'

Herkunft Cultivar. Großstrauch, Grundtriebe schräg aufrecht, Zweige breit ausladend, oft bogenförmig überhängend, auch baumartig. 3–5(–7) m hoch, 3–5 m breit. Blatt wintergrün, ledrig mattgrün mit roter Mittelrispe, spitz elliptisch, bis 9 cm lang, wechselständig, Winterfärbung braun. Große, zierende, weiße Doldentrauben am mehrjährigen Holz. Blütezeit VI. Beeren in zahlreichen Fruchtständen, Früchte hellrot, groß und vielzählig

Cotoneaster-Watereri-Hybride 'Pendulus'
(Cotoneaster × watereri 'Pendulus')
Hänge-Felsenmispel

Zwergstrauch, kriechend, niederliegend, auch als Hängeform. Blatt wintergrün. Blüte VI, in weißen Doldentrauben, am mehrjährigen Holz. Zahlreiche, zierende, rote Beeren. In der Regel als aufrecht gezogener Stamm mit lang herabhängenden Zweigen, oft schlaffschleppenartig bis zum Boden

Abb. 153: Cotoneaster-Watereri-Hybride 'Pendulus'

Crataegus

Crataegus crus-galli
Hahnendorn

Familie: *Rosaceae* – Rosengewächse
Herkunft: östliches Nordamerika
Wuchs: kleiner Baum, kurzstämmig mit anfangs rundlicher, im Alter oft breiter, schirmartiger Krone; 6–8 m hoch und breit
Blatt: dunkelgrün glänzend, ledrig, verkehrt eiförmig, wechselständig; Herbstfärbung orangerot
Blüte: weiße Schirmrispen, 5–7,5 cm breit und vielblütig am mehrjährigen Holz
Blütezeit: V–VI
Frucht: stumpfrote Beeren, etwa 1,5 cm ø, ab IX, langhaftend
Standort: sonnig bis halbschattig
Bodenansprüche: gering, bevorzugt tiefgründige, kalkhaltige Böden
Verwendung: kleinkroniger Zierbaum, Straßenbaum, im Öffentliche Grün, einzeln und in Gruppen
Eigenschaften: frosthart und stadtklimaverträglich, bedornt, Dornen 4–8 cm lang

Abb. 155: *Crataegus laevigata*

Abb. 154: *Crataegus crus-galli*

Crataegus laevigata (*Crataegus oxyacantha*)
Zweigriffliger Weißdorn

Familie: *Rosaceae* – Rosengewächse
Herkunft: Europa, Nordafrika
Wuchs: Großstrauch oder kleiner Baum, sparrig verzweigt, ähnlich *Crataegus monogyna*, nur kleiner; 3–6 m hoch und breit
Blatt: oben dunkelgrün, ledrigglänzend, unten mattgrün, 3–5lappig, verkehrt eiförmig; Herbstfärbung gelb bis orange
Blüte: Schirmrispen, gelblichweiße Einzelblüten, ø 1,2 cm
Blütezeit: V
Frucht: rote, ovale Beeren
Standort: sonnig bis halbschattig
Bodenansprüche: gering
Verwendung: heimisches Wildgehölz, auch als Ziergehölz in entsprechenden Pflanzengesellschaften
Eigenschaften: absolut frosthart, schnittverträglich mit hohem Ausschlagvermögen, bedornt mit 2 cm langen, spitzen Dornen

Crataegus laevigata 'Paul's Scarlet'
Rotdorn

Herkunft Cultivar. Kleiner, meist rundkroniger Baum oder Großstrauch; 3–8 m hoch, 3–6 m breit. Blatt oberseits glänzend dunkelgrün, unterseits hellgrün, 3–5lappig, breit eiförmig, wechselständig. Blüten in Büscheln zu mehreren, karminrot gefüllt blühend. Blütezeit von V–VI. Fruchtansatz selten, Dornen wie die Art. Anspruchsloser, frostharter, schnittverträglicher Park- und Straßenbaum, für ungeschnittene freiwachsende Hecken und als Hausbaum.

Abb. 156 + 157: *Crataegus laevigata* 'Paul's Scarlet'

Crataegus × lavallei 'Carrierei'
Apfeldorn 'Carrierei'

Familie: *Rosaceae* – Rosengewächse
Herkunft: (*Crataegus crus-galli × Crataegus pubescens*)
Wuchs: kleiner Baum oder großer Strauch, in der Jugend rundkronig, später breit-flach; 5–7 m hoch, 4–6 m breit
Blatt: dunkelgrün und ledrigglänzend, elliptisch länglich,

bis 15 cm lang, wchselständig, ähnlich *Crataegus crus-galli*
Blüte: gelblich-weiße Schirmrispen, Blüten ø 2,5 cm
Blütezeit: V–VI
Frucht: orangerote, kugelige Beeren von 2 cm ø, langhaftend, auffällig
Standort: sonnig–halbschattig
Bodenansprüche: gering, bevorzugt neutral bis stark alkalisch
Verwendung: kleinkroniger Straßenbaum, als Ziergehölz einzeln und in Gruppen
Eigenschaften: frosthart, stadtklimaverträglich, Dornen nicht sehr zahlreich, 2,5 cm lang

Crataegus monogyna
Eingriffliger Weißdorn

Familie: *Rosaceae* – Rosengewächse
Herkunft: Europa, Nordafrika, Westasien
Wuchs: Großstrauch oder kleiner Baum, unregelmäßig rundkronig bis schirmförmig; 2–6(–10) m hoch, 2–6 m breit
Blatt: oberseits dunkelgrün, unten bläulichgrün, eirund mit 3–7 Lappen, wechselständig; Herbstfärbung
Blüte: reinweiß, zahlreich, in Büscheln, mit starkem Duft
Blütezeit: V
Frucht: rote, kugelig-runde Beeren, Wildfrucht eßbar nach Zubereitung
Standort: sonnig bis halbschattig
Bodenansprüche: trocken bis frisch, neutral bis kalkhaltig
Verwendung: in der Landschaft für Misch- und Schutzpflanzungen, Eingrünungen; im Siedlungsbereich als Baum, Strauch oder für große Hecken
Eigenschaften: frosthart, stadtklimafest, extrem starkes Ausschlagvermögen, anspruchslos und robust, mit 2–2,5 cm langen Dornen,

Crataegus pedicellata (*Crataegus coccinea*)
Scharlachdorn

Familie: *Rosaceae* – Rosengewächse
Herkunft: östliches Nordamerika
Wuchs: kleiner Baum oder Großstrauch, locker-breitwüchsig; 5–7 m hoch, 4–6 m breit
Blatt: oberseits mittelgrün, rauh, rundlich bis breit-eiförmig, 5–9 cm lang, mit 4–5 kurzen Lappen; Herbstfärbung gelb bis orange
Blüte: in Schirmrispen mit Blüten zu 7–12, weiß mit rosa Fleck in der Mitte, streng riechend
Blütezeit: V
Frucht: scharlachrote, rundliche Beeren, ø 1,2 cm, auffallend, eßbar
Standort: sonnig bis halbschattig
Bodenansprüche: schwach sauer bis alkalisch, mäßig trocken bis feucht
Verwendung: kleiner Park- und Straßenbaum, auch als Hausbaum mit Blüten- und Fruchtschmuck
Eigenschaften: frosthart, stadtklimaverträglich, robust, bedornt; Dornen 2,5–5 cm lang

Crataegus persimilis (*Crataegus* × *prunifolia*)
Pflaumenblättriger Weißdorn

Familie: *Rosaceae* – Rosengewächse
Herkunft: ungewiß
Wuchs: Großstrauch oder kleiner Baum mit im Alter breiter, abgeplatteter Krone; 4–6 m hoch und breit
Blatt: oberseits glänzend dunkelgrün, unten heller und kahl, breit-oval, 5–10 cm lang, scharf gezähnt, wechselständig; Herbstfärbung gelb-orange
Blüte: Schirmrispen mit weißen Blüten, von 1,8 cm ø, zahlreich
Blütezeit: VI
Frucht: dunkelrote, kugelige Beeren, zahlreich und langhaftend, ø bis 1,5 cm
Standort: sonnig–halbschattig
Bodenansprüche: gering
Verwendung: breitkroniger Park- und Gartenbaum; als Strauch auch für bewehrte Hecken
Eigenschaften: frosthart, stadtklimafest, schnittverträglich

Abb. 158: *Crataegus persimilis*

bedornt, Dornen etwa 4 cm lang
Sorten: 'Splendens': kegelförmige, dicht verzweigte Krone, sonst wie die Art

Cytisus × *beanii*
Zwerg-Ginster

Familie: *Leguminosae* – Hülsenfruchtgewächse
Herkunft: (*Cytisus ardonii* × *Cytisus purgans*)
Wuchs: niedriger bis kriechender Zwergstrauch, mit weichen, biegsamen Trieben; 0,3–0,6 m hoch, bis 0,8 m breit
Blatt: dunkelgrün, einfach linealisch, behaart, wechselständig
Blüte: gelb, zu 1–3, achselständig, sehr zahlreich und auffallend
Blütezeit: V
Standort: sonnig
Bodenansprüche: leichte, durchlässige, nahrhafte Böden
Verwendung: an Böschungen, in Steingärten, in Heidegärten
Eigenschaften: winterhart; alle Pflanzenteile sind giftig!

Abb. 159: *Cytisus* × *beanii*

Cytisus

Cytisus decumbens
Kriech-Ginster, Geißklee

Abb. 160: *Cytisus decumbens*

Familie: *Leguminosae* – Hülsenfruchtgewächse
Herkunft: Südeuropa, Balkan
Wuchs: Zwergstrauch, flach niederliegend, Zweige oft wurzelnd, vieltriebig; 0,2–0,6 m hoch
Blatt: dunkelgrün, einfach-länglich, 8–20 mm lang, wechselständig
Blüte: zu 1–3 leuchtend gelb am einjährigen Holz
Blütezeit: V–VI
Frucht: Fruchthülsen mit Samen, unauffällig
Standort: sonnig, warm
Bodenansprüche: leichte, durchlässige Böden
Verwendung: für Böschungen und Hänge, Steingärten, Heidegärten, Kübel und Tröge
Eigenschaften: giftig!

Cytisus × *kewensis*
Zwergelfenbein-Ginster

Familie: *Leguminosae* – Hülsenfruchtgewächse
Herkunft: Südeuropa
Wuchs: flach wachsender Zwergstrauch, ausgebreitet, locker überhängend
Blatt: dunkelgrün, linealisch, meist dreizählig, behaart, wechselständig
Blüte: rahmweiß bis schwefelgelb, zu 1–3 an den vorjährigen Trieben
Blütezeit: V
Frucht: Fruchthülsen mit Samen, unauffällig
Standort: sonnig
Bodenansprüche: leichte, durchlässige Böden
Verwendung: für Böschungen und Hänge, Steingärten, Heidegärten, Kübel und Tröge
Eigenschaften: giftig!

Abb. 161: *Cytisus* × *kewensis*

Cytisus × *praecox*
Elfenbein-Ginster

Familie: *Leguminosae* – Hülsenfruchtgewächse
Herkunft: *(Cytisus multiflorus × Cytisus purgans)*
Wuchs: dichttriebiger, breitbuschiger Strauch, mit bogig überhängenden Zweigen; 1,5–2 m hoch und breit
Blatt: hellgrün, länglich-lanzettlich, 8–20 mm lang, seidig behaart, wechselständig
Blüte: rahmweiß bis hellgelb, entlang der Zweige, in großer Fülle
Blütezeit: IV–V
Frucht: Fruchthülsen mit Samen, unauffällig
Standort: sonnig
Bodenansprüche: leichte, durchlässige Böden
Verwendung: in der Landschaft als Pioniergehölz auf sandigen, kalkfreien Böden; im Siedlungsbereich als Zierstrauch, in Einzelstellung und in Gruppen
Eigenschaften: Pflanzenteile giftig, frosthart, kalkempfindlich
Sorten: 'Allgold': Blüten goldgelb. 'Hollandia': Blüten rubinrot mit gelblichem Rand

Abb. 162: *Cytisus* × *praecox* 'Hollandia'

Abb. 163: *Cytisus* × *praecox*

Cytisus purpureus
Purpur-Ginster

Abb. 164: *Cytisus purpureus*

Cytisus

Familie: *Leguminosae* – Hülsenfruchtgewächse
Herkunft: Südeuropa, Balkan
Wuchs: Kleinstrauch, locker aufrecht mit bogig überhängenden, rutenförmigen Zweigen; 0,4–0,6 m hoch, 0,8–1,2 m breit
Blatt: tiefgrün, 3zählig, verkehrt eiförmig, wechselständig
Blüte: purpurn, zu 1–4 zusammen, sehr zahlreich, entlang der Zweige
Blütezeit: V
Frucht: Hülsen mit Samen, 1,5–2,5 cm lang, kahl
Standort: sonnig
Bodenansprüche: leichte, durchlässige Böden
Verwendung: als Zierstrauch in Einzelstellung und in Gruppen, Blütenstrauch in Steingärten, Heidegärten, Kübeln und Trögen
Eigenschaften: alle Teile giftig, frosthart, anspruchslos

Cytisus-Scoparius-Hybriden
Besen-Ginster

Abb. 165 – 169

Abb. 167: Cytisus-Scoparius-Hybride 'Andreanus Splendens'

Abb. 165: Cytisus-Scoparius-Hybriden

Abb. 168: Cytisus-Scoparius-Hybride 'Burkwoodii'

Familie: *Leguminosae* – Hülsenfruchtgewächse
Herkunft: Europa
Wuchs: vieltriebiger, aufrechter Strauch; ausgewachsen breitbuschig-ausladend; 1–2 m hoch und breit
Blatt: dunkelgrün, 3zählig, lanzettlich, behaart, wechselständig
Blüte: goldgelb, zu 1–2, achselständig entlang der Zweige, zahlreich, streng riechend
Blütezeit: V–VI
Frucht: Hülsen mit Samen, 4–5 cm lang, schwarz
Standort: sonnig
Bodenansprüche: sandig, kalkfrei, Stickstoffsammler
Verwendung: als Landschaftsgehölz an Waldrändern, Wegrändern, auf Brachflächen; im Siedlungsgebiet als Blütengehölz in Hausgärten und im öffentlichen Grün
Eigenschaften: schwachgiftig (Samen), bedingt widerstandsfähig gegen Hitze und Frost, durch Blütenfülle und Farbenspiel jedoch mit Gartenformen von hohem Zierwert
Sorten: Cytisus-Scoparius-Hybriden – Edel-Ginster: Blütezeit V. 'Andreanus Splendens': Blütenfahne gelb, Flügel rotbraun, Schiffchen goldgelb. 'Burkwoodii': Fahne außen karminrot, innen rosa; Flügel rotbraun, Schiffchen blaßgelb mit rosa Schimmer. 'Golden Sunlight': Blütenfahne, Flügel und Schiffchen goldgelb, großblumig. 'Luna': Fahne und Schiffchen hellgelb, Flügel goldgelb, besonders reichblühend. 'Roter Favorit': Blütenfahne bronzerot, Flügel kardinalrot, Schiffchen dunkelrot

Abb. 166: Cytisus-Scoparius-Hybride 'Golden Sunlight'

Abb. 169: Cytisus-Scoparius-Hybride 'Luna'

Daphne × burkwoodii 'Somerset'
Seidelbast 'Somerset'

Familie: *Thymelaeaceae* – Spatzenzungengewächse
Herkunft: *(Daphne cneorum × Daphne caucasica)*
Wuchs: kleiner Strauch, aufrecht und dicht mit zahlreichen kurzen Seitentrieben; 0,6–1 m hoch und breit
Blatt: dunkelgrün, eilanzettlich, 3–8 cm lang, wechselständig; Herbstfärbung gelb, lange haftend
Blüte: sternförmig, in endständigen Büscheln, anfangs rosa, später verblassend, stark duftend, am mehrjährigen Holz
Blütezeit: V
Frucht: nicht fruchtend
Standort: sonnig–halbschattig
Bodenansprüche: sandig-humos, neutral bis alkalisch, trocken bis frisch
Verwendung: als Zierstrauch im Hausgarten, Steingarten, einzeln und mit anderen kleinwüchsigen Gehölzen und Stauden
Eigenschaften: ungiftig, gut frosthart, wenig schnittverträglich (nur Bedarfsschnitt)

Abb. 172: *Daphne cneorum* 'Eximia'

Abb. 170: *Daphne × burkwoodii* 'Somerset'

Daphne mezereum
Seidelbast

Familie: *Thymelaeaceae* – Spatzenzungengewächse
Herkunft: Europa bis Sibirien, Kleinasien
Wuchs: kleiner Strauch, locker aufrecht, wenig verzweigt; 0,5–1,2 m hoch, 0,6–1 m breit
Blatt: oben mattgrün, unten graugrün, länglich-lanzettlich, 3–8 cm lang, wechselständig; Herbstfärbung gelb
Blüte: rosa, in Büscheln zu 2–3, achselständig entlang der Zweige, sehr zahlreich, stark duftend; vor dem Laubaustrieb
Blütezeit: ab III

Daphne cneorum
Rosmarin-Seidelbast

Familie: *Thymelaeaceae* – Spatzenzungengewächse
Herkunft: Mittel- und Südeuropa
Wuchs: Zwergstrauch mit dünnen, niederliegenden Trieben; 0,1–0,4 m hoch, mattenartig ausgebreitet
Blatt: immergrün, oben mittelgrün und ledrig-derb, länglich-lanzettlich, 1–2 cm lang, an den Zweigen gleichmäßig verteilt, wechselständig
Blüte: lebhaft rosa in endständigen Köpfchen, besonders süß duftend, mit dem Austrieb
Blütezeit: Ende IV–V
Frucht: kugelige, gelbbraune Beeren, giftig!
Standort: sonnig bis lichter Schatten
Bodenansprüche: auf allen guten Gartenböden
Verwendung: in Zwergstrauchgesellschaften, Steingärten, Heidegärten
Eigenschaften: die Beeren sind giftig!

Abb. 171: *Daphne cneorum*

Abb. 173: *Daphne mezereum*

Frucht: erbsengroße rote Beeren ab V/VI, giftig!
Standort: lichter Schatten bis Halbschatten
Bodenansprüche: gering, bevorzugt frisch bis feucht und alkalisch
Verwendung: in der Landschaft für Unterpflanzungen auf feuchten, kalkhaltigen Standorten; im Garten als Zierstrauch mit auffallendem Blütenschmuck im Frühjahr
Eigenschaften: Früchte und Pflanzenteile sind stark giftig! Frosthart, gegen Trockenperioden und Schnitt empfindlich
Sorten: 'Alba': Blüten rahmweiß. 'Rubra Select': Blüten dunkel-karminrot und groß

Abb. 174: *Daphne mezereum* 'Rubra Select'

Decaisnea fargesii
Blauschote

Familie: *Lardizabalaceae* – Fingerfruchtgewächse
Herkunft: Westchina
Wuchs: Strauch, auch Großstrauch, vieltriebig, steif aufrecht und wenig verzweigt; 2–3(–5) m hoch, 2–2,5 m breit
Blatt: oben matt hellgrün, unterseits bläulich-grün, Fiederblätter von bis zu 60 cm Länge, Blättchen zu 15–25, bis etwa 14 cm lang, unpaarig gefiedert; Herbstfärbung goldgelb
Blüte: glockenförmig, in bis zu 50 cm langen, hängenden Trauben
Blütezeit: VI

Frucht: Balgfrucht, walzenförmig, bis 10 cm lang und kobaltblau bereift (Blauschote), in 20–50 cm langen, hängenden Trauben
Standort: sonnig, geschützt, in warmen Lagen (Weinbauklima)
Bodenansprüche: nährstoffreich und ausreichend frisch bis feucht
Verwendung: als Solitärstrauch in Gartensituationen mit ostasiatischem Ambiente, für Liebhaber anspruchsvoller exotischer Gehölze
Eigenschaften: in der Jugend frostgefährdet, Winterschutz empfehlenswert

Davidia involucrata var. *vilmoriniana*
Taubenbaum

Familie: *Davidiaceae* – Taubenbaumgewächse
Herkunft: Westchina
Wuchs: kleiner Baum, Krone breit-eiförmig, im Alter unregelmäßig ausbreitend; Höhe 6–10(–15) m, 4–6(–8) m breit
Blatt: oberseits glänzend grün, unterseits blaugrün, breit-eiförmig, 8–14 cm lang, wechselständig
Blüte: unscheinbar, braun in zwei auffälligen, weißen Hochblättern, eines mit etwa 8 cm das andere mit etwa 16 cm Länge (Taschentücher)

Blütezeit: V–VI
Frucht: kugelige Steinfrüchte mit 3–5 Samen, bräunlich, langgestielt
Standort: sonnig, geschützt, und warm (Weinbauklima)
Bodenansprüche: nährstoffreich und ausreichend frisch bis feucht
Verwendung: Solitärgehölz, malerischer Blütenbaum für anspruchsvolle, großräumige Gestaltung
Eigenschaften: im Jugendstadium frostgefährdet, Blüten erst ab 12–15 Lebensjahren

Abb. 176: *Decaisnea fargesii*

Abb. 175: *Davidia involucrata*

Deutzia gracilis
Kleine Deutzie

Familie: *Saxifragaceae* – Steinbrechgewächse
Herkunft: Japan
Wuchs: Kleinstrauch, vieltriebig aufrecht mit leicht überhängenden Triebspitzen; 0,5–1 m hoch, 0,6–1,2 m breit
Blatt: mittelgrün, länglich-lanzettlich, rauh, 3–6 cm lang, gegenständig
Blüte: glockenförmig, reinweiß, in 4–9 cm langen, aufrechten Rispen
Blütezeit: V–VI

Standort: sonnig bis lichter Schatten
Bodenansprüche: alle kultivierten Böden
Pflege: Heckenformschnitt nach der Blüte, Auslichtungsschnitt alter Zweige im Winter
Verwendung: als Zierstrauch in Einzelstellung und in Gruppen, für niedrige Hecken, an Wegen und zusammen mit Stauden
Eigenschaften: anspruchslos, frosthart, reichblühend

Deutzia

Abb. 177: *Deutzia gracilis*

Deutzia × *hybrida* 'Mont Rose'
Deutzie 'Mont Rose'

Familie: *Saxifragaceae* – Steinbrechgewächse
Wuchs: Strauch, locker aufrecht mit leicht überhängenden Seitenzweigen; 1,5–2 m hoch, 1–1,5 m breit
Blatt: dunkelgrün, länglich-eiförmig, 6–10 cm lang, gegenständig
Blüte: gelbe Staubfäden in sternförmigen, rosa Blüten, ø bis 3 cm, im Verblühen blaßweiß, in endständigen Doldenrispen
Blütezeit: VI
Standort: sonnig bis lichter Schatten
Bodenansprüche: auf allen kultivierten Gartenböden, bevorzugt frisch bis feucht
Verwendung: als Zierstrauch einzeln und in Gruppen, in Gemeinschaft mit anderen Ziersträucher, und als Blütenhecke

Abb. 178: *Deutzia* × *hybrida* 'Mont Rose'

Deutzia × *kalmiiflora*
Deutzie, Kalmien-Deutzie

Familie: *Saxifragaceae* – Steinbrechgewächse
Herkunft: *(Deutzia parviflora* x *Deutzia purpurascens)*
Wuchs: Strauch, locker aufrecht, Triebspitzen überhängend; 1,5–2 m hoch, 1–1,5 m breit
Blatt: hellgrün, länglich-eiförmig bis lanzettlich, 3–6 cm lang, gegenständig
Blüte: außen kräftig rosa, innen heller, zu 5–12 in aufrechten Doldenrispen
Blütezeit: VI
Standort: sonnig bis lichter Schatten
Bodenansprüche: auf kultivierten Gartenböden, bevorzugt gleichmäßig feucht und nahrhaft
Verwendung: als Zierstrauch im Hausgarten, im Einzelstand und in Gemeinschaft mit anderen Ziersträuchern, als Teil einer Blütenhecke

Abb. 179: *Deutzia* × *kalmiiflora*

Deutzia × *magnifica*
Große Deutzie

Abb. 180: *Deutzia* × *magnifica*

Deutzia

Familie: *Saxifragaceae* – Steinbrechgewächse
Herkunft: *(Deutzia scabra* x *Deutzia vilmoriniae)*
Wuchs: großer Strauch, aufrecht mit kräftigen Trieben, sparrig verzweigt; 3–4 m hoch, 1,5–2,5 m breit
Blatt: frischgrün, länglich-lanzettlich, 4–6 cm lang, gegenständig
Blüte: reinweiß mit rosettenartig gefüllten Einzelblüten, ø 2,5–3 cm, zu 5–12 in rundlichen, endständigen Doldenrispen
Standort: sonnig bis lichter Schatten
Bodenansprüche: auf kultivierten Gartenböden, bevorzugt frisch bis feucht und nahrhaft
Verwendung: als Zierstrauch, in Einzelstellung und in Gruppen, in Gemeinschaft mit anderen Ziersträuchern, als Blütenhecke

Deutzia × *rosea*
Glöckchen-Deutzie

Abb. 181

Familie: *Saxifragaceae* – Steinbrechgewächse
Herkunft: *(Deutzia gracilis* x *Deutzia purpurascens)*
Wuchs: Kleinstrauch, dichtbuschig-gedrungen, Triebspitzen meist überhängend; 1–1,5 m hoch, 1–1,2 m breit
Blatt: dunkelgrün, eilänglich-lanzettlich, unterseits silbrig behaart, 6–8 cm lang, gegenständig
Blüte: rosa Glöckchen, innen weiß, ø bis 2 cm, in endständigen kurzen Rispen
Blütezeit: VI–VII
Standort: Sonne bis lichter Schatten
Bodenansprüche: alle kultivierten Böden, bevorzugt frisch bis feucht und nährstoffreich
Verwendung: als Zierstrauch zur Einzelstellung oder in Gruppen, in Gemeinschaft mit anderen Ziersträuchern, als Blütenhecke

Abb. 181: *Deutzia* × *rosea*

Deutzia scabra 'Candidissima'
Deutzie 'Candidissima'

Abb. 182

Abb. 182: *Deutzia scabra* 'Candidissima'

Familie: *Saxifragaceae* – Steinbrechgewächse
Wuchs: Strauch, auch Großstrauch, straff aufrecht, sparrig verzweigt; 3–4 m hoch, 2–2,5 m breit
Blatt: dunkelgrün, beiderseits rauh, eiförmig, 3–8 cm lang, gegenständig
Blüte: als Knospe rosa überlaufen, Einzelblüten reinweiß, rosettenartig gefüllt, endständig, in langen Rispen
Blütezeit: VI–VII
Standort: sonnig bis lichter Schatten
Bodenansprüche: kultivierte Böden, bevorzugt frisch bis feucht
Verwendung: als Zierstrauch im Hausgarten, in Einzelstellung und in Gruppen mit anderen Ziersträuchern, in Blütenhecken

Deutzia scabra 'Plena'
Deutzie 'Plena'

Familie: *Saxifragaceae* – Steinbrechgewächse
Wuchs: großer Strauch, straff aufrecht und sparrig verzweigt; 3–4 m hoch, 2–2,5 m breit
Blatt: dunkelgrün, beiderseits rauh, eiförmig, 3–8 cm lang, gegenständig
Blüte: Einzelblüte rosettenartig gefüllt, rosa, endständig in Rispen, bis 12 cm lang
Blütezeit: VI–VII
Standort: Sonne bis lichter Schatten
Bodenansprüche: auf kultivierten Böden, bevorzugt frisch bis feucht
Verwendung: Zierstrauch im Hausgarten, einzeln oder in Gruppen, in Blütenhecken

Elaeagnus

Elaeagnus angustifolia
Schmalblättrige Ölweide

Familie: *Elaeagnaceae* – Ölweidengewächse
Herkunft: Südeuropa/Mittelasien
Wuchs: großer Strauch oder kleiner Baum, unregelmäßige Wuchsform, oft sparrig verzweigt; 6–8 m hoch, 4–6 m breit
Blatt: oberseits graugrün, unterseits weißfilzig, schmallanzettlich, 5–8 cm lang, wechselständig
Blüte: glöckchenförmig, innen gelb, außen weiß, zu 1–3 in Blattachseln, süßlich duftend
Blütezeit: VI
Frucht: etwa 1 cm lange Beeren, gelblich, eßbar
Standort: sonnig
Bodenansprüche: gering, bevorzugt sandig-trocken, kalkhaltig
Verwendung: in der Landschaft für Schutzpflanzungen und als Pioniergehölz auf devastierten Flächen und Ödland
Eigenschaften: besonders salzverträglich, sehr trockenheitsresistent, Triebe mit 1–3 cm langen Dornen, daher kein Wildverbiß

Abb. 185: *Elaeagnus commutata*

Abb. 183 + 184: *Elaeagnus angustifolia* (Foto rechts: Holmåsen)

Elaeagnus commutata
Silber-Ölweide

Familie: *Elaeagnaceae* – Ölweidengewächse
Herkunft: Nordamerika
Wuchs: großer Strauch, aufrecht-breitbuschig; 2–4 m hoch, 1–3 m breit
Blatt: beiderseits auffallend silbrigweiß-glänzend, eiförmig, bis 10 cm lang, wechselständig
Blüte: kleine gelbe Glöckchen, achselständig zu 1–3, stark duftend
Blütezeit: V–VI
Frucht: walzenförmig, bis etwa 1 cm lang, dunkelbraun, eßbar
Standort: sonnig
Bodenansprüche: gering, bevorzugt sandig-trocken, kalkhaltig
Verwendung: in der Landschaft für Schutzpflanzungen und als Pioniergehölz auf devastierten Flächen und Ödland
Eigenschaften: frosthart, hitzebeständig, breitet sich durch Ausläufer aus, Bienenfutterpflanze

Elaeagnus multiflora
Vielblütige Ölweide

Familie: *Elaeagnaceae* – Ölweidengewächse
Herkunft: Japan, China
Wuchs: Strauch, aufrecht-breitbuschig, halbkugelförmig-dicht; 2–3 m hoch und breit
Blatt: oberseits mattgrün, unterseits silbrig, breitelliptisch, 6–8 cm lang, wechselständig
Blüte: zu 1–2, weiß, an langen Stielen, 1,5 cm groß, sehr zahlreich, süßlicher Duft
Blütezeit: V
Frucht: braunrot, kirschförmig, ab VI

Abb. 186 + 187: *Elaeagnus multiflora*

Standort: sonnig
Bodenansprüche: gering, bevorzugt sandig-trocken, kalkhaltig
Verwendung: in der Landschaft für Schutzpflanzungen und als Pioniergehölz auf devastierten Flächen und Ödland

Elaeagnus pungens 'Maculata'
Buntlaubige Ölweide

Familie: *Elaeagnaceae* – Ölweidengewächse
Herkunft: Wildart aus Japan
Wuchs: kleiner Strauch, buschig aufrecht, sparrig verzweigt; 1–2 m hoch und breit
Blatt: immergrün, dunkelgrün mit leuchtend gelber, unregelmäßig geformter Mittelzone, elliptisch-länglich, 6–8 cm, wechselständig
Blüte: silbrigweiß, zu 1–3, hängend, duftend
Blütezeit: IX–X
Standort: sonnig bis halbschattig, geschützt, bevorzugt Weinbauklima
Bodenansprüche: auf allen kultivierten Gartenböden
Pflege: einfarbig grüne Blätter auszupfen, kein Schnitt möglich
Verwendung: als Zierstrauch, in Hausgärten für Freunde gelb panaschierter Gehölze, als Kontrast vor dunklen Partien von Laub- oder Nadelgehölzen
Eigenschaften: etwas schutzbedürftig gegen Frost, Stickstoffsammler

Abb. 189: *Empetrum nigrum*

Abb. 188: *Elaeagnus pungens* 'Maculata'

Empetrum nigrum
Schwarze Krähenbeere

Familie: *Empetraceae* – Krähenbeerengewächse
Herkunft: auf allen Kontinenten der nördlichen Halbkugel
Wuchs: Zwergstrauch, kriechend und teppichbildend; –0,25 m hoch
Blatt: immergrün, glänzend frischgrün, nadelartig zu 3–5 in Scheinwirteln, 4–5 mm lang, wechselständig
Blüte: blaßrot, unscheinbar
Blütezeit: V
Frucht: erbsengroße schwarze Beeren, eßbar, ab VIII
Standort: sonnig
Bodenansprüche: locker, humos bis sandig, frisch bis feucht, sauer bis neutral
Pflege: kein Schnitt erforderlich, Staunässe und Bodenverdichtung vermeiden
Verwendung: heimisches Landschaftsgehölz, zur Rekultivierung und als Bodendecker auf nährstoffarmen, sauren und feuchten Böden; im Hausgarten in Heidepflanzengesellschaften

Enkianthus campanulatus
Prachtglocke

Familie: *Ericaceae* – Heidekrautgewächse
Herkunft: Japan
Wuchs: Strauch mit straff aufrechten Trieben und etagenartig angeordneten Ästen
Blatt: lebhaft grün, elliptisch, 3–7 cm lang, an den Zweigenden quirlig gehäuft; Herbstfärbung auffallend rot
Blüte: maiglöckchenartig, rötlich-weiß in großen, hängenden Doldentrauben
Blütezeit: V–VI
Standort: halbschattig bis schattig, geschützt
Bodenansprüche: sandig bis humos, sauer bis neutral, frisch bis feucht
Verwendung: vorzügliches Solitärgehölz mit hübschem Blütenschmuck für den Hausgarten, in Rhododendron-Gesellschaften, als Unterpflanzung im lichten Schatten von Bäumen
Eigenschaften: empfindlich gegen Oberflächenverdichtung und Kalk, sonst winterhart und lange blühend

Abb. 190: *Enkianthus campanulatus*

Erica

Erica carnea
Schnee-Heide

Abb. 191 + 192: *Erica carnea* 'Myretoun Ruby'

Familie: *Ericaceae* – Heidekrautgewächse
Herkunft: in Höhenlagen Mitteleuropas
Wuchs: Zwergstrauch mit kriechenden Zweigen, Polster bildend; 20–50 cm hoch
Blatt: immergrün, glänzend dunkelgrün, linealisch, zu 3–4 in Quirlen
Blüte: rosa Glöckchen, gehäuft in endständigen Rispen, ø 4–6 mm
Blütezeit: ab X, meist XII–IV
Frucht: unscheinbar
Standort: Sonne bis lichter Schatten
Bodenansprüche: humos und durchlässig, schwach sauer bis neutral, pH 4,5–6,5, mäßig feucht bis frisch
Pflege: Rückschnitt unmittelbar nach Verblühen unterhalb des Blütenansatzes
Verwendung: heimisches Wildgehölz, Garten-Sorten für Heidegärten, Heidepflanzen-Gesellschaften, in Beeten, an Wegrändern, in Kübeln, Trögen und Balkonkästen
Eigenschaften: extrem frosthart, feuchtigkeitsbedürftig, wärmeliebend, allgemein anspruchslos
Sorten: 'Atrorubra': kompakt wachsend, 20–30 cm hoch; Blatt dunkelgrün; Blüte karminrot, Blütezeit von II–V; starke Farbwirkung. 'Myretoun Ruby': breitbuschig wachsend, 15–20 cm hoch; Blatt dunkelgrün; Blüte purpurrot, Blütezeit von II–V; starke Farbwirkung. 'Snow Queen': breitbuschig wachsend, 10–15 cm hoch; Blatt frischgrün; Blüte groß, weiß, Blütezeit von I–IV; frühblühend. 'Vivelli': aufrecht wachsend, 15–25 cm hoch; Blatt bronzegrün; Blüte lilarot, Blütezeit von III–V; nicht verblassend. 'Winter Beauty': Wuchs aufrecht-kompakt, 15–25 cm hoch; Blatt dunkelgrün; Blüte purpurrosa, von XI–IV; langblühend

Abb. 194: *Erica carnea* 'Winter Beauty'

Erica cinerea
Grau-Heide

Abb. 193: *Erica carnea* 'Vivelli'

Abb. 195: *Erica cinerea*

Erica

Abb. 196: *Erica cinerea* 'Alba'

Abb. 199: *Erica tetralix* (Foto: Holmåsen)

Familie: *Ericaceae* – Heidekrautgewächse
Herkunft: Westeuropa
Wuchs: straff aufrechter Strauch; 20–50 cm hoch
Blatt: immergrün, linealisch, in Quirlen zu 3 Blättern, 5–7 mm lang
Blüte: verzweigte Trauben in langen Rispen
Blütezeit: VI–X
Standort: sonnig
Bodenansprüche: schwach sauer bis sauer, pH von 3,5–5 bevorzugt, sandig-durchlässig
Verwendung: in Heidegärten, in Kombination mit Sommerblumen und Schmuckstauden, in Kübeln und Trögen
Eigenschaften: lange Blütezeit mit durchschnittlich 8–10 Wochen (sortenbedingt)
Sorten: 'Alba': aufrecht wachsend, 15–25 cm hoch; Blatt hellgrün; Blüte weiß, von II–V.
'C.D. Eason': mittelstark wachsend, bis 30 cm hoch; Blatt dunkelgrün; Blüte hell rubinrot, von VI–X; stark verbreitet
'Pallas': aufrecht wachsend, über 30 cm hoch; Blatt mittelgrün; Blüte lila, von VI–X.
'Pink Ice': gedrungen-breit wachsend, 10–15 cm hoch; Blatt dunkelgrün; Blüte reinrosa, von VII–X

Frucht: unscheinbar
Standort: sonnig bis lichter Schatten
Bodenansprüche: sauer bis schwach sauer, feucht bis mäßig feucht bis frisch, pH 3–5
Pflege: pH-Wert und Feuchtigkeitsanspruch beachten, sonst anspruchslos; Rückschnitt nach dem Verblühen

Verwendung: für Gruppenpflanzungen in Heidegärten, in Verbindung mit Gehölzen vergleichbarer Standortansprüche
Eigenschaften: absolut winterhart
Sorten: 'Hookstone Pink': aufrecht-locker wachsend, bis 35 cm hoch; Blatt silbergrau; Blüte leuchtend rosa, VII–X

Abb. 200: *Erica tetralix* 'Hookstone Pink'

Abb. 197: *Erica cinerea* 'C. D. Easton'

Abb. 198: *Erica cinerea* 'Pallas'

Erica vagans
Cornwall-Heide

Abb. 201

Erica tetralix
Glocken-Heide, Moor-Heide

Abb. 199 + 200

Familie: *Ericaceae* – Heidekrautgewächse
Herkunft: Küstenregionen Europas
Wuchs: niederliegender Zwergstrauch; 25–50 cm hoch
Blatt: immergrün, oben grün, unten weiß, linealisch schmal, zu 4 quirlständig, 4–5 mm lang, hell behaart
Blüte: glockenförmig, bauchig, in Gruppen, grundständig in Doldentrauben, ø 6–8 mm
Blütezeit: VI–X

Familie: *Ericaceae* – Heidekrautgewächse
Herkunft: Atlantikküste
Wuchs: polsterförmig wachsender Zwergstrauch; Höhe 30–50 cm
Blatt: immergrün, dunkelgrün, linealisch-spitz, zu (–3)4 quirlständig, 5–10 mm lang
Blüte: purpurrosa, kugelig, zu 2, achselständig in bis zu 16 cm langen zylindrischen Trauben angeordnet
Blütezeit: VII–IX
Frucht: unscheinbar
Standort: Sonne bis lichter Schatten
Bodenansprüche: humos, durchlässig, schwachsauer bis neutral, pH 4,5–6, frisch bis feucht
Pflege: pH-Wert beachten,

Erica

Abb. 201: *Erica vagans* 'Mrs. D. F. Maxwell'

Abb. 202: *Euonymus alatus*

sonst anspruchslos; Rückschnitt unmittelbar nach dem Verblühen unterhalb der letzten Blüte
Verwendung: als Gruppen in Heidegärten, in Vergesellschaftung mit anderen Pflanzen der Heidelandschaft, in Steingärten
Eigenschaften: befriedigend winterhart

Sorten: 'Lyonesse': dichtbuschig, bis 45 cm hoch wachsend; Blatt glänzend dunkelgrün; Blüte weiß, reichblühend, Blütezeit von VIII–X. 'Mrs. D.F. Maxwell': breitbuschig wachsend, bis 45 cm hoch; Blatt dunkelgrün; Blüte rosa, von VIII–X; auch als Topfpflanze

Euodia hupehensis
Bienen-Baum, Stink-Esche

Familie: *Rutaceae* – Rautengewächse
Herkunft: China
Wuchs: baumartiger Großstrauch, locker verzweigt, mit rundlicher Krone; 6–8 m hoch, 4–6 m breit
Blatt: oberseits glänzend grün, unterseits blaßgrün, gefiedert, Blättchen länglich-eiförmig, zu 7–9, 6–12 cm lang
Blüte: Schirmrispen, endständig, ø 12–16 cm, streng riechend, grünlich-weiß
Blütezeit: VII–VIII
Standort: sonnig bis halbschattig
Bodenansprüche: sandig bis humos, frisch
Verwendung: Ziergehölz zur Einzelstellung, in Gärten und Parks
Eigenschaften: wärmebedürftig, beste bekannte Bienenweide, Blüte erst nach einigen Standjahren

Euonymus alatus
Flügel-Spindelstrauch   Abb. 202

Familie: *Celastraceae* – Baumwürgergewächse
Herkunft: Ostasien
Wuchs: Strauch mit breitem, unregelmäßig-bizarrem Wuchs, Zweige mit kantigen Korkleisten; 2–3 m hoch und breit
Blatt: oben grün, unten hellgrün, länglich-eiförmig, 3–6 cm, gegenständig; Herbstfärbung orangerot bis karmin
Blüte: unscheinbar, in grünlichgelben Zymen, zahlreich
Blütezeit: V–VI
Frucht: orangefarbene Fruchthülle mit Samen, schwach fruchtend
Standort: sonnig–halbschattig
Bodenansprüche: sauer bis alkalisch, gleichmäßig frisch
Verwendung: Zierstrauch zur Einzelstellung in Gärten und Parks
Eigenschaften: anspruchslos, frosthart, auffallende Herbstfärbung

Euonymus europaeus
Paffenhütchen   Abb. 203

Familie: *Celastraceae* – Baumwürgergewächse
Herkunft: Mitteleuropa
Wuchs: großer Strauch, aufrecht locker und etwas sparrig; 1,5–3(–6) m hoch, 1,5–3 m breit
Blatt: dunkelgrün, eiförmig bis elliptisch, 3–8 cm lang, gegenständig; auffallende Herbstfärbung von gelborange bis scharlach
Blüte: unscheinbar, grünlich
Blütezeit: V
Frucht: Fruchthülle mit Samen (Pfaffenhütchen) ab IX, rosa bis leuchtend rot
Standort: sonnig–halbschattig
Bodenansprüche: gering, bevorzugt tiefgründig, kalkreich und feucht
Verwendung: heimisches Wildgehölz, in Hecken, Knicks und Feldgehölzinseln, auf nährstoffreichen, schweren Böden, entsprechend im Siedlungsbereich
Eigenschaften: frosthart, Früchte giftig, Bienenfutterpflanze

Abb. 203: *Euonymus europaeus*

Euonymus fortunei
Spindelstrauch

Abb. 204 – 209

Abb. 204: *Euonymus fortunei* 'Coloratus'

Abb. 206: *Euonymus fortunei* 'Emerald´n Gold'

Familie: *Celastraceae* – Baumwürgergewächse
Herkunft: China
Wuchs: kriechender oder kletternder kleiner Strauch, flächig wachsend
Blatt: immergrün, eiförmig bis elliptisch, 3–6 cm lang
Standort: Sonne bis Halbschatten
Bodenansprüche: auf allen kultivierten Gartenböden
Verwendung: als Unterpflanzung lichter Laubgehölze, zur Flächenbegrünung in Gärten und Parks, als Wandbegrünung
Sorten: 'Coloratus': Wuchs kriechend-breitwüchsig, dann 30–40 cm hoch und bis 150 cm breit; mit Haftwurzeln kletternd bis 5 m hoch, starkwüchsig, Blattfarbe grün. 'Dart's Blanket': Wuchs kriechend-breitwüchsig, dann 50–70 cm hoch und bis 150 cm breit oder 3–5 m hoch kletternd; Blattfarbe dunkelgrün. 'Emerald Gaiety': Wuchs wie 'Coloratus', jedoch langsamer; Blätter weiß gerandet. 'Emerald'n Gold': Wuchs wie 'Coloratus'; Blätter goldgelb gerandet. 'Minimus': Wuchs kriechend-breitwüchsig; 10–20 cm hoch, 60–100 cm breit, trägwüchsig; Blätter dunkelgrün, sehr klein. 'Variegatus': Wuchs wie 'Coloratus'; Blatt weiß gefleckt und rosa gerandet. 'Vegetus': Immergrüne Kletterspindel mit Wuchsform wie *Euonymus fortunei* var. *radicans*, jedoch buschiger und reichfruchtend; Blatt glänzend grün. *Euonymus fortunei* var. *radicans:* Wuchs wie 'Coloratus'; 50–80 cm hoch, 200–300 cm breit, starkwüchsig; Blatt schwarzgrün

Abb. 207: *Euonymus fortunei* var. *radicans*

Abb. 208: *Euonymus fortunei* 'Variegatus'

Abb. 205: *Euonymus fortunei* 'Emerald Gaiety'

Abb. 209: *Euonymus fortunei* 'Vegetus'   (Foto: Holmåsen)

Euonymus

Euonymus planipes
Flachstieliger Spindelstrauch
Großfruchtiges Pfaffenhütchen

Abb. 210: *Euonymus planipes*

Familie: *Celastraceae* – Baumwürgergewächse
Herkunft: China
Wuchs: großer Strauch, breit aufrecht und locker verzweigt, Triebspitzen überhängend; 4–5 m hoch und breit
Blatt: dunkelgrün, eirund, 8–12 cm groß, gegenständig; Herbstfärbung auffallend orangerot bis karmin
Blüte: unscheinbar in gelblichgrünen Blütenständen
Blütezeit: V–VI
Frucht: Fruchtkapseln glänzend karminrot (Pfaffenhütchen)
Standort: sonnig–halbschattig
Bodenansprüche: auf allen kultivierten Gartenböden
Verwendung: anspruchsloses Gruppengehölz, in Feldgehölzen, am Waldrand; im Siedlungsbereich Zierstrauch mit Fruchtschmuck und Herbstfärbung
Eigenschaften: frosthart, Früchte giftig!

Exochorda racemosa
Radspiere

Abb. 211: *Exochorda racemosa* (Foto: Holmåsen)

Familie: *Rosaceae* – Rosengewächse
Herkunft: China
Wuchs: Großstrauch, aufrecht, breitbuschig mit überhängenden Trieben; 3–4 m hoch und breit
Blatt: oberseits hellgrün, unterseits dunkler, länglich eiförmig, 3–8 cm, wechselständig
Blüte: in Trauben zu 6–10, reinweiß und sehr zahlreich
Blütezeit: V
Frucht: braune Kapseln
Standort: sonnig bis halbschattig
Bodenansprüche: sauer bis neutral, sandig-humos
Verwendung: Zierstrauch im Siedlungsbereich, Blütengehölz für den Einzelstand und in Blütenhecken

Fagus sylvatica
Rot-Buche

Abb. 212: *Fagus sylvatica* (Foto: Holmåsen)

Familie: *Fagaceae* – Buchengewächse
Herkunft: Europa
Wuchs: Großbaum, dicht verzweigt-rundkronig; ausgewachsen mit tiefhängenden Ästen; 25–30(–35) m hoch, 20–30 m breit
Blatt: dunkelgrün glänzend, breit-elliptisch bis oval, Rand wellig, 5–10 cm lang, wechselständig; Herbstfärbung gelb bis rotbraun, langhaftend
Blüte: männliche Blüten in kugeligen Büscheln, weibliche mit becherförmiger Hülle
Blütezeit: V
Frucht: braune, stachelige Fruchtbecher mit jeweils zwei dreieckigen Nüssen, sog. Bucheckern
Standort: sonnig bis vollschattig, bevorzugt warm
Bodenansprüche: feucht bis frisch, alkalisch bis schwach sauer, bevorzugt nahrhaft
Verwendung: Waldbaum des gemäßigten, ozeanischen Klimas, wichtigste Laubbaumart Mitteleuropas; Landschaftsgehölz, Parkbaum, Hecken
Eigenschaften: sehr schnittverträglich, empfindlich gegen Bodenverdichtung, Beschädigung der Wurzeln und Luftbelastungen

Abb. 213: *Fagus sylvatica*

Fagus sylvatica 'Asplenifolia'
Geschlitztblättrige Buche

Baum mit hochgewölbter, eiförmiger Krone; 12–15 m hoch, 8–12 m breit. Blatt dunkelgrün, unregelmäßig tief geschlitzt, schmal, wechselständig

Fagus sylvatica 'Dawyck'
Säulen-Buche

Baum mit säulenförmigem Habitus, straff aufrechtgeschlossen; 15–20 m hoch, 3–5 m breit

Abb. 214: *Fagus sylvatica* 'Dawyck'

Fagus sylvatica 'Laciniata'
Fiederblättrige Buche

großer Baum mit breit kegelförmiger, dichtgeschlossener Krone; 20–25 m hoch, Breite 15–20 m. Blatt glänzendgrün, unten hellgrün, tiefgeschlitzt, 8–12 cm lang, wechselständig

Fagus sylvatica 'Pendula'
Grüne Hänge-Buche, Trauer-Buche

Baum mit durchgehendem Leittrieb und waagerecht bis bogenförmig ausladenden Seitenästen, mit bis zum Boden herabhängender Bezweigung; 15–20 m hoch, 20–30 m breit

Abb. 215: *Fagus sylvatica* 'Pendula'

Fagus sylvatica 'Purpurea'
(Fagus sylvatica 'Atropunicea')
Blut-Buche

Blatt zunächst glänzend dunkelrot, dann matt schwarzrot, breit-elliptisch bis oval, wechselständig

Abb. 216: *Fagus sylvatica* 'Purpurea' (Foto: Holmåsen)

Fagus sylvatica 'Purpurea Pendula'
Hänge-Blut-Buche

Hängeform der rotblättrigen Buche, kleiner Baum, dicht verzweigte und bis zum Boden hängende Äste. 8–10 m hoch, 4–6 m breit. Blatt schwarzrot sonst wie *Fagus sylvatica*

Fagus

Abb. 217: *Fagus sylvatica* 'Purpurea Pendula'

gedrängt am mehrjährigen Holz, vor dem Laubaustrieb
Blütezeit: III/IV
Frucht: kleine braune Kapseln, unscheinbar
Standort: sonnig bis lichter Schatten
Bodenansprüche: auf allen kultivierten Gartenböden
Verwendung: Zierstrauch zur Einzelstellung oder mit anderen Ziersträuchern im öffentlichen Grün und in Hausgärten
Eigenschaften: winterhart, anspruchsloser Frühlingsblüher
Sorten: 'Beatrix Farrand': Blüten dunkelgelb. 'Lynwood': Blüten goldgelb, groß. 'Spectabilis': Blüten goldgelb und zahlreich

Abb. 219: *Forsythia × intermedia* 'Beatrix Farrand'

Forsythia × intermedia
Forsythie

Familie: *Oleaceae* – Ölbaumgewächse
Herkunft: *(Forsythia suspensa* x *Forsythia viridissima)*
Wuchs: Strauch, breit aufrecht und dicht verzweigt, breit-ovaler Habitus; 2–3 m hoch und breit
Blatt: grün, eiförmig bis lanzettlich, 8–10 cm lang, gegenständig
Blüte: gelbe Glöckchen, dicht

Fothergilla gardenii
Federbuschstrauch

Abb. 218: *Forsythia × intermedia*

Abb. 220: *Fothergilla gardenii* (Foto: Holmåsen)

Fraxinus

Familie: *Hamamelidaceae* – Zaubernußgewächse
Herkunft: Nordamerika
Wuchs: kleiner Strauch mit zahlreichen, straff aufrechten Trieben, im Alter breitbuschig; 0,8–1 m hoch, 0,8–1,2 m breit
Blatt: oberseits grün, unterseits blaugrün, elliptisch bis eiförmig, 2–6 cm lang, wechselständig; Herbstfärbung gelb bis rot
Blüte: endständige, aufrechte, cremeweiße Ähren (Federbüsche) von 2–2,5 cm Länge, duftend
Blütezeit: V
Standort: sonnig bis halbschattig
Bodenansprüche: schwach sauer bis neutral, feucht bis frisch
Verwendung: Zierstrauch in Verbindung mit *Rhododendron*, *Pieris* und *Hydrangea*, bevorzugt in kleinen Gärten
Eigenschaften: winterhart, langsam wachsend, attraktive Herbstfärbung

Fothergilla major
Großer Federbuschstrauch

Familie: *Hamamelidaceae* – Zaubernußgewächse
Herkunft: Nordamerika
Wuchs: aufrechter Strauch, vieltriebig verzweigt; 1,5–2,5 m hoch und breit
Blatt: oberseits grün, unterseits blaugrün, elliptisch bis eiförmig, 2–6 cm lang, wechselständig; Herbstfärbung gelb bis rot
Blüte: in endständigen Ähren aus 20–25 weißen Einzelblüten, gleiche Form wie *Fothergilla gardenii*, jedoch größer
Blütezeit: V
Standort: sonnig bis halbschattig
Bodenansprüche: schwach sauer bis neutral, feucht bis frisch
Verwendung: Zierstrauch in Verbindung mit *Rhododendron*, *Pieris* und *Hydrangea*, bevorzugt in kleinen Gärten

Abb. 221: *Fothergilla major*

Fraxinus excelsior
Esche

Familie: *Oleaceae* – Ölbaumgewächse
Herkunft: Europa, Kleinasien
Wuchs: Großbaum mit lichter eiförmiger bis runder Krone; 20–25(–30) m hoch wachsend, 10–15(–20) m breit
Blatt: frischgrün, unpaarig gefiedert, bis 10 cm lang, Blättchen sitzend zu 9–13, eilanzettlich spitz, gegenständig; Herbstfärbung gelb
Blüte: in gelblichen Rispen, unscheinbar, vor dem Laubaustrieb
Blütezeit: IV
Frucht: länglich-eiförmige Nuß, einseitig geflügelt, 2,5–4,5 cm lang, in endständigen Büscheln, langhaftend
Standort: Laubgehölz des europäischen Tief- und Hügellandes
Bodenansprüche: auf ausreichend feuchten, tiefgründigen und nährstoffreichen Böden
Verwendung: Landschaftsgehölz, Waldbaum; in Sorten im Siedlungsbereich als Straßenbaum, in Grünanlagen, auf Plätzen, verbreitet, zahlreich
Eigenschaften: wärmeliebend, windfest, schnellwüchsig mit Jahrestrieben von bis zu 80 cm, langlebig, mäßig salztolerant, empfindlich gegen Staunässe und Verdichtung des Bodens

Abb. 222: *Fraxinus excelsior* 'Pendula'

Fraxinus excelsior 'Altena'
Esche 'Altena'

Baum mit breit-kegelförmiger Krone; 20–25 m hoch, 12–15 m breit. Blatt unpaarig gefiedert, 30–40 cm lang, sonst wie die Art. Vergleichbar mit der Sorte 'Eureka'

Fraxinus excelsior 'Diversifolia'
Esche 'Diversifolia'

Baum, in der Jugend schmalkronig-offen, später pyramidal mit bis in die Terminale durchgehendem geradem Stamm; 15–20 m hoch, 10–15 m breit. Blatt dunkel-mattgrün, eiförmig, groß, einzeln oder zu dritt, gegenständig. Findet Verwendung im Siedlungsbereich als bewährter Baum an Straßen, Wegen und auf Plätzen. Sorten: in Anbau sind verschiedene Typen aus unterschiedlichen Selektionen

Fraxinus excelsior 'Westhof's Glorie'
Esche 'Westhof's Glorie'

Selektion. Großer Baum mit geschlossener Krone, oval bis breit kegelförmig, geradschäftig mit durchgehendem Stamm; 20–25(–30) m hoch, 12–15 m breit. Blatt glänzend dunkelgrün, unpaarig gefiedert, 30(–40) cm lang, gegenständig, Blättchen zu 9–11, schmal eiförmig.
Weitere Sorten von *Fraxinus excelsior* als Hängeform ('Pendula'), Zwergform ('Nana') und abweichenden Blattformen mit unterschiedlicher Verfügbarkeit im Angebot

Fraxinus

Fraxinus ornus
Blumen-Esche

Familie: *Oleaceae* – Ölbaumgewächse
Herkunft: Südeuropa, Kleinasien
Wuchs: kleiner bis mittelgroßer Baum mit ovaler bis runder Krone, Form etwas variabel; 6–8(–10) m hoch, 4–6 m breit
Blatt: oberseits dunkelgrün, unten graugrün, unpaarig gefiedert, gegenständig, 15–20 cm lang, Blättchen zu 7, eiförmig, 3–7 cm lang, deutlich gestielt
Blüte: in endständigen Rispen, cremeweiß, bis zu 15 cm, duftend und zahlreich
Blütezeit: V–VI
Frucht: länglich-eiförmige Nuß, einseitig geflügelt, 2,5–4,5 cm lang, in endständigen Büscheln, langhaftend
Standort: sonnig–halbschattig
Bodenansprüche: gering, auf kultivierten Gartenböden
Verwendung: Parkbaum mit auffallender Blüte; wegen der variablen Kronenform für Straßen besser Selektionen von *Fraxinus ornus* verwenden
Eigenschaften: widerstandsfähig gegen Hitze und Trockenheit, etwas spätfrostgefährdet

Abb. 223 + 224: *Fraxinus ornus*

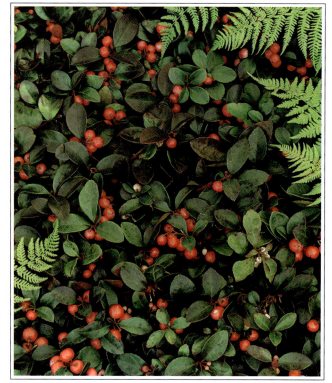

Abb. 225: *Gaultheria procumbens*

Genista lydia
Stein-Ginster, Lydischer Ginster

Familie: *Leguminosae* – Hülsenfruchtgewächse
Herkunft: Südosteuropa, Westasien
Wuchs: Zwergstrauch, breitwüchsig-halbkugelförmig, niederliegend, Zweige dornenspitzig; 0,3–0,5 m hoch
Blatt: graugrün, lanzettlich-spitz, 5–10 mm lang, wechselständig
Blüte: in kurzen Trauben entlang der vorjährigen Triebe, goldgelb, sehr zahlreich
Blütezeit: V–VI
Standort: sonnig
Bodenansprüche: durchlässig, nährstoffarm, frisch bis trocken, stark alkalisch bis schwach sauer,
Verwendung: in Stein- und Heidegärten, an Böschungen, an Trockenmauern, auf Dachgärten, in Trögen und Pflanzkübeln
Eigenschaften: bedingt frosthart, widerstandsfähig gegen Hitze und Trockenperioden, langsamwüchsig, Pflanzenteile giftig!

Gaultheria procumbens
Rote Teppichbeere, Scheinbeere

Familie: *Ericaceae* – Heidekrautgewächse
Herkunft: westliches Nordamerika
Wuchs: Zwergstrauch, kriechend, teppichartig ausgebreitet mit unterirdischen Wurzelausläufern; bis 20 cm hoch
Blatt: immergrün, ledrig-glänzend dunkelgrün, elliptisch bis verkehrt eiförmig, 1–3 cm lang, wechselständig; Winterfärbung bronzerot
Blüte: Glöckchen, weißlich-rosa, meist einzeln
Blütezeit: VI–VII
Frucht: leuchtend rote Beeren, ø 10–15 mm, aromatisch duftend, ab VIII bis zum Frühjahr
Standort: schattig
Bodenansprüche: feucht bis frisch, sauer-humoser Boden bevorzugt
Pflege: Rückschnitt nach Frostschäden und zur Förderung der Vitalität
Verwendung: immergrüner Bodendecker in luftfeuchten Lagen im Öffentlichen Grün und im Hausgarten

Abb. 226: *Genista lydia*

Genista radiata
Strahlen-Ginster

Familie: *Leguminosae* – Hülsenfruchtgewächse
Herkunft: Südeuropa
Wuchs: Kleinstrauch, dichtbuschig aufrecht, strahlenförmig verzweigt, Zweige unbedornt; 0,4–0,8 m hoch, 0,6–1 m breit
Blatt: graugrün, 3zählig, Blättchen lanzettlich bis 20 mm lang, kurzlebig, gegenständig
Blüte: endständige Köpfchen, zu 3–10, gelb
Blütezeit: V–VI
Standort: sonnig
Bodenansprüche: stark alkalisch bis schwach sauer, trocken bis frisch, durchlässig und möglichst nährstoffarm
Verwendung: in Heidegärten, an Böschungen, an Trockenmauern, auf Dachgärten, in Trögen und Pflanzkübeln
Eigenschaften: bedingt frosthart, widerstandsfähig gegen Hitze und Trockenperioden, langsamwüchsig, Pflanzenteile giftig!

Genista sagittalis
Flügel-Ginster, Pfeil-Ginster

Familie: *Leguminosae* – Hülsenfruchtgewächse
Herkunft: Mitteleuropa
Wuchs: Zwergstrauch, niederliegend mit kriechenden Grundtrieben; 10–20 cm hoch
Blatt: grün, einfach, 5–20 mm lang, nur in geringer Zahl ausgebildet, stattdessen immergrüne Triebe mit zwei parallelen breiten Flügelkanten
Blüte: kurze endständige Trauben mit goldgelben Blüten, zahlreich
Blütezeit: V–VI
Standort: sonnig
Bodenansprüche: stark alkalisch bis neutral, trocken bis frisch, durchlässig und möglichst nährstoffarm
Verwendung: in Heidegärten, an Böschungen, an Trockenmauern, auf Dachgärten, in Trögen und Pflanzkübeln
Eigenschaften: bedingt frosthart, widerstandsfähig gegen Hitze und Trockenheit, langsamwüchsig, giftig!

Abb. 227: *Genista sagittalis* (Foto: Holmåsen)

Genista tinctoria
Färber-Ginster

Abb. 228: *Genista tinctoria*

Familie: *Leguminosae* – Hülsenfruchtgewächse
Herkunft: Mitteleuropa, Westasien
Wuchs: Kleinstrauch, aufrechtbuschig; 0,4–0,8 m hoch
Blatt: glänzendgrün, lanzettlich, 1–5 cm lang, wechselständig
Blüte: in achselständigen und endständigen, vielblütigen Trauben, leuchtend gelb
Blütezeit: VI bis Anfang VIII
Frucht: braune Hülsen
Standort: sonnig
Bodenansprüche: durchlässig, nährstoffarm, stark alkalisch bis schwach sauer, frisch bis trocken
Verwendung: in Heidegärten, an Böschungen, an Trockenmauern, auf Dachgärten, in Trögen und Pflanzkübeln
Eigenschaften: bedingt frosthart, widerstandsfähig gegen Hitze und Trockenperioden, langsamwüchsig, Pflanzenteile giftig!
Sorten: 'Plena' – Gefülltblühender Färber-Ginster: Blüten größer als die Art und gefüllt

Gleditsia triacanthos
Gleditschie, Lederhülsenbaum

Familie: *Leguminosae* – Hülsenfruchtgewächse
Herkunft: Nordamerika
Wuchs: großer Baum mit lockerer Krone, unregelmäßig offen auf gradschäftigem Stamm, mit bedornten Zweigen
Blatt: Fiederblatt, Blättchen frischgrün, lanzettlich, einfach gefiedert zu 20–30 oder doppelt gefiedert zu 8–14, wechselständig, bis 20 cm lang; Herbstfärbung gelb
Blüte: männliche Blüten in Ähren, gebüschelt und etwa 5 cm lang, weibliche Blüten in lockeren Ähren, gelblichgrün
Blütezeit: VI
Frucht: Samen in Fruchtschoten, säbelförmig, 25–45 cm lang, zunächst grün, in der Reife, ab IX, braunrot
Standort: sonnig bis halbschattig
Bodenansprüche: durchlässig, nährstoffarm, schwach sauer bis alkalisch, frisch bis feucht
Verwendung: Park- und Straßenbaum, meist mit den nachstehend beschriebenen Sorten
Eigenschaften: ausreichend frosthart, besonders trockenheitsresistent, in der Jugend außerordentlich schnellwüchsig mit Jahrestrieben bis 80 cm, in relativ frühem Alter windbruchgefährdet

Gleditsia

Abb. 229: *Gleditsia triacanthos* (Foto: Holmåsen)

Gleditsia triacanthos var. *inermis*
Dornenlose Gleditschie, Dornenloser Lederhülsenbaum

Zweige unbedornt, trägt kaum Früchte. Sonst wie die Art

Gleditsia triacanthos 'Shademaster'
Gleditschie, Lederhülsenbaum 'Shademaster'

großer Baum mit im Alter breit-ovaler Krone, dornlos. Blatt dunkelgrün, fiederblättrig. Kaum fruchtend

Gleditsia triacanthos 'Skyline'
Gleditschie, Lederhülsenbaum 'Skyline'

Baum, mittelgroß mit pyramidaler Krone, 12–15 m hoch, Habitus geschlossener, sonst wie die Art

Gleditsia triacanthos 'Sunburst'
Gleditschie, Lederhülsenbaum 'Sunburst'

Abb. 230: *Gleditsia triacanthos* 'Sunburst'

kleiner Baum mit breit-kegelförmiger Krone; 8–12 m hoch, 6–8 m breit. Blatt im Austrieb gelb, später gelbgrün und auffallend. Verwendung als Ziergehölz mit auffallender Blattfarbe; auf sandigen, nährstoffarmen Standorten

Gymnocladus dioicus
Geweihbaum

Familie: *Leguminosae* – Hülsenfruchtgewächse
Herkunft: Nordamerika
Wuchs: Baum mit kurzem Stamm und lockerer, breit-ovaler Krone; 15–20(–30) m hoch, 6–10 m breit
Blatt: Fiederblatt, bis zu 75 cm lang (!), mit weiteren 3–7 Fiederpaaren, Blättchen grün, eiförmig bis elliptisch-eiförmig, 5–8 cm lang
Blüte: klein, grünlich-weiß in endständigen Rispen
Blütezeit: VI
Frucht: grüne, später braune Hülse, 10–15 cm lang, mit giftigen Samen
Standort: sonnig, nur an sehr geschützten Standorten im Weinbauklima
Bodenansprüche: bevorzugt tiefgründig, feucht, nahrhaft
Verwendung: Solitärgehölz für Liebhaber seltener und ausdrucksstarker Gehölze

Halesia carolina
Schneeglöckchen-Baum

Familie: *Styracaceae* – Styraxgewächse
Herkunft: Nordamerika
Wuchs: kleiner Baum oder Großstrauch, rundkronig, trichterfömig mit horizontal ausgebreiteten Seitenästen; 4–5 m hoch, 3–4 m breit
Blatt: oben mittelgrün, unterseits graugrün, elliptisch, 5–10 cm lang, wechselständig; Herbstfärbung gelb
Blüte: glockenförmig, weiß, in Büscheln zu 3–5, an dünnen Stielen entlang der Triebe, zahlreich, vor dem Laubaustrieb
Blütezeit: V
Frucht: geflügelte Steinfrüchte, 3–5 cm groß
Standort: sonnig und geschützt
Bodenansprüche: nährstoffreich, frisch bis feucht, sauer bis neutral
Verwendung: als Solitärbaum für Liebhaber anspruchsvoller und ausdrucksstarker Gehölze

Abb. 231: *Halesia carolina* (Foto: Holmåsen)

Hamamelis

Halesia monticola
Schneeglöckchen-Baum

Familie: *Styracaceae* – Styraxgewächse
Herkunft: Nordamerika
Wuchs: großer Strauch oder kleiner Baum mit baumartiger, kegelförmiger Krone; 4–5 m hoch, 3–4 m breit
Blatt: wie *Halesia carolina* jedoch größer und mit grobgesägtem Blattrand
Blüte: in bis zu 2,5 cm großen Glocken, d.h. noch attraktiver als *Halesia carolina*
Standort: sonnig, geschützt
Bodenansprüche: nährstoffreich, frisch bis feucht, sauer bis neutral
Verwendung: als Solitärbaum für Liebhaber anspruchsvoller und ausdrucksstarker Gehölze

Hamamelis × *intermedia*
Zaubernuß

Abb. 232 – 237

Abb. 232: *Hamamelis* × *intermedia* 'Barmstedt's Gold'

Abb. 234: *Hamamelis* × *intermedia* 'Feuerzauber'

Familie: *Hamamelidaceae* – Zaubernußgewächse
Herkunft: *(Hamamelis japonica* × *Hamamelis mollis)*
Wuchs: großer Strauch, kurzstämmig, trichterfömig-aufrecht, im Alter ausladend; 3–5 m hoch und breit
Blatt: mattgrün, breit-eiförmig mit etwas verschobener Basis, 10–15 cm lang, wechselständig; Herbstfärbung gelb bis rot
Blüte: von gelb über orange bis dunkelrot (siehe Sortenübersicht) in achselständigen, fadenförmigen Büscheln, vor dem Laubaustrieb
Blütezeit: je nach Sorte
Frucht: unscheinbar
Standort: Sonne bis lichter Schatten
Bodenansprüche: humos und

Abb. 233: *Hamamelis* × *intermedia* 'Diane'

Abb. 235: *Hamamelis* × *intermedia* 'Jelena'

Hamamelis

Abb. 236: *Hamamelis* × *intermedia* 'Ruby Glow'

Hamamelis japonica
Japanische Zaubernuß

Familie: *Hamamelidaceae* – Zaubernußgewächse
Herkunft: Japan
Wuchs: großer Strauch, trichterförmig aufstrebend, später ausladend; 3–4 m hoch und breit
Blatt: oberseits grün, unterseits hellgrün, breit-eiförmig, 5–10 cm lang, wechselständig; Herbstfärbung gelb bis gelborange
Blüte: in kleinen achselständigen Büscheln, lebhaft gelb und lange vor dem Laubaustrieb
Blütezeit: I–III
Frucht: unscheinbar
Standort: Sonne bis lichter Schatten
Bodenansprüche: auf humosen und nährstoffreichen Böden, schwach sauer bis neutral, gleichmäßig feucht
Verwendung: als Solitärgehölz zur Einzelstellung im Hausgarten und in öffentlichen Grünanlagen; malerischer Frühjahrsblüher

nährstoffreich, schwach sauer bis neutral, gleichmäßig feucht
Verwendung: als Solitärgehölz zur Einzelstellung im Hausgarten und in öffentlichen Grünanlagen; malerischer Frühjahrsblüher
Eigenschaften: in der Jugend etwas frostempfindlich, Tiefwurzler mit ausgebreiteten oberflächennahen Feinwurzeln, keine Unterpflanzung, keine Schnittmaßnahmen
Sorten: 'Barmstedt's Gold': Blüte gelb, im Kelchinnern purpurrot; Blütezeit III–IV.
'Diane': Blüte weinrot, im Kelchinnern dunkelrubinrot; Blütezeit III–IV. 'Feuerzauber': Blütenbasis weinrot, Spitze heller, im Kelchinnern granatrot; Blütezeit II–III.
'Jelena': Blüte braunrot, Spitze orangegelb, im Kelchinnern granatrot; Blütezeit II–III.
'Ruby Glow': Blüte weinrot, im Kelchinnern violettbraun; Blütezeit II–III. 'Westerstede': Blüte hellgelb, im Kelchinnern rotbraun; Blütezeit III–IV

Abb. 238: *Hamamelis japonica*

Hamamelis mollis
Lichtmeß-Zaubernuß, Chinesische Zaubernuß

Abb. 237: *Hamamelis* × *intermedia* 'Westerstede'

Abb. 239: *Hamamelis mollis*

Familie: *Hamamelidaceae* – Zaubernußgewächse
Herkunft: China
Wuchs: großer Strauch, mit meist wenigen Hauptästen, trichterförmig aufrecht; 3–5 m hoch und breit
Blatt: oberseits graugrün, mattglänzend, unterseits graufilzig behaart, 5–10 cm lang, wechselständig; Herbstfärbung goldgelb
Blüte: intensiv gelb in Büscheln, Blütenfahnen 3–4 cm ø, im Kelchinnern rostrot, leichter Duft
Blütezeit: I–III
Frucht: unscheinbar
Standort: Sonne bis lichter Schatten
Bodenansprüche: auf humosen und nährstoffreichen Böden, schwach sauer bis neutral, gleichmäßig feucht
Verwendung: als Solitärgehölz zur Einzelstellung im Hausgarten und in öffentlichen Grünanlagen; malerischer Frühjahrsblüher
Sorten: 'Pallida': Blüten sehr groß, zahlreich und duftend, sonst wie die Art

Hibiscus syriacus
Roseneibisch, Hibiscus

Abb. 241 – 249

Hamamelis virginiana
Herbstblühende Zaubernuß
Amerikanische Zaubernuß

Abb. 240

Abb. 240: *Hamamelis virginiana*   (Foto: Holmåsen)

Abb. 241: *Hibiscus syriacus* 'Ardens'

Abb. 242: *Hibiscus syriacus* 'Blue Bird'

Familie: *Hamamelidaceae* – Zaubernußgewächse
Herkunft: östliches Nordamerika
Wuchs: Großstrauch, kurzstämmig und trichterförmig ausladend, locker verzweigt; 3–5 m hoch und breit
Blatt: hellgrün, verkehrt eiförmig mit deutlich verschobener Basis (obovat), 8–15 cm lang, wechselständig; Herbstfärbung leuchtend gelb
Blüte: hellgelb in kurzgestielten, achselständigen Köpfchen
Blütezeit: IX–X
Frucht: unscheinbare, zweiklappige Kapseln
Standort: Sonne bis lichter Schatten
Bodenansprüche: humos und nährstoffreich, schwach sauer bis neutral, gleichmäßig feucht
Verwendung: als Solitärgehölz zur Einzelstellung im Hausgarten und in öffentlichen Grünanlagen; malerischer Herbstblüher

Hedera helix 'Arborescens'
Strauch-Efeu

Wuchs: strauchig, ungelappte Blätter

Hedera helix: siehe Kreuzers Gartenpflanzen Lexikon Band VI

Abb. 243: *Hibiscus syriacus* 'Hamabo'

Hibiscus

Abb. 244: *Hibiscus syriacus* 'Monstrosus'

Abb. 246: *Hibiscus syriacus* 'Read Heart'

Abb. 247: *Hibiscus syriacus* 'Speciosus'

Familie: *Malvaceae* – Malvengewächse
Herkunft: Indien, China
Wuchs: Strauch, straff aufrecht; 1,5–2 m hoch, 1–1,5 m breit
Blatt: mittelgrün, eiförmig, 3lappig, 5–10 cm lang, wechselständig
Blüte: Einzelblüten malvenartig, achselständig, je nach Sorte einfach oder auch gefüllt
Blütezeit: je nach Sorte VI–IX
Frucht: unscheinbar
Standort: sonnig
Bodenansprüche: mäßig trockene bis frische, schwach saure bis alkalische, durchlässige und nährstoffreiche Böden
Verwendung: Ziergehölz für den Garten, in Pflanzgefäßen, an Terrassen, vor Südmauern
Eigenschaften: in der Jugend frostgefährdet, Winterschutz empfehlenswert, blüht am einjährigen Holz, Rückschnitt nach der Blüte und nach Frostschäden wird gut vertragen
Sorten: 'Ardens': Blüte purpur bis rotviolett, Mittelfleck weinrot. 'Blue Bird': Blüte blauviolett, Mittelfleck tiefmagenta. 'Hamabo': Blüte rosa, Mittelfleck dunkelrot. 'Monstrosus': Blüte weiß, Mittelfleck dunkelrot. 'Pink Giant': Blüte rosa, Mittelfleck dunkelrot. 'Red Heart': Blüte weiß, Mittelfleck dunkelrot. 'Speciosus': Blüte weiß. 'Totus Albus': Blüte weiß. 'Woodbridge': Blüte blaurot, Mittelfleck dunkelrot

Abb. 245: *Hibiscus syriacus* 'Pink Giant'

Abb. 248: *Hibiscus syriacus* 'Totus Albus'

Abb. 249: *Hibiscus syriacus* 'Woodbridge' (Foto: Holmåsen)

Hippophae rhamnoides
Gewöhnlicher Sanddorn

Abb. 250 + 251

Familie: *Elaeagnaceae* – Ölweidengewächse
Herkunft: Europa
Wuchs: großer Strauch oder kleiner Baum, unregelmäßiger, sparrig verzweigter Wuchs; 1–5(–10) m hoch
Blatt: oberseits graugrün, unten weißgrau, lineal-lanzettlich, 1–6 cm lang, wechselständig
Blüte: unauffällig grünlich, vor dem Laubaustrieb
Blütezeit: IV
Frucht: orangefarbene Beeren, 6–8 mm groß, eßbar; fruchtet nur bei Gruppenpflanzung
Standort: sonnig
Bodenansprüche: trocken bis frisch, bevorzugt auf nährstoffarmen, sandigen bis kiesigen Böden mit höherem Kalkgehalt
Verwendung: Landschaftsgehölz, Pioniergehölz zur Rekultivierung, Bodenfestiger, zur Fruchtgewinnung für vitaminreiche Säfte
Eigenschaften: lichthungrig, windfest und salzverträglich, mit Ausläufern sich verbreitend, Stickstoffsammler

Abb. 250 + 251: *Hippophae rhamnoides*

Holodiscus discolor var. *ariifolius*
Scheinspiere

Abb. 252

Abb. 252: *Holodiscus discolor* var. *ariifolius* (Foto: Holmåsen)

Familie: *Rosaceae* – Rosengewächse
Herkunft: westliches Nordamerika
Wuchs: Strauch, aufrecht mit überhängenden Trieben; 2–3 m hoch, 1,5–2,5 m breit
Blatt: stumpfgrün, unterseits graugrün behaart, eirund bis länglich, 2–8 cm lang, wechselständig
Blüte: endständige, gelblichweiße Rispen von bis zu 25 cm Länge, auffallend
Blütezeit: VII–VIII
Frucht: bräunliche, langhaftende Rispen
Standort: Sonne bis lichter Schatten
Bodenansprüche: alle kultivierten Gartenböden, schwach sauer bis neutral
Verwendung: Zierstrauch für den Hausgarten mit attraktiver Blüte zur Einzelstellung oder mit anderen Blütengehölzen
Eigenschaften: empfindlich gegen Hitze, kalkmeidend

Hydrangea arborescens 'Annabelle'
Ball-Hortensie 'Annabelle'

Abb. 253

Familie: *Hydrangeaceae* – Hortensiengewächse
Herkunft: Cultivar
Wuchs: breitbuschiger Kleinstrauch, aufrecht mit starken, geraden Trieben; 1–1,5 m hoch, 1,5–2 m breit
Blatt: frischgrün, herzförmig, bis 15 cm lang, gegenständig
Blüte: Blütenstände kugelig, mit bis zu 30 cm ø, rahmweiß mit überwiegend fertilen Blüten, langandauernd bis zum Frost
Blütezeit: VII–IX
Standort: im lichten Schatten
Bodenansprüche: sauer bis schwach sauer, humos und nahrhaft, ausreichend feucht
Pflege: Kalk und kalkhaltiges Wasser vermeiden, wässern wie bei *Rhododendron*, d.h. selten und durchdringend über die Wurzeln
Schnitt: im Frühjahr alte Blütenstände und erfrorene oder alte, vergreiste Äste entfernen
Verwendung: Zierstrauch im Hausgarten und in öffentlichen Grünanlagen

Hydrangea

Abb. 253: *Hydrangea arborescens* 'Annabelle'

Hydrangea arborescens 'Grandiflora'
Ball-Hortensie 'Grandiflora'

Familie: *Hydrangeaceae* – Hortensiengewächse
Herkunft: Cultivar
Wuchs: breitbuschiger Kleinstrauch, straff aufrecht, dünntriebig; 0,8–1,2 m hoch, 0,6–1 m breit
Blatt: frischgrün, ei-elliptisch, bis 16 cm lang, gegenständig
Blüte: Blütenstände kugelig, mit kleinen, gedrängt stehenden Blüten, anfangs grünlichweiß, später reinweiß und in großer Fülle, langandauernd
Blütezeit: VII–IX
Standort: im lichten Schatten
Bodenansprüche: sauer bis schwach sauer, bevorzugt gut kultivierte Gartenböden mit gleichmäßiger Grundfeuchte
Pflege: Kalk und kalkhaltiges Wasser vermeiden, selten und durchdringend, über die Wurzeln wässern; frostgeschädigte Pflanzenteile sofort entfernen
Verwendung: Zierstrauch im Hausgarten und in öffentlichen Grünanlagen

Hydrangea aspera ssp. *sargentiana* (*Hydrangea sargentiana*)
Samt-Hortensie

Familie: *Hydrangeaceae* – Hortensiengewächse
Herkunft: China
Wuchs: Strauch mit dicken, wenig verzweigten Trieben; 2–3,5(–4) m hoch, 2,5–4 m breit
Blatt: oben grün, schwach behaart, unten samtig behaart, breit eiförmig, bis 30 cm lang an bis zu 10 cm langem Blattstiel, gegenständig
Blüte: in flachen bis leicht gewölbten Schirmrispen, ø 20–30 cm; fertile Blüten anfangs weiß, später malvenfarbig; sterile Randblüten einzeln, weiß
Blütezeit: VII–VIII
Standort: lichter Schatten bis absonnig
Bodenansprüche: sauer bis schwach sauer, auf Böden mit gleichbleibender Grundfeuchte
Verwendung: Ziergehölz für Gärten und Parks
Eigenschaften: ausreichend winterhart, breitet sich mit kurzen Ausläufern aus, treibt nach Frostschäden wieder aus

Hydrangea macrophylla 'Alpenglühen'
Garten-Hortensie 'Alpenglühen'

Familie: *Hydrangeaceae* – Hortensiengewächse
Herkunft: Cultivar
Wuchs: breitbuschiger Kleinstrauch, dichttriebig, straff aufrecht; 1–1,5 m hoch und breit
Blatt: glänzend dunkelgrün, oval, Rand gezähnt, gegenständig
Blüte: in ballförmigen Blütenständen, 20–22 cm ø, einheitlich in Karmesinrot, leuchtend
Blütezeit: VII–IX
Standort: lichter Schatten
Bodenansprüche: feucht bis frisch, schwach sauer bis sauer, durchlässig und humos
Pflege: eventuelle Spätfrostschäden an Knospen und Trieben ausschneiden; bei Bedarf durchdringend über die Wurzeln mit kalkfreiem (!) Wasser wässern
Verwendung: Ziergehölz für Gärten und Parks
Eigenschaften: frosthart

Hydrangea macrophylla 'Blue Wave'
Garten-Hortensie 'Blue Wave'

Abb. 254: *Hydrangea arborescens* 'Grandiflora'

Abb. 255: *Hydrangea macrophylla* 'Blue Wave'

Familie: *Hydrangeaceae* – Hortensiengewächse
Herkunft: Cultivar
Wuchs: breitbuschiger, aufrechter Kleinstrauch; 1–1,5 m hoch und breit
Blatt: hellgrün, matt elliptisch, zugespitzt, gezähnt, gegenständig
Blüte: in flachen Schirmrispen aus perlenartig dicht sitzenden fertilen Blüten und bis 3 cm großen sterilen Randblüten
Blütezeit: VI–IX
Standort: lichter Schatten
Bodenansprüche: feucht bis frisch, sauer bis neutral, durchlässig und humos
Verwendung: Ziergehölz in Gärten und Parks
Eigenschaften: blaue Ausfärbung nur auf neutralem bis schwach saurem Boden und bei kalkfreier Wässerung, sonst eher schwach blaue bis malvenfarbige Blüten

Hydrangea macrophylla 'Bouquet Rose'
Garten-Hortensie 'Bouquet Rose'

Abb. 256

Familie: *Hydrangeaceae* – Hortensiengewächse
Herkunft: Cultivar
Wuchs: breitbuschiger, aufrechter Kleinstrauch; 1–1,5 m hoch, 1–2 m breit
Blatt: stumpfgrün, dünn, eiförmig, grob gesägt, bis 15 cm lang, gegenständig
Blüte: in halbkugelförmigen Blütenständen, ø 14–16 cm; Blüten leuchtend blau, auf neutralen Böden auch creme bis rosa
Blütezeit: VII–IX
Standort: lichter Schatten
Bodenansprüche: feucht bis frisch, sauer bis schwach sauer, durchlässig und humos
Pflege: bei Bedarf durchdringend über die Wurzeln mit kalkfreiem (!) Wasser wässern
Verwendung: Ziergehölz in Gärten und Parks
Eigenschaften: zuverlässig frosthart

Abb. 256: *Hydrangea macrophylla* 'Bouquet Rose'
(Foto: Holmåsen)

Hydrangea macrophylla 'Lanarth White'
Garten-Hortensie 'Lanarth White'

Familie: *Hydrangeaceae* – Hortensiengewächse
Herkunft: Cultivar
Wuchs: Kleinstrauch, aufrecht, breitbuschig; 1–1,5 m hoch, 1–2 m breit
Blatt: gelblichgrün, eiförmig, grob gesägt, bis 12 cm lang, gegenständig
Blüte: leicht gewölbte Schirmrispen aus fertilen Blüten, dunkelblau und weiß; und sterilen, weißen Randblüten, zu 3, 4 oder 5, sitzend
Blütezeit: VII–IX
Standort: im lichten Schatten
Bodenansprüche: feucht bis frisch, schwach sauer bis sauer, durchlässig und humos
Pflege: eventuelle Spätfrostschäden an Knospen und Trieben ausschneiden; bei Bedarf durchdringed über die Wurzeln mit kalkfreiem (!) Wasser wässern
Verwendung: Ziergehölz für Gärten und Parks
Eigenschaften: frosthart

Hydrangea macrophylla 'Masja'
Garten-Hortensie 'Masja'

Abb. 257

Abb. 257: *Hydrangea macrophylla* 'Masja'

Familie: *Hydrangeaceae* – Hortensiengewächse
Herkunft: Cultivar
Wuchs: Kleinstrauch, aufrecht, dichtbuschig–kompakt; 0,8–1,2 m hoch, 1–1,5 m breit
Blatt: glänzend-dunkelgrün, breit eiförmig, scharf gesägt, bis 10 cm lang
Blüte: in kompakten, ballförmigen Blütenständen, bis 16 cm ø, Einzelblüte lebhaft rot, heller Mittelfleck, zahlreich
Blütezeit: VII–IX
Standort: lichter Schatten
Bodenansprüche: feucht bis frisch, sauer bis schwach sauer, durchlässig und humos, mit gleichmäßiger Grundfeuchte
Pflege: evtl. Spätfrostschäden an Knospen und Trieben ausschneiden; bei Bedarf durchdringend über die Wurzeln mit kalkfreiem (!) Wasser wässern
Verwendung: Ziergehölz in Gärten und Parks
Eigenschaften: bedingt frosthart

Hydrangea macrophylla ssp. serrata 'Acuminata'
(Hydrangea serrata 'Acuminata')
Garten-Hortensie 'Acuminata'

Familie: *Hydrangeaceae* – Hortensiengewächse
Herkunft: Cultivar
Wuchs: breitbuschiger Kleinstrauch, straff aufrecht; 1–1,5 m hoch, 1–2 m breit
Blatt: sattgrün, eiförmig lang zugespitzt, bis 10 cm lang, gegenständig
Blüte: in leicht gewölbten Schirmrispen, Fruchtblüten perlenartig, dicht gedrängt, bläulich; Randblüten von weißlich über rötlich bis rosa
Blütezeit: VII–VIII
Standort: lichter Schatten
Bodenansprüche: feucht bis frisch, schwach sauer bis sauer, durchlässig und humos, mit gleichbleibender Grundfeuchtigkeit
Pflege: eventuelle Spätfrostschäden an Knospen und Trieben ausschneiden, bei Bedarf durchdringend über die Wurzeln mit kalkfreiem (!) Wasser wässern
Verwendung: Ziergehölz für Gärten und Parks
Eigenschaften: frosthart

Hydrangea macrophylla ssp. serrata 'Rosalba'
(Hydrangea serrata 'Rosalba')
Garten-Hortensie 'Rosalba'

Familie: *Hydrangeaceae* – Hortensiengewächse
Herkunft: Cultivar
Wuchs: breitbuschiger Kleinstrauch, straff aufrecht; 1–1,5 m hoch, 1–2 m breit
Blatt: grün, eiförmig lang zugespitzt, bis 15 cm lang, gegenständig
Blüte: in leicht gewölbten Schirmrispen, innen Fruchtblüten perlenartig dicht gedrängt, rot; sterile Randblüten, von weiß über rosa bis rot verfärbend
Blütezeit: VII–VIII
Standort: lichter Schatten
Bodenansprüche: feucht bis frisch, sauer bis schwach sauer, durchlässig und humos, mit gleichmäßiger Grundfeuchte
Pflege: eventuelle Spätfrostschäden an Knospen und Trieben ausschneiden; bei Bedarf durchdringend über die Wurzeln mit kalkfreiem (!) Wasser wässern
Verwendung: Ziergehölz für Gärten und Parks
Eigenschaften: frosthart

Hydrangea macrophylla ssp. serrata 'Blue Bird'
(Hydrangea serrata 'Blue Bird')
Garten-Hortensie 'Blue Bird'

Abb. 258

Abb. 258: *Hydrangea macrophylla* ssp. *serrata* 'Blue Bird'

Familie: *Hydrangeaceae* – Hortensiengewächse
Herkunft: Cultivar
Wuchs: breitbuschiger Kleinstrauch, straff aufrecht; 1–1,2 m hoch, 1–2 m breit
Blatt: grün, eiförmig lang zugespitzt, bis 15 cm lang, gegenständig
Blüte: in leicht gewölbten Schirmrispen, Fruchtblüten perlenartig dicht gedrängt, lila bis violett, umgeben von auffallend großen, lichtblauen Randblüten mit deutlich kreuzförmig gestellten Sepalen
Blütezeit: VII–VIII
Standort: lichter Schatten
Bodenansprüche: feucht bis frisch, schwach sauer bis sauer, durchlässig und humos
Pflege: eventuelle Spätfrostschäden an Knospen und Trieben ausschneiden; bei Bedarf durchdringend über die Wurzeln mit kalkfreiem (!) Wasser wässern
Verwendung: Ziergehölz für Gärten und Parks
Eigenschaften: frosthart

Hydrangea paniculata 'Grandiflora'
Rispen-Hortensie

Abb. 259

Abb. 259: *Hydrangea paniculata* 'Grandiflora'

Familie: *Hydrangeaceae* – Hortensiengewächse
Herkunft: Cultivar
Wuchs: Strauch, breitwüchsig, stark verzweigt; 2–3 m hoch und breit
Blatt: mattgrün, rauh behaart, unterseits graugrün, 7–15 cm lang, gegenständig
Blüte: in breit-kegelförmigen Blütenständen von 10 cm Breite und 25–30 cm Länge, im Austrieb rahmweiß, im Verblühen altrosa verfärbend, endständig am einjährigen Holz
Blütezeit: VII–IX
Standort: lichter Schatten
Bodenansprüche: schwach sauer bis sauer, bevorzugt humos mit gleichbleibender Grundfeuchte
Verwendung: Ziergehölz zur Einzelstellung für Gärten und Parks
Eigenschaften: der breit ausladende Strauch verlangt Einzelstellung, frosthärteste Hortensie des Sortiments

Hypericum

Hypericum calycinum
Johanniskraut

Abb. 260: *Hypericum calycinum*

Familie: *Guttiferae* – Johanniskrautgewächse
Herkunft: Südost-Europa, Kleinasien
Wuchs: Halbstrauch–Zwergstrauch mit überhängenden bis aufliegenden Zweigen; bis 0,3 m hoch
Blatt: oben stumpfgrün, unten hell graugrün, eilänglich, 5–10 cm lang, gegenständig, wintergrün
Blüte: Einzelblüten schalenförmig offen, leuchtend gelb mit rötlichen Staubbeuteln, 5–10 cm ø
Blütezeit: VII–X
Frucht: unauffällig
Standort: sonnig bis schattig
Bodenansprüche: auf allen kultivierten Böden, bevorzugt schwach sauer und durchlässig
Pflege: radikaler Rückschnitt jährlich im Frühjahr fördert den Blütenansatz
Verwendung: einzeln oder in Gruppen im Hausgarten und im Stadtgrün
Eigenschaften: durch Ausläufer sich verbreitender Bodendecker, zuverlässig frosthart, bis –25 °C

Hypericum 'Hidcote'
Johanniskraut 'Hidcote'

Familie: *Guttiferae* – Johanniskrautgewächse
Herkunft: Cultivar
Wuchs: Kleinstrauch, vieltriebig aus der Basis, straff aufrecht mit überhängenden Trieben; 1–1,5 m hoch und breit
Blatt: oben mattgrün, unterseits bläulichgrün, eilänglich, lang zugespitzt, 5–10 cm lang, gegenständig, wintergrün
Blüte: schalenförmige Blüten, endständig, einzeln oder zu mehreren, ø 5–7 cm, leuchtend goldgelb
Blütezeit: VII–X
Frucht: unauffällig
Standort: sonnig bis schattig
Bodenansprüche: alle kultivierten Böden, bevorzugt schwach sauer und durchlässig
Pflege: jährlicher Rückschnitt bis handbreit über der Basis fördert den Blütenansatz
Verwendung: zur Einzelstellung und in Gruppen
Eigenschaften: bedingt frosthart besonders schnittverträglich, ausgedehnte Blühdauer

Abb. 261: *Hypericum* 'Hidcote'

Hypericum × *moserianum*
Johanniskraut 'Moser'

Familie: *Guttiferae* – Johanniskrautgewächse
Herkunft: Cultivar
Wuchs: Zwergstrauch, vieltriebig aus der Basis, straff aufrecht mit überhängenden Triebenden; 0,3–0,5 m hoch und breit
Blatt: stumpfgrün, eilänglich, 4–5 cm lang, gegenständig
Blüte: schalenförmig, zu 1–5, endständig, 5–6 cm ø, Staubbeutel rötlich
Blütezeit: VII–VIII
Frucht: unauffällig
Standort: sonnig bis schattig
Bodenansprüche: alle kultivierten Böden, bevorzugt schwach sauer und durchlässig
Pflege: jährlicher Rückschnitt bis handbreit über der Basis fördert den Blütenansatz
Verwendung: zur Einzelstellung und in Gruppen
Eigenschaften: treibt keine Ausläufer, frosthart bis –10 °C, besonders schnittverträglich, ausgedehnte Blühdauer

Hypericum patulum var. *henryi*
Himalaja-Johanniskraut

Familie: *Guttiferae* – Johanniskrautgewächse
Wuchs: Kleinstrauch, mehrtriebig an der Basis, aufrecht mit überhängenden Triebenden; 1–1,2 m hoch und breit
Blatt: oben stumpfgrün, unten hell graugrün, lanzettlich–eiförmig, 2–4 cm lang, gegenständig; Herbstfärbung rötlichbraun
Blüte: schalenförmig, goldgelb, 4–6 cm ø, Kelchblätter aufrecht breit und stumpf
Blütezeit: VII–VIII
Frucht: unauffällig
Standort: sonnig bis schattig
Bodenansprüche: alle kultivierten Böden, bevorzugt schwach sauer und durchlässig
Verwendung: kleiner Zierstrauch zur Einzelstellung und in Gruppen
Eigenschaften: bedingt frosthart

Ilex

Ilex aquifolium
Ilex, Stechpalme, Hülse

Abb. 262: *Ilex aquifolium*

Familie: *Aquifoliaceae* – Stechpalmengewächse
Herkunft: Europa, Nordwestafrika
Wuchs: großer Strauch oder kleiner Baum, unregelmäßig verzweigt, Krone ei- bis kegelförmig; 2–5(–10) m hoch, 2–4 m breit
Blatt: immergrün, oberseits dunkelgrün glänzend, unterseits hellgrün, eiförmig, 3–8 cm lang, Rand wellig und bedornt
Blüte: unscheinbar
Blütezeit: V–VI
Frucht: kugelige Steinfrüchte, auffallend rot und zahlreich, etwa erbsengroß, giftig!
Standort: bevorzugt halbschattig bis schattig
Bodenansprüche: alle kultivierten Böden, schwach sauer bis neutral, frisch bis feucht,
Verwendung: Landschaftsgehölz, Vogelschutz- und Nährgehölz, im Hausgarten besser Sorten verwenden
Eigenschaften: bedingt frosthart bis –15 °C, langsam wachsend, gut schnittverträglich

Ilex aquifolium 'Alaska'
Ilex 'Alaska'

Familie: *Aquifoliaceae* – Stechpalmengewächse
Wuchs: Strauch, kompakt-kegelförmige Form, im Alter breitbuschig-pyramidal; 2–3 m hoch, 1–1,5 m breit
Blatt: immergrün, dunkelgrün glänzend, oval, 3,5–5,5 cm lang und bis 2 cm breit, beiderseits Randdornen, wechselständig
Blüte: unscheinbar
Blütezeit: V–VI
Frucht: kugelige Steinfrüchte, leuchtend rot und sehr zahlreich, erbsengroß, langhaftend, giftig!
Standort: halbschattig bis schattig
Bodenansprüche: alle kultivierten Gartenböden, bevorzugt frisch bis feucht, schwach sauer bis neutral
Verwendung: für Einzelstand oder in Gruppen, mit Nadelgehölzen oder Rhododendren, als immergrüne Hecke
Eigenschaften: gut schattenverträglich, empfindlich gegen austrocknenden Wind (Windschutz), gut schnittverträglich von II–XI

Ilex aquifolium 'I.C. van Tol'
Ilex 'I.C. van Tol'

Abb. 263: *Ilex aquifolium* 'I.C. van Tol'

Familie: *Aquifoliaceae* – Stechpalmengewächse
Herkunft: Cultivar
Wuchs: großer Strauch oder kleiner Baum, wenig und unregelmäßig verzweigt, später hängend; 6–8 m hoch, 3–4 m breit
Blatt: immergrün, oben glänzend dunkelgrün, unterseits heller, eiförmig bis elliptisch, 5–8 cm lang, nur wenige Blattdornen, wechselständig
Blüte: unauffällig, klein und weiß
Frucht: kugelige Steinfrüchte, leuchtend tieforangerot, ø 8–10 mm, zahlreich und langhaftend, giftig!
Standort: halbschattig bis schattig
Bodenansprüche: alle kultivierten Gartenböden, bevorzugt frisch bis feucht, schwach sauer bis neutral
Verwendung: Gartenpflanze für Einzelstand oder in Gruppen, mit Nadelgehölzen oder Rhododendren, als immergrüne Hecke

Ilex aquifolium 'Pyramidalis'
Pyramiden-Ilex

Familie: *Aquifoliaceae* – Stechpalmengewächse
Wuchs: großer Strauch oder kleiner Baum, kegelförmig straff aufrecht, meist mit Mittelstamm; 4–6 m hoch, 2–3 m breit
Blatt: immergrün, oberseits dunkelgrün glänzend, unterseits heller, elliptisch, 5–6 cm lang; nicht gewellt, ohne Blattdornen
Blüte: unauffällig, klein und weiß
Blütezeit: V
Frucht: kugelige Steinfrüchte, leuchtend rot, ø 7–10 mm, zahlreich, langhaftend, giftig!
Standort: halbschattig bis schattig
Bodenansprüche: alle kultivierten Böden, bevorzugt frisch bis feucht, schwach sauer bis neutral
Verwendung: Gartenpflanze für Einzelstand oder in Gruppen, mit Nadelgehölzen oder Rhododendren, als immergrüne Hecke

Ilex crenata
Japanischer Ilex

Familie: *Aquifoliaceae* – Stechpalmengewächse
Herkunft: Japan
Wuchs: breitbuschiger Strauch, dicht verzweigt; 2–3 m hoch, 1–2 m breit
Blatt: immergrün, oberseits glänzend dunkelgrün, unterseits mit dunklen Punkten, oval bis lanzettlich, 1,5–3 cm lang, unbedornt, wechselständig
Blüte: unauffällig weiß
Blütezeit: V–VI
Frucht: kugelige Steinfrucht, schwarz, ø 6mm, unauffällig, giftig!
Standort: sonnig bis halbschattig
Bodenansprüche: frisch bis feucht, schwach sauer bis neutral, durchlässig
Verwendung: immergrünes Ziergehölz im Hausgarten auf kühlen, luftfeuchten Standorten, für Hecken und Formschnitt geeignet
Eigenschaften: meidet kalkhaltigen oder zu schweren Boden sowie Hitze und Trockenheit; sehr gut schnittverträglich, ausreichend frosthart bis –20 °C

Abb. 265: *Ilex crenata* 'Golden Gem'

Ilex crenata 'Convexa'
Buchsblättriger Ilex

Strauch, dicht verzweigt-breitbuschig; 1,5–2 m hoch, 2–2,5 m breit. Blatt immergrün, mittelgrün, elliptisch, löffelförmig nach oben gewölbt (wie *Buxus*), 1,5–2,5 cm lang, wechselständig. Besonders frosthart und schattenverträglich, gut schnittverträglich. Sonst wie die Art

Ilex crenata 'Rotundifolia'
Rundblättriger Ilex

Strauch, dicht verzweigt-breitbuschig; 1,5–2 m hoch, 2,5–3 m breit. Blatt immergrün, glänzend-grün, eirund, 2–3 cm lang, wechselständig. Besonders frosthart, schatten- und schnittverträglich. Sonst wie die Art

Ilex crenata 'Stokes'
Zwerg-Ilex 'Stokes'

Zwergstrauch, auch Kleinstrauch; unregelmäßig breitwüchsig; 0,5–0,8 m hoch, 0,5–1 m breit. Blatt immergrün, schwach glänzend, elliptisch, etwas zugespitzt, 1–1,5 cm lang, wechselständig. Sonst wie die Art

Abb. 264: *Ilex crenata* 'Convexa'

Abb. 266: *Ilex crenata* 'Stokes'

Ilex crenata 'Golden Gem'
Goldblatt-Ilex

Kleinstrauch, dicht verzweigt-breitbuschig. 0,6–0,8 m hoch, 0,8–1 m breit. Blatt immergrün, goldgelb, etwas vergrünend, 1–2 cm lang, wechselständig. Sonst wie die Art

Ilex × meserveae 'Blue Angel'
Amerikanischer Ilex 'Blue Angel'

Familie: *Aquifoliaceae* – Stechpalmengewächse
Herkunft: *(Ilex aquifolium × Ilex rugosa)*
Wuchs: Strauch bis Großstrauch, Grundtriebe zu mehreren aus der Basis, dicht verzweigt, kompakt-breitbuschig; 2,5–3,5 m hoch, 2,5–3,5(–4) m breit
Blatt: immergrün, oberseits glänzend dunkelgrün, unterseits hellgrün; Rand gewellt mit kräftigen Blattdornen, 3–3,5 cm lang, wechselständig
Blüte: unauffällig, mit kleinen weißen Glöckchen
Blütezeit: ab V
Frucht: kugelige, rote Beerenfrüchte, in Trauben achselständig, ab X
Standort: sonnig–halbschattig
Bodenansprüche: auf allen kultivierten Gartenböden, anspruchsloser als *Ilex aquifolium*
Verwendung: Zierstrauch, einzeln und in Gruppen; für Sichtschutz, Hecken, Schnittgrün
Eigenschaften: frosthart bis –25 °C, hohes Ausschlagvermögen, langsam wachsend

Ilex × meserveae 'Blue Prince'
Amerikanischer Ilex 'Blue Prince'

Familie: *Aquifoliaceae* – Stechpalmengewächse
Herkunft: *(Ilex aquifolium × Ilex rugosa)*
Wuchs: Großstrauch, Grundtriebe zu mehreren aus der Basis, stark verzweigt, dicht-breitbuschig; 3–4 m hoch, 3–5 m breit
Blatt: immergrün, oberseits glänzend dunkelgrün, unterseits matt hellgrün, elliptisch, Rand leicht gewellt, mit Blattdornen bewehrt
Blüte: kleine, weiße Glöckchen, gehäuft
Blütezeit: V
Frucht: keine
Standort: sonnig bis halbschattig
Bodenansprüche: auf allen kultivierten Gartenböden, anspruchsloser als *Ilex aquifolium*
Verwendung: Zierstrauch, einzeln und in Gruppen; für Sichtschutz, Hecken, Schnittgrün
Eigenschaften: frosthart, hohes Auschlagvermögen, trägwüchsig; erforderlich als Pollenspender für den Fruchtansatz bei weiblichen Formen

Ilex × meserveae 'Blue Princess'
Amerikanischer Ilex 'Blue Princess'

Abb. 267: *Ilex × meserveae* 'Blue Princess'

Familie: *Aquifoliaceae* – Stechpalmengewächse
Herkunft: *(Ilex aquifolium × Ilex rugosa)*
Wuchs: Großstrauch, Grundtriebe zu mehreren aus der Basis, stark verzweigt, dichtbreitbuschig; 2,5–3,5 m hoch, 3–4 m breit
Blatt: immergrün, oberseits glänzend dunkelgrün, unterseits frischgrün, elliptisch, Blattrand gewellt und bedornt, 4–5 cm lang, wechselständig
Blüte: unauffällig mit kleinen, weißen Glöckchen
Blütezeit: V
Frucht: kugelige, rote Beerenfrüchte, in Trauben achselständig, ab X
Standort: sonnig bis halbschattig
Bodenansprüche: auf allen kultivierten Gartenböden
Verwendung: Zierstrauch, einzeln und in Gruppen; für Sichtschutz, Hecken, Schnittgrün
Eigenschaften: frosthart bis –25 °C, hohes Ausschlagvermögen, langsamer Wuchs

Ilex verticillata
Roter Winterbeeren-Ilex

Abb. 268: *Ilex verticillata*

Familie: *Aquifoliaceae* – Stechpalmengewächse
Herkunft: Nordamerika
Wuchs: Strauch, aufrecht vieltriebig, sparrig verzweigt; 2,5–3 m hoch und breit
Blatt: dunkelgrün, elliptisch bis lanzettlich, 3,5–7 cm lang, wechselständig; vor dem Laubfall im Herbst Blattfärbung gelb bis orange
Blüte: unauffällige, kleine, weiße Blüten
Blütezeit: VI–VII
Frucht: kugelige, rote Beeren, 6–8 mm ø, sehr zahlreich perlenartig entlang der Triebe
Standort: sonnig–halbschattig
Bodenansprüche: bevorzugt auf kultivierten Gartenböden, frisch und schwach sauer bis neutral
Verwendung: Zierstrauch; einzeln und in Gruppen mit anderen Ziersträuchern, zur Vorpflanzung vor Nadelgehölzen, für Bindegrün
Eigenschaften: frosthart, schnittverträglich, bildet Ausläufer

Jasminum nudiflorum
Winter-Jasmin

Abb. 269: *Jasminum nudiflorum*

Familie: *Oleaceae* – Ölbaumgewächse
Herkunft: Ostasien
Wuchs: Strauch, freistehend breitwachsend mit dünnen, stark überhängenden bis aufliegenden Trieben; meist als Spreizklimmer an Kletterhilfen; 2–3 m hoch und 3 m breit
Blatt: tiefgrün, 3zählig, mit 1–3 cm langen Blättchen, lanzettlich, gegenständig
Blüte: einzeln, gelb, achselständig am vorjährigen Holz, bis 3 cm ø
Blütezeit: witterungsabhängig ab XII–IV
Frucht: unscheinbar
Standort: Sonne bis lichter Schatten
Bodenansprüche: trocken bis feucht, stark alkalisch bis schwach sauer
Verwendung: als Blütengehölz – Winterblüher – mit Kletterhilfen auch an Mauern, Pergolen und in Pflanzgefäßen
Eigenschaften: mäßig frosthart, wärmeliebend, schnittverträglich

Juglans regia
Walnußbaum

Familie: *Juglandaceae* – Walnußgewächse
Herkunft: Südeuropa, Balkan
Wuchs: Baum mit lockerer, runder Krone, im Alter hochgewölbt und weit ausladend; 10–15(–20) m hoch, 8–15 m breit
Blatt: dunkelgrün, unpaarig gefiedert, bis 35 cm lang; Blättchen meist zu 7, elliptisch bis eilänglich, 6–12 cm lang, wechselständig
Blüte: unauffällig, während des Laubaustriebs, einhäusig
Blütezeit: V
Frucht: Steinfrüchte in grüner Fruchthülle, ø 2–3 cm, Nüsse bräunlich, eßbar
Standort: Sonne bis lichter Schatten
Bodenansprüche: mäßig trocken bis feucht, alkalisch bis neutral, ausreichend nahrhaft und durchlässig
Pflege: Schnittmaßnahmen nur im Spätsommer, möglichst nicht verpflanzen
Verwendung: Landschaftsgehölz in Weinbaugebieten, im Einzelstand landschaftsprägend, Gehölz in sommerwarmen Hang- und Laubmischwäldern, als Dorf- und Hofbaum
Eigenschaften: Blüte spätfrostgefährdet

Abb. 270: *Juglans regia*   (Foto: Holmåsen)

Kalmia angustifolia 'Rubra'
Kleiner Berglorbeer

Abb. 271: *Kalmia angustifolia* 'Rubra'

Kalmia

Familie: *Ericaceae* – Heidekrautgewächse
Herkunft: Wildform, östliches Nordamerika
Wuchs: Kleinstrauch, vieltriebig aufrecht, wenig verzweigt; 0,6–1 m hoch, 0,6–0,8 m breit
Blatt: immergrün, oberseits matt blaugrün, unterseits hellgrün, lanzettlich, bis 6 cm lang, gedrängt an den Zweigenden
Blüte: Einzelblüten glockig, blaurosa, ø 1 cm, in Büscheln gedrängt, achselständig
Blütezeit: VI–VII
Standort: sonnig bis halbschattig
Bodenansprüche: frisch bis feucht, sauer bis neutral
Verwendung: Zierstrauch für den Garten, einzeln mit Rhododendren und vergleichbaren Ziergehölzen
Eigenschaften: winterhart, gelegentlich Ausläufer bildend, gegen Trockenheit empfindlich

Kalmia latifolia
Großer Berglorbeer

Abb. 272: *Kalmia latifolia*

Familie: *Ericaceae* – Heidekrautgewächse
Herkunft: östliches Nordamerika
Wuchs: aufrecht-breitbuschiger Strauch; 2–3 m hoch und breit
Blatt: immergrün, oberseits matt dunkelgrün, unterseits gelblichgrün, elliptisch-lanzettlich, 5–10 cm lang, wechselständig
Blüte: Einzelblüten becherförmig, 2 cm groß, hellrosa bis weiß, in Rispen vielblütig mit bis 15 cm ø
Blütezeit: V–VI
Standort: sonnig–halbschattig
Bodenansprüche: frisch bis feucht, sauer bis neutral
Verwendung: Zierstrauch für den Garten, einzeln mit Rhododendren und vergleichbaren Ziergehölzen

Kerria japonica
Kerrie, Ranunkelstrauch

Abb. 273: *Kerria japonica* (Foto: Holmåsen)

Abb. 274: *Kerria japonica* 'Pleniflora'

Laburnum

Familie: *Rosaceae* – Rosengewächse
Herkunft: China
Wuchs: Strauch, vieltriebig aufrecht aus der Basis, mit dünnen Zweigen überhängend und Schleppen bildend; 0,8–1,5 m hoch und breit
Blatt: frischgrün, eirund bis eilänglich, 3–6 cm lang, wechselständig
Blüte: schalenförmig, goldgelb, einzeln oder zu mehreren perlenförmig entlang der Zweige
Blütezeit: IV–V
Frucht: unauffällige Steinfrüchte
Standort: sonnig bis halbschattig
Bodenansprüche: auf allen kultivierten Gartenböden
Pflege: alle 2–3 Jahre ist das Auslichten alter Triebe im II/III empfehlenswert
Verwendung: Zierstrauch, als Blütenstrauch zusammen mit anderen Ziersträuchern oder im Einzelstand
Eigenschaften: etwas frostempfindlich, treibt jedoch stets willig wieder aus
Sorten: 'Pleniflora': Blüten dicht gefüllt, sonst wie die Art

Kolkwitzia amabilis
Kolkwitzie

Familie: *Caprifoliaceae* – Geißblattgewächse
Herkunft: China
Wuchs: Strauch, breit-aufrecht, im Alter etwas überhängend und schleppenbildend; 2–3 m hoch, 1,5–2,5 m breit
Blatt: oberseits stumpfgrün behaart, unterseits hellgrün, breit-eiförmig, 4–7 cm lang, gegenständig
Blüte: in endständigen Doldentrauben, Einzelblüten glockenförmig, rosa bis hellrosa, duftend, zahlreich
Blütezeit: V–VI
Frucht: Kapseln, bräunlich-grau und lange haftend
Standort: sonnig–halbschattig
Bodenansprüche: alle kultivierten Gartenböden
Pflege: gelegentliches Auslichten alter Triebe im Juli nach der Blüte empfehlenswert
Verwendung: Blütenstrauch für den Hausgarten und im Öffentlichen Grün
Eigenschaften: frosthart, anspruchslos und zuverlässig blühend

Koelreuteria paniculata
Blasenesche, Blasenbaum

Abb. 275 + 276

Abb. 275 + 276: *Koelreuteria paniculata*

Abb. 277: *Kolkwitzia amabilis*

Familie: *Sapindaceae* – Seifenbaumgewächse
Herkunft: Ostasien
Wuchs: großer Strauch oder kleiner Baum, dann kurzstämmig, breit-rundkronig bis schirmförmig; 5–7(–10) m hoch, 4–6 m breit
Blatt: dunkelgrün, unpaarig gefiedert, bis 25 cm lang, Fiederblättchen zu 7–15, im Austrieb rötlich, im Herbst gelb bis orange
Blüte: auffällig gelbe Einzelblüten in bis zu 30 cm langen, locker verzweigten Rispen
Blütezeit: VIII
Frucht: in aufgeblasenen Fruchtkapseln, die sich von hellgrün über gelb bis zu braun verfärben, 3–5 cm lang
Standort: sonnig
Bodenansprüche: trocken bis frisch, bevorzugt durchlässig, schwach sauer bis alkalisch
Verwendung: Blütengehölz für den Einzelstand, als Sommerblüher eine Ausnahme im Blütenkalender
Eigenschaften: möglichst sonnige, geschützte Lage verbessert den Blütenansatz

Laburnum anagyroides
Gewöhnlicher Goldregen

Familie: *Leguminosae* – Hülsenfruchtgewächse
Herkunft: Südeuropa
Wuchs: großer Strauch oder kleiner Baum, Grundtriebe zu mehreren, trichterförmig aufrecht, mit locker überhängenden Zweigen; 5–7 m hoch, 3–4 m breit
Blatt: frischgrün, 3zählig, elliptisch, 3–6 cm groß, wechselständig
Blüte: in locker hängenden, hellgelben Trauben, bis 30 cm lang
Blütezeit: V–VI
Frucht: flache Hülsen, hängend, bis 8 cm lang, grün, sehr giftig!
Standort: sonnig bis lichter Schatten
Bodenansprüche: kultivierte Böden, bevorzugt alkalisch
Verwendung: Ziergehölz im Vorgarten, Hausgarten und in öffentlichen Grünanlagen. Für Schulen und Kinderspielplätze nicht geeignet!
Eigenschaften: frosthart, kurzlebig (bis 20 Jahre)

Laburnum

Laburnum × *watereri* 'Vossii'
Edel-Goldregen

Blütentrauben leuchtend gelb und bis zu 50 cm lang, in großer Fülle. Sonst wie *Laburnum anagyroides*

Familie: *Leguminosae* – Hülsenfruchtgewächse
Herkunft: Ostasien
Wuchs: kleiner Strauch, Grundtriebe bogig überhängend, schleppenartig ausgebreitet bis niederliegend; 1–1,5(–3) m hoch, 1–2 m breit
Blatt: dunkelgrün, 3geteilt, Blättchen länglich-spitz, 3–5 cm lang, wechselständig
Blüte: purpurfarbene kleine Blüten in Trauben am Ende der diesjährigen Triebe
Blütezeit: VII–IX

Standort: vollsonnig, geschützt
Bodenansprüche: trocken bis frisch, sauer bis neutral, sandig-nährstoffarm
Verwendung: Zierstrauch in milden Klimazonen und mit Winterschutz, auch als Kübelpflanze mit frostfreier Überwinterung
Eigenschaften: friert regelmäßig zurück, kann jedoch aus der Basis aufbauen; Vollblüte nur nach besonders günstigem Klimaverlauf

Abb. 278 + 279: *Laburnum × watereri* 'Vossii'

Leucothoe walteri
Traubenheide

Familie: *Ericaceae* – Heidekrautgewächse
Herkunft: östliches Nordamerika
Wuchs: kleiner Strauch, Grundtriebe aufrecht bis bogig überhängend-ausgebreitet; 0,5–1 m hoch und breit
Blatt: immergrün, oberseits dunkelgrün glänzend, unterseits hellgrün, lanzettlich, 5–15 cm lang, wechselständig; Herbstfärbung weinrot
Blüte: glockenförmig, weiß, in Trauben an den Triebenden, duftend
Blütezeit: V–VI
Standort: halbschattig bis schattig
Bodenansprüche: frisch bis feucht, sauer bis schwach sauer, humos
Verwendung: Unterwuchs von Bäumen, Bodendecker, Vorpflanzungen auch in tiefschattigen Partien
Eigenschaften: frosthart, schnittverträglich, mit flachen Wurzeln Ausläufer treibend, konkurrenzstark

Lespedeza thunbergii
Buschklee

Abb. 280: *Lespedeza thunbergii*

Abb. 281: *Leucothoe walteri*

Ligustrum obtusifolium var. *regelianum*
Busch-Liguster, Stumpfblättriger Liguster

Familie: *Oleaceae* – Ölbaumgewächse
Herkunft: Japan
Wuchs: Strauch, breitwüchsig mit horizontal abstehenden Zweigen; 1,5–2 m hoch und breit
Blatt: oberseits frischgrün, unterseits graugrün, elliptisch bis eilänglich, 5–7 cm lang, gegenständig; Herbstfärbung braun-violett
Blüte: cremeweiße Rispen
Blütezeit: VI–VII
Frucht: blauschwarze, erbsengroße Beeren, sehr zahlreich, schwach giftig
Standort: sonnig bis halbschattig
Bodenansprüche: gering
Verwendung: für Hecken bis 2 m Wuchshöhe, geschnitten und ungeschnitten
Eigenschaften: schnittverträglich bis zum radikalen Rückschnitt

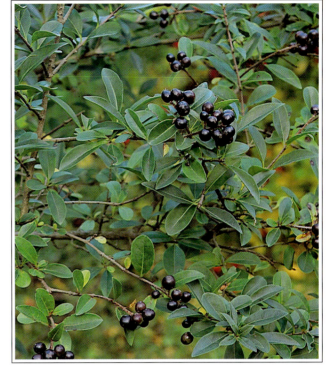

Ligustrum ovalifolium
Großblättriger Liguster, Hecken-Liguster

Abb. 282

Familie: *Oleaceae* – Ölbaumgewächse
Herkunft: Japan
Wuchs: Großstrauch, straff aufrecht und sehr dicht; 2–5 m hoch, 2–3 m breit
Blatt: oberseits ledrig glänzend grün, unterseits gelblichgrün, elliptisch bis länglich-oval, 3–7 cm lang, gegenständig, meist wintergrün
Blüte: in cremeweißen Rispen, aufrecht bis 10 cm, stark duftend
Blütezeit: VI–VII
Frucht: glänzend schwarze Beeren, schwach giftig
Standort: sonnig bis halbschattig
Bodenansprüche: auf normalen, kultivierten Gartenböden
Verwendung: für freiwachsende oder geschnittene Hecken bis 3 m Höhe
Eigenschaften: wärmebedürftig, etwas frostempfindlich, schnittverträglich, auch Sommerschnitt

Abb. 283: *Ligustrum vulgare* (Foto: Holmåsen)

neutral
Verwendung: Landschaftsgehölz, als Pioniergehölz, für Schutzpflanzungen, für freiwachsende und geschnittene Hecken
Sorten: 'Atrovirens' – Wintergrüner Liguster: Wuchs mehr aufrecht als die Art und größer, 3–4 m hoch und entsprechend breit. 'Lodense' – Zwerg-Liguster: aufrechter, vieltriebiger Kleinstrauch, buschig und kompakt; 0,5–1 m hoch und breit. Für niedrige Hecken, Einfassungen, Unterwuchs

Abb. 282: *Ligustrum ovalifolium*

Ligustrum vulgare
Gewöhnlicher Liguster

Abb. 283

Familie: *Oleaceae* – Ölbaumgewächse
Herkunft: Mitteleuropa
Wuchs: Großstrauch, anfangs aufstrebend, später niederliegend; 2–5 m hoch und breit
Blatt: oberseits ledrigglänzend dunkelgrün, unterseits hellgrün, spitz-oval, 4–6 cm lang, gegenständig, auch wintergrün
Blüte: weiße, kleine Rispen, streng duftend
Blütezeit: VI–VII
Frucht: kugelige, schwarze Beeren, zahlreich, schwach giftig
Standort: sonnig bis lichter Schatten
Bodenansprüche: mäßig trocken bis feucht, alkalisch bis

Liquidambar styraciflua
Amberbaum

Abb. 284 – 286

Abb. 284 – 286: *Liquidambar styraciflua*

Liquidambar

Familie: *Hamamelidaceae* – Zaubernußgewächse
Herkunft: südöstliches Nordamerika
Wuchs: Baum, zunächst schmal kegelförmig, später eiförmig, durchgehender Leittrieb; 10–15(–25) m hoch, 4–8 m breit
Blatt: oberseits dunkelgrün glänzend, unterseits heller, 5–7lappig, 12–15 cm breit, wechselständig; auffallende Herbstfärbung
Blüte: männliche Blüten in 5–7 cm langen, grünen Trauben, weibliche in langgestielten hängenden Köpfchen, kaum Zierwert
Blütezeit: V
Frucht: langgestielte, platanenähnliche Kugeln
Standort: sonnig
Bodenansprüche: frisch bis feucht, sauer bis neutral, nahrhaft; sandig–lehmig bevorzugt
Verwendung: Solitärgehölz, im Einzelstand in anspruchsvollen Garten- und Parkanlagen
Eigenschaften: wärmebedürftig, meidet Schatten, in der Jugend frostgefährdet

Liriodendron tulipifera
Tulpenbaum

Abb. 287 – 289

Abb. 287 – 289: *Liriodendron tulipifera*

Familie: *Magnoliaceae* – Magnoliengewächse
Herkunft: östliches Nordamerika
Wuchs: großer Baum, Krone breit eiförmig oder rundkronig, gradschäftig; 25–35 m hoch, 12–20 m breit
Blatt: oberseits frischgrün, unterseits bläulichgrün, 3lappig, mit auffallender unverwechselbarer Blattform, wechselständig; Herbstfärbung leuchtend goldgelb
Blüte: tulpenähnlich, gelblichgrün, 4–5 cm groß
Blütezeit: VI
Frucht: unscheinbar
Standort: sonnig, nur für geschützte Lagen
Bodenansprüche: frisch bis feucht, schwach sauer bis neutral, unbedingt durchlässig für ausgedehnten Wurzelraum
Verwendung: Solitärbaum, im Einzelstand in anspruchsvollen Garten- und Parkanlagen
Eigenschaften: nur für geschützte Standorte, bedingt stadtklimaverträglich

Lonicera acuminata
Kriechende Heckenkirsche

Familie: *Caprifoliaceae* – Geißblattgewächse
Herkunft: Himalaja
Wuchs: Schlingstrauch, mit aufliegenden oder an Kletterhilfen schlingenden Trieben; 0,5–1 m hoch
Blatt: mittelgrün, elliptisch, 6–10 cm lang, gegenständig
Blüte: cremegelb, an den Triebenden, duftend
Blütezeit: VI–VII
Standort: lichter Schatten bis halbschattig
Bodenansprüche: gering
Eigenschaften: ausreichend winterhart, meist nur wintergrün

Lonicera ledebourii
Kalifornische Heckenkirsche

Familie: *Caprifoliaceae* – Geißblattgewächse
Herkunft: Kalifornien
Wuchs: aufrechter Strauch, breitbuschig, wenig verzweigt; 2–3 m hoch, 1,5–2,5 m breit
Blatt: oberseits dunkelgrün, unterseits graugrün behaart, elliptisch bis schmal eiförmig, 6–12 cm lang, gegenständig
Blüte: Einzelblüten paarweise nebeneinander, röhrig, bis 2 cm lang, gegenständig
Blütezeit: V–VI, manchmal Nachblüte
Frucht: kugelige Beeren, glänzend schwarz, in roten Deckblättern sitzend, ungenießbar
Standort: sonnig bis schattig
Bodenansprüche: normale, kultivierte Böden
Verwendung: Zierstrauch für den Hausgarten und in öffentlichen Grünanlagen

Lonicera maackii
Schirm-Heckenkirsche

Familie: *Caprifoliaceae* – Geißblattgewächse
Herkunft: Ostasien
Wuchs: Großstrauch, aufrecht ausladend mit im Alter schirmartigem Habitus; 4–6 m hoch und breit
Blatt: oben dunkelgrün glänzend, unten hellgrün, eilanzettlich, 5–8 cm lang, gegenständig
Blüte: Einzelblüten zu zweit nebeneinander, weiß, Röhre etwa 2 cm lang, stark duftend
Blütezeit: VI
Frucht: lebhaft rote Beeren, zahlreich, nicht eßbar
Standort: sonnig–halbschattig
Bodenansprüche: auf allen kultivierten Gartenböden
Verwendung: Zierstrauch für den Hausgarten und im Öffentlichen Grün
Eigenschaften: frosthart, schnittverträglich

Lonicera nitida 'Elegant'
Immergrüne Heckenkirsche 'Elegant'

Familie: *Caprifoliaceae* – Geißblattgewächse
Herkunft: Cultivar
Wuchs: Kleinstrauch, vieltriebig, dicht, Seitentriebe feingliedrig verzweigt
Blatt: immergrün, oberseits dunkelgrün, schwach glänzend, unterseits hellgrün, eirundlich lang zugespitzt, 1–2 cm lang, gegenständig
Blüte: unscheinbar, klein und cremeweiß
Blütezeit: V
Frucht: kugelige Beeren, purpurn glänzend, ungenießbar
Standort: sonnig bis halbschattig
Bodenansprüche: gering
Pflege: bei Frostschäden scharfer Rückschnitt bis zur Basis
Verwendung: im Siedlungsbereich als Bodendecker, zur Unterpflanzung halbschattiger Partien, im Straßenbegleitgrün; im Hausgarten für niedrige Hecken, Einfassungen, Pflanzkübel
Eigenschaften: bedingt frosthart, schnittverträglich, bei ungünstigem Witterungsverlauf auch oft nur wintergrün

Lonicera nitida 'Maigrün'
Immergrüne Heckenkirsche 'Maigrün'

Kleinstrauch, vieltriebig aus der Basis, dicht verzweigt mit feingliedrigen Trieben; 0,8–1 m hoch und breit. Blatt immergrün bis wintergrün, frischgrün glänzend, zweizeilig an den Trieben, eirundlich, 1–1,5 cm lang, gegenständig. Frosthärter als 'Elegant', verträgt mehr Schatten, schnittverträglich. Sonst wie *Lonicera nitida* 'Elegant'

Abb. 290: *Lonicera nitida* 'Maigrün'

Lonicera pileata
Wintergrüne Heckenkirsche

Familie: *Caprifoliaceae* – Geißblattgewächse
Herkunft: Ostasien
Wuchs: Kleinstrauch, flach ausgebreitet; bis 0,8 m hoch, 1–1,2 m breit
Blatt: wintergrün, seltener immergrün, oberseits glänzend dunkelgrün, zweizeilig angeordnet, länglich-lanzettlich, 1,2–2,5 cm lang
Blüte: rahmweiß, klein
Blütezeit: V–VI
Frucht: kugelige, violette Beeren, nicht eßbar
Standort: Sonne bis Schatten
Bodenansprüche: gering
Pflege: bei Frostschäden scharfer Rückschnitt bis zur Basis
Verwendung: im Siedlungsbereich als Bodendecker, zur Unterpflanzung halbschattiger Partien, im Straßenbegleitgrün; im Hausgarten für niedrige Hecken, Einfassungen, Pflanzkübel
Eigenschaften: bedingt frosthart, schnittverträglich, bei ungünstigem Witterungsverlauf auch oft nur wintergrün

Abb. 291: *Lonicera pileata*

Lonicera tatarica
Tatarische Heckenkirsche

Abb. 292: *Lonicera tatarica*

Familie: *Caprifoliaceae* – Geißblattgewächse
Herkunft: nördliches Europa bis Asien
Wuchs: Großstrauch, aufrecht, buschig-breit, reichverzweigt, Habitus veränderlich; 3–4 m hoch und breit
Blatt: oben dunkelgrün, unten graugrün, eiförmig bis lanzettlich, 4–6 cm lang, gegenständig
Blüte: Einzelblüten zu zweit, achselständig, weißrosa
Blütezeit: V
Frucht: kugelige Beeren, hellrot, nicht eßbar
Standort: sonnig bis schattig
Bodenansprüche: gering, auf allen normalen Böden
Verwendung: Landschaftsgehölz, als Deckstrauch, für Windschutz, für Unterpflanzungen schattiger und absonniger Partien
Eigenschaften: frosthart, trockenheitsresistent

Lonicera xylosteum
Gewöhnliche Heckenkirsche

Familie: *Caprifoliaceae* – Geißblattgewächse
Herkunft: Mitteleuropa
Wuchs: Strauch, breit aufrecht bis leicht überhängend; 1–2(–3) m hoch, 1–2 m breit
Blatt: oben stumpfgrün, unten graugrün, weich behaart, breit eiförmig, 3–6 cm lang, gegenständig; Herbstfärbung fahlgelb
Blüte: paarweise, weiß, klein und duftend
Blütezeit: V
Frucht: kugelige, rote Beeren, jeweils zu zweit an kurzen Stielen achselständig, ungenießbar
Standort: im lichten Schatten bis absonnig
Bodenansprüche: mäßig trocken bis feucht, schwach sauer bis alkalisch, durchlässig-locker
Verwendung: Landschaftsgehölz, anspruchsloser Deckstrauch, für Windschutz, Unterpflanzungen
Eigenschaften: frosthart, meidet saure Böden, empfindlich gegen Bodenverdichtung
Sorten: 'Clavey's Dwarf'
Weitere Arten: die Schlingstrauch-Arten *Lonicera × brownii*, *Lonicera caprifolium*, *Lonicera × heckrottii*, *Lonicera henryi*, *Lonicera periclymeum* und *Lonicera × tellmanniana* sind in Kreuzers Gartenpflanzen Lexikon Band VI beschrieben

Abb. 293: *Lonicera xylosteum*

Lycium barbarum
Bocksdorn

Familie: *Solanaceae* – Nachtschattengewächse
Herkunft: China
Wuchs: Strauch mit bogig überhängenden Zweigen, bedornt; 2–3(–4) m hoch und breit
Blatt: graugrün, lanzettlich, 4–6 cm lang, wechselständig
Blüte: Glöckchen zu 2 oder 4 in den Blattachseln, purpur-lila
Blütezeit: VI–IX
Frucht: kugelige Beeren, korallenrot, 2 cm ø, entlang der Zweige; ungenießbar
Standort: sonnig bis schattig, große Standortamplitude
Bodenansprüche: gering
Verwendung: Landschaftsgehölz, Pioniergehölz für Halden und Geröllflächen, zur Bodenbefestigung, an Böschungen
Eigenschaften: salzverträglich, gedeiht auch auf extrem trockenen, sandigen Böden

Magnolia liliiflora 'Nigra'
Purpur-Magnolie

Abb. 295

Familie: *Magnoliaceae* – Magnoliengewächse
Herkunft: Cultivar – Japan
Wuchs: Großstrauch, aufrecht-breit und meist vielstämmig, dicht verzweigt; 3–4 m hoch und breit
Blatt: dunkelgrün glänzend, verkehrt-eiförmig, 10–15 cm lang, wechselständig
Blüte: tulpenförmig aufrecht, dunkelweinrot mit 6–8 Petalen, etwa 12 cm groß, mit dem Blattaustrieb, nachblühend
Blütezeit: IV–V
Standort: Sonne bis lichter Schatten
Bodenansprüche: feuchte bis frische, saure bis neutrale, sandig-humose oder sandig-lehmige Böden
Verwendung: Ziergehölz, Blütengehölz zur Einzelstellung im Hausgarten

Magnolia kobus
Kobus-Magnolie

Abb. 294

Abb. 294: *Magnolia kobus*

Abb. 295: *Magnolia liliiflora* 'Nigra'

Familie: *Magnoliaceae* – Magnoliengewächse
Herkunft: Japan
Wuchs: großer Strauch oder kleiner Baum, kegelförmig aufrecht, Zweige schräg aufrecht bis horizontal; 8–10 m hoch, 4–6 m breit
Blatt: oben glänzend grün, unten hellgrün, verkehrt eiförmig bis elliptisch, 8–18 cm lang, wechselständig
Blüte: sternförmig, weiß, mit 6(–8) Petalen, etwa 10 cm ø, vor dem Laubaustrieb im zweijährigen Turnus
Blütezeit: IV–V
Frucht: walzenförmig, rötlich
Standort: Sonne bis lichter Schatten
Bodenansprüche: feucht bis frisch, sauer bis neutral, sandig-humos oder sandig-lehmig
Verwendung: Ziergehölz, als Blütengehölz zur Einzelstellung im Hausgarten
Eigenschaften: Vollblüte erst ab 10. Standjahr, relativ kalktolerant; in der Jugend Pflanzfläche im Winter abdecken (Flachwurzler), sonst völlig winterhart

Magnolia × loebneri 'Leonard Messel'
Stern-Magnolie 'Leonard Messel'

Abb. 296

Familie: *Magnoliaceae* – Magnoliengewächse
Herkunft: (*Magnolia kobus* × *Magnolia stellata*)
Wuchs: Großstrauch, locker kegelförmig, oft auch baumartig; 4–6 m hoch, 3–4 m breit
Blatt: hellgrün, elliptisch, 10–15 cm lang, wechselständig
Blüte: sternförmig ausgebreitet mit 12 Petalen, außen mit blauroten Streifen, innen weißlich-rosa, ø 12 cm
Blütezeit: IV
Standort: Sonne bis lichter Schatten
Bodenansprüche: feucht bis frisch, sauer bis neutral, sandig-humos oder sandig-lehmig
Verwendung: Ziergehölz, als Blütengehölz zur Einzelstellung im Hausgarten

Magnolia

Abb. 296: *Magnolia × loebneri* 'Leonard Messel'

Magnolia siseboldii
Sommer-Magnolie

Familie: *Magnoliaceae* – Magnoliengewächse
Herkunft: Ostasien
Wuchs: Strauch, locker und breit ausladend; 2–3(–4) m hoch, 2–3 m breit
Blatt: oberseits dunkelgrün, unten bläulichgrün, breit-elliptisch, 10–15 cm lang, wechselständig
Blüte: schalenförmig, an langen Stielen übergeneigt, reinweiß mit roten Staubgefäßen, mit 9 Petalen, duftend ø 10 cm
Blütezeit: VI–VII
Frucht: karminrote Fruchtkolben, hängend
Standort: Sonne bis lichter Schatten
Bodenansprüche: feuchte bis frische, saure bis neutrale, sandig-humose oder sandig-lehmige Böden
Verwendung: Ziergehölz, als Blütengehölz zur Einzelstellung im Hausgarten
Eigenschaften: winterhart, wegen des späten Blühtermins keine Spätfrostschäden, blüht bereits als junge Pflanze

Magnolia × loebneri 'Merril'
Stern-Magnolie 'Merril'

Familie: *Magnoliaceae* – Magnoliengewächse
Herkunft: (*Magnolia kobus × Magnolia stellata*)
Wuchs: Großstrauch, locker kegelförmig, oft baumartig mit eirunder Krone; 4–6 m hoch, 3–4 m breit
Blatt: mittelgrün, elliptisch, 10–15 cm lang, wechselständig
Blüte: sternförmig ausgebreitet, weiß, mit 12–15 breiten Petalen, ø 10 cm, duftend
Blütezeit: IV
Standort: Sonne bis lichter Schatten
Bodenansprüche: feucht bis frisch, sauer bis neutral, sandig-humos oder sandig-lehmig
Verwendung: Ziergehölz, als Blütengehölz zur Einzelstellung im Hausgarten
Eigenschaften: blüht schon als junge Pflanze

Abb. 298: *Magnolia sieboldii*

Abb. 297: *Magnolia × loebneri* 'Merril'

Magnolia × soulangiana
Tulpen-Magnolie

Familie: *Magnoliaceae* – Magnoliengewächse
Herkunft: (*Magnolia denudata × Magnolia liliiflora*)
Wuchs: Großstrauch oder kleiner Baum, locker aufrecht, breit ausladend, im Alter überhängend; 4–6(–8) m hoch, 4–6 m breit
Blatt: oben dunkelgrün, unten heller, verkehrt-eiförmig, 15–20 cm lang, wechselständig
Blüte: tulpenförmig aufrecht, später schalenförmig öffnend, Blütenfarbe sortenbedingt: in Weiß, Rosa gestreift oder Dunkelrosa, ø bis 25 cm
Blütezeit: IV–V
Standort: Sonne bis lichter Schatten
Bodenansprüche: bevorzugt eindeutig sauren und gleichmäßig feuchten Boden
Verwendung: Ziergehölz, als Blütengehölz zur Einzelstellung im Hausgarten
Eigenschaften: blüht schon als ganz junge Pflanze

Magnolia

Abb. 299 + 300: *Magnolia × soulangiana*

Magnolia stellata
Kleine Stern-Magnolie

Abb. 301

Familie: *Magnoliaceae* – Magnoliengewächse
Herkunft: Japan
Wuchs: dicht verzweigter Strauch, aufrecht-trichterförmig; 1,5–2(–3) m hoch, 1,5–2 m breit
Blatt: mittelgrün, schmal, verkehrt eiförmig, 4–10 cm lang
Blüte: sternförmig, mit 11–20 schneeweißen, schmalen Petalen (Blütenblätter), ø 7–10 cm, duftend

Blütezeit: III–IV
Standort: Sonne bis lichter Schatten
Bodenansprüche: feucht bis frisch, sauer bis neutral, sandig-humos oder sandig-lehmig
Verwendung: Ziergehölz, als Blütengehölz zur Einzelstellung im Hausgarten
Eigenschaften: relativ bodentolerant, Blüte spätfrostgefährdet; dennoch sehr attraktiv, auch für kleine Gärten

Mahonia aquifolium
Mahonie

Abb. 302 + 303

Familie: *Berberidaceae* – Sauerdorngewächse
Herkunft: Nordamerika
Wuchs: wenig verzweigter Kleinstrauch, vieltriebig-aufrecht, breitbuschig; 0,8–1,2 m hoch und breit
Blatt: immergrün, gefiedert, 10–20 cm lang, Blättchen dunkelgrün, ledrig glänzend, zu 5–9, breit eiförmig, schwach dornig gezähnt
Blüte: gelb, vielblütig, in Trauben
Blütezeit: IV–V
Frucht: Beeren in aufrechten Trauben, dunkelblau bereift
Standort: absonnig bis schattig

Bodenansprüche: frisch bis feucht, neutral bis sauer
Verwendung: im Siedlungsbereich zur Unterpflanzung schattiger Partien, im Straßenbegleitgrün; im Garten für niedrige Hecken und als Bodendecker
Eigenschaften: verträgt Schatten und Wurzeldruck großer Bäume; scharfer Rückschnitt möglich, empfindlich gegen Trockenheit und Wind
Sorten: 'Apollo': frosthärter als die Art und mit größeren, schmückenden Blütenständen – eine von mehreren Sorten, die ausgelesen wurden

Abb. 302: *Mahonia aquifolium*

Abb. 301: *Magnolia stellata*

Abb. 303: *Mahonia aquifolium* 'Apollo'

Malus

Mahonia bealei
Schmuckblatt-Mahonie

Familie: *Berberidaceae* – Sauerdorngewächse
Herkunft: China
Wuchs: Strauch mit dicken, kaum verzweigten Grundtrieben und schirmförmig deckenden Fiederblättern; 1,5–2,5 m hoch, 1–2 m breit
Blatt: immergrün, Fiederblatt bis 25 cm lang, Blättchen zu 9–15, oberseits dunkelblaugrün, unterseits heller, stark dornig gezähnt
Blüte: bis zu 15 cm lange, gelbe Blütentrauben, sternförmig aus den Triebspitzen, duftend und auffällig
Blütezeit: II–V
Frucht: bläulichschwarze Beeren, bereift, ab VII
Standort: sonnig bis halbschattig
Bodenansprüche: frisch bis feucht, humos
Verwendung: Zierstrauch im Garten, zusammen mit Rhododendren
Eigenschaften: etwas empfindlich gegen Wintersonne und austrocknende Winde, robuster als allgemein angenommen

Abb. 306: *Malus sylvestris* 'Eleyi'   (Foto: Holmåsen)

Abb. 307: *Malus sylvestris* 'Hillieri'

Abb. 304: *Mahonia bealei*

Malus sylvestris
Holz-Apfel

Familie: *Rosaceae* – Rosengewächse
Herkunft: nördliche Halbkugel
Wuchs: kleiner Baum, meist kurzstämmig, Krone unregelmäßig, auch strauchartig; 3–10 m hoch
Blatt: oberseits stumpf dunkelgrün, unterseits graugrün, breitelliptisch bis kreisrund, wechselständig
Blüte: einzeln, weiß mit rosa Schimmer, nach dem Laubaustrieb
Blütezeit: V–VI
Standort: sonnig–halbschattig
Bodenansprüche: frisch bis feucht, neutral bis alkalisch, nährstoffreich
Besonderheiten: Da die Wildform und verwilderte Kulturformen nicht zu unterscheiden sind, werden die Formen des „Wildapfels" unter dem Begriff *Malus domestica* zusammengefaßt. Vorkommen in Laubmisch- und Auenwäldern, Fels- und Schuttfluren (nach KIERMEIER)

Übersicht Zieräpfel
***Malus* – Sorten:** 'Charlottae': 5–7 m hoch, Blüte weiß, Frucht grünlich. 'Eleyi': 4–6 m hoch, Blüte weinrot, Frucht purpur. 'Golden Hornet': 8–10 m hoch, Blüte weiß, Frucht gelb. 'Hillieri': 4–8 m hoch, Blüte rosa, Frucht gelborange. 'Hopa': 4–6 m hoch, Blüte lilarosa, Frucht rot. 'John Downie': 4–6 m hoch, Blüte weiß, Frucht gelb bis rot. 'Liset': 6–8 m hoch, Blüte purpur, Frucht dunkelrot. *Malus floribunda:* 4–6(–8) m hoch, Blüte weiß bis rosa, Frucht gelb. *Malus × sargentii:* Blüte weiß, Frucht dunkelrot. 'Nicoline': 6–8 m hoch, Blüte purpurrot, Frucht hellrot. 'Professor Sprenger': 4–6(–8) m hoch, Blüte weiß, Frucht orange. 'Profusion': 4–6(–8) m hoch, Blüte weinrot, Frucht rot. 'Royalty': 4–6 m hoch, Blüte karminrot, Frucht rot. 'Striped Beauty': 4–6 m hoch, Blüte weiß, Frucht rot. 'Van Eseltine': 4–6 m hoch, Blüte rosa, Frucht gelb bis rot

Abb. 305: *Malus floribunda*   (Foto: Holmåsen)

Abb. 308: *Malus sylvestris* 'Golden Hornet'

Abb. 309: *Malus sylvestris* 'John Downie'

Mespilus

Mespilus germanica
Mispel

Abb. 310: *Mespilus germanica*

Familie: *Rosaceae* – Rosengewächse
Herkunft: Südeuropa, Westasien
Wuchs: Großstrauch, gelegentlich auch kleiner Baum; 3–6 m hoch, 2–5 m breit
Blatt: oberseits grün, unterseits graugrün-filzig, lanzettlich bis oval, 8–12 cm lang, wechselständig
Blüte: weiß, einzeln, am Triebende, 4–5 cm groß
Blütezeit: V/VI
Frucht: apfelförmige Steinfrucht, 2–3 cm ø, nach Frosteinwirkung eßbar
Standort: Sonne bis lichter Schatten
Bodenansprüche: trockene bis frische, kalkhaltige bis neutrale Böden
Verwendung: heimisches Wildgehölz, in Südwest-Deutschland in Laubmischwäldern, Gebüschen; traditionsreiches Obstgehölz, im Weinbauklima auch Ziergehölz
Eigenschaften: wärmeliebend, hitzeverträglich

Morus alba
Weißer Maulbeerbaum

Abb. 311: *Morus alba* (Foto: Holmåsen)

Familie: *Moraceae* – Maulbeerbaumgewächse
Herkunft: Ostasien
Wuchs: Baum mit rundlicher Krone; 8–10(–15) m hoch, 4–6 m breit
Blatt: glänzend hellgrün, breit eiförmig, 6–20 cm lang, wechselständig
Blüte: unscheinbar
Blütezeit: V–VI
Frucht: weiß, bis 2,5 cm lange Fruchtstände
Standort: sonnig, warm, geschützt; mit Erfolg in Europa nur im submediterranen Gebiet
Bodenansprüche: nahrhafte Böden
Verwendung: Solitärbaum für Liebhaber außergewöhnlicher Arten – in China verbreitet, da Blätter als Futter der Seidenraupen dienen
Eigenschaften: nicht frosthart

Morus nigra
Schwarzer Maulbeerbaum

Familie: *Moraceae* – Maulbeerbaumgewächse
Herkunft: Persien, Türkei
Wuchs: Baum mit rundlicher, dichter Krone; 6–15 m hoch, 4–12 m breit
Blatt: oberseits glänzend dunkelgrün, unten heller und behaart, herzförmig, 6–12 cm lang, wechselständig
Blüte: hellgrüne Kätzchen
Blütezeit: V–VI
Frucht: brombeerähnlich, violettschwarz, eßbar, ab VIII
Standort: sonnig, warm; mit Erfolg nur in Weinbaulagen und an geschützten Südhängen wachsend
Verwendung: Solitärgehölz für Liebhaber und in Arboreten

Abb. 312: *Morus nigra*

Nothofagus antarctica
Scheinbuche

Familie: *Fagaceae* – Buchengewächse
Herkunft: Südamerika
Wuchs: kleiner Baum, meist mehrstämmig, Seitenzweige waagerecht und fischgrätenartig verzweigt; 6–10(–15) m hoch, 6–10 m breit
Blatt: glänzendgrün, eiförmig, 1–1,5 cm lang, mit gekraustem Rand, wechselständig; Herbstfärbung leuchtend gelb
Blüte: unscheinbar
Blütezeit: IV–V
Frucht: unscheinbar
Standort: sonnig bis halbschattig
Bodenansprüche: frisch bis feucht, sauer bis neutral
Verwendung: Ziergehölz im Garten mit auffallendem Habitus, zur Einzelstellung im Rasen, an der Terrasse, vor Mauern

Paeonia

Abb. 313: *Nothofagus antarctica*

Pachysandra terminalis
Schattengrün, Dickmännchen

Abb. 314 + 315

Familie: *Buxaceae* – Buchsbaumgewächse
Herkunft: Japan
Wuchs: Zwergstrauch, Halbstrauch, Triebe aufrecht, mit Ausläufern ausbreitend; Höhe 0,2(–0,3) m
Blatt: immergrün, dunkelgrün glänzend, verkehrt eiförmig, 6–10 cm lang, an den Triebenden gehäuft
Blüte: weiße Ähren, endständig
Blütezeit: IV/V

Abb. 314 + 315: *Pachysandra terminalis*

Frucht: unscheinbar
Standort: halbschattig bis schattig
Bodenansprüche: feucht bis frisch, schwach sauer bis stark alkalisch, durchlässig-humos
Verwendung: als bodendeckende Pflanze in Gärten, Parks und anderen öffentlichen Grünanlagen; mattenartig ausgebreitet
Eigenschaften: bedingt frosthart, schattenverträglich
Sorten: 'Green Carpet' – niederes Schattengrün: Blatt etwas heller und zierlicher als die Art

Paeonia suffruticosa
Päonie, Pfingstrose

Abb. 316 – 318

Abb. 316: Paeonia-Suffruticosa-Hybride 'Beaute de Twickel'

Abb. 317: Paeonia-Suffruticosa-Hybride 'Reine Elisabeth'

Familie: *Paeoniaceae* – Pfingstrosengewächse
Herkunft: China, Tibet
Wuchs: Kleinstrauch, aufrecht, mit dicken, steifen Trieben, wenig verzweigt; 1–1,5(–2) m hoch, 1–1,5 m breit
Blatt: hellgrün bis bläulichgrün, doppelt gefiedert, über 35 cm lang, Blättchen eiförmig, ganzrandig oder gelappt, bis 10 cm lang
Blüte: je nach Sorte
Blütezeit: V–VI
Standort: sonnig, warm und geschützt
Bodenansprüche: frisch bis feucht, neutral bis stark alkalisch, pH 5,5–6,5 bevorzugt; nährstoffreich und gut durchlässig
Verwendung: unter die „Blumen" zu rechnender Zierstrauch für Liebhaber anspruchsvoller, ausdrucksstarker Pflanzen
Eigenschaften: Winterschutz besonders bei jungen Pflanzen unerläßlich, wegen des frühen Austriebs spätfrostgefährdet; Sämlingspflanzen etwas robuster und wüchsiger als Veredelungen (nach BÄRTELS)
Sorten: Eine kleine Auswahl aus dem umfangreichen Sortiment gartenwürdiger Sorten europäischer und japanischer Herkunft: 'Beaute de Twickel': Blüte karmin, Mitte dunkelrot. 'Blanche de His': Blüte weiß, locker gefüllt. 'Louise Mouchelet': Blüte hellrosa, Mitte dunkelrosa. 'Mme. Stuart Low': Blüte lachsrosa, halbgefüllt. 'Reine Elisabeth': Blüte rosa, stark gefüllt

Abb. 318: Paeonia-Suffruticosa-Hybride 'Mme. Stuart Low'

Parrotia

Parrotia persica
Eisenholzbaum, Parrotie

Abb. 319

Abb. 319: *Parrotia persica* (Herbstfärbung)

Familie: *Hamamelidaceae* – Zaubernußgewächse
Herkunft: Persien
Wuchs: Großstrauch oder kleiner Baum, aufrecht ausladend, dekorativ verzweigt; 5–7 m hoch, 3–5 m breit
Blatt: oben ledrig-glänzend dunkelgrün, unten heller, verkehrt eiförmig, 5–7 cm, wechselständig, mit auffallender Herbstfärbung in Gelb- und Rottönen
Blüte: gelbe Einzelblüten in Büscheln mit, heraushängenden, roten Staubgefäßen, vor dem Austrieb
Blütezeit: III
Frucht: braune Nüsse, zweiklappig, ø 1–2 cm
Standort: sonnig bis halbschattig
Bodenansprüche: normal kultivierte Böden, ausreichend frisch bis feucht
Verwendung: Solitärgehölz, im Einzelstand in Parks und großen Gärten

Paulownia tomentosa
Blauglockenbaum, Paulownie

Familie: *Scrophulariaceae* – Braunwurzgewächse
Herkunft: Vorderasien
Wuchs: Baum, oft auch nur Großstrauch, Krone locker, breit gewölbt; 12–15 m hoch, 10–12 m breit
Blatt: oberseits grün, unterseits filzig grau, eiförmig mit 3–5 Einlappungen, auffallend groß, bis zu 30 cm lang und 25 cm breit, gegenständig
Blüte: aufrechte Rispen, bis 30 cm lang, Einzelblüten violettblaue Kelche, innen gelb gestreift, duftend
Blütezeit: IV–V
Frucht: eiförmige Kapseln, braun verholzend, ø 3 cm
Standort: sonnig, warm und geschützt
Bodenansprüche: neutral bis stark alkalisch, durchlässig und nährstoffreich
Verwendung: Solitärbaum für Liebhaber außergewöhnlicher Blütengehölze; nur in milden Klimazonen, bei guter Pflege, und ausreichendem Winterschutz gedeiend
Eigenschaften: in der Jugend frostgefährdet, erst ausgewachsene Exemplare bedingt frosthart und reichblütig

Pernettya mucronata
Torfmyrte

Abb. 320 – 322

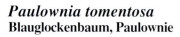

Abb. 320: *Pernettya mucronata*

Familie: *Ericaceae* – Heidekrautgewächse
Herkunft: Südamerika
Wuchs: feintriebiger Kleinstrauch, dicht verzweigt; 0,5–1,5 m hoch, 0,5–1 m breit
Blatt: immergrün, glänzend dunkelgrün, lanzettlich, 1–1,5 cm lang, wechselständig
Blüte: weiß, klein und krugförmig
Blütezeit: V/VI
Frucht: kugelige, weiße Beeren, ø 1,2 cm, zahlreich an den Triebspitzen, nicht genießbar
Standort: schattig bis vollschattig
Bodenansprüche: feucht, sauer bis schwach sauer, humos
Verwendung: Begleitpflanze in Heidegärten, Rhododendren-Pflanzungen, Zwerstrauchgesellschaften
Eigenschaften: bedingt frosthart, wegen der engen Standortamplitude (feucht/sauer) nur begrenzt verwendbar
Sorten: 'Alba': Früchte weiß, zahlreich und groß. 'Rosea': Früchte rosa, gehäuft und zierend. 'Purpurea': Früchte rot, zahlreich und zierend

Abb. 321: *Pernettya mucronata* 'Alba'

Abb. 322: *Pernettya mucronata* 'Rosea'

Philadelphus

Perovskia abrotanoides
Blauraute, Silberbusch

Familie: *Labiatae* – Lippenblütengewächse
Herkunft: Westasien
Wuchs: Kleinstrauch, vieltriebig aufrecht aus der Basis, kaum verzweigt; 0,6–1,2 m hoch, 0,4–1 m breit
Blatt: silbergrau, fiederschnittig, 4–6 cm lang, aromatisch duftend
Blüte: lila Scheinähren, zahlreich, schmal und bis zu 45 cm lang, endständig
Blütezeit: VIII–IX
Standort: vollsonnig, wärmebedürftig
Bodenansprüche: trockene bis frische, kalkhaltige bis neutrale Böden
Pflege: im Winter abdecken, im Frühjahr Rückschnitt bis handbreit über der Basis
Verwendung: Zierstrauch, mit Rosen und/oder Stauden vergesellschaftet, dankbarer Sommerblüher
Eigenschaften: frostempfindlich, treibt jedoch wieder durch; empfindlich gegen nasse und schwere Böden

Abb. 323: *Perovskia abrotanoides*

Phellodendron amurense
Amur-Korkbaum

Familie: *Rutaceae* – Rautengewächse
Wuchs: Baum mit trichterförmiger Krone, im Alter breit und flach; 10–15 m hoch, 10–12 m breit
Blatt: Fiederblatt bis 35 cm lang, Blättchen zu 9–13, oben dunkelgrün glänzend, unten blaugrün, eilanzettlich zugespitzt, 5–10 cm lang
Blüte: gelbgrüne Rispen, bis 10 cm lang, unauffällig
Blütezeit: VI
Frucht: schwarze Steinfrüchte, kugelig, ø 1 cm, mit hornartiger Schale
Standort: sonnig
Bodenansprüche: gering, frisch bis feucht, bevorzugt nährstoffreich
Verwendung: Solitärgehölz; im Siedlungsbereich einzeln und in Gruppen
Eigenschaften: frosthart, gesund; auf nährstoffreichen Böden rasch wachsend, bis 40 cm/Jahr

Philadelphus coronarius
Garten-Jasmin, Pfeifenstrauch

Abb. 324: *Philadelphus coronarius*

Familie: *Saxifragaceae* – Steinbrechgewächse
Herkunft: Südeuropa
Wuchs: Großstrauch, straff aufrecht mit später bogenförmig überhängenden Zweigen; 3–4 m hoch, 2–3 m breit
Blatt: dunkelgrün, spitz-eiförmig, deutlich gezähnt, 6–9 cm lang, gegenständig
Blüte: in Trauben, rahmweiß, endständig zu 5–11, einfach, sehr starker Duft
Blütezeit: V–VI
Frucht: unscheinbar
Standort: sonnig–halbschattig
Bodenansprüche: gering, alle Gartenböden geeignet
Pflege: Auslichtungsschnitt vergreister Zweige bis zur Basis, sonst kein Schnitt
Verwendung: klassisches Ziergehölz unserer Gärten, Blütengehölz; im Einzelstand, in Blütenhecken, vor Nadelgehölzen
Eigenschaften: anspruchslos, frosthart

Philadelphus inodorus var. *grandiflorus*
Großblättriger Garten-Jasmin

Abb. 325: Philadelphus-Hybride 'Belle Etoile'

Philadelphus

Abb. 326: Philadelphus-Hybride 'Dame Blanche'

Abb. 328: Philadelphus-Hybride 'Virginal'

Familie: *Saxifragaceae* – Steinbrechgewächse
Herkunft: östliches Nordamerika
Wuchs: Großstrauch, breit aufrecht mit hängenden Partien; 3–5 m hoch, 2–4 m breit
Blatt: stumpfgrün, eiförmig-spitz, 5–10 cm lang, gegenständig
Blüte: schalenförmig, Kronblätter abgerundet, weiß, ø 4–5 cm, kein Duft
Blütezeit: VI–VII
Frucht: unscheinbar
Standort: sonnig–halbschattig
Bodenansprüche: gering, auf allen Gartenböden
Verwendung: Zierstrauch für den Garten und im Öffentlichen Grün
Sorten: Philadelphus-Hybriden

'Belle Etoile': bis 1,5 m hoch, Blüten weiß mit leuchtend gelben Staubgefäßen, von VI–VII. 'Dame Blanche': bis 1,5 m hoch, Blüten weiß, zahlreich und intensiv duftend. 'Erectus': bis 1,5 m hoch, Blüten weiß. 'Girandole': bis 2 m hoch, Blüten rahmweiß, dicht gefüllt, von VI–VII. 'Schneesturm': bis 3 m hoch, Blüten reinweiß, gefüllt, in Trauben, von VI–VIII. 'Virginal': bis 3 m hoch, Blüten weiß, gefüllt, sehr reichblütig in dichten Trauben, von VI–VII

Photinia villosa
Glanzmispel

Abb. 327: Philadelphus-Hybride 'Schneesturm'

Abb. 329: *Photinia villosa* (Foto: Holmåsen)

Familie: *Rosaceae* – Rosengewächse
Herkunft: Ostasien
Wuchs: Großstrauch oder kleiner Baum, locker-unregelmäßig verzweigt; 3–5 m hoch, 2–3 m breit
Blatt: oberseits frischgrün, unterseits graugrün behaart, breit bis schmal verkehrt-eiförmig, 3–8 cm, wechselständig; Herbstfärbung orange-rot
Blüte: in weißen Doldentrauben, 5–20 Einzelblüten
Blütezeit: VI
Frucht: leuchtend rot, etwa erbsengroß und zierend, nicht zum Verzehr geeignet
Standort: sonnig–halbschattig
Bodenansprüche: frisch bis feucht, sauer bis schwach alkalisch, insgesamt anspruchslos
Verwendung: Zierstrauch für den Hausgarten mit apartem Fruchtschmuck und auffallender Herbstfärbung

Phyllostachys nigra
Schwarzer Bambus

Abb. 331

Abb. 331: *Phyllostachys nigra*

Phyllostachys aurea
Knoten-Bambus

Abb. 330

Familie: *Gramineae* – Süßgräser
Herkunft: China
Wuchs: horstartig, schmal, trichterförmig aufrecht; Stämme gelbgrün bis graugrün; 2,5–4 m hoch
Blatt: gelbgrün, klein
Standort: sonnig
Bodenansprüche: auf gut kultivierten ausreichend feuchten und nährstoffreichen Böden
Pflege: vor Ostwind und Wintersonne schützen durch zusammenbinden und/oder abdecken mit Matten
Verwendung: Ziergehölz, das durch seinen Aufbau/Habitus als interessantes Gestaltungselement in frei gestalteten und formalen Gärten wirkt
Eigenschaften: frosthart bis –18°, empfindlich gegen Ostwind und Wintersonne

Abb. 330: *Phyllostachys aurea*

Familie: *Gramineae* – Süßgräser
Herkunft: China
Wuchs: horstartig, locker aufrecht, außen leicht überhängend; Halme im Austrieb oliv, ausgewachsen glänzend schwarz; 3–5(–6) m hoch
Blatt: oberseits dunkelgrün, unten graugrün
Standort: sonnig
Bodenansprüche: gut kultiviert, ausreichend feucht, nährstoffreich
Pflege: vor Ostwind und Wintersonne schützen durch zusammenbinden und/oder abdecken mit Matten
Verwendung: Ziergehölz, das durch seinen Aufbau/Habitus als interessantes Gestaltungselement in frei gestalteten und formalen Gärten wirkt
Eigenschaften: frosthart bis minus 18°, empfindlich gegen Ostwind und Wintersonne

Phyllostachys viridiglaucescens
Großer Bambus

Familie: *Gramineae* – Süßgräser
Herkunft: China
Wuchs: horstartig, steif aufrecht, die äußeren Halme überhängend; die ausgewachsenen Halme sind gelbgrün; 6–10 m hoch
Blatt: glänzend grün und groß
Standort: sonnig
Bodenansprüche: gut kultiviert, ausreichend feucht, nährstoffreich
Verwendung: Ziergehölz, das durch seinen Aufbau/Habitus als interessantes Gestaltungselement in frei gestalteten und formalen Gärten wirkt
Eigenschaften: frosthart bis minus 23° (nach WARDA)

Physocarpus

Physocarpus opulifolius
Blasenspiere

Abb. 332: *Physocarpus opulifolius*

Familie: *Rosaceae* – Rosengewächse
Herkunft: östliches Nordamerika
Wuchs: Großstrauch, straff aufrecht mit später überhängenden Zweigen; 3–4 m hoch, 2–3 m breit
Blatt: tiefgrün, eirundlich, meist 5lappig, bis zu 10 cm lang, wechselständig
Blüte: ballförmige Dolden, weiß bis blaßrosa, ø 5 cm
Blütezeit: VI–VII
Frucht: rotbraune, kleine Kapseln
Standort: sonnig bis halbschattig
Bodenansprüche: gering, auf allen kultivierten Gartenböden
Verwendung: zur Unterpflanzung, Vorpflanzung, in freiwachsenden Hecken, als Deckstrauch, für Windschutz
Eigenschaften: frosthart, anpassungsfähig, stadtklimafest

Abb. 333: *Pieris floribunda*

Pieris floribunda
Amerikanische Lavendelheide, Schattenglöckchen

Familie: *Ericaceae* – Heidekrautgewächse
Herkunft: östliches Nordamerika
Wuchs: Strauch, meist Kleinstrauch, straff aufrecht und dicht verzweigt; 1,5–2 m hoch und breit
Blatt: immergrün, oberseits mattgrün, unterseits bräunlich, elliptisch-lanzettlich, 3–8 cm lang, wechselständig, an den Triebenden quirlig gehäuft
Blüte: in aufrechten, bis 10 cm langen, weißen Rispen, aus zahlreichen kleinen Einzelblüten, 5–6 mm, am zweijährigen Holz
Blütezeit: IV–V
Frucht: in Kapseln, klein, braun und unauffällig
Standort: halbschattig bis schattig
Bodenansprüche: bevorzugt feucht bis frisch, neutral und nährstoffarm
Verwendung: im Garten als Zierstrauch in schattigen Partien, im lichten Schatten großer Bäume und in der Art entsprechenden Pflanzengesellschaften, wie *Rhododendron* und *Azalea*
Eigenschaften: schattenverträglich, frosthart und kalkfeindlich

Pieris japonica
Japanische Lavendelheide, Schattenglöckchen

Familie: *Ericaceae* – Heidekrautgewächse
Herkunft: Japan
Wuchs: Strauch, aufrechtbreitbuschig, locker verzweigt, Triebe überhängend; 2–3(–4) m hoch, 2–4 m breit
Blatt: immergrün, oben glänzend-grün, unten etwas heller, länglich-lanzettlich, 3–8 cm, wechselständig, an den Triebenden quirlig gehäuft; junge Blätter kupferrot
Blüte: in überhängenden, weißen Rispen aus zahllosen glockenförmigen Einzelblüten; Rispen 15–20 cm lang, langdauernde Blüte
Blütezeit: III–V
Frucht: wie *Pieris floribunda*
Standort: halbschattig bis schattig
Bodenansprüche: bevorzugt feucht bis frisch, sauer bis neutral, nährstoffarm, durchlässig
Verwendung: im Garten als Zierstrauch in schattigen Partien, im lichten Schatten großer Bäume und in der Art entsprechenden Pflanzengesellschaften, wie *Rhododendron* und *Azalea*
Eigenschaften: schattenverträglich, frosthart und kalkfeindlich

Abb. 334: *Pieris japonica*

Platanus

Pieris japonica 'Debutante'
Lavendelheide 'Debutante'

Cultivar. Kleinstrauch, kompakt-breitbuschig; 1–1,2 m hoch, 1–1,5 m breit. Blüte in Rispen, verzweigt, bis 10 cm lang, mit glockenförmigen, rahmweißen Einzelblüten, zahlreich und zierend. Sonst wie die Art

Pieris japonica 'Variegata'
Lavendelheide 'Variegata'

Cultivar. Kleinstrauch, kompakt-breitbuschig; 0,5–1 m hoch, 0,5–1,2 m breit. Blatt immergrün, schmal lanzettlich, 2,5–5 cm lang, andauernd weiß-gelblich gerandet, wechselständig. Blüte etwas kleiner, sonst wie die Art

Abb. 335: *Pieris japonica* 'Debutante'

Abb. 337: *Pieris japonica* 'Variegata'

Pieris japonica 'Forest Flame'
Lavendelheide 'Forest flame'

Cultivar. Kleinstrauch, bis 1 m hoch und meist breiter. Blätter im Austrieb auffallend rot, später vergrünend. Blüte in aufrechten Rispen aus reinweißen Blüten, Blütezeit IV–V

Platanus hispanica (*Platanus* × *acerifolia*)
Ahornblättrige Platane

Abb. 336: *Pieris japonica* **'Forest Flame'**

Pieris japonica 'Red Mill'
Lavendelheide 'Red Mill'

Cultivar. Kleinstrauch bis Strauch, 1,5 m hoch. Blatt immergrün, elliptisch-lanzettlich, bis 10 cm lang, im Austrieb glänzend rot bis rotbraun, später vergrünend bis dunkelgrün. Sonst wie die *Pieris japonica*

Abb. 338: *Platanus hispanica*

Platanus

Familie: *Platanaceae* – Platanengewächse
Herkunft: *(Platanus × hybrida)*
Wuchs: Großbaum, ausgewachsen rundkronig ausladend mit hängenden Partien; 25–30 m hoch, 15–25 m breit
Blatt: ledrig-glänzend dunkelgrün und groß (wie Spitzahorn), 3–5lappig, 12–25 cm breit, wechselständig; Herbstfärbung ockergelb
Blüte: unscheinbar, in gelblich-grünen, langgestielten, hängenden Köpfchen
Blütezeit: V
Frucht: kugelförmige Nüßchen, zu zweit, in hängenden, langhaftenden Fruchtständen
Standort: Sonne bis lichter Schatten
Bodenansprüche: trocken bis feucht, neutral bis alkalisch
Verwendung: als Solitärbaum, Alleebaum bei ausreichendem Raumangebot, auch als Formgehölz mit geschnittener Krone
Eigenschaften: anspruchslos und robust, schnittverträglich, auffallendes Rindenbild durch unterschiedlich grün-braune Platten

Populus alba 'Nivea'
Silber-Pappel

Abb. 339 + 340

Abb. 340: *Populus alba* 'Nivea'

Abb. 339: *Populus alba*

Familie: *Salicaceae* – Weidengewächse
Herkunft: Wildart in Europa und Mittelasien
Wuchs: Großbaum, breit-rundkronig, locker, meist kurzstämmig; 20–35 m hoch, 15–20 m breit
Blatt: oberseits glänzend-dunkelgrün, unten graufilzig, dreieckig bis herzförmig, vielgestaltig, 5–12 cm lang, wechselständig
Blüte: hängende, gelblich-grüne, männliche Kätzchen vor dem Laubaustrieb, 3–7 cm lang, zweihäusig
Blütezeit: III–IV
Standort: Sonne bis lichter Schatten
Bodenansprüche: frisch bis feucht, schwach sauer bis alkalisch, anpassungsfähig
Verwendung: Landschaftsgehölz, Windschutz, an Landstraßen, an Gehöften einzeln und in Gruppen, in Parks und großen Gärten
Eigenschaften: windfest, verträgt Einschüttungen und kurzzeitige Überschwemmungen, schnittfest; wächst auf trockenen Standorten auch strauchartig

Populus balsamifera
Balsam-Pappel

Familie: *Salicaceae* – Weidengewächse
Herkunft: Nordamerika
Wuchs: Großbaum, Krone kegelförmig mit durchgehendem Stamm; 18–25(–30) m hoch, 8–10 m breit
Blatt: oberseits dunkelgrün-glänzend, unterseits weißlich, eiförmig bis breit-eiförmig, zugespitzt, 5–12 cm lang, wechselständig
Blüte: männliche Kätzchen rötlich-gelb, 10–12 cm lang, erscheinen vor dem Laubaustrieb, zweihäusig
Blütezeit: III–IV
Frucht: in langgestielten Kapseln, unscheinbar
Standort: sonnig bis absonnig
Bodenansprüche: gering, frisch bis feucht
Verwendung: Landschaftsgehölz, in Europa in Arboreten und für Zuchtzwecke angezogen

Populus × berolinensis
Berliner Lorbeer-Pappel

Familie: *Salicaceae* – Weidengewächse
Herkunft: *(Populus laurifolia × Populus nigra* 'Italica')
Wuchs: großer Baum mit durchgehendem Stamm und breit-säulenförmiger Krone; 20–25 m hoch, 8–10 m breit
Blatt: oberseits frischgrün, unterseits weißlich-grün, eiförmig, lang zugespitzt, 8–12 cm lang, wechselständig
Blüte: männliche Kätzchen, gelblichgrün, vor dem Laubaustrieb
Blütezeit: III–IV
Standort: sonnig
Bodenansprüche: gering, frisch bis feucht, bevorzugt nährstoffreich
Verwendung: an Straßen und auf Plätzen, in der Landschaft im Einzelstand und in Gruppen
Eigenschaften: gut windfest, etwas anfällig gegen Blattkrankheiten, relativ kurzlebig (50–60 Jahre); im Alter Windbruch

Populus

Populus × *canescens*
Grau-Pappel

Familie: *Salicaceae* – Weidengewächse
Herkunft: (*Populus alba* × *Populus tremula*)
Wuchs: Großbaum, unregelmäßig-lockere, hochgewölbte Krone; 20–25(–30) m hoch, 15–20 m breit
Blatt: oberseits stumpfgrün, unterseits graufilzig, rundlich bis eiförmig, dreieckig gelappt, 6–12 cm lang, wechselständig
Blüte: männliche Kätzchen rötlich-grün, 5–10 cm, vor dem Laubaustrieb, zweihäusig
Blütezeit: III
Standort: Sonne bis lichter Schatten
Bodenansprüche: gering, trocken bis naß, schwach sauer bis alkalisch
Verwendung: Landschaftsgehölz, als Pioniergehölz, für Baumhecken, Dorf- und Hofbaum; einzeln und in Gruppen in Niederungen und Auwäldern heimisch
Eigenschaften: frosthart, windfest, salzverträglich, kurzlebig (etwa 50 Jahre)
Sorten: zahlreiche Sorten mit unterschiedlicher Verfügbarkeit sind im Angebot der Baumschulen

Populus-Canadensis-Hybriden (*Populus* × *euramericana*)
Kanadische Pappel

Familie: *Salicaceae* – Weidengewächse
Herkunft: (*Populus nigra* × *Populus deltoides*)
Wuchs: Großbaum, durchgehender Stamm und kegelförmige, geschlossene Krone, 20–30 m hoch, 15–20 m breit
Blatt: oberseits glänzend dunkelgrün, unterseits heller grün, dreieckig zugespitzt, 6–10 cm lang, wechselständig
Blüte: mit gelblichgrünen Kätzchen, 7–9 cm lang, vor dem Blattaustrieb, zweihäusig
Blütezeit: III–IV
Standort: Sonne bis lichter Schatten
Bodenansprüche: feucht bis frisch, sauer bis alkalisch, bevorzugt tiefgründig und nährstoffreich
Verwendung: Landschaftsgehölz, für Baumhecken, Hofeingrünung, an Wegen und breiten Alleen
Eigenschaften: frosthart, windfest bis etwa 30 Jahre, danach Windbruchgefahr, mit ca. 60–70 Jahren abgängig; schnellwüchsig, empfindlich gegen Krankheiten
Sorten: im Angebot zahlreiche Selektionen mit unterschiedlichem Habitus bis breit eiförmig. Am verbreitetsten 'Robusta', männliche Form mit durchgehendem Stamm und geschlossen-kegelförmiger Krone

Populus lasiocarpa
Ostasiatische Pappel

Familie: *Salicaceae* – Weidengewächse
Herkunft: China, Korea
Wuchs: mittelgroßer Baum mit breit-runder Krone, Äste schräg aufrecht und horizontal; 10–14 m hoch, 8–10 m breit
Blatt: mittelgrün, herzförmig, auffallend groß, bis zu 30 cm lang und über 20 cm breit, Blattstiel rot
Blüte: männliche Kätzchen rötlich, weibliche gelblich-grün, bis 10 cm lang, vor dem Laubaustrieb
Blütezeit: III/IV
Standort: sonnig bis halbschattig und geschützt
Bodenansprüche: frische bis feuchte, saure bis neutrale Böden
Verwendung: Solitärgehölz, in Parks und dendrologischen Sammlungen

Abb. 341: *Populus* × *canescens*   (Foto: Holmåsen)

Abb. 342: *Populus* × *canescens* 'Aurea'

Abb. 343: *Populus lasiocarpa*

Populus

Populus nigra
Schwarz-Pappel

Familie: *Salicaceae* – Weidengewächse
Herkunft: eurasiatischer Raum
Wuchs: Baum mit breit-ausladender Krone; 20–25(–30) m hoch, 15–20 m breit
Blatt: oberseits dunkelgrün, unterseits blaugrün, dreieckig bis rautenförmig, zugespitzt, Länge 4–9 cm, wechselständig
Blüte: rote, hängende, männliche Kätzchen und gelbgrüne, weibliche Kätzchen, vor dem Laubaustrieb
Blütezeit: III/IV
Frucht: grünlichbraune Kätzchen mit weißem, wolligem Samen, ab VI
Standort: Sonne bis lichter Schatten
Bodenansprüche: trocken bis naß, neutral bis alkalisch, bevorzugt nährstoffreiche und durchlässige Böden
Verwendung: Landschaftsgehölz, vielseitig verwendbares Pioniergehölz, einzeln und in Gruppen, an Ufern und in Feuchtbereichen, für den Siedlungsbereich kaum geeignet
Eigenschaften: anspruchslos, frosthart, windfest bis ca. 30. Standjahr, dann Windbruchgefahr, widerstandsfähig gegen Überschwemmungen, empfindlich gegen Bodenverdichtung

Populus nigra 'Italica'
Pyramiden-Pappel, Säulen-Pappel

Abb. 344

Abb. 344: *Populus nigra* 'Italica'

Familie: *Salicaceae* – Weidengewächse
Wuchs: großer Baum, säulenförmig, Äste straff aufrecht am durchgehenden Stamm; 25–30 cm hoch, 3–5 m breit
Blatt: oberseits dunkelgrün, unterseits blaugrün, rautenförmig, lang zugespitzt, 4–8 cm lang, wechselständig
Blüte: männliche Kätzchen rötlich, bis 7 cm lang, hängend, zweihäusig
Blütezeit: III–IV
Standort: sonnig bis lichter Schatten
Bodenansprüche: frisch bis feucht, neutral bis kalkhaltig, bevorzugt auf tiefgründigen, nährstoffreichen Böden
Verwendung: einzeln und in Gruppen in der Landschaft, an Wegen, Brücken, Gewässern; bedingt im Siedlungsbereich und an Straßen
Eigenschaften: starkwüchsig, krankheitsanfällig, kurzlebig, durchschnittlich etwa 30 Jahre

Populus simonii
Birken-Pappel

Familie: *Salicaceae* – Weidengewächse
Herkunft: China
Wuchs: Baum, schmalkronig mit durchgehendem Stamm und überhängenden Seitenzweigen; 12–15 m hoch, 6–8 m breit
Blatt: oberseits matt glänzend grün, unterseits weißlich, eiförmig, 6–12 cm lang, wechselständig
Blüte: rötliche Kätzchen, männlich, 2–3 cm lang
Blütezeit: III–IV
Standort: sonnig
Bodenansprüche: mäßig trockene bis feuchte, neutrale bis alkalische Böden
Verwendung: einzeln oder in Gruppen in öffentlichen Grünanlagen, an Plätzen, Wegen und Bauten
Eigenschaften: schnellwüchsig, kurzlebig, trockenheitsresistent, sehr früher Austrieb

Populus tremula
Zitter-Pappel, Espe

Abb. 345 + 346

Familie: *Salicaceae* – Weidengewächse
Herkunft: Europa/Asien/Nordafrika
Wuchs: Baum, auch mehrstämmig; 10–15(–25) m hoch, 7–10 m breit
Blatt: oberseits blaugrün-matt, unten hell-graugrün, eiförmig bis rundlich, 3–9 cm lang, unregelmäßig buchtig gezähnt, wechselständig
Blüte: männliche Kätzchen rötlich mit seidig-grauen Haaren, Länge 5–10 cm; weibliche Kätzchen purpurrot
Blütezeit: II–III
Frucht: Fruchtkätzchen, grünlich mit weißem, wolligem Samen, 10–13 cm lang
Standort: sonnig bis leicht schattig
Bodenansprüche: auf allen Böden und in allen Substraten, völlig anspruchslos
Verwendung: Landschaftsgehölz, in Mischwäldern und Feldgehölzen, auf Ödflächen; Pioniergehölz für Ufer, Hang, Böschungen und Boden; im Siedlungsbereich als ökologisch wertvolles Ziergehölz
Eigenschaften: im Habitus variabel, frosthart, hitzeverträglich, mit großer Standortamplitude

Abb. 345 + 346: *Populus tremula* (Foto rechts: Holmåsen)

Potentilla fruticosa
Potentille, Fingerstrauch

Abb. 347 – 350

Abb. 347: *Potentilla fruticosa*

Abb. 349: *Potentilla fruticosa* 'Klondike'

Familie: *Rosaceae* – Rosengewächse
Herkunft: nördliche Halbkugel
Wuchs: Kleinstrauch, breitbuschig und dichtverzweigt; Höhe sortenbedingt, von 0,6–1,2 m
Blatt: grün, 3–7zählig gefingert, Blättchen elliptisch bis linealisch, 1–3 cm lang, wechselständig
Blüte: schalenförmig, bis zu 3 cm ø, einzeln oder zu mehreren am einjährigen Holz, Farbe je nach Sorte
Blütezeit: V–IX
Frucht: unauffällig
Standort: sonnig bis lichter Schatten
Bodenansprüche: schwach alkalisch bis sauer, frisch bis mäßig feucht, auf allen kultivierten Böden
Pflege: im Abstand von 3–5 Jahren fördert der Rückschnitt, eine Handbreit über der Basis, die Blütenbildung und den Wuchs
Verwendung: ausdauerndes Blütengehölz im Garten, zur Flächenpflanzung, an Böschungen, zur Unterpflanzung im lichten Schatten, für niedrige Hecken, in Pflanzgefäßen
Eigenschaften: frosthart, anspruchslos, reagiert negativ auf zu starken Schatten, längere Trockenheit und Salz; kalkmeidend
Sorten: 'Abbotswood': 1 m hoch, Blüte reinweiß. 'Farreri': 0,8 m hoch, Blüte goldgelb. 'Goldteppich': 0,7 m hoch, Blüte gelb. 'Hachmann's Gigant': 0,7 m hoch, Blüte goldgelb. 'Klondike': 1 m hoch, Blüte gelb. 'Red Ace': 0,6 m hoch, Blüte orangerot

Abb. 348: *Potentilla fruticosa* 'Abbotswood'

Abb. 350: *Potentilla fruticosa* 'Red Ace'

Potentilla fruticosa var. *mandschurica*
Weiße Potentille, Weißer Fingerstrauch

Herkunft China. Zwergstrauch, fein verzweigt, breit niederliegend; 0,3–0,4 m hoch, Breite 0,8–1,2 m. Blatt graugrün, beiderseits grauseidig behaart, gefingert. Blüte schalenförmig, weiß, 2,5 cm ø, von VI–IX. Sonst wie *Potentilla fruticosa*

Abb. 351: *Potentilla fruticosa* var. *mandschurica*

Prunus avium
Vogel-Kirsche

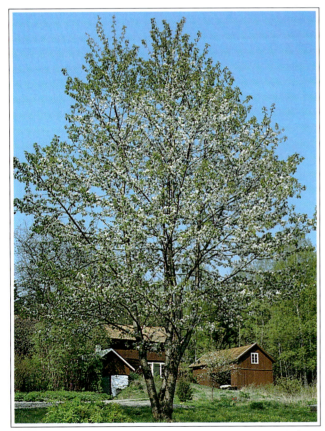

Abb. 352: *Prunus avium* (Foto: Holmåsen)

Familie: *Rosaceae* – Rosengewächse
Herkunft: Europa, Kleinasien
Wuchs: Baum, meist mit kurzem Stamm, quirlig gestellten Ästen und eiförmiger, hochgewölbter Krone; 15–20(–25) m hoch, 8–12 m breit
Blatt: dunkelgrün, breit elliptisch bis eilänglich, grob gesägt, 6–15 cm lang, wechselständig; Herbstfärbung auffallend gelb-orange-rot
Blüte: in Büscheln zu mehreren, weiß und langgestielt, leicht duftend, kurz vor oder mit dem Laubaustrieb, am vorjährigen Trieb
Blütezeit: IV–V
Frucht: kugelige Steinfrüchte, rot, später glänzend schwarz verfärbend, ø unter 1 cm
Standort: Sonne bis lichter Schatten
Bodenansprüche: frisch bis feucht, stark alkalisch bis neutral, bevorzugt tiefgründig und nährstoffreich
Verwendung: Landschaftsgehölz an Waldrändern, in Laubmischwäldern, Felsgehölzinseln, Hecken; als Blütenbaum traditionell an Gehöften und im übrigen dörflichen Bereich; Elter unserer Obstsorten
Eigenschaften: frosthart, wärmeliebend, salzempfindlich, verträgt keinen Schattendruck und keine Belastungen im Kronentraufenbereich
Sorten: 'Plena' – Gefülltblühende Vogel-Kirsche: 7–12 m hoher, zierlicher Baum mit überhängenden Zweigen und gefüllt-reinweißen Blüten in großer Fülle; kaum Fruchtansatz

Abb. 353: *Prunus avium* 'Plena'

Prunus cerasifera
Kirsch-Pflaume, Myrobolane

Familie: *Rosaceae* – Rosengewächse
Herkunft: Europa, Kleinasien
Wuchs: Großstrauch, auch baumartig mit runder, offener Krone; 5–7 m hoch, 3–5 m breit
Blatt: frischgrün, elliptisch bis eiförmig, 3–7 cm lang, wechselständig
Blüte: weiß bis rosa, in Büscheln an den vorjährigen Triebspitzen
Blütezeit: III–IV
Frucht: Steinfrüchte, rundlich, gelb bis rot, ø 2–3 cm
Standort: Sonne bis lichter Schatten
Bodenansprüche: frisch bis feucht, stark alkalisch bis neutral, bevorzugt tiefgründig und nährstoffreich
Verwendung: als Landschaftsgehölz im Einzelstand und in Gruppen; Nutzpflanze, in Baumschulen als Veredelungsunterlage verwendet

Prunus cerasifera 'Nigra'
Blut-Pflaume

Familie: *Rosaceae* – Rosengewächse
Herkunft: Wildart aus Europa
Wuchs: Großstrauch oder Kleinbaum, oft mehrstämmig, mit meist unregelmäßigem Ha-

bitus; 5–7 m hoch, 3–5 m breit
Blatt: ausdauernd vom Austrieb bis zum Laubfall schwarzrot, elliptisch bis eiförmig, 4–8 cm lang, wechselständig
Blüte: weiß bis blaßrosa, in Büscheln zu mehreren, größer als die Art
Blütezeit: III–IV
Frucht: Steinfrucht wie die Art
Standort: Sonne bis lichter Schatten
Bodenansprüche: frisch bis feucht, stark alkalisch bis neutral, bevorzugt tiefgründig und nährstoffreich
Verwendung: Ziergehölz als Solitär im Hausgarten und in Parks, gern mit dem dunklen Laub als Farbkontrast zu Flieder, Zierkirschen oder anderen hellblühenden Ziergehölzen

Abb. 354: *Prunus cerasifera* 'Nigra'

Prunus × *cistena*
Zwerg-Blut-Pflaume

Familie: *Rosaceae* – Rosengewächse
Herkunft: *(Prunus cerasifera × Prunus pumila)*
Wuchs: Strauch, aufrecht-breitbuschig; 2–2,5 m hoch und breit
Blatt: braunrot, metallisch glänzend, verkehrt eiförmig bis elliptisch, 3–6 cm, wechselständig
Blüte: schwachrosa, verblassend, einfach, ø 2,5 cm, zahlreich in Büscheln entlang der Triebe
Blütezeit: V
Frucht: rundliche, purpurrote Steinfrucht, ø 10 mm
Standort: sonnig–halbschattig
Bodenansprüche: gering, mäßig trocken bis feucht, neutral bis stark alkalisch
Verwendung: Strauchform des rotblättrigen Ziergehölzes, zur Einzelstellung als Farbkontrast zu helleren Partien

Prunus fruticosa 'Globosa'   Abb. 355
Kugel-Steppen-Kirsche

Familie: *Rosaceae* – Rosengewächse
Herkunft: als Strauchform in Europa bis Sibirien
Wuchs: auf Hochstamm veredelter Kleinbaum mit kugelförmiger, dichttriebig-geschlossener Krone; 3–5 m hoch, 2 m breit
Blatt: frischgrün, ledrig-glänzend, verkehrt-eiförmig, 3–5 cm lang, wechselständig, früher Laubfall VIII/IX
Blüte: Büschel zu 2–4 Blüten, weiß, klein, langgestielt
Blütezeit: IV–V
Frucht: dunkelrote Steinfrüchte, 7–9 mm ø, nicht eßbar
Standort: bevorzugt sonnig, mit der aus der Wildart abgeleiteten Anspruchslosigkeit an Standort und Substrat
Verwendung: Kugelkronen-Baum als Gestaltungselement im Hausgarten und im Öffentlichen Grün
Eigenschaften: frosthart, stadtklimaverträglich

Abb. 355: *Prunus fruticosa* 'Globosa'

Prunus glandulosa 'Alboplena'   Abb. 356
Weiße Strauch-Kirsche

Familie: *Rosaceae* – Rosengewächse
Herkunft: Cultivar
Wuchs: aufrechter Strauch, feinverzweigt, 1–2 m hoch
Blatt: dunkelgrün, elliptisch bis länglich-lanzettlich, 3–8 cm lang, wechselständig
Blüte: weiß, dicht gefüllt, ø 2,5 cm
Blütezeit: IV–V
Frucht: dunkelrote Steinfrucht, 1–1,2 cm dick
Standort: sonnig bis lichter Schatten
Bodenansprüche: mäßig trocken bis frisch, alkalisch bis neutral
Verwendung: Zierstrauch, einzeln oder in Gruppen, im Hausgarten und im Öffentlichen Grün
Eigenschaften: für Treiberei (Blütentriebe) geeignet

Abb. 356: *Prunus glandulosa* 'Alboplena'

Prunus laurocerasus
Immergrüne Lorbeer-Kirsche

Familie: *Rosaceae* – Rosengewächse
Herkunft: Südosteuropa, Kleinasien
Wuchs: Strauch bis Großstrauch, meist breitbuschig mit ausgebreiteten Zweigen; Höhe bis 6 m, Breite bis 10 m
Blatt: immergrün, glänzend dunkelgrün, ledrig-derb, länglich bis verkehrt eilänglich, 5–15(–25) cm lang, ganzrandig
Blüte: in aufrechten Trauben von 15–20 cm Länge, Kronblätter weiß, Staubgefäße hellgelb
Frucht: kugelige, anfangs rote, später schwarze Steinfrucht, 6–8 mm ø, giftig!
Standort: sonnig bis vollschattig
Bodenansprüche: mäßig trocken bis feucht, schwach sauer bis alkalisch, auf nährstoffreichen Böden
Verwendung: Ziergehölz, im Siedlungsbereich als Flächenbegrüner, in schattigen Partien, zur Unterpflanzung, als Sicht- und Windschutz, für breit angelegte Hecken, Vogelschutzgehölz
Eigenschaften: bedingt frosthart (standortabhängig), schnittverträglich, windfest; als schattenverträgliches, immergrünes Gehölz unverzichtbar, gutes Ausschlagvermögen

Prunus laurocerasus 'Barmstedt'
Lorbeer-Kirsche 'Barmstedt'

Cultivar. Schlank-aufrechter Strauch; 1–1,2 m hoch. Blatt immergrün, dunkelgrün-glänzend, ledrig-derb, 6–12 cm lang, wechselständig. Sonst wie die Art

Prunus laurocerasus 'Otto Luyken'
Lorbeer-Kirsche 'Otto Luyken'

Cultivar. Strauch, breitbuschig und dicht verzweigt; 1,2–1,5 m hoch, 1,5–3 m breit. Blatt immergrün, dunkelgrün-glänzend, ledrig-derb, kurz gestielt, 6–10 cm lang, wechselständig

Abb. 357 + 358: *Prunus laurocerasus* 'Otto Luyken'

Prunus laurocerasus 'Schipkaensis Macrophylla'
Lorbeer-Kirsche 'Schipkaensis Macrophylla'

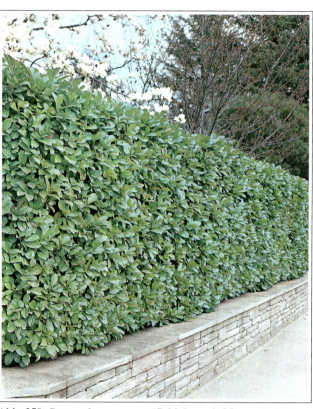

Abb. 359: *Prunus laurocerasus* 'Schipkaensis Macrophylla'

Cultivar. 2–3 m hoher und 2–5 m breiter Strauch, aufrecht-breitbuschig; Blatt immergrün, glänzend-dunkelgrün, ledrig-derb, länglich bis schmal elliptisch, 10–14 cm lang, wechselständig; sonst wie die Art

Prunus laurocerasus 'Zabeliana'
Lorbeer-Kirsche 'Zabeliana'

Cultivar. Breitausladender Kleinstrauch, flach, fast horizontale Triebstellung; 1–1,5 m hoch, 3–5 m breit. Blatt immergrün, frischgrün-glänzend, schmal eiförmig bis lanzettlich, zugespitzt, 9–12 cm lang, wechselständig. Blüte wie die Art, im ersten Flor nur mäßig, im zweiten reichlicher. Blütezeit V und IX. Sonst wie die Art

Abb. 360: *Prunus laurocerasus* 'Zabeliana' (Foto: Holmåsen)

Prunus

Prunus mahaleb
Stein-Weichsel, Felsen-Kirsche

Familie: *Rosaceae* – Rosengewächse
Herkunft: Südeuropa, Südwestasien
Wuchs: Großstrauch oder mehrstämmiger Baum, sparrig, breit ausladend bis überhängend; 3–6 m hoch
Blatt: glänzendgrün, eiförmig-zugespitzt bis rundlich, 3–6 cm lang, wechselständig
Blüte: Doldentrauben mit 4–10 kleinen, weißen Einzelblüten, 15 mm breit und duftend
Blütezeit: V
Frucht: eiförmige, schwarze Steinfrucht, 6–8 mm ø, nicht zum Verzehr geeignet
Standort: sonnig, breite Standortamplitude
Bodenansprüche: bevorzugt kalkhaltig und trocken
Verwendung: Landschaftsgehölz, für Böschungen, Halden, Trockenhänge, Schutzpflanzungen, Hecken, Vogelnährgehölz
Eigenschaften: lichthungrig, sehr robust, gut hitze- und trockenheitsverträglich

Abb. 361: *Prunus mahaleb* (Foto: Holmåsen)

Prunus padus
Trauben-Kirsche

Familie: *Rosaceae* – Rosengewächse
Herkunft: Europa, Asien
Wuchs: Großstrauch oder kleiner Baum, Habitus eiförmig bis rund, oft mehrstämmig aus der Basis; 3–10(–15) m hoch, 4–8(–10) m breit
Blatt: oberseits mattgrün, unterseits blaugrün, elliptisch länglich, 6–12 cm lang, wechselständig; Herbstfärbung fahlgelb
Blüte: in Trauben, 8–15 cm lang und meist hängend, Einzelblüten weiß, 12–15 mm lang
Blütezeit: IV–V
Frucht: kirschenartige Steinfrüchte, glänzend schwarz, erbsengroß, herb-bitterer Geschmack, verwertbar
Standort: sonnig–halbschattig
Bodenansprüche: frisch bis naß, fast alle Substrate, bevorzugt humos-nährstoffreich
Verwendung: Landschaftsgehölz, zur Bodenbefestigung, Uferbefestigung, als „pumpendes Gehölz" zur Minderung der Bodenfeuchtigkeit; bedingt im Siedlungsbereich (Schädlingsbefall)
Eigenschaften: frosthart, schattenverträglich, hohes Ausschlagvermögen, nicht kalkliebend, verträgt kurzzeitige Überschwemmungen, jedoch keine Bodenverdichtung

Abb. 362: *Prunus padus* (Foto: Holmåsen)

Prunus sargentii
Scharlach-Kirsche

Familie: *Rosaceae* – Rosengewächse
Herkunft: Japan
Wuchs: Großstrauch oder Kleinbaum, trichterförmig aufrecht bis ausladend; Höhe 6–10(–15) m, 8–10 m breit
Blatt: mattgrün, verkehrt-eiförmig, bis 12 cm lang, Rand scharf gesägt, wechselständig; Herbstfärbung orange bis scharlachrot, auffallend
Blüte: Trugdolden mit 2–4 Einzelblüten, rosa, einfach, sehr zahlreich vor dem Laubaustrieb
Blütezeit: IV
Frucht: Steinfrucht, glänzend purpurschwarz, ø 1 cm, nicht zum Verzehr geeignet
Standort: sonnig, windgeschützt
Bodenansprüche: frisch bis feucht, alkalisch bis schwach alkalisch, bevorzugt auf nährstoffreichen, tiefgründigen Böden
Verwendung: in Sorten als attraktives Blütengehölz in anspruchsvollen Gärten und an Stadtstraßen sowie in Parks
Eigenschaften: frosthart, wärmeliebend, relativ anspruchsvoll an Standort und Boden

Abb. 363: *Prunus sargentii* (Herbstfärbung)

Prunus serotina
Späte Trauben-Kirsche

Familie: *Rosaceae* – Rosengewächse
Herkunft: östl. Nordamerika
Wuchs: Großstrauch, kleiner Baum oder Baum mit eiförmiger Krone; 5–15(–20) m hoch, 5–10(–12) m breit
Blatt: oberseits ledrig-glänzend frischgrün, unterseits heller, eiförmig, zugespitzt, wechselständig
Blüte: in walzenförmigen Trauben mit weißen Blüten, bis 14 cm lang nach dem Laubaustrieb
Blütezeit: IV–V
Frucht: Steinfrucht, dunkelbis schwarzrot, ø 10 mm, sehr zahlreich, nicht zum Verzehr geeignet
Standort: Sonne bis lichter Schatten
Bodenansprüche: mäßig trocken bis feucht, schwach alkalisch bis sauer
Verwendung: Landschaftsgehölz, eingebürgert und in autochthonen Beständen, als Pioniergehölz auf Ödland, Halden, Deponien; Windschutz, in Hecken, im Straßenbegleitgrün
Eigenschaften: frosthart, hitzeverträglich, anspruchslos, kalkmeidend

Prunus serrulata
Japanische Zierkirsche

Familie: *Rosaceae* – Rosengewächse
Herkunft: Wildform Ostasien
Wuchs: je nach Sorte, Wildform nicht im Handel
Blatt: grün, etwas glänzend, meist eiförmig bis elliptisch, lang zugespitzt, kurz gesägt, wechselständig; Herbstfärbung orange bis gelb
Blüte: je nach Sorte
Standort: vollsonnig
Bodenansprüche: frisch bis feucht, auf kultivierten Gartenböden, bevorzugt durchlässige, sandig-lehmige Böden
Verwendung: Blütengehölz zur Einzelstellung in Gärten und Parks, an Straßen, in Pflanzgefäßen und für Schnitt

Prunus serrulata 'Amanogawa'
Zierkirsche 'Amanogawa'

Herkunft Japan, Cultivar. Kleinbaum bis Baum, mit dicken Trieben, säulenförmig aufrecht; 4–6 m hoch, 1–2,5 m breit. Blüte hellrosa bis weißlich, schwach gefüllt, ø 3,5 cm, zu mehreren in Büscheln, duftend, Blütezeit Ende IV

Abb. 364: *Prunus serrulata* 'Amanogawa'

Prunus serrulata 'Kanzan'
Zierkirsche 'Kanzan'

Abb. 365: *Prunus serrulata* 'Kanzan'

Herkunft Japan, Cultivar. Großstrauch oder Kleinbaum, trichterförmig straff aufrecht, im Alter ausgebreitet; Höhe 6–8(–10) m, 3–5 m breit. Blüte dunkelrosa, dicht gefüllt, ø 4 cm, zu 2–5 in Büscheln, schwach duftend, Blütezeit V

Prunus serrulata 'Kiku-shidare-zakura'
Zierkirsche 'Kiku-shidare-zakura'

Herkunft Japan, Cultivar. Kleinbaum, Äste und Zweige bogig breit überhängend; 4–6 m hoch, 3–4 m breit. Blüte rosa, dicht gefüllt, 5 cm ø, zu vielen in Büscheln, Ende V

Abb. 366: *Prunus serrulata* 'Kiku-shidare-zakura'

Prunus serrulata 'Shimidsu-sakura'
Zierkirsche 'Shimidsu-sakura'

Herkunft Japan, Cultivar. Großstrauch, trichterförmig aufrecht, später ausgebreitet; 2–3 m hoch und 2 m breit wachsend. Zahlreiche, weiße Blüten, ø 5 cm, zu 3–6 in hängenden Büscheln; Blütezeit Mitte V

Abb. 367: *Prunus serrulata* 'Shimidsu-sakura'

Prunus serrulata 'Shiro-fugen'
Zierkirsche 'Shiro-fugen'

Herkunft Japan, Cultivar. Kleiner Baum, trichterförmig aufrecht, später breit ausladend mit abgeflachter Krone; 5–7 m hoch, 4–5 m breit. Blüte reinweiß, gefüllt, ø 4 cm, im Verblühen mit rosa Schimmer, nach Mandeln duftend, zu 4–6 in hängenden Büscheln. Blütezeit Ende V

Abb. 368: *Prunus serrulata* 'Shiro-fugen'

Prunus spinosa
Schlehe, Schwarzdorn

Familie: *Rosaceae* – Rosengewächse
Herkunft: Europa, Nordafrika, Westasien
Wuchs: Strauch, sparrig verzweigt, dichtbuschig mit dornigen Kurztrieben; 1–3(–4) m hoch
Blatt: oberseits dunkelgrün, unterseits mattgrün, breit-lanzettlich bis verkehrt eiförmig und sehr variabel in der Form, 3–4 cm lang, wechselständig
Blüte: kleine, sternförmige, weiße Blüten mit gelben Staubgefäßen, 1–1,5 cm groß, an Kurztrieben, sehr zahlreich, vor dem Laubaustrieb
Blütezeit: IV
Frucht: Steinfrüchte, kirschförmig, schwarz, blau bereift, nach Frosteinwirkung eßbar (Saft)
Standort: Sonne bis lichter Schatten
Bodenansprüche: trockene bis frische, schwach saure bis alkalische Böden
Verwendung: Landschaftsgehölz, an Waldrändern, in Feldgehölzinseln, als Pioniergehölz, auf Halden, Hängen und im Straßenbegleitgrün, Vogelschutz- und Nährgehölz
Eigenschaften: frosthart und anspruchslos, stark Ausläufer bildend! Rohbodenpionier mit ausgedehntem Wurzelgeflecht

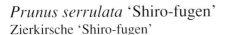

Abb. 369: *Prunus spinosa* (Foto: Holmåsen)

Prunus subhirtella
Japanische Zierkirsche, Schnee-Kirsche

Familie: *Rosaceae* – Rosengewächse
Herkunft: Ostasien, Cultivar
Wuchs: kleiner Baum oder Großstrauch mit sparrig verzweigter Krone, Zweige im Alter überhängend; andere Wuchsformen siehe Sorten
Blatt: mittelgrün, elliptisch zugespitzt, 6–8 cm lang, Rand meist grob gesägt, wechselständig
Blüte: hellrosa bis weiß
Blütezeit: III–IV
Frucht: selten, dann schwarze, kleine Steinfrüchte
Standort: vollsonnig
Bodenansprüche: frisch bis feucht, auf kultivierten Gartenböden, bevorzugt durchlässige, sandig-lehmige Böden
Verwendung: Blütengehölz zur Einzelstellung in Gärten und Parks, an Straßen, in Pflanzgefäßen und für den Schnitt
Sorten: 'Autumnalis': Blüten weiß bis hellrosa, halbgefüllt; Blütezeit III–IV. Wuchs wie die Art; 'Fukubana': Blüten rosa, leicht gefüllt; Blütezeit IV; Wuchs wie die Art. 'Pendula': Blüte rosa, einfach, Blütezeit IV; Krone breit-schirmförmig, 3–4 m hoch und breit. 'Plena': kleiner Baum mit breiter Krone und horizontal gestellten Ästen; Blüten weißlich-rosa, gefüllt, zahlreich; Blütezeit IV

Abb. 370: *Prunus subhirtella* 'Autumnalis'

Prunus

Abb. 371: *Prunus subhirtella* 'Pendula'

Prunus triloba
Mandelbäumchen

Familie: *Rosaceae* – Rosengewächse
Herkunft: Balkan, Kleinasien
Wuchs: Strauch, dichtbuschig breit verzweigt; 1,5–2(–2,5) m hoch, 1,5–2 m breit. Oder auf kurzem Stamm veredelt, dann bis 5 m hoch
Blatt: oben sattgrün, unten heller, breit-eiförmig, 3–6 cm lang, wechselständig
Blüte: hellrosa, gefüllte Einzelblüten in Trauben entlang der Triebe, sehr zahlreich und auffallend; mit dem Blattaustrieb erscheinend
Blütezeit: IV–V
Standort: Sonne bis lichter Schatten
Bodenansprüche: frisch bis feucht, auf allen kultivierten Gartenböden, locker-humos bevorzugt
Verwendung: Ziergehölz, als Blütengehölz zur Einzelstellung im Garten, Vorgarten, an der Terrasse und in Pflanzgefäßen

Prunus tenella
Zwerg-Mandel

Familie: *Rosaceae* – Rosengewächse
Herkunft: Südosteuropa
Wuchs: Kleinstrauch, dünntriebig-aufrecht, wenig verzweigt; 0,8–1,5 m hoch
Blatt: dunkelgrün glänzend, lanzettlich, 3–6 cm lang, Rand scharf gesägt, wechselständig
Blüte: einfach, dunkelrosa, später verblassend, zu 1–3 an kurzen Stielen, gehäuft am Ende der Zweige
Blütezeit: IV–V
Standort: sonnig
Bodenansprüche: mäßig trocken bis frisch, neutral bis stark alkalisch
Pflege: Rückschnitt unmittelbar nach der Blüte auf ein Drittel des Triebes empfehlenswert
Verwendung: Ziergehölz im Einzelstand im Rasen, an der Terrasse, im Pflanzgefäß, in Verbindung mit Stauden
Eigenschaften: bildet durch Wurzelausläufer kleine Dickichte
Sorten: 'Fire Hill': Blüte rosarot, sehr zahlreich, ø 3 cm; Blütezeit IV/V, vor dem Blattaustrieb

Abb. 373 + 374: *Prunus triloba*

Abb. 372: *Prunus tenella*

Prunus × *yedoensis*
Tokyo-Kirsche

Familie: *Rosaceae* – Rosengewächse
Herkunft: Hybride, Japan
Wuchs: Baum mit breit ausladender Krone und überhängenden Zweigen; 8–10(–12) m hoch, 6–8 m breit
Blatt: oben frischgrün, unten heller, elliptisch zugespitzt, doppelt gesägt, 6–12 cm lang; Herbstfärbung goldgelb bis ziegelrot
Blüte: reinweiß, ø 3,5 cm, zu 5–6 in kurzgestielten Trauben entlang des vorjährigen Holzes, sehr zahlreich, leicht duftend
Blütezeit: III–IV
Frucht: kugelige Steinfrucht, schwarz, erbsengroß, nicht genießbar
Standort: Sonne bis lichter Schatten
Bodenansprüche: frisch bis mäßig feucht, auf allen kultivierten Böden, bevorzugt locker-humos
Verwendung: Blütengehölz, einzeln oder in Gruppen, in Parks und anderen großen Grünanlagen; bei ausreichendem Platz als Hausbaum im Vorgarten oder auf der Terrasse

Abb. 375: *Prunus* × *yedoensis*

Pseudosasa japonica
Fächer-Bambus

Abb. 376

Familie: *Gramineae* – Süßgräser
Herkunft: Ostasien
Wuchs: in Horsten straff aufrecht und dichtbuschig; 1,5–3 m hoch
Blatt: immergrün, dunkelgrün, lanzettlich, bis 25 cm lang, am Ende der Halme fächerförmig
Standort: im lichten Schatten bis halbschattig
Bodenansprüche: gering, frisch bis mäßig feucht
Verwendung: Ziergehölz zur Einzelstellung und in Gruppen, im Hausgarten und im Öffentlichen Grün
Eigenschaften: relativ frosthart (minus 20°C), aber empfindlich gegen Wintersonne und scharfen Ostwind, Ausläufer bildend

Abb. 376: *Pseudosasa japonica*

Pterocarya fraxinifolia
Flügelnuß

Abb. 377 + 378

Familie: *Juglandaceae* – Walnußgewächse
Herkunft: Westasien
Wuchs: Baum, in der Regel vielstämmig, Stämme bogenförmig aufstrebend, Zweige waagerecht; 15–20(–25) m hoch, 10–15 m breit
Blatt: gefiedert, 20–40 cm lang, wechselständig; Fiederblättchen oben glänzend dunkelgrün, unterseits heller, lanzettlich, 5–12 cm lang
Blüte: hängende, einhäusige Kätzchen
Blütezeit: V
Standort: sonnig–halbschattig
Bodenansprüche: feucht bis naß, tiefgründig und nährstoffreich, gedeiht aber auch auf durchschnittlichen Substraten
Verwendung: Parkbaum, bevorzugt an Ufern
Eigenschaften: windfest, stadtklimaverträglich, stark Ausläufer bildend, widerstandsfähig gegen Schädlinge und Krankheiten

Abb. 377 + 378: *Pterocarya fraxinifolia*   (Foto links: Holmåsen)

Pyracantha coccinea
Feuerdorn

Abb. 379 – 382

Familie: *Rosaceae* – Rosengewächse
Herkunft: Südost-Europa
Wuchs: Großstrauch, vieltriebig aufrecht, sparrig verzweigt mit stark bedornten Trieben; 2–4 m hoch und breit
Blatt: wintergrün bis immergrün, oberseits ledrig-glänzend-dunkelgrün, lanzettlich bis rundlich, bis 4 cm lang, wechselständig
Blüte: klein, weiß, in Rispen zu vielen, wenig auffällig
Blütezeit: V–VI
Frucht: kugelig rot, orange oder gelb, je nach Sorte, in Fruchtständen zu vielen, sehr auffallend
Standort: sonnig–halbschattig
Bodenansprüche: trocken bis mäßig frisch, stark alkalisch bis neutral, kalkhungrig, besser nährstoffarm
Verwendung: als fruchtendes Ziergehölz im Garten, an Wänden, Spalieren, Mauern, als Hecke, in Pflanzgefäßen, als großflächiger Begrüner im Siedlungsbereich, an Böschungen und im Straßenbegleitgrün
Eigenschaften: extrem schnittverträglich, hitzeverträglich, windfest, begrenzt salzverträglich
Sorten: 'Red Column': aufrecht wachsend, bis 2,5 m hoch; Früchte leuchtend rot. 'Golden Charmer': Wuchs aufrecht-buschig, bis 2 m hoch; Früchte leuchtend orange. 'Orange Charmer': Wuchs wie 'Golden Charmer'; Früchte orange. 'Orange Glow': aufrecht wachsend, bis 3 m hoch; Früchte orange. 'Soleil d'Or': buschig wachsend, bis 2 m hoch; Früchte goldgelb

Pyracantha

Abb. 379: *Pyracantha coccinea* 'Red Column'

Abb. 380: *Pyracantha coccinea* 'Orange Charmer'

Pyrus pyraster (Pyrus communis)
Holz-Birne, Wildbirne

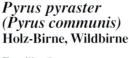

Familie: *Rosaceae* – Rosengewächse
Herkunft: Europa und Westasien, als Wildform sehr selten, in der Landschaft meist verwilderte Kulturformen
Wuchs: Baum, Krone unregelmäßig locker, standortbedingt auch strauchförmig, 5–15(–20) m
Blatt: rund-eiförmig, frischgrün, wechselständig, 2–7 cm, Herbstfärbung gelb-rot
Blüte: weiß, zu 3–9 in Trugdolden
Blütezeit: Ende IV–Anfang VI
Frucht: eiförmig, hart, gelbbraun, ø 3–4 cm, nicht zum Verzehr geeignet
Standort: sonnig bis halbschattig
Bodenansprüche: nährstoffreich, trocken-frisch, kalkliebend
Verwendung: in der Landschaft für Mischpflanzungen, zum Erschließen von Rohböden
Eigenschaften: hitzeverträglich, Bienennährgehölz, Vogelschutzgehölz

Abb. 381: *Pyracantha coccinea* 'Orange Glow'

Abb. 382: *Pyracantha coccinea* 'Soleil d'Or'

Pyrus calleryana 'Chanticleer'
Chinesische Wildbirne

Familie: *Rosaceae* – Rosengewächse
Herkunft: Selektion (USA)
Wuchs: Kleinbaum, anfangs schmal kegelförmig, später breit und lockerkronig; 8–12 m hoch, 3–5 m breit
Blatt: glänzend dunkelgrün, breitelliptisch, 8–12 cm lang, im Herbst langhaftend; Herbstfärbung gelb, orange und rot
Blüte: in Dolden, Einzelblüten weiß, ø 2 cm, sehr zahlreich mit dem Laubaustrieb, strenger Duft
Blütezeit: IV–V
Frucht: unscheinbar, kleine, grüne, birnenartige Früchte, hart und ungenießbar
Standort: sonnig bis lichter Schatten
Bodenansprüche: trocken bis frisch, auf allen Böden, mit großer Standortamplitude
Verwendung: vornehmlich als Straßenbaum an Stadtstraßen, auch als Hausbaum empfehlenswert
Eigenschaften: hitzeresistent, stadtklimafest, unempfindlich gegen Einpflastern, mäßig frosthart, gesund

Abb. 383: *Pyrus calleryana* 'Chanticleer'

Abb. 384: *Pyrus pyraster*

Pyrus salicifolia
Weidenblättrige Birne

Familie: *Rosaceae* – Rosengewächse
Herkunft: Südost-Europa, Asien
Wuchs: Kleinbaum, oft auch strauchartig, Krone kugeliglocker mit niederhängenden Zweigen. 4(–6) m hoch, 3(–4) m breit
Blatt: oberseits glänzend grün, unten graugrün behaart, schmal lanzettlich, bis 9 cm lang
Blüte: in Doldentrauben aus bis zu 8 weißen, kleinen Einzelblüten
Blütezeit: IV–V
Frucht: birnenförmig, klein, 2–3 cm lang, grünlich, nicht eßbar
Standort: sonnig
Bodenansprüche: gering, trocken bis mäßig feucht, neutral bis stark alkalisch
Verwendung: Landschaftsgehölz, einzeln und in Gruppen; in Auwäldern, Laubmischwäldern und für Windschutzanlagen

Quercus

Abb. 385: *Pyrus salicifolia* 'Pendula'

Abb. 386: *Quercus coccinea*

Quercus cerris
Zerr-Eiche

Familie: *Fagaceae* – Buchengewächse
Herkunft: Süd-Europa, Kleinasien
Wuchs: Großbaum mit breit kegelförmiger Krone; 20–25(–30) m hoch, 10–20 m breit
Blatt: oberseits glänzend dunkelgrün, unterseits mattgrün und weich behaart, meist schmaloval, 7–9lappig, 6–12 cm lang, wechselständig
Blüte: mit grünlich-braunen, männlichen Kätzchen, hängend, 6–8 cm lang, am Ende vorjähriger Triebe; weibliche Blüten in Ähren zu 2–5 in Blattachseln an Triebspitzen
Blütezeit: V
Frucht: Eichel im zottelig behaarten Fruchtbecher
Standort: Sonne bis lichter Schatten; Lichtholzart
Bodenansprüche: trocken bis frisch, schwach sauer bis alkalisch
Verwendung: Waldbaum; Landschaftsgehölz südlich der Alpen, in Parkanlagen und Arboreten auf sommerwarmen Standorten

Quercus coccinea
Scharlach-Eiche

Abb. 386

Familie: *Fagaceae* – Buchengewächse
Herkunft: östliches Nordamerika
Wuchs: Großbaum, meist mit durchgehendem Stamm und rundlich-lockerer Krone; 15–20 m hoch, 8–12 m breit
Blatt: im Austrieb leuchtend gelb, dann glänzend-grün, ledrig, breitelliptisch, gelappt, buchtig-fiederlappig, tief eingeschnitten, 12–15 cm lang; Herbstfärbung scharlachrot
Blüte: unscheinbar
Frucht: Eichel im halbrunden, wulstig-flachen Fruchtbecher, bis 2,5 cm
Standort: sonnig
Bodenansprüche: mäßig trocken bis feucht, schwach alkalisch bis sauer
Verwendung: Parkbaum, im Siedlungsbereich im Einzelstand, in Parks und großen Grünanlagen

Quercus frainetto
Ungarische Eiche

Abb. 387

Familie: *Fagaceae* – Buchengewächse
Herkunft: Süd-Europa
Wuchs: Großbaum, Krone rundlich bis breit-eiförmig; 10–15(–20) m hoch, 10–15 m breit
Blatt: oberseits grün, unterseits graugrün behaart, verkehrteiförmig, gelappt, beidseitig fast regelmäßig gebuchtet und gelappt, 10–15 cm lang, wechselständig
Blüte: unscheinbar
Frucht: Eichel im Fruchtbecher fast aufrecht sitzend, jeweils in Gruppen zu 2–4
Standort: sonnig
Bodenansprüche: trocken bis frisch, schwach sauer bis stark alkalisch
Verwendung: Landschaftsgehölz, am natürlichen Standort bestandsbildend, in Parks und großen Grünanlagen
Eigenschaften: nur im Weinbauklima oder auf sommerwarmen Standorten gedeiend

Abb. 387: *Quercus frainetto*

Quercus macranthera
Persische Eiche

Abb. 388: *Quercus macranthera* (Foto: Holmåsen)

Familie: *Fagaceae* – Buchengewächse
Herkunft: Kleinasien, Persien
Wuchs: Baum mit kurzem Stamm und runder Krone; 10–15(–20) m hoch, 8–10 m breit
Blatt: oben dunkelgrün kahl, unterseits graufilzig, verkehrt eiförmig, 6–16 cm lang, beidseitig gebuchtet und gelappt mit 7–11 Lappen, wechselständig
Blüte: unscheinbar
Blütezeit: V
Frucht: Eichel, im Fruchtbecher sitzend, zu 1–4 bei einander, nur 2 cm hoch
Standort: sonnig, sommerwarm
Bodenansprüche: mäßig trocken bis frisch, neutral bis alkalisch
Verwendung: nur in Arboreten und einigen großen Parks
Eigenschaften: mäßig frosthart, nur für sommerwarme Standorte

Familie: *Fagaceae* – Buchengewächse
Herkunft: östliches Nordamerika
Wuchs: Baum mit durchgehendem Stamm und breit-kegelförmiger Krone; 15–20 m hoch, 10–15 m breit
Blatt: beidseitig glänzendgrün, verkehrt eiförmig, tief fiederschnittig gelappt mit 2–4 Lappen, 8–12 cm lang, wechselständig
Blüte: unscheinbar
Frucht: Eicheln im flachen Fruchtbecher sitzend, 1,5 cm groß, reifen im 2. Jahr
Standort: sonnig bis lichter Schatten
Bodenansprüche: mäßig trocken bis feucht, schwach alkalisch bis sauer
Verwendung: Parkbaum in großen Anlagen
Eigenschaften: Flachwurzler, im Traufenbereich empfindlich

Quercus petraea
Trauben-Eiche

Familie: *Fagaceae* – Buchengewächse
Herkunft: Europa, Westasien
Wuchs: großer Baum mit meist durchgehendem Stamm und regelmäßiger runder Krone; 20–30(–40) m hoch, 15–20 m breit
Blatt: oberseits matt-dunkelgrün, unterseits heller und etwas behaart, verkehrt-eiförmig, beidseitig mit 5–9 gleichmäßig abgerundeten Lappen, 6–12 cm lang, wechselständig
Blüte: unscheinbar, einhäusig
Blütezeit: IV–V
Frucht: Eichel im halbrunden Fruchtbecher, zu mehreren, sitzend, an den Zweigen, achselständig
Standort: sonnig bis lichter Schatten
Bodenansprüche: trocken bis frisch, sauer bis schwach alkalisch
Verwendung: Waldbaum, Landschaftsgehölz, Parkbaum in großen Grünanlagen

Quercus pontica
Pontische Eiche

Familie: *Fagaceae* – Buchengewächse
Herkunft: Südeuropa, Kleinasien

Quercus palustris
Sumpf-Eiche

Abb. 389 + 390: *Quercus palustris*

Abb. 391: *Quercus pontica* (Foto: Holmåsen)

Wuchs: Großstrauch oder mehrstämmiger Kleinbaum; 4–6 m hoch und breit
Blatt: oben mittelgrün, unten blaugrün, ledrig, verkehrt-eiförmig, Blattrand scharf gezähnt (nicht gelappt), 15–25 cm lang, wechselständig; Herbstfärbung braungelb
Blüte: unscheinbar
Blütezeit: V
Frucht: Eichel, im Fruchtbecher, mahagonirot, bis 4 cm lang
Standort: sonnig
Bodenansprüche: trocken bis frisch, schwach sauer bis alkalisch, bevorzugt durchlässig und nährstoffreich
Verwendung: Parkbaum, in großen Hausgärten und öffentlichen Grünanlagen

Quercus rubra
Rot-Eiche

Abb. 394: *Quercus rubra* (Herbstfärbung)

Quercus robur
Stiel-Eiche, Sommer-Eiche

Familie: *Fagaceae* – Buchengewächse
Herkunft: Mitteleuropa
Wuchs: Großbaum, locker-rundkronig, meist kurzer Stamm; 30–35(–40) m hoch, 15–25 m breit
Blatt: oberseits glänzend dunkelgrün, unten matt blaugrün, verkehrt-eiförmig bis oval, beidseitig jeweils 4–5 unregelmäßige Lappen, 5–16 cm lang, wechselständig
Blüte: in gelblich-grünen, hängenden Kätzchen von 2–5 cm Länge, weibliche Blüten einzeln oder gehäuft, klein und unauffällig
Blütezeit: V
Frucht: Eichel, olivfarben, im Fruchtbecher, zu 1–3, an langen Stielen von 5–10 cm
Standort: Sonne bis lichter Schatten
Bodenansprüche: trocken bis feucht, bevorzugt tiefgründig und nährstoffreich
Verwendung: Waldbaum, Landschaftsgehölz, als Parkbaum in großen Grünanlagen

Familie: *Fagaceae* – Buchengewächse
Herkunft: östliches Nordamerika
Wuchs: Großbaum mit durchgehendem Stamm und runder, hochgewölbter Krone; Höhe 20–25(–30) m, 10–15(–20) m breit
Blatt: oberseits stumpf-dunkelgrün, unten gelblichgrün, breit eiförmig, beidseitig mit 4–6 gezähnten Lappen, 15–20 cm lang, wechselständig; Herbstfärbung gelb-orange-rot
Blüte: unscheinbar
Blütezeit: V
Frucht: Eichel in kurzgestieltem Fruchtbecher, 2,5 cm hoch
Standort: sonnig
Bodenansprüche: mäßig trocken bis feucht, sauer bis neutral, bevorzugt auf sandig-lehmigen, durchlässigen Substraten
Verwendung: Waldbaum, Landschaftsgehölz, Parkbaum in großen Anlagen

Abb. 392: *Quercus robur*

Quercus × *turneri* 'Pseudoturneri'
Wintergrüne Eiche

Familie: *Fagaceae* – Buchengewächse
Herkunft: unbekannt, seit ca. 1800 in der Anzucht, (*Quercus ilex* × *Quercus robur*)
Wuchs: kleiner Baum mit breit-ovaler Krone, auch Großstrauch bogenförmig aufrecht; 6–8 m hoch, 4–6 m breit
Blatt: wintergrün, oberseits matt glänzend dunkelgrün, unterseits heller, elliptisch, beidseitig mit 4–6 abgerundeten Lappen, 6–12 cm lang, wechselständig
Blüte: unscheinbar
Frucht: eiförmige Eichel in filzigem Fruchtbecher, dieser ist gestielt und 2 cm lang
Standort: sonnig bis lichter Schatten
Bodenansprüche: trocken bis frisch, schwach sauer bis alkalisch
Verwendung: Parkbaum für Straßen, auf Plätzen, in Parks

Quercus robur 'Fastigiata'
Säulen-Eiche

Cultivar. Wuchs anfangs schlank säulenförmig aufrecht, später schmal-oval, mit durchgehendem Stamm; 15–20 m hoch, 3–5 m breit. Solitärbaum, im Siedlungsbereich an Straßen, auf Plätzen; in der Landschaft auch in Gruppen

Abb. 393: *Quercus robur* 'Fastigiata'

Abb. 395: *Quercus* × *turneri* 'Pseudoturneri'

Rhamnus

Abb. 396: *Rhamnus carthaticus* (Foto: Holmåsen)

Rhamnus carthaticus
Echter Kreuzdorn

Abb. 396

Familie: *Rhamnaceae* – Faulbaumgewächse
Herkunft: Mitteleuropa
Wuchs: Großstrauch, locker aufrecht, sparrig verzweigt mit dornigen Kurztrieben; 2–3(–6) m hoch, 2–4 m breit
Blatt: mittelgrün, breit oval, 4–6 cm lang, meist gegenständig; Herbstfärbung fahlgelb
Blüte: unauffällig zu 2–8, gelbgrün, in achselständigen Trugdolden

Blütezeit: V–VI
Frucht: glänzend blauschwarze Beeren, erbsengroß, zahlreich, giftig!
Standort: sonnig bis halbschattig
Bodenansprüche: gering, trocken bis frisch, stark alkalisch bis neutral
Verwendung: Landschaftsgehölz, für Schutzpflanzungen, Rekultivierung, Hecken und im Straßenbegleitgrün

Rhamnus frangula
Faulbaum, Pulverholz

Familie: *Rhamnaceae* – Faulbaumgewächse
Herkunft: Europa
Wuchs: Großstrauch, locker aufrecht, ausgewachsen Äste überhängend; 2–3(–5) m hoch, 2–4 m breit
Blatt: matt-glänzend grün, breit-elliptisch, 3–5 cm lang, gegenständig; Herbstfärbung fahlgelb
Blüte: unauffällig, zu 2–10 in grünlichweißen, blattachselständigen Trugdolden

Blütezeit: V–VI
Frucht: Beeren, anfangs rot, später glänzend schwarz, 8 mm ø, sehr giftig!
Standort: sonnig bis halbschattig
Bodenansprüche: frisch bis naß, sauer bis neutral, insgesamt anspruchslos
Verwendung: Landschaftsgehölz, für Rekultivierungsmaßnahmen, Schutzpflanzungen, für Hecken und im Straßenbegleitgrün

Rhododendron
Rhododendron

Familie: *Ericaceae* – Heidekrautgewächse

Die Gattung Rhododendron umfaßt etwa 1000 Arten, die überwiegend in Asien, Australien und Nordamerika beheimatet sind. Aus Europa stammen lediglich vier Arten, von denen *Rhododendron ferrugineum* und *Rhododendron hirsutum* in Deutschland heimisch sind.

Zur Gattung *Rhododendron* zählen immergrüne und laubabwerfende Arten mit sehr unterschiedlichen Wuchsformen, die von der 15 cm hohen Zwergpflanze bis zum 30 m hohen Großbaum reichen. Für die Verwendung in unseren Gärten und Parkanlagen hat sich im Laufe der Jahre ein Sortiment von in Mitteleuropa winterharten, meist strauchartig wachsenden Arten herausgeschält, das sich in folgende Gruppen einteilen läßt:

– **Großblumige Rhododendron-Hybriden**
  Standardsortiment I
  Standardsortiment II
  Liebhabersortiment III
  Rhododendron–Williamsianum–Hybriden
– **Rhododendron-Forrestii-Hybriden (Rhododendron-Repens-Hybriden)**
– **Rhododendron-Japonicum-Hybriden (Azalea japonica)**
– **Rhododendron-Yakushimanum-Hybriden**
– **Rhododendron Wildarten und Wildformen**
– **Sommergrüne Rhododendron Hybriden**

Die Angaben zu Wuchshöhen und Blütezeiten sind Erfahrungswerte, die standortbedingt über- oder unterschritten werden können. Die Angaben zu den Blütenfarben entsprechen den Veröffentlichungen der Züchter bzw. der handelsüblichen Praxis in Katalogen.

Großblumige Rhododendron-Hybriden
Rhododendron

Die in dieser Gruppe enthaltenen Sorten erreichen im ausgewachsenen Zustand Höhen von 1,5 bis 5 m und Breiten, die in der Regel darüber hinausgehen, so daß der Habitus, d.h. die Wuchsform, mit halbkugelig bis breit-oval beschrieben werden kann. Die in die drei Gruppen Standardsortiment (I), Standortsortiment (II) und Liebhabersortiment (III) einschließlich der Rhododendron-Wiliamsianum eingeteilten Sorten sind sämtlich in Mitteleuropa als ausreichend bis gut winterhart ausgewiesen. Die mittelgroßen bis großen Blüten sitzen in meist kompakt-runden Blütenständen, dem sogenannten Blütenstutz. Das Farbangebot reicht vom reinen Gelb über Rosa und Rot bis Dunkelviolett

Standardsortiment (I)

Abb. 397 – 400

'Catawbiense Boursault': Wuchs 3(–5) m hoch und breit. Blüte kräftig lila, schwache gelbgrüne Zeichnung, ø 6,5 cm, Blütenstand aus 15–20 Blüten. Blütezeit 4. Maiwoche bis 3. Juniwoche.
'Catawbiense Grandiflorum': Wuchs 3(–5) m hoch und breit. Blüte kräftig lila mit gelbbrauner Zeichnung, ø 5–7,5 cm, Blütenstand aus 12–16 Blüten.
Blütezeit 4. Maiwoche bis 3. Juniwoche.
'Cunningham's White': Wuchs 3(–4) m hoch und breit. Blüte reinweiß, gelbbraune Zeichnung, ø 3–5 cm, Blütenstand aus 9–13 Blüten. Blütezeit 1.–3. Maiwoche.
'Lee's Dark Purple': Wuchs 2(–3) m hoch, und breit. Blüte dunkelviolett, gelbgrüne Zeichnung, ø 5–7 cm, Blütenstand

Rhododendron

aus 9–16 Blüten. Blütezeit 4. Maiwoche bis 3. Juniwoche.
'Roseum Elegans': Wuchs 2(–3) m hoch und breit. Blüte hell lilarosa mit kleiner brauner Zeichnung, ø 5–6 cm, Blütenstand aus 14–18 Blüten. Blütezeit 1.–4. Juniwoche

Standardsortiment (II)

Abb. 401 – 411

'Bernstein': Wuchs 1,5 m hoch und 2 m breit. Blüte gelb mit deutlicher, rotbrauner Zeichnung; schwach gewellter Blütensaum, ø 6–8 cm, Blütenstand aus 8–12 Blüten. Blütezeit 3. Maiwoche bis 1. Juniwoche.
'Blue Peter': Wuchs 1,5(–2) m hoch und 2 m breit. Blüte hell lavendelblau mit deutlichem, brombeerrotem Fleck, Blütensaum gefranst, ø 7–8 cm, Blütenstand mit 10–15 Blüten. Blütezeit 4. Maiwoche bis 2. Juniwoche.
'Blutopia': Wuchs 1,5(–2) m hoch und breit. Blüte kräftig violett, olivgrüne Zeichnung, Blütenrand gewellt, ø 7–9 cm, Blütenstand mit 12–15 weit offenen Einzelblüten. Blütezeit 2. Maiwoche bis 1. Juniwoche.
'Constanze': Wuchs 1,5(–2) m hoch und 2–2,5 m breit. Blüte dunkelrosa mit kräftig dunkelroter Zeichnung, ø 6–8 cm, Blütenstand kompakt, rund, aus 12–18 Einzelblüten. Blütezeit 3. Maiwoche bis 1. Juniwoche
'Dr. H.C. Dresselhuys': Wuchs 1,5(–2) m hoch und 2–2,5 m breit. Blüte purpurrot mit deutlicher, dunkelroter Zeichnung, ø 5,5–8 cm, Blütenstand kompakt aus 10–18 Einzelblüten. Blütezeit 3. Maiwoche bis 2. Juniwoche.

Abb. 397: Rhododendron-Hybride 'Catawbiense Boursault'

Abb. 398: Rhododendron-Hybride 'Catawbiense Grandiflorum'

Abb. 399: Rhododendron-Hybride 'Cunningham's White'

Abb. 401: R.-Hybride 'Bernstein' (Foto: Hachmann)

Abb. 400: R.-Hybride 'Roseum Elegans' (Foto: Hachmann)

Abb. 402: Rhododendron-Hybride 'Blue Peter'

Abb. 403: Rhododendron-Hybride 'Blutopia' (Foto: Hachmann)

'Gomer Waterer': Wuchs 1,5(–2) m hoch und 2–2,5 m breit. Blüte reinweiß mit gelbgrüner Zeichnung und zartlila Saum, ø 6–8 cm, Blütenstand kompakt aus 10–20 Einzelblüten. Blütezeit letzte Maiwoche bis 3. Juniwoche.

'Humboldt': Wuchs 1,5(–2) m hoch und 2–2,5 m breit. Blüte zart lilaviolett mit rotbraunem Fleck, ø 7,5 cm, Blütenstand geschlossen, aus 16–20 Einzelblüten. Blütezeit 3. Maiwoche bis 1. Juniwoche.

'Jacksonii': Wuchs 1,5(–2) m hoch und 2–2,5 m breit. Blüte weißrosa mit gelbbrauner Zeichnung, und leicht gewelltem Saum, ø 4–6 cm, Blütenstand geschlossen, aus 8–16 Blüten. Blütezeit 2.–4. Maiwoche (auch früher).

'Junifeuer': Wuchs 1,5(–2,5) m hoch und 2(–3) m breit. Blüte außen blutrot, innen rosaweiß mit ockergelber Zeichnung, ø 7–10 cm, Blütenstand aus 11–15 Einzelblüten. Blütezeit 2.–4. Juniwoche.

'Lilo Fee': Wuchs 1,5(–2) m hoch und breit. Blüte purpurlila bis rubin, braunrote Zeichnung, Saum etwas heller und gewellt, ø 7–8 cm, Blütenstand groß, aus 14–16 Einzelblüten. Blütezeit 3. Maiwoche bis 1. Juniwoche.

'Nova Zembla': Wuchs 2(–2,5) m hoch und 2,5(–3) m breit. Blüte leuchtend rubinrot mit violettbauner Zeichnung, ø 4,5–6,5 cm, Blütenstand kompakt, aus 10–18 Einzelblüten. Blütezeit 4. Maiwoche bis 2. Juniwoche.

Abb. 404: R.-Hybride 'Constanze' (Foto: Hachmann)

Abb. 406: Rhododendron-Hybride 'Humbold'

Abb. 405: R.-Hybride 'Gomer Waterer' (Foto: Hachmann)

Abb. 407: Rhododendron-Hybride 'Jacksonii'

Rhododendron

Abb. 408: R.-Hybride 'Junifeuer' (Foto: Hachmann)

Abb. 411: R.-Hybride 'Rosabella' (Foto: Hachmann)

'Rosabella': Wuchs 1,5 m hoch und 2 m breit. Blüte leuchtend karminrot, Saum stark gekräuselt rötlich, Zeichnung klein und olivgrün, ø 5–6,5 cm, Blütenstand aus 15–18 Einzelblüten. Blütezeit 4. Maiwoche bis 2. Juniwoche

Liebhabersortiment (III)

Abb. 412 – 425

Abb. 408: R.-Hybride 'Lilo Fee' (Foto: Hachmann)

Abb. 412: Rhododendron-Hybride 'Azurro' (Foto: Hachmann)

Abb. 410: Rhododendron-Hybride 'Nova Zembla'

Abb. 413: Rhododendron-Hybride 'Brasilia'

Abb. 414: Rhododendron-Hybride 'Diadem' (Foto: Hachmann)

'Azurro': Wuchs 1,5(–2) m hoch und breit. Blüte intensiv dunkelviolett, innen rötlich-violett und auffallend schwarz gefleckt, Saum gekräuselt, ø 7–8,5 cm; Blütenstand aus 11–14 Einzelblüten. Blütezeit 4. Maiwoche bis 3. Juniwoche.

'Brasilia': Wuchs 1,5(–2) m hoch und breit. Blüte außen orange-rosa geflammt, innen gelblichorange, ø 6–7 cm, Blütenstand aus 14–18 Einzelblüten. Blütezeit 2. Maiwoche bis 1. Juniwoche.

'Diadem': Wuchs bis 1 m hoch und 1,5 m breit. Blüte hell rubinrosa, lila getönt, innen mit großem, weinrotem Fleck, Saum leicht gekräuselt; ø 8,5–9,5 cm, Blütenstand aus 9–14 Blüten. Blütezeit 3. Maiwoche bis 2. Juniwoche.

'Ehrengold': Wuchs 1,5(–2) m hoch und 2(–2,5) m breit. Blüte hellgelb mit schwacher Zeichnung, ø 6,5–7,5 cm, Blütenstand kompakt mit 15–18 Einzelblüten. Blütezeit 3. Maiwoche bis 2. Juniwoche.

'Erato'®: Wuchs 1,5(–2) m hoch und 2(–2,5) m breit. Blüte rein blutrot, drei Blütenblätter kräftig schwarzrot gezeichnet, Saum gewellt und gekraust, ø 7–8 cm, kompakter Blütenstand aus 14–17 Blüten, von 3. Maiwoche bis 2. Juniwoche.

'Furnivall's Daughter': Wuchs 1,5(–2,5) m hoch und 2(–2,5) m breit. Blüte hellrosa mit auffallender, weinroter Zeichnung, Saum leicht gewellt, ø 8–10 cm, Blüten-

Abb. 415: R.-Hybride 'Ehrengold' (Foto: Hachmann)

Abb. 417: R.-Hybride 'Furnivall's Daughter' (Foto: Hachmann)

Abb. 416: Rhododendron-Hybride 'Erato'® (Foto: Hachmann)

Abb. 418: Rhododendron-Hybride 'Goldbukett'

stand kompakt aus 8–12 Einzelblüten. Blütezeit 3. Maiwoche bis 1. Juniwoche.

'Goldbukett': Wuchs 1(–1,5) m hoch und 1,5(–2) m breit. Blüte cremegelb mit rotbrauner Zeichnung, ø 6 cm, Blütenstand aus 12–14 Blüten. Blütezeit 2. Maiwoche bis 1. Juniwoche.

'Goldflimmer': Wuchs dicht kompakt, 10jährig bis 60 cm hoch und 110 cm breit. Blüte lila mit braungelber Zeichnung. Laubblätter mit gelbbunter Mitte und grünem Blattrand, Zierwert liegt in der Belaubung. Winterhart bis –22 °C.

'Goldkrone'®: Wuchs bis 1 m hoch und 1,2 m breit. Blüte außen reingelb, innen zitronengelb, schalenförmig-glockig, ø 6,5–8 cm, Blütenstand mit 9–15 Einzelblüten. Blütezeit 2.–4. Maiwoche.

'Hachmann's Charmant'®: Wuchs 1,5(–2,5) m hoch und 2(–2,5) m breit. Blüte reinweiß mit hellrot verlaufendem, gewelltem Rand und einem auffallend roten Fleck auf dem oberen Kronblatt, ø 7,5–9,5 cm, Blütenstand aus 17–19 Blüten. Blütezeit 26.5. – 18.6.

'Hachmann's Feuerschein'®: Wuchs 1,5 m hoch und 1,8 m breit. Blüte rein kirschrot mit schwacher, brauner Zeichnung, ø 4,5–7 cm; Blütenstand kompakt-rund aus 12–15 Einzelblüten. Blütezeit 4. Maiwoche bis 2. Juniwoche.

'Kokardia'®: Wuchs 1,5 m hoch und 1,8 m breit. Blüte rubinrosa mit schwarzrotem Fleck, ø 4,5–6,5 cm, Blütenstand kompakt aus 10–16 Einzelblüten. Blütezeit 3. Maiwoche bis 1. Juniwoche.

'Schneespiegel'®: Wuchs bis 1 m hoch und 1,5 m breit. Blüte reinweiß mit großen, weinroten Basalflecken, Blütensaum gewellt, ø 8–9,5 cm, Blütenstand aus 8–13 Einzelblüten. Blütezeit 2.–4. Maiwoche.

'Scintillation': Wuchs 2(–2,5) m hoch und breit. Blüte reinrosa mit goldbraunem Fleck, ø 8–9,5 cm, Blütenstand kompakt aus 9–13 Einzelblüten. Blütezeit 3. Maiwoche bis 2. Juniwoche

Abb. 421: R.-H. 'Hachmann's Charmant'® (Foto: Hachmann)

Abb. 419: R.-Hybride 'Goldflimmer' (Foto: Hachmann)

Abb. 422: R.-H. 'Hachmann's Feuerschein'® (Foto: Hachmann)

Abb. 420: Rhododendron-Hybride 'Goldkrone'®

Abb. 423: R.-Hybride 'Kokardia'® (Foto: Hachmann)

Rhododendron

Abb. 424: R.-Hybride 'Schneespiegel'   (Foto: Hachmann)

Abb. 426: R.-Williamsianum-Hybride 'August Lamken'

Abb. 425: Rhododendron-Hybride 'Scintillation'

Abb. 427: Rhododendron-Williamsianum-Hybride 'Gartenbaudirektor Glocker'   (Foto: Hachmann)

Rhododendron-Williamsianum-Hybriden

Abb. 426 – 430

'August Lamken': Wuchs 1,5 m hoch und breit. Blüte dunkelrosa mit dunkelroter Zeichnung und gewelltem Saum, ø 5,5–7,5 cm, Blütenstand aus 5–9 Blüten. Blütezeit 2.–4. Maiwoche.

'Gartenbaudirektor Glocker': Wuchs 1,2(–1,5) m hoch und breit. Blüte rosarot mit dunkelroter Zeichnung und gewelltem Saum, ø 5–6 cm, Blütenstand locker aus 5–9 Blüten. Blütezeit 1.–3. Maiwoche.

'Gartenbaudirektor Rieger': Wuchs 1,5 m hoch und breit. Blüte cremefarben, dunkelrote Zeichnung auf dem oberen Kronblatt, ø 6,5–10 cm, Blütenstand locker aus 4–7 Blüten. Blütezeit 1.–3. Maiwoche.

'Jackwill': Wuchs 0,8–1 m hoch und breit. Blüte außen zartrosa, innen fast weiß, ø 3,5–5 cm, Blütenstand locker auseinanderfallend aus 3–6 glockenförmigen Blüten. Blütezeit 2.–4. Maiwoche.

'Stadt Essen': Wuchs bis 2 m hoch und 2,5 m breit. Blüte außen intensiv rosa, innen weiß mit rosa Saum und schwacher, dunkelroter Zeichnung, ø 6–8,5 cm, Blütenstand kompakt-rund aus 5–8 Einzelblüten. Blütezeit 1.–3. Maiwoche.

'Vater Böhlje': 0,8–1 m hoch und breit. Blüte zart lilarosa, ohne Zeichnung, Saum leicht gewellt, ø 4,5–5,5 cm Blütenstand locker, aus 3–8 Blüten. Blütezeit 1.–3. Maiwoche

Abb. 428: Rhododendron-Williamsianum-Hybride 'Gartenbaudirektor Rieger'   (Foto: Hachmann)

Abb. 429: Rhododendron-Williamsianum-Hybride 'Stadt Essen' (Foto: Hachmann)

Abb. 431: R.-Forrestii-Hybride 'Bad Eilsen' (Foto: Hachmann)

Abb. 430: Rhododendron-Williamsianum-Hybride 'Vater Böhlje' (Foto: Hachmann)

Abb. 432: Rhododendron-Forrestii-Hybride 'Baden-Baden'

Rhododendron-Forrestii-Hybriden (Rhododendron-Repens-Hybriden)
Rhododendron

Abb. 431 – 433

Die Gruppe kompakt wachsender Zwerg-Rhododendron zeichnet sich durch leuchtende Blütenfarben in verschiedenen Rottönen, sehr langsamen Wuchs und gute Frosthärte aus.
'Bad Eilsen': Wuchs 0,5–0,7 m hoch und bis 1 m breit. Blüte scharlachrot mit schwacher brauner Zeichnung, ø 3,5–5,5 cm, Blütenstand locker, aus 3–7 Blüten. Blütezeit 1.–3. Maiwoche.
'Baden-Baden': Wuchs 0,8–1 m hoch und 1,2 m breit. Blüte leuchtend scharlachrot mit schwacher dunkelbrauner Zeichnung, ø 4,5–5,5 cm, Blütenstand locker, aus 2–6 Blüten. Blütezeit 4. Aprilwoche bis 3. Maiwoche.
'Scarlet Wonder': Wuchs 0,6–0,8 m hoch und 0,8–1,2 m breit. Blüte scharlachrot mit ganz schwacher brauner Zeichnung und braunroten Blütenknospen, ø 4,5–5,5 cm, Blütenstand locker, aus 3–5 Einzelblüten. Blütezeit 1.–3. Maiwoche

Abb. 433: Rhododendron-Forrestii-Hybride 'Scarlet Wonder'

Rhododendron-Japonicum-Hybriden
(Azalea japonica)
Azalee

Japanische Azaleen sind buschig verzweigte Sorten mit Wuchshöhen von bis zu 1 m, oft auch flachwachsend und entsprechend breit, halbimmergrün oder wintergrün und mit leuchtenden Blütenfarben der meist glockenförmigen Blüten. 'Allotria': Züchter Hachmann (1981). Wuchs 50 cm hoch, 80 cm breit. Blüte rosa bis purpurrot, zu 2–3. Blütezeit 3. Maiwoche bis 1. Juniwoche.
'Diamant'® in Farben: Züchter Fleischmann (1969). Wuchs kissenförmig, 35 cm hoch, 60 cm breit. Blüte sortenbedingt in Lachs, Purpur, Rosa, Rot oder Weiß.
'Fridoline': Züchter Hachmann (1987). Wuchs kissenförmig, 35 cm hoch und 50 cm breit. Blüte leuchtend reinrot, innen dunkelrote Zeichnung. Blütezeit 3. Maiwoche bis 1. Juniwoche.
'Geisha Satschiko': Züchter Arends (1971). Wuchs flachkompakt, 35 cm hoch, 70 cm breit. Blüte orange, zu 2–4. Blütezeit 4. Maiwoche bis 2. Juniwoche. Winterhart bis –26 °C.

Abb. 436: R.-Japonicum-Hybride 'Geisha Satschiko'

Abb. 434: Rhododendron-Japonicum-Hybride 'Allotria'

Abb. 437: Rhododendron-Japonicum-Hybride 'Georg Arends'

Abb. 435: R.-Japonicum-Hybride 'Diamant'® (Foto: Hachmann)

Abb. 438: Rhododendron-Japonicum-Hybride 'Kermesina'

Rhododendron

Abb. 439: Rhododendron-Japonicum-Hybride 'Kermesina Alba'

Abb. 440: Rhododendron-Japonicum-Hybride 'Kermesina Rose'

Abb. 442: Rhododendron-Japonicum-Hybride 'Ledikanense' (Foto: Hachmann)

Abb. 441: Rhododendron-Japonicum-Hybride 'Königstein' (Foto: Hachmann)

Abb. 443: Rhododendron-Japonicum-Hybride 'Maruschka'® (Foto: Hachmann)

'Georg Arends': Züchter Schumacher (1971). Wuchs dichtrund, 50 cm hoch, 80 cm breit. Blüte purpurrot, innen dunkelrot gezeichnet. Blütezeit 4. Maiwoche bis 2. Juniwoche.

'Kermesina': Züchter Arends (vor 1950). Wuchs kompakt, 60 cm hoch, 90 cm breit. Blüte rubinrosa bis hellrot, zu 3–4. Blütezeit 4. Maiwoche bis 1. Juniwoche.

'Kermesina Alba': Selektion; Wemken (1982). Wuchs kompakt, 35 cm hoch, 50 cm breit. Blüte reinweiß. Blütezeit 4. Maiwoche bis 1. Juniwoche.

'Kermesina Rose': Selektion; Wemken (1973). Wuchs kompakt, 60 cm hoch, 70 cm breit. Blüte hell rubinrosa mit 2 mm breiten, reinweißen Blütensäumen, zu 3–4. Blütezeit 4. Maiwoche bis 1. Juniwoche.

'Königstein': Züchtung aus Pillnitz (1978). Wuchs breit kompakt, 50 cm hoch, 80 cm breit. Blüte purpurviolett mit dunkelvioletter Zeichnung, zu 2–3. Blütezeit 3.–4. Maiwoche.

'Ledikanense': Herkunft CSFR (1945). Wuchs locker aufrecht, 70 cm hoch, 130 cm breit. Blüte hell lila mit weinroter Zeichnung auf drei Blütenblättern. Blütezeit 2.–4. Maiwoche.

'Maruschka'®: Züchter Hachmann (1988). Wuchs dicht kompakt, 45 cm hoch und 70 cm breit. Blüte außen hell karminrot, innen tiefrot. Blütezeit 3. Maiwoche bis 1. Juniwoche.

'Rokoko': Züchter Hachmann

Abb. 444: R.-Japonicum-Hybride 'Rokoko' (Foto: Hachmann)

Abb. 445: Rhododendron-Japonicum-Hybride 'Rosalind'
(Foto: Hachmann)

Abb. 446: Rhododendron-Japonicum-Hybride 'Rubinetta'
(Foto: Hachmann)

Abb. 447: R.-Japonicum-H. 'Schneeglanz' (Foto: Hachmann)

(1987). Wuchs dicht, eher kissenförmig, 35 cm hoch, 70 cm breit. Blüte karmin- bis lachsrosa, gefüllt, äußere Petalen offen, innere kraus gedreht. Blütezeit 3. Maiwoche bis 1. Juniwoche. Frosthart bis −26 °C.
'Rosalind': Züchter Hachmann, (1975). Wuchs aufrecht, 80 cm hoch, 120 cm breit. Blüte reinrosa, innen kleine, rötliche Zeichnung. Blütezeit 4. Maiwoche bis 1. Juniwoche.

'Rubinetta': Züchter Hachmann (1974). Wuchs flach breit, 35 cm hoch, 110 cm breit. Blüte intensiv rubinrot mit kleiner dunkelroter Zeichnung. Blütezeit 4. Maiwoche bis 1. Juniwoche.
'Schneeglanz': Züchter Hachmann (1978). Wuchs locker, halbaufrecht, 70 cm hoch, 120 cm breit. Blüte reinweiß, innen kleine, grüne Zeichnung. Blütezeit 3. Maiwoche bis 1. Juniwoche

Rhododendron-Yakushimanum-Hybriden
Rhododendron

Abb. 448 – 461

Aus Kreuzungen großblütiger Hybriden mit der japanischen Wildart *Rhododendron yakushimanum* entstanden in den letzten dreißig Jahren Sorten, die sich durch ihren niedriggeschlossenen Wuchs, das gesunde, dunkelgrüne Laub und besondere Reichblütigkeit auszeichnen.

'Anuschka': Wuchs 0,5–0,8 m hoch und 1–1,5 m breit. Blüte außen dunkelrosa, innen von rosa verlaufend bis reinweiß, ø 4,5–5,5 cm, Blütenstand geschlossen-kompakt aus 14–18 Einzelblüten. Blütezeit 4. Maiwoche bis 2. Juniwoche.
'Astrid'®: Wuchs 1(–1,5) m hoch und 1,5(–2) m breit. Blüte reinrot, mit gewelltem und gekraustem Saum, dauerhaft farbfest, ø 7–8,5 cm, Blütenstand groß und kompakt aus 19–21 Einzelblüten. Blütezeit 4. Maiwoche bis 3. Juniwoche.

'Edelweiß': Wuchs 0,6–0,8 m hoch und 1–1,2 m breit. Blüte im Aufblühen rosa, dann reinweiß, ø 4,5–5 cm, Blütenstand aus 15–17 glockigen Einzelblüten. Blütezeit 3. Maiwoche bis 2. Juniwoche. Das dunkelgrüne Blatt mit weißwolliger Behaarung vom Austrieb bis zum Spätherbst hat zusätzlichen Zierwert.
'Emanuela': Wuchs 0,5–0,8 m hoch und 1,2 m breit. Blüte außen leuchtend pinkfarben, innen vom gewellten Saum zum Grund verlaufend von zartrosa bis reinweiß, ø 5,5–6,5 cm, Blütenstand aus 12–16 Einzelblüten, rundgeschlossen. Blütezeit 3. Maiwoche bis 2. Juniwoche.
'Fantastica': Wuchs 0,7–1 m hoch und 1,2–1,5 m breit. Blüte außen leuchtend hellrot, innen vom Saum zum Grund von rosa nach weiß verlaufend,

Abb. 448: R.-Yakushimanum-Hybride 'Anuschka'

Rhododendron

Abb. 449: Rhododendron-Yakushimanum-Hybride 'Astrid'®

Abb. 452: Rhododendron-Yakushimanum-Hybride 'Fantastica' (Foto: Hachmann)

Abb. 450: Rhododendron-Yakushimanum-Hybride 'Edelweiß' (Foto: Hachmann)

Abb. 453: Rhododendron-Yakushimanum-Hybride 'Flava'

Abb. 451: Rhododendron-Yakushimanum-Hybride 'Emanuela'

Abb. 454: R.-Yakushimanum-H. 'Kalinka' (Foto: Hachmann)

Abb. 455: Rhododendron-Yakushimanum-Hybride 'Loreley'

Abb. 456: Rhododendron-Yakushimanum-Hybride 'Marlies'

Abb. 457: R.-Yakushimanum-H. 'Morgenrot' (Foto: Hachmann)

Abb. 458: R.-Yakushimanum-H. 'Nicoletta'® (Foto: Hachmann)

ø 6–7,5 cm, Blütenstand kompakt-rund aus 14–18 Einzelblüten. Blütezeit 4. Maiwoche bis 2. Juniwoche.

'Flava': Wuchs 1–1,2 m hoch und 1,4–1,8 m breit. Blüte hellgelb mit zartrosa Saum und rotem Basalfleck, ø 5–6 cm, Blütenstand aus 6–8 schalenförmig-glockigen Einzelblüten. Blütezeit 3. Maiwoche bis 2. Juniwoche.

'Kalinka': Wuchs 0,6–1 m hoch und 1–1,5 m breit. Blüte außen hellrot, innen hellrosa mit gelbgrüner Zeichnung, ø 5,5–6,5 cm, Blütenstand aus 14–17 Einzelblüten. Blütezeit 3. Maiwoche bis 2. Juniwoche.

'Loreley': Wuchs 0,8–1 m hoch und 1–1,2 m breit. Blüte hellrosa, cremegelb überzogen, Blütensaum gewellt, ø 6–7 cm, Blütenstand aus 10–12 Einzelblüten. Blütezeit 2. Maiwoche bis 2. Juniwoche.

'Marlies': Wuchs 1–1,5 m hoch und breit. Blüte rosa, innen zum Grund hin sternförmig weiß geflammt, ø 4,5–5,5 cm, Blütenstand kompakt aus 14–17 Einzelblüten. Blütezeit 3. Maiwoche bis 2. Juniwoche.

'Morgenrot': Wuchs 1–1,2 m hoch und 1,5–2 m breit. Blüte reinrot, innen rosa verlaufend mit rotbrauner Zeichnung, ø 6,5–7 cm, Blütenstand kompakt aus 11–13 Einzelblüten. Blütezeit Mitte Mai bis 2. Juniwoche.

'Nicoletta'®: Wuchs 0,5–0,8 m hoch und 0,8–1,2 m breit. Blüte im Aufblühen hellrosa, später reinweiß, innen mit rotbrauner Zeichnung, ø 6,5–7 cm, Blütenstand aus 16–19 Einzelblüten. Blütezeit 2.–4. Maiwoche.

'Polaris': Wuchs 0,6–0,8 m hoch und 1–1,2 m breit. Blüte außen rubinrot, innen rosa mit gelblichgrüner Zeichnung, Blütensaum leicht gewellt, ø 5–6,5 cm, Blütenstand kompakt aus 15–18 Einzelblüten. Blütezeit 3. Maiwoche bis 2. Juniwoche.

'Schneekrone': Wuchs 0,6–0,8 m hoch, 1,2–1,5 m breit. Im Aufblühen zartrosa, dann reinweiß, innen goldgelb gezeichnet, ø 6–7 cm, Blütenstand kompakt aus 9–11 Blüten. Blütezeit 3. Maiwoche bis 2. Juniwoche.

'Silberwolke': Wuchs 1–1,5 m hoch, 1,2–1,6 m breit. Blüte zart rosaweiß, innen gelblichgrün gezeichnet, ø 7,5–8 cm, Blütenstand kompakt aus 10–12 Blüten. Blütezeit 3. Maiwoche bis 2. Juniwoche

Rhododendron
Wildarten und Zwergformen

Für den passionierten Pflanzenliebhaber zusammengestelltes Sortiment der Wildarten und Zwergformen, die sich in Mitteleuropa verwenden lassen und meist auf Anfrage bei Spezial-Baumschulen verfügbar sind.

Rhododendron calostrum ssp. keleticum (Rhododendron keleticum) — Abb. 462

Wildart aus Südost-Tibet. Wuchs niedrig, teppichbildend; 20 cm hoch und 45 cm breit. Blatt eirundlich, tief dunkelgrün glänzend. Blüte purpurviolett, mit weinroter Zeichnung im Inneren; Rand etwas gewellt und gefranst. Im Handel als reichblütige Selektion der Wildart. Blütezeit 4. Maiwoche bis 1. Juniwoche

Abb. 459: Rhododendron-Yakushimanum-Hybride 'Polaris' (Foto: Hachmann)

Abb. 460: Rhododendron-Yakushimanum-Hybride 'Schneekrone' (Foto: Hachmann)

Abb. 461: R.-Yakushimanum-Hybride 'Silberwolke'

Abb. 462: *Rhododendron calostrum* ssp. *keleticum*

Rhododendron carolinianum 'Dora Amateis' — Abb. 463

Herkunft USA (1955). Wuchs gedrungen flachrund, 40 cm hoch, 80 cm breit. Blatt dunkelgrün, glänzend. Blüte cremeweiß, zu 7–10. Blütezeit Anfang bis Mitte V

Abb. 463: *Rhododendron carolinianum* 'Dora Amateis' (Foto: Hachmann)

Rhododendron

Rhododendron carolinianum 'P. J. Mezzit'

Herkunft USA (1944). Wuchs anfangs locker, später geschlossen rund; 100 cm hoch und 120 cm breit. Blatt dunkelgrün. Blüte dunkel purpurrosa, zu 6–9. Blütezeit Ende IV bis Anfang V. Winterhart bis –30 °C

Abb. 464: *Rhododendron carolinianum* 'P. J. Mezzit'

Rhododendron ferrugineum

Abb. 465: *Rhododendron ferrugineum*

Wildart; Herkunft Alpen, Pyrenäen. Wuchs breitrund geschlossen; 80 cm hoch und 100 cm breit. Blatt oberseits dunkelgrün, unterseits rostbraun beschuppt. Blüte dunkel purpurrot, zu 9–16 mit kleinen röhrenförmigen Einzelblüten. Blütezeit 1.–3. Juniwoche

Rhododendron hanceanum 'Princess Anne'

Herkunft Großbritannien (1961). Wuchs flach kompakt; 25 cm hoch, 60 cm breit. Blüte reines helles Gelb, innen kleine gelbgrüne Zeichnung, zu 11–15. 1.–3. Maiwoche

Rhododendron hirsutum

Wildart; Herkunft Zentral- und Ostalpen. Wuchs breit kompakt; 60–80 cm hoch und 80–140 cm breit. Blatt frischgrün, elliptisch bis schmal oval. Blüte hell purpurrosa, zu 5–19, mit kleinen, röhrenförmigen Einzelblüten. Blütezeit 3. Juniwoche bis 1. Juliwoche

Abb. 466: *Rhododendron hirsutum*

Rhododendron impeditum

Wildart; Herkunft China, Nordwest-Yunnan. Wuchs breit-kompakt, kissenförmig; 30–40 cm hoch, 60–100 cm breit. Blatt elliptisch, beiderseits dicht beschuppt, im Austrieb blaugrau, später graugrün. Blüte hell violett, einzeln oder zu zweien, klein. Blütezeit 3. Aprilwoche bis 1. Maiwoche

Abb. 467: *Rhododendron impeditum*

Rhododendron-Impeditum-Hybride 'Azurika'

Züchter Hachmann (1979). Wuchs kompakt breit; Höhe 40–60 cm, 80–100 cm breit. Blatt glänzend dunkelgrün. Blüte tief-violettblau zu 5–16. Blütezeit 1.–3. Maiwoche

Abb. 468: Rhododendron-Impeditum-Hybride 'Azurika'

Rhododendron-Impeditum-Hybride 'Blue Tit Magor'

Herkunft Großbritannien (1939). Wuchs kompakt, bis 100 cm hoch und 80 cm breit. Blatt breitoval, glänzend dunkelgrün. Blüte hell lilablau, zu 15–20 in dichten Büscheln. Blütezeit 1.–3. Maiwoche

Abb. 469: Rhododendron-Impeditum-Hybride 'Blue Tit Magor' (Foto: Hachmann)

Rhododendron-Impeditum-Hybride 'Luisella'

Züchter Hachmann (1988). Wuchs kompakt-kissenförmig; 30–50 cm hoch, 60–80 cm breit. Blatt elliptisch, dunkelgrün. Blüte im Aufblühen lilablau, dann langsam in hellblau übergehend, reichblütig. Blütezeit 1.–3. Maiwoche

Abb. 470: Rhododendron-Impeditum-Hybride 'Luisella'

Rhododendron-Impeditum-Hybride 'Moerheim'

Züchter Ruys (1950). Wuchs kompakt, breitrund; 50 cm hoch und bis 100 cm breit. Blatt breit elliptisch, glänzend dunkelgrün, im Winter bronzefarben. Blüte violett, zu 2–5 zusammenstehend. Blütezeit 3. Aprilwoche bis 2. Maiwoche

Abb. 471: Rhododendron-Impeditum-Hybride 'Moerheim'

Rhododendron-Impeditum-Hybride 'Ramapo'

Herkunft USA (1940). Wuchs gedrungen dicht, 30–50 cm hoch, 80–120 cm breit. Blatt elliptisch, blaugrün, aromatisch duftend. Blüte veilchenviolett, zu 3–5; in der 1.–2. Maiwoche

Rhododendron × praecox

Herkunft Großbritannien (1860). Wuchs locker, buschig-aufrecht, 150–175 cm hoch, bis 150 cm breit. Blatt oval, glänzend dunkelgrün. Blüte hell lilarosa, breit trichterförmig zu 2–3 an den Triebenden. Blütezeit 3. März- bis 2. Aprilwoche

Abb. 472: Rhododendron-Impeditum-Hybride 'Ramapo'

Rhododendron 'Lavendula'

Züchter Hobbie (1952). Wuchs breit aufrecht, kompakt, bis 100 cm hoch und breit. Blatt spitz-oval, blaugrün, im Winter bronzefarben. Blüte lavendelblau, auffallend braunrot gezeichnet, Saum zierlich gewellt, zu 4–5. Blütezeit 2. Maiwoche bis 1. Juniwoche

Rhododendron russatum 'Azurwolke'

Züchter Hachmann (1977). Wuchs anfangs strauchig-locker, ausgewachsen breitrund; 80–100 cm hoch und 120–150 cm breit. Blatt dunkelgrün, beiderseits dicht beschuppt. Blüte leuchtend tiefblau, lange braune Staubgefäße. Blütezeit 1.–3. Maiwoche

Rhododendron minus (Rhododendron punctatum)

Wildart; Herkunft USA. Wuchs dichtrund, 120–150 cm hoch und 180 cm breit. Blatt oval, dunkelgrün, im Winter tiefbraun, dichtbelaubt. Blüte purpurrosa, klein, in Trauben zu 6–12. Blütezeit 1.–3. Juniwoche

Rhododendron russatum 'Gletschernacht'

Züchter Hachmann (1976). Wuchs anfangs locker aufrecht, ausgewachsen kompakt; Höhe 120 cm, 80 cm breit. Blatt lanzettlich, dunkelgrün, beidseitig beschuppt. Im Aufblühen blauviolett, später intensiv dunkelblau, zu 5–7; 1.–3. Maiwoche

Abb. 475: Rhododendron russatum 'Gletschernacht'

Rhododendron yakushimanum 'Koichiro Wada'

Herkunft Japan; Auslese aus der Wildart. Wuchs dicht kompakt, flachrund; 50 cm hoch und 100 cm breit. Blatt tief dunkelgrün, im Austrieb über Wochen auffallend weißfilzig behaart. Blüte weiß, glockenförmig, zu 12–14. Blütezeit 3. Maiwoche bis 1. Juniwoche

Abb. 473: *Rhododendron minus*

Sommergrüne Rhododendron-Hybriden
Azalee

Abb. 476 – 493

Abb. 476: Rhododendron-Hybride 'Cecile'

Abb. 477: Rhododendron-Hybride 'Coccinea Speziosa'

Abb. 478: Rhododendron-Hybride 'Feuerwerk'

Abb. 479: Rhododendron-Hybride 'Fireball'

Abb. 480: R.-Hybride 'Gibraltar' (Foto: Hachmann)

In dieser Gruppe sind die Sorten zusammengefaßt, die im Winter die Blätter verlieren, strauchartig wachsen und Wuchshöhen von 1,5–2 m erreichen; im übrigen aber durch vollkommene Winterhärte und einen reichen Blütenflor überzeugen.

'Cecile': Herkunft Großbritannien (1947). Wuchs locker aufrecht, 160 cm hoch. Blüte lachsrosa, oberes Blütenblatt mit rosa Fleck, zu 6–9 Blüten. Blütezeit 1.–3. Juniwoche.

'Coccinea Speziosa': Züchtung (vor 1846). Wuchs aufrecht mit waagerechten Zweigen; 130 cm hoch, 240 cm breit. Blüte orangerot, zu 6–9. Blütezeit 1.–3. Juniwoche.

'Feuerwerk': Züchter Hachmann (1977). Wuchs locker aufrecht, 150 cm hoch, 120 cm breit. Blüte außen leuchtendrot, innen zart orange geflammt, schwach duftend, zu 7–10. Blütezeit 1.–3. Juniwoche.

'Fireball': Herkunft Großbritannien (1951). Wuchs stark aufrecht, 160 cm hoch, 180 cm breit. Blüte orange- bis reinrot, Petalen teils umgewendet oder gedreht, zu 7–10. Blütezeit 1.–3. Juniwoche.

'Gibraltar': Herkunft Großbri-

Rhododendron

Abb. 481: R.-Hybride 'Goldpracht' (Foto: Hachmann)

Abb. 482: R.-Hybride 'Goldtopas' (Foto: Hachmann)

Abb. 483: Rhododendron-Hybride 'Golden Sunset'

Abb. 484: R.-Hybride 'Homebush' (Foto: Hachmann)

Abb. 485: Rhododendron-Hybride 'Irene Koster'

tannien (1947). Wuchs straff aufrecht, 160 cm hoch, 180 cm breit. Blüte leuchtend orangerot, Saum stark gekräuselt, Blütenstand kompakt zu 10–13. Blütezeit 4. Maiwoche bis 2. Juniwoche.

'Golden Sunset': Herkunft Großbritannien (1948). Wuchs locker aufrecht, 140 cm hoch, 160 cm breit. Blüte reingelb, innen hellgelb mit großem, goldgelbem Fleck, zu 8–12. Blütezeit 4. Maiwoche bis 2. Juniwoche.

'Goldpracht': Züchter Hachmann (1983). Wuchs aufrecht kompakt, 110 cm hoch, 130 cm breit. Blüte goldgelb mit großem, orangegelbem Fleck, Blütenstand mit 7–9 Blüten. Blütezeit 4. Maiwoche bis 2. Juniwoche.

'Goldtopas': Züchter Hachmann (1983). Wuchs aufrecht, kompakt, 120 cm hoch, 140 cm breit. Blüte reingelb mit großem, orangefarbenem Fleck, Blütenstand zu 9–10 Blüten, locker überhängend. Blütezeit 4. Maiwoche bis 2. Juniwoche.

'Homebush': Herkunft Großbritannien (1925). Wuchs locker aufrecht, 170 cm hoch, 130 cm breit. Blüte rein karminrosa, Blütenstand aus 12–16 Blüten, fast ballförmig geschlossen, Blütezeit 4. Maiwoche bis 2. Juniwoche.

'Irene Koster': Herkunft Niederlande (1918). Wuchs locker aufrecht, 160 cm hoch, 130 cm breit. Blüte außen karminrot, innen hellrosa mit gelboranger Zeichnung. Blütezeit 4. Maiwoche bis 1. Juniwoche. Bedingt winterhart.

'Juanita': Züchter Hachmann (1979). Wuchs breit aufrecht, 140 cm hoch, 210 cm breit. Blüte dunkelrosa mit großem,

goldgelbem Fleck, Blütensaum gekräuselt, zu 9–10. Blütezeit 4. Maiwoche bis 2. Juniwoche.
'Klondyke': Herkunft Großbritannien (1947). Wuchs breit aufrecht, 130 cm hoch, 160 cm breit. Blüte goldgelb, rötlich-orange geflammt, Blütenstand mit 7–9 Einzelblüten. Blütezeit 4. Maiwoche bis 2. Juniwoche.
'Koster's Brilliant Red': Herkunft Niederlande (1918). Wuchs breit aufrecht, 120 cm hoch, 130 cm breit. Blüte leuchtend rotorange, zu 7–9 Blüten. Blütezeit 4. Maiwoche bis 2. Juniwoche.
'Parkfeuer': Züchter Hachmann (1983). Wuchs straff aufrecht, 220 cm hoch, 160 cm breit. Blüte außen leuchtend reinrot, innen orangerot getönt, Blütenstand zu 7–12 Blüten. Blütezeit 4. Maiwoche bis 2. Juniwoche.
'Persil': Herkunft Großbritannien (vor 1954). Wuchs locker aufrecht, 150 cm hoch und breit. Blüte reinweiß mit goldgelbem Fleck. Blütezeit 4. Maiwoche bis 2. Juniwoche
'Raimunde': Züchter Hachmann (1987). Wuchs aufrecht, 150 cm hoch und breit. Blüte außen dunkelrosa, innen hellrosa, dunkelrosa gestreift mit gelborangem Fleck, fächerartig angeordnete Blütenblätter, angenehm duftend. Blütezeit 1.–3. Juniwoche.
'Sarina': Züchter Hachmann (1980). Wuchs aufrecht-kompakt, 150 cm hoch, 180 cm breit. Blüte lachsrosa, zu zartrosa wechselnd, großer Fleck goldorange, zart duftend. Blütezeit 4. Maiwoche bis 2. Juniwoche.
'Schneegold': Züchter Hachmann (1983). Wuchs aufrecht, gleichmäßig, 130 cm hoch und breit. Blüte reinweiß mit großem, goldgelbem Fleck und leicht gekräuseltem Saum. Blütezeit 4. Mai- bis 2. Juniwoche

Abb. 488: R.-Hybride 'Koster's Brillant Red'

Abb. 486: R.-Hybride 'Juanita' (Foto: Hachmann)

Abb. 489: R.-Hybride 'Parkfeuer' (Foto: Hachmann)

Abb. 487: R.-Hybride 'Klondyke' (Foto: Hachmann)

Abb. 490: Rhododendron-Hybride 'Persil'

Rhododendron

Abb. 491: R.-Hybride 'Raimunde' (Foto: Hachmann)

Abb. 492: R.-Hybride 'Sarina' (Foto: Hachmann)

Abb. 493: R.-Hybride 'Schneegold' (Foto: Hachmann)

Rhus typhina
Essigbaum, Sumach

Familie: *Anacardiaceae* – Sumachgewächse
Herkunft: östliches Nordamerika
Wuchs: Großstrauch oder Kleinbaum, meist mehrstämmig, aufrecht sparrig verzweigt, 4–6(–10) m hoch, 6–8 m breit
Blatt: Fiederblatt, unpaarig gefiedert, bis zu 50 cm lang, Blättchen oben matt-glänzendgrün, unten bläulichgrün, länglich-lanzettlich, bis 12 cm lang, zu 11–31; Herbstfärbung orange bis scharlachrot
Blüte: in dichten, endständigen Blütenständen, fast sitzend, bis 15 cm lang, zweihäusig
Blütezeit: VI–VII
Frucht: kolbenartiger, rotbrauner und aufrecht stehender Fruchtstand, langhaftend und auffällig
Standort: Sonne bis lichter Schatten
Bodenansprüche: gering, trocken bis frisch
Verwendung: Ziergehölz im Einzelstand für Gärten und Parks
Eigenschaften: frosthart, stark Ausläufer treibend und damit horstartige Bestände bildend

Abb. 494: *Rhus typhina* (Herbstfärbung)

Rhus typhina 'Dissecta'
Geschlitztblättriger Essigbaum

Cultivar. Strauch bis Großstrauch, meist mehrstämmig; 2–3(–4) m hoch, 2–4 m breit. Blatt wie die Art, jedoch mit fein zerschlitzten, zierlichen Fiederblättchen

Abb. 495: *Rhus typhina* 'Dissecta'

Ribes alpinum
Alpen-Johannisbeere

Familie: *Saxifragaceae* – Steinbrechgewächse
Herkunft: Europa
Wuchs: Kleinstrauch, anfangs vieltriebig straff aufrecht, dicht verzweigt, später ausgebreitet; 1,5–2 m hoch und breit
Blatt: dunkelgrün, rundlich mit 3–5 ausgeprägten Lappen, 3–5 cm lang, wechselständig
Blüte: in aufrechten, gelbgrünen Trauben, 3–6 cm lang, duftend
Blütezeit: IV–V
Frucht: rote, kleine Beeren, ohne Eigengeschmack, daher nicht zum Verzehr geeignet
Standort: lichter Schatten bis Schatten
Bodenansprüche: frisch bis mäßig feucht, schwach sauer bis alkalisch, bevorzugt nährstoffreich-humos
Verwendung: Landschaftsgehölz, für Unterpflanzung, Schutzpflanzungen, an Böschungen, im Straßenbegleitgrün, für Hecken
Eigenschaften: frosthart, windfest, salzverträglich, Vogelschutz- und Nährgehölz
Sorten: 'Schmidt': etwas stärker wachsende Selektion, kaum fruchtend, da männlich

Abb. 496: *Ribes alpinum*

Abb. 497: *Ribes alpinum* 'Schmidt'

Ribes aureum
Gold-Johannisbeere

Familie: *Saxifragaceae* – Steinbrechgewächse
Herkunft: westliches Nordamerika
Wuchs: Strauch, straff aufrecht bis ausgebreitet; 1–2 m hoch und breit
Blatt: frischgrün glänzend, rundlich mit 3–5 Lappen, 3–6 cm lang, wechselständig; Herbstfärbung rötlich bis violett
Blüte: leuchtend goldgelb, in lockeren Trauben, duftend

Abb. 498: *Ribes aureum* (Foto: Holmåsen)

Blütezeit: IV–V
Frucht: schwarze Beeren, etwa erbsengroß
Standort: Sonne bis Schatten
Bodenansprüche: mäßig trocken bis feucht, sauer bis neutral, alle kultivierten Böden
Verwendung: Landschaftsgehölz, für Unterpflanzung, Schutzpflanzungen, an Böschungen, im Straßenbegleitgrün, für Hecken
Eigenschaften: kalkmeidend, frosthart, hohes Ausschlagvermögen, schnittverträglich, salztolerant

Ribes sanguineum 'Atrorubens'
Blut-Johannisbeere

Familie: *Saxifragaceae* – Steinbrechgewächse
Herkunft: Cultivar, Wildart aus Nordamerika
Wuchs: aufrechter Strauch, dicht verzweigt–breitbuschig; 1,5–1,8 m hoch und breit
Blatt: oben mattgrün, unten graugrün, rundlich, mit 3(–5) rundlichen Lappen, 5–10 cm lang, wechselständig, deutlich duftend
Blüte: in hängenden Trauben, dunkelrot, mit bis zu 20 röhrenförmigen Einzelblüten, am mehrjährigen Holz, als 'Atrorubens Select' besonders reichblühend
Blütezeit: IV–V
Frucht: schwarze Beeren, blau bereift, unauffällig, nicht zum Verzehr geeignet
Standort: sonnig
Bodenansprüche: frisch bis feucht, auf allen kultivierten Gartenböden
Pflege: Auslichtungsschnitt II–III
Verwendung: Zierstrauch für den Hausgarten; klassisches Blütengehölz in Verbindung mit Forsythien und anderen Ziersträuchern
Eigenschaften: anspruchslos, frosthart, lichthungrig, empfindlich gegen Trockenheit und Nässe, schnittverträglich
Sorten: 'King Edward': niedriger und breiter als 'Atrorubens'. 'Pulborough Scarlet': Großstrauch, bis zu 3 m hoch, sonst wie 'Atrorubens'

Abb. 499: *Ribes sanguineum* 'Atrorubens'

Robinia hispida 'Macrophylla'
Großblättrige Borstenrobinie

Familie: *Leguminosae* – Hülsenfruchtgewächse
Herkunft: östliches Nordamerika
Wuchs: Strauch, aufrecht sparrig, wenig verzweigt; 2–3 m hoch, 1,5–2,5 m breit, auch auf Hochstamm gezogen
Blatt: Fiederblatt bis 25 cm lang, Blättchen oben dunkelgrün, unten graufilzig, oval bis eirund, 3–5 cm lang, zu 7–13 am Blatt
Blüte: in Trauben aus 5–8 Einzelblüten, tiefrot bis purpur; größte Blüte aller Sorten
Blütezeit: VI, Nachblüte IX
Standort: sonnig und geschützt
Bodenansprüche: gering, trocken bis frisch, schwach sauer bis stark alkalisch
Verwendung: Blütengehölz für den geschützten Einzelstand; geeignet für Gärten und Parks

Abb. 500: *Robinia hispida* 'Macrophylla'

Robinia pseudoacacia
Robinie

Familie: *Leguminosae* – Hülsenfruchtgewächse
Herkunft: östliches Nordamerika
Wuchs: Baum bis Großbaum, Krone meist rundlich, im Alter schirmförmig und locker, Äste waagerecht bis aufstrebend, Zweige hin und her gebogen, stark bedornt; 15–20(–25) m hoch, 8–12(–16) m breit
Blatt: Fiederblatt, 20–30 cm lang, Blättchen oberseits bläulichgrün matt, unterseits hellgrün, elliptisch, 3–4 cm lang, unpaarig zu 7–19, wechselständig
Blüte: weiße Blüten in bis zu 25 cm langen, hängenden Trauben, stark duftend
Blütezeit: V–VI
Frucht: braune Hülsen mit 4–10 Samen, giftig!
Standort: vollsonnig
Bodenansprüche: mäßig trocken bis frisch, schwach sauer bis alkalisch, möglichst etwas nährstoffreich und unbedingt locker und durchlässig
Verwendung: Landschaftsgehölz, eingebürgert und verwildert, Pioniergehölz auch auf trockenen, sandigen Standorten, mit Wurzelausläufern bodenbefestigend, Stickstoffsammler, Bienenweide, an Landstraßen und Bahngleisen, auf Grenzertragsböden, in Feldgehölzinseln, Waldsäumen, Baumhecken
Eigenschaften: anspruchslos und robust, wärmeliebend, salzverträglich, stadtklimafest, in der Jugend besonders schnellwüchsig mit Jahrestrieben bis zu 150 cm, im Alter ab 40. Jahr windbrüchig, samtliche Pflanzenteile giftig!

Robinia pseudoacacia 'Bessoniana'
Robinie 'Bessoniana'

Abb. 501: *Robinia pseudoacacia* 'Bessoniana'

Familie: *Leguminosae* – Hülsenfruchtgewächse
Herkunft: Cultivar
Wuchs: Baum mit geradem Stamm, dichter, ovaler Krone und nur schwach bedornten, abstehenden Zweigen; 20–25 m hoch, 10–12 m breit
Blatt: Fiederblatt, bis 30 cm lang, Blättchen oben dunkelgrün, unten bläulichgrün, elliptisch, 2–4(–5) cm lang, zu 9–19 unpaarig am Blatt
Blüte: selten
Standort: sonnig
Bodenansprüche: trocken bis frisch, schwach sauer bis alkalisch
Verwendung: Straßenbaum, in öffentlichen Grünanlagen
Eigenschaften: im Alter windbruchgefährdet, anspruchslos

Robinia pseudoacacia 'Casque Rouge'
(*Robinia hybrida* 'Casque Rouge')
Robinie 'Casque Rouge'

Familie: *Leguminosae* – Hülsenfruchtgewächse
Herkunft: Cultivar
Wuchs: Großstrauch, aufrecht, sparrig verzweigt, mit unregelmäßigem Habitus oder kleiner Baum mit breit trichterförmiger Krone; 1,5–3(–5) m hoch, 2–3 m breit
Blatt: Fiederblatt bis zu 20 cm lang, Blättchen oberseits grün, unterseits graugrün, elliptisch, bis zu 5 cm lang, zu 10–20, im Austrieb rostrot
Blüte: in bis zu 20 cm langen, hängenden Trauben aus 15–30 violettroten Einzelblüten
Blütezeit: V–VI
Standort: sonnig, geschützt
Bodenansprüche: trocken bis frisch, schwach sauer bis alkalisch
Verwendung: Blütengehölz für den geschützten Einzelstand in Gärten und Parks
Eigenschaften: wärmeliebend, hitzeverträglich, lichthungrig, Zweige kräftig bedornt

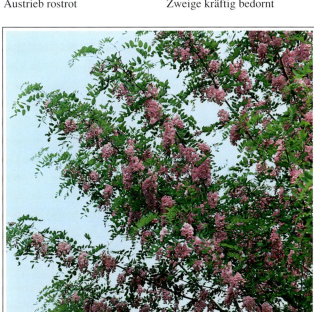

Abb. 502: *Robinia pseudoacacia* 'Casque Rouge'

Abb. 503: *Robinia pseudoacacia* 'Frisia' (im Austrieb)

Robinia pseudoacacia 'Frisia'
Robinie 'Frisia', Goldblatt-Robinie

Cultivar. Baum mit unregelmäßiger, offener Krone, jedoch deutlich kleiner als die Art und schwachwachsend; 12–15 m hoch, 8–10 m breit. Fiederblatt im Austrieb dunkelgelb, dann bis zum Blattfall leuchtendgelb(!). Auffallendes Ziergehölz, als Farbkomponente im Garten sehr dekorativ

Robinia pseudoacacia 'Pyramidalis'
Robinie 'Pyramidalis', Säulen-Robinie

Cultivar. Baum mit aufstrebenden Ästen und säulenförmigem Habitus; 12–15 m hoch, 3–5 m breit. Blüte weiß, selten. Geeignet als Straßenbaum und für öffentliche Grünanlagen

Robinia pseudoacacia 'Semperflorens'
Robinie 'Semperflorens'

Cultivar. Großbaum mit offener, lockerer Krone; 20–25 m hoch, 12–15 m breit. Blüte in weißen Trauben, zahlreich. Blütezeit VI, Nachblüte VIII/IX. Geeignet als Straßenbaum und für öffentliche Grünanlagen

Robinia pseudoacacia 'Tortuosa'
Korkenzieher-Robinie

Cultivar. Kleiner Baum, 8–12 m hoch und 4–6 m breit. Meist unregelmäßig und malerisch geformter Habitus. Äste gedreht, Zweige korkenzieherartig gedreht und gewunden. Fiederblätter hängend, dunkelgrün, Blüte selten, Rinde bedornt. Auffallendes Ziergehölz, geeignet für den Hausgarten, Vorgarten und für Parkanlagen

Abb. 504: *Robinia pseudoacacia* 'Tortuosa'

Robinia

Robinia pseudoacacia 'Umbraculifera'
Kugel-Robinie

Abb. 505: *Robinia pseudoacacia* 'Umbraculifera'

Cultivar. Kugelkrone auf Hochstamm in 1,8–2,5 m Höhe veredelt, Krone dicht geschlossen, reichverzweigt; 5–6 m hoch und breit. Verwendung einzeln, in Parks, auf kleinen Plätzen, vor Gebäuden, in Fußgängerzonen, als Straßenbaum in Vorstadtstraßen. Radikaler Rückschnitt möglich, sonst im Alter abgeplattet-überhängende Kronenform

Rubus fruticosus
Echte Brombeere

Familie: *Rosaceae* – Rosengewächse
Herkunft: Europa, Asien
Wuchs: Strauch mit meist bogenförmig überhängenden und stark stacheligen Trieben; 1,2–2(–3) m hoch, 1,2–2 m breit
Blatt: oberseits dunkelgrün, unterseits graugrün bis weißfilzig, (3–)5–7zählig, vielgestaltig, wechselständig
Blüte: weiß oder rosa, 2 cm ø, in lockeren Trugdolden an den Triebenden
Blütezeit: VI–VIII
Frucht: Brombeeren, glänzendschwarz, eßbar ab VIII/IX, am vorjährigen Holz
Standort: anspruchslos
Bodenansprüche: gering, meist auf kalkarmen, nährstoffarmen Substraten
Verwendung: heimisches Wildgehölz, formenreiche Pflanzengruppe in Lichtungen, an Waldrändern, in Hecken und Gebüschen, Pioniergehölz, Obstgehölz
Eigenschaften: mäßig frosthart, salzempfindlich, durch Ausläufer stark ausbreitend, Vogelschutz- und Vogelnährgehölz

Rubus idaeus
Himbeere

Familie: *Rosaceae* – Rosengewächse
Herkunft: Europa
Wuchs: Scheinstrauch, dickichtartig – siehe auch Eigenschaften; 0,5–2 m hoch
Blatt: Fiederblatt, 3–5(–7)zählig, Blättchen oberseits runzliggrün, unten weißfilzig, eiförmig, bis 10 cm lang; Herbstfärbung gelb bis orange
Blüte: einfach, weiß, in Trugdolden an den Triebenden
Blütezeit: V–VI
Frucht: Himbeeren, rot, halbkugelig, eßbar
Standort: sonnig–halbschattig
Bodenansprüche: frisch bis feucht, sauer bis schwach alkalisch
Verwendung: heimisches Wildgehölz, auf Lichtungen, an Waldrändern, in Hecken und Staudenfluren, Pioniergehölz, Obstgehölz
Eigenschaften: im ersten Jahr als Schößling straff aufrecht, im zweiten Jahr Ansatz von Blüten und Frucht, danach absterbend

Rubus odoratus
Zimt-Himbeere

Abb. 506: *Rubus fruticosus* (Foto: Holmåsen)

Abb. 507: *Rubus odoratus* (Foto: Holmåsen)

Familie: *Rosaceae* – Rosengewächse
Herkunft: östliches Nordamerika
Wuchs: Strauch, aufrecht und wenig verzweigt, durch Ausläufer verbreitet; 1,5–2 m hoch
Blatt: dunkelgrün, handförmig gelappt, bis 25 cm lang, wechselständig
Blüte: Einzelblüten purpur, ø 3–5 cm, in Rispen, duftend
Blütezeit: VI–VIII
Frucht: himbeerartig, rot, bedingt zum Verzehr geeignet
Standort: schattig bis lichter Schatten, etwas geschützt
Bodenansprüche: frisch bis feucht, auf humosen, nährstoffreichen Böden
Verwendung: Wildgehölz, zur Unterpflanzung und in Randpflanzungen, als Bienenfutterpflanze, Vogelnährgehölz

Rubus phoenicolasius
Japanische Weinbeere

Familie: *Rosaceae* – Rosengewächse
Herkunft: Ostasien
Wuchs: aufrechter Strauch mit überhängenden Trieben, sich durch Ausläufer verbreitend; 2–3 m hoch
Blatt: 3(–5)zählig gefingert, Einzelblatt grün, eiförmig, zugespitzt, bis 10 cm lang, wechselständig
Blüte: hellrosa, zu 6–10 in dichten Trauben
Blütezeit: VI–VII
Frucht: halbkugelige Sammelfrucht, orangerot, eßbar
Standort: halbschattig bis schattig
Bodenansprüche: frisch bis feucht, neutral bis alkalisch
Verwendung: Wildgehölz, zur Unterpflanzung in schattigen Partien, zusammen mit *Rubus odoratus*

Salix alba
Silber-Weide

Familie: *Salicaceae* – Weidengewächse
Herkunft: Europa, Nordafrika, Kleinasien
Wuchs: Baum oder Großstrauch, kurzer Stamm, Krone breit-rund und hochgewölbt; 6–25 m hoch
Blatt: graugrün, silbrig behaart, lanzettlich, bis 10 cm lang, wechselständig
Blüte: gelbe Kätzchen mit dem Laubaustrieb, zylindrisch, bis 6 cm lang, zweihäusig
Blütezeit: IV–V
Frucht: graufilzige Kätzchen
Standort: Sonne bis lichter Schatten
Bodenansprüche: frisch bis naß, bevorzugt kalkhaltig und nährstoffreich
Verwendung: heimisches Wildgehölz, Pioniergehölz für ingenieurbiologische Maßnahmen, bestandsbildend auf feuchten Standorten

Abb. 508: *Rubus phoenicolasius*

Abb. 509: *Salix alba*

Salix alba 'Liempde'
Silber-Weide 'Liempde'

Cultivar. Großbaum mit geradem, durchgehendem Stamm und kegelförmiger Krone; 20–30 m hoch, 10–12 m breit

Salix acutifolia 'Pendulifolia'
Spitz-Weide

Familie: *Salicaceae* – Weidengewächse
Herkunft: Cultivar
Wuchs: Großstrauch oder Kleinbaum mit lockerer Krone und überhängenden Trieben; 4–6 m hoch und breit
Blatt: oberseits frischgrün glänzend, unterseits bläulichgrün, lanzettlich, hängend, 10–15 cm lang, wechselständig
Blüte: gelbe Kätzchen
Blütezeit: III
Standort: sonnig bis lichter Schatten
Bodenansprüche: feucht bis frisch, bodenvag, anpassungsfähig
Verwendung: Im Einzelstand oder in Gruppen, in der Landschaft und im Öffentlichen Grün
Eigenschaften: frosthart, kurzlebig

Abb. 510: *Salix alba* 'Liempde'

Salix alba 'Tristis' (Salix sepulcralis 'Tristis')
Trauer-Weide

Abb. 511: *Salix alba* 'Tristis'

Cultivar. Baum, breit ausladende Äste mit senkrecht herabhängenden Zweigen. 15–20 m hoch und breit. Abstehende, leicht gebogene Kätzchen, 3–6 cm lang, gelblichgrün, mit dem Laubaustrieb, zweihäusig. Blütezeit IV. Sonst wie die Art

Salix aurita
Ohr-Weide

Familie: *Salicaceae* – Weidengewächse
Herkunft: Europa
Wuchs: Strauch, aufrecht-breitwüchsig; 0,5–2 m hoch
Blatt: oberseits stumpfgrün, unterseits graufilzig, verkehrt-eiförmig, 3–5 cm lang, wechselständig
Blüte: gelbe Kätzchen, eiförmig, vor oder mit dem Laubaustrieb, zweihäusig
Blütezeit: IV–V
Frucht: silbergraue Fruchtkätzchen
Standort: sonnig bis lichter Schatten
Bodenansprüche: naß bis mäßig frisch, sauer bis neutral
Verwendung: heimisches Wildgehölz, Pioniergehölz, für ingenieurbiologische Maßnahmen
Eigenschaften: frosthart, kalkmeidend, verträgt Überflutungen und Einschüttungen, leicht mit anderen Arten bastardisierend

Abb. 512: *Salix aurita* (Foto: Holmåsen)

Salix caprea
Sal-Weide

Familie: *Salicaceae* – Weidengewächse
Herkunft: Europa
Wuchs: Großstrauch oder Kleinbaum, oft vielstämmig; 3–8(–12) m hoch
Blatt: oberseits mattgrün, unterseits graugrün, länglich-elliptisch bis fast kreisrund, sehr veränderlich, 6–10 cm lang, wechselständig
Blüte: eiförmige Kätzchen, 3–6 cm lang, meist aufrecht, zweihäusig
Blütezeit: III–IV
Frucht: unscheinbare, grausilbrige Fruchtkätzchen
Standort: Sonne bis lichter Schatten
Bodenansprüche: naß bis frisch, neutral, bevorzugt nährstoffreich, lehmig
Verwendung: heimisches Wildgehölz, Pioniergehölz, für ingenieurbiologische Maßnahmen, Ziergehölz im Siedlungsbereich, für Dorf und Stadt geeignet
Eigenschaften: vielgestaltig, anpassungsfähig, windfest; neigt zur Bastardbildung mit *Salix aurita* und *Salix cinerea*

Abb. 513 + 514: *Salix caprea* (Foto rechts: Holmåsen)

Salix caprea 'Mas'
Kätzchen-Weide

männlicher Klon von *Salix caprea*. Kätzchen anfangs silbrig schimmernd, später goldgelb, größer als die Art. Ziergehölz, geeignet für Schnittgrün und Binderei

Salix caprea 'Pendula'
Hänge-Kätzchen-Weide

kleines, auf Stämmchen veredeltes Bäumchen mit herabhängenden Zweigen. Ziergehölz im Hausgarten, einzeln im Rasen, in Pflanzgefäßen, an Wegen

Salix

Abb. 515: *Salix caprea* 'Pendula'

Salix caprea 'Silberglanz'
Kätzchen-Weide 'Silberglanz'

Selektion, etwas zierlicher als die Art. Früher blühend mit bis zu 5 cm langen Kätzchen. Verwendung als Ziergehölz und gut geeignet für Schnitt und Treiberei

Salix cinerea
Asch-Weide, Grau-Weide

Familie: *Salicaceae* – Weidengewächse
Herkunft: Europa, Nordostasien
Wuchs: Großstrauch, dichtbuschig verzweigt, breitwüchsig, selten kleiner Baum; Höhe 2–5(–10) m, 4–6 m breit
Blatt: oberseits graugrün, unterseits filzig-graugrün, verkehrt-eiförmig bis elliptisch, 6–10 cm lang wechselständig
Blüte: Kätzchen, 3–5 cm lang, eiförmig, rötlich-gelb, vor dem Austrieb, zweihäusig
Blütezeit: IV–V
Frucht: silbrig-graue Kätzchen
Standort: Sonne bis lichter Schatten
Bodenansprüche: deutlich naß bis feucht, sauer bis schwach alkalisch
Verwendung: heimisches Wildgehölz, Pioniergehölz, für ingenieurbiologische Maßnahmen
Eigenschaften: sehr frosthart, verträgt Einschüttungen und Überschwemmungen, hohes Ausschlagvermögen

Salix daphnoides
Reif-Weide, Schimmel-Weide

Familie: *Salicaceae* – Weidengewächse
Herkunft: Mitteleuropa
Wuchs: Kleinbaum, oft mehrstämmig straff aufrecht mit ovaler Krone, später überhängende Äste; 4–10 m hoch, 2–5 m breit
Blatt: oberseits glänzendgrün, unterseits matt bläulichgrün, lanzettlich, 6–10 cm lang, wechselständig
Blüte: gelbe Kätzchen, 5–8 cm lang, zweihäusig
Blütezeit: III–IV
Frucht: graue, unscheinbare Fruchtkätzchen
Standort: Sonne bis lichter Schatten
Bodenansprüche: naß bis mäßig frisch, alkalisch bis neutral, bevorzugt sandig, kiesig, kalkreich
Verwendung: heimisches Wildgehölz, Pioniergehölz, für ingenieurbiologische Maßnahmen, Baumform auch als Ziergehölz
Eigenschaften: frosthart, gut ausschlagfähig, verträgt gelegentliche Überschwemmungen und Einschüttungen

Salix fragilis
Bruch-Weide, Knack-Weide

Familie: *Salicaceae* – Weidengewächse
Herkunft: Europa, Westasien
Wuchs: Baum, meist mehrstämmig, Stamm oft krumm, Krone unregelmäßig rund; 5–15 m hoch, 8–12 m breit
Blatt: oberseits glänzend-dunkelgrün, unterseits matt-bläulichgrün, länglich lanzettlich, 10–16 cm lang, wechselständig
Blüte: männliche Kätzchen gelb, 2–5 cm lang, etwas gekrümmt, weibliche Kätzchen grün
Blütezeit: IV–V
Frucht: grünliche Kätzchen, bis 10 cm lang, unauffällig
Standort: Sonne bis lichter Schatten
Bodenansprüche: naß bis mäßig frisch, mäßig sauer bis neutral
Verwendung: heimisches Wildgehölz, Pioniergehölz, für ingenieurbiologische Bauten, als Baum im Dorfbereich, an Bach- und Flußufern
Eigenschaften: frosthart, spröde Zweige leicht brechend (siehe dt. Name), verträgt zeitweise Überschwemmungen und Einschüttungen, starke Adventivwurzelbildung

Abb. 516: *Salix fragilis* (Foto: Holmåsen)

Salix hastata 'Wehrhahnii'
Engadin-Weide

Familie: *Salicaceae* – Weidengewächse
Herkunft: männlicher Klon von *Salix hastata*
Wuchs: Kleinstrauch, rundlich, dichtverzweigt; 0,7–1,2 m hoch, bis 1 m breit
Blatt: oberseits stumpfgrün, unterseits bläulichgrün, eiförmig, 3–6 cm lang, wechselständig
Blüte: gelbe Kätzchen, lange blühend, zahlreich und zierend
Blütezeit: IV–V
Standort: sonnig
Bodenansprüche: mäßig feucht bis frisch, alkalisch bis neutral, bevorzugt sandig-kiesig
Verwendung: Ziergehölz für Gärten und Parks
Eigenschaften: frosthart

Abb. 517: *Salix hastata* 'Wehrhahnii'

Salix helvetica
Schweizer-Weide

Abb. 518: *Salix helvetica*

Familie: *Salicaceae* – Weidengewächse
Herkunft: Europa
Wuchs: Kleinstrauch, rundlich, dichtbuschig verzweigt; 0,5–1 m hoch und 0,8–1,2 m breit
Blatt: glänzendgrün, beidseitig silbrig behaart, lanzettlich bis eiförmig, 2–4 cm lang, wechselständig
Blüte: gelbe Kätzchen, zweihäusig
Blütezeit: V–VI
Frucht: unauffällig
Standort: sonnig
Bodenansprüche: mäßig frisch bis feucht, sauer bis neutral
Verwendung: Landschaftsgehölz, in standortgerechten Pflanzengesellschaften
Eigenschaften: frosthart, kalkmeidend

Salix lanata
Woll-Weide

Familie: *Salicaceae* – Weidengewächse
Herkunft: Skandinavien
Wuchs: Kleinstrauch, sparrig verzweigt; 0,8–1 m hoch
Blatt: graugrün, derb, breit elliptisch, 3–6 cm, wechselständig
Blüte: große gelbe Kätzchen
Blütezeit: III–IV
Standort: sonnig
Bodenansprüche: frisch, auf lockeren, eher sauren Böden
Verwendung: Landschaftsgehölz, in standortgerechten Pflanzengesellschaften
Eigenschaften: Triebe dicht weiß behaart, daher der Name

Abb. 519: *Salix lanata*

Salix matsudana 'Tortuosa'
Korkenzieher-Weide

Familie: *Salicaceae* – Weidengewächse
Herkunft: Cultivar
Wuchs: Großstrauch oder Kleinbaum, Äste spiralig gewunden, Zweige korkenzieherartig gedreht; 4–8 m hoch, 4–6 m breit
Blatt: oberseits mattgrün, unterseits bläulichgrün, lanzettlich, immer spiralig verdreht, 5–10 cm lang, wechselständig
Blüte: gelbe, weibliche Kätzchen, 2 cm lang, unauffällig, mit dem Laubaustrieb
Blütezeit: III–IV
Standort: Sonne bis lichter Schatten
Bodenansprüche: gering, mäßig trocken bis feucht, sauer bis alkalisch
Verwendung: Ziergehölz mit auffälligem Erscheinungsbild, einzeln, im Hausgarten

Abb. 520: *Salix matsudana* 'Tortuosa'

Salix purpurea
Purpur-Weide

Familie: *Salicaceae* – Weidengewächse
Herkunft: Europa
Wuchs: Großstrauch, selten Kleinbaum, vieltriebig aufrecht aus der Basis; 2–6(–8) m hoch, 4–6 m breit
Blatt: oben stumpfgrün, unten bläulichgrün, verkehrt-lanzettlich, 6–10 cm lang; Herbstfärbung gelb
Blüte: gelbe Kätzchen, leicht gebogen, vor dem Austrieb, zweihäusig
Blütezeit: III–IV
Frucht: graue, unauffällige Fruchtkätzchen
Standort: Sonne bis lichter Schatten
Bodenansprüche: nasse bis mäßig trockene, kalkhaltige Böden; bevorzugt auf Sand, Kies oder Schotter
Verwendung: heimisches Wildgehölz, Pioniergehölz, für ingenieurbiologische Maßnahmen, für Schutzpflanzungen, Hecken, im Verkehrsbegleitgrün
Eigenschaften: frosthart, hitzeverträglich, gut ausschlagsfähig und bewurzelnd, widerstandsfähig gegen mechanische Verletzungen und Einschüttungen
Sorten: 'Gracilis' – Zwerg-Purpur-Weide: Wuchs kugelig-dichtzweigig, bis 2 m hoch, nur Ziergehölz. 'Pendula' – Hänge-Purpur-Weide: Zwergstrauch, oft auf Hochstamm gezogen, Zweige hängend, nur Ziergehölz

Abb. 521: *Salix purpurea* (Foto: Holmåsen)

Salix × *sericans* (*Salix* × *smithiana*)
Kübler-Weide

Familie: *Salicaceae* – Weidengewächse
Herkunft: (*Salix caprea* × *Salix viminalis*)
Wuchs: Großstrauch oder kleiner Baum, rundkronig; 5–6 m hoch und breit
Blatt: oberseits leicht glänzend grün, unterseits graufilzig, schmal elliptisch, bis 10 cm lang wechselständig
Blüte: männliche Kätzchen, eiförmig, gelb
Blütezeit: III–IV
Frucht: Fruchtkätzchen grau behaart, unauffällig
Standort: sonnig
Bodenansprüche: mäßig feucht bis frisch, sauer bis neutral, bevorzugt nährstoffreich
Verwendung: Landschaftsgehölz, Pioniergehölz, Feldgehölz, auch für Mischpflanzungen
Eigenschaften: frosthart, anpassungsfähig

Salix repens ssp. *argentea*
Kriech-Weide

Familie: *Salicaceae* – Weidengewächse
Herkunft: Europa
Wuchs: Kleinstrauch, vieltriebig niederliegend, Stamm unterirdisch kriechend; Höhe 0,3–1(–2) m
Blatt: oberseits mattgrün, unten graugrün-seidig behaart, oval bis lanzettlich, veränderliche Form, 1–2 cm lang, wechselständig
Blüte: gelbe Kätzchen, zylindrisch, ca. 1 cm lang, mit dem Blattaustrieb, zweihäusig
Blütezeit: IV–V
Frucht: unauffällige, graue Fruchtkätzchen
Standort: sonnig
Bodenansprüche: naß bis mäßig frisch, sauer bis neutral, sandig-torfig
Verwendung: heimisches Wild-, Landschafts- und Pioniergehölz, in Feuchtbereichen
Eigenschaften: sehr variabel durch Bastardisierung, zahlreiche Lokalformen

Abb. 522: *Salix repens* ssp. *argentea* (Foto: Holmåsen)

Abb. 523: *Salix* × *sericans*

Salix repens ssp. *rosmarinifolia* (*Salix rosmarinifolia*)
Rosmarin-Weide

Familie: *Salicaceae* – Weidengewächse
Herkunft: Europa
Wuchs: Kleinstrauch; Höhe 1–1,5(–2) m, 1–1,5 m breit
Blatt: oben mattgrün, unten weißfilzig, linealisch bis lanzettlich, bis 10 cm lang, wechselständig
Blüte: gelbe, eiförmige Kätzchen, zweihäusig
Blütezeit: IV–V
Frucht: unauffällige Fruchtkätzchen
Standort: sonnig
Bodenansprüche: gering, mäßig trocken bis naß, bodenvag
Verwendung: heimisches Wildgehölz, Landschaftsgehölz, in standortgerechten Pflanzengesellschaften

Salix viminalis
Korb-Weide

Familie: *Salicaceae* – Weidengewächse
Herkunft: Europa
Wuchs: Großstrauch oder Kleinbaum, Stamm oft schiefwüchsig und hohl werdend; 2–10 m hoch, 3–6 m breit
Blatt: oben mattgrün, unten graugrün und seidig behaart, schmal lanzettlich, bis 20 cm lang, wechselständig
Blüte: männliche Kätzchen seidig-grau mit gelben Staubgefäßen, 2 cm lang; weibliche Kätzchen grün
Blütezeit: III–IV
Frucht: unscheinbare Fruchtkätzchen
Standort: sonnig
Bodenansprüche: naß bis feucht, neutral bis alkalisch, nährstoffreich
Verwendung: heimisches Wildgehölz, Landschaftsgehölz, Pioniergehölz in Feuchtzonen, für ingenieurbiologische Maßnahmen, Feldgehölz, Dorfbaum, Ziergehölz
Eigenschaften: traditionsreiche „Kopfweide" der Niederungen, Zweige dienten als Flechtweide, heute von Bedeutung für Vogelschutz (Höhlenbrüter)

Salix

Abb. 524: *Salix viminalis*

Sambucus nigra
Schwarzer Holunder

Familie: *Caprifoliaceae* – Geißblattgewächse
Herkunft: Mitteleuropa
Wuchs: Großstrauch, meist mehrstämmig aufrecht, sparrig verzweigt, Zweige oft überhängend; 2–7 m hoch, 3–5 m breit
Blatt: mattgrün, unpaarig gefiedert, meist zu 5 eilänglich zugespitzt, Blattrand deutlich gezähnt, 8–10 cm lang, gegenständig
Blüte: in Schirmrispen mit weißen Einzelblüten, bis 20 cm ø und mehr, nach dem Laubaustrieb
Blütezeit: VI
Frucht: kleine, schwarzviolette Beeren, Steinfrüchte, 6–8 mm ø, zu vielen in hängenden Rispen
Standort: sonnig bis halbschattig
Bodenansprüche: mäßig trocken bis feucht, bevorzugt alkalisch und stickstoffreich
Verwendung: heimisches Wildgehölz, Landschaftsgehölz, für Schutzpflanzungen, Hecken, Knicks, Obstgehölz, Zierstrauch
Eigenschaften: frosthart, Stickstoffanzeiger, hohes Ausschlagvermögen, Früchte erst nach dem Kochen genießbar(!) für Saft, Gelee, Marmeladen, mit hohem Gehalt der Vitamine A, B und C

Sambucus canadensis 'Maxima'
Holunder 'Maxima'

Familie: *Caprifoliaceae* – Geißblattgewächse
Herkunft: Cultivar
Wuchs: großer Strauch mit mehreren dicken Hauptästen, sparrig verzweigt
Blatt: grün, unpaarig gefiedert, zu 5–7, Blättchen elliptisch bis lanzettlich, bis 10 cm lang, gegenständig
Blüte: in Schirmrispen, mit gelblich-weißen Blüten, bis zu 40 cm ø, am mehrjährigen Holz
Blütezeit: VI–VIII
Frucht: Schirmrispen mit purpurschwarzen, kleinen Beeren, gekocht eßbar, ab IX
Standort: sonnig–halbschattig
Bodenansprüche: mäßig trocken bis frisch, vorzugsweise auf nährstoffreichen Böden (Stickstoff-Anzeiger)
Verwendung: Fruchtgehölz, Auslese der großfruchtigen Sorte zur Fruchtgewinnung für Saft, Marmeladen und Gelees

Abb. 526: *Sambucus nigra* (Blütenstände)

Abb. 525: *Sambucus canadensis* 'Maxima'

Sambucus racemosa
Trauben-Holunder

Familie: *Caprifoliaceae* – Geißblattgewächse
Herkunft: Europa
Wuchs: aufrechter Großstrauch, breitwüchsig-locker; 2–4 m hoch, 2–3 m breit
Blatt: mattgrün, unpaarig gefiedert, meist zu 5, länglich-lanzettlich, spitzer als *Sambucus nigra;* Herbstfärbung fahlgelb
Blüte: in aufrechten, kegelförmigen Rispen aus weißlichgrünen Blüten am Ende vorjähriger Triebe
Blütezeit: IV–V
Frucht: kleine, rote Beeren, zahlreich in hängenden Trauben, Fruchtfleisch verwertbar, Steinkerne giftig!
Standort: sonnig bis halbschattig, bevorzugt lichter Schatten
Bodenansprüche: frisch bis feucht, sauer bis schwach sauer, bevorzugt stickstoffreich
Verwendung: heimisches Wildgehölz, Landschaftsgehölz, für ingenieurbiologische Maßnahmen, Vogelnist- und Vogelnährgehölz, in Sorten auch als Ziergehölz im Garten
Eigenschaften: frosthart, Stickstoffanzeiger, hohes Ausschlagvermögen, Früchte erst nach dem Kochen genießbar für Saft, Gelee, Marmeladen, mit hohem Gehalt der Vitamine A, B und C

Skimmia

Abb. 527: *Sambucus racemosa* (Foto: Holmåsen)

Sinarundinaria nitida (*Fargesia nitida* (Gamble)Yi)
Bambus

Abb. 529

Familie: *Gramineae* – Süßgräser
Herkunft: China
Wuchs: aufrechter Strauch, horstartig, ausgewachsen schirmartig überhängend; 2–4 m hoch und breit
Blatt: immergrün, dunkelgrün, lanzettlich lang zugespitzt, 6–9 cm lang und 1 cm breit
Blüte: sehr selten

Standort: sonnig–halbschattig, luftfeucht und windgeschützt
Bodenansprüche: frisch bis feucht, auf allen kultivierten Gartenböden
Verwendung: Ziergehölz, einzeln und in Gruppen, im Siedlungsbereich, an Teichen, als Kulisse zum Sichtschutz
Eigenschaften: noch frosthärter als *Sinarundinaria murielae*

Sinarundinaria murielae (*Fargesia murielae* (Gamble)Yi)
Bambus

Abb. 528

Familie: *Graminae* – Süßgräser
Herkunft: China
Wuchs: Strauch, im ersten Standjahr straff aufrecht, dichttriebig, horstartig mit kurzen Ausläufern, im Alter breit überhängend; 2–4 m hoch, 2–5 m breit
Blatt: immergrün, hellgrün, lanzettlich, 7–12 cm lang und 1–2 cm breit

Blüte: sehr selten
Standort: sonnig bis halbschattig, windgeschützt
Bodenansprüche: frisch bis feucht, auf allen kultivierten Gartenböden
Verwendung: Ziergehölz im Einzelstand und in Gruppen, im Siedlungsbereich, an Teichen, als Kulisse zum Sichtschutz
Eigenschaften: angemessen frosthart, stadtklimafest

Abb. 529: *Sinarundinaria nitida*

Abb. 528: *Sinarundinaria murielae*

Skimmia japonica
Skimmie

Abb. 530 – 532

Familie: *Rutaceae* – Rautengewächse
Herkunft: Japan
Wuchs: Kleinstrauch, dichttriebig-breitbuschig; 0,5–1,5 m hoch, 0,5–2 m breit
Blatt: immergrün, hellgrün, lanzettlich, 6–10 cm lang
Blüte: in endständigen, aufrechten Rispen aus weißen Einzelblüten, bis 10 cm lang
Blütezeit: V
Frucht: kugelige Steinfrüchte, scharlachrot, zahlreich und langhaftend, ungenießbar
Standort: schattig
Bodenansprüche: frisch bis feucht, sauer bis leicht alkalisch, durchlässig
Verwendung: Ziergehölz, zur flächigen Pflanzung, im Hausgarten, in Pflanzgefäßen
Sorten: 'Rubella': männliche Form von *Skimmia japonica* mit weißrosa Blüten, jedoch ohne Beerenschmuck

Abb. 530: *Skimmia japonica*

Skimmia

Abb. 531: *Skimmia japonica*

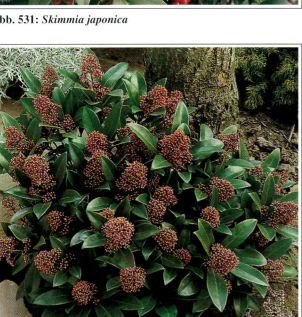
Abb. 532: *Skimmia japonica* 'Rubella'

Abb. 533: *Sophora japonica*

Sorbaria sorbifolia
Fiederspiere

Abb. 534

Familie: *Rosaceae* – Rosengewächse
Herkunft: Ferner Osten
Wuchs: Strauch, etwas steif, straff aufrecht, wenig verzweigt, durch Ausläufer Dickichte bildend; 1,5–2(–3) m hoch
Blatt: Fiederblatt, bis 25 cm lang, Blättchen grün, lanzettlich, zu 13–23 unpaarig
Blüte: in endständigen, aufrechten Rispen mit cremeweißen Blüten, ø 20 cm

Blütezeit: VI–VII
Frucht: unauffällige Balgfrucht
Standort: sonnig bis schattig
Bodenansprüche: gering, frisch bis mäßig trocken, bodenvag
Verwendung: Landschaftsgehölz, als Pioniergehölz auf Rohböden, als Deckstrauch, am Waldrand und in Gebüschen
Eigenschaften: stark Ausläufer treibend, frosthart und hitzeverträglich

Sophora japonica
Schnurbaum

Abb. 533

Familie: *Leguminosae* – Hülsenfruchtgewächse
Herkunft: China
Wuchs: rundkroniger Baum, meist kurzstämmig mit ausgebreiteten Zweigen, im Alter schirmartig; 12–15 m hoch, 12–15(–20) m breit
Blatt: Fiederblatt, unpaarig gefiedert, bis 25 cm lang, Blättchen zu 7–17, elliptisch, oberseits dunkelgrün, unten bläulichgrün, 3–6 cm lang, wechselständig
Blüte: in Trauben von bis zu 30 cm Länge, endständig, mit gelblichweißen Blüten

Blütezeit: VIII–IX
Frucht: hängende Hülsen, 5–8 cm lang
Standort: sonnig, geschützt
Bodenansprüche: trocken bis frisch, schwach sauer bis alkalisch, durchlässig
Verwendung: Ziergehölz, einzeln im Garten und Park auch auf trockenen, armen Böden
Eigenschaften: in der Jugend spätfrostgefährdet, Blüte erst an 12–15 jährigen Bäumen, nach einigen Standjahren sehr widerstandsfähig gegen Trockenheit und Hitze. Als Sommerblüher sehr attraktiv

Abb. 534: *Sorbaria sorbifolia*

Sorbus americana
Amerikanische Eberesche

Familie: *Rosaceae* – Rosengewächse
Herkunft: Nordamerika
Wuchs: Kleinbaum oder Großstrauch, oft auch mehrstämmig; 7–9 m hoch, 5–7 m breit
Blatt: Fiederblatt, unpaarig gefiedert, bis 25 cm lang, Blättchen zu 11–17, derb-dunkelgrün, eilänglich, deutlich gesägt, 4–10 cm lang
Blüte: rahmweiße Schirmrispen, ø 10 cm
Blütezeit: V–VI
Frucht: flachkugelig, leuchtend rot, in Fruchtständen dicht gedrängt
Standort: sonnig
Bodenansprüche: frisch bis feucht, sauer bis alkalisch
Verwendung: Ziergehölz für Park und Garten

Sorbus aria
Mehlbeere

Familie: *Rosaceae* – Rosengewächse
Herkunft: Europa
Wuchs: Großstrauch, aufrecht-breitwüchsig und vielstämmig oder kleiner Baum mit dichter, breit-runder Krone, 8–12 m hoch
Blatt: oberseits dunkelgrün glänzend, unterseits weißfilzig behaart, ledrig-derb, elliptisch, 8–12 cm lang, Rand doppelt gesägt, wechselständig
Blüte: Schirmrispen mit weißen Blüten nach dem Laubaustrieb, streng riechend
Blütezeit: V
Frucht: kugelig, orangerot, in hängenden Rispen, nicht zum Verzehr geeignet
Standort: sonnig–halbschattig
Bodenansprüche: trocken bis frisch, schwach sauer bis stark alkalisch, durchlässig-locker
Verwendung: heimisches Wildgehölz, Landschaftsgehölz für Feldgehölzinseln, Waldränder, Böschungen und Steilhänge; im Siedlungsbereich als Schutzpflanzung, an Landstraßen
Eigenschaften: sehr langsamwüchsig, ausschlagwillig, sehr gut hitzeverträglich auch auf extrem trockenen Standorten, gegen Staunässe empfindlich; für den Siedlungsbereich besser Sorten verwenden!

Abb. 535: *Sorbus aria* '**Magnifica**'

Sorbus aucuparia
Eberesche, Vogelbeere

Abb. 536 + 537: *Sorbus aucuparia*

Familie: *Rosaceae* – Rosengewächse
Herkunft: Europa
Wuchs: Kleinbaum, Krone eiförmig bis rund, auch mehrstämmiger Großstrauch; 5–10(–15) m hoch, 4–6 m breit
Blatt: Fiederblatt, unpaarig gefiedert, bis 20 cm lang, Blättchen zu 9–15, sattgrün, eiförmig, deutlich gezähnt, wechselständig
Blüte: weiße Blüten in Schirmrispen, 10–15 cm ø, nach dem Laubaustrieb, unangenehmer Geruch
Blütezeit: V–VI
Frucht: scharlachrote, erbsengroße Beeren, nur verarbeitet genießbar
Standort: Sonne bis lichter Schatten
Bodenansprüche: mäßig trocken bis feucht, bodenvag
Verwendung: heimisches Wildgehölz, Landschaftsgehölz, Pioniergehölz, Misch- und Schutzpflanzungen, als Dorf- und Hofbaum, in Hecken und Knicks, als Straßen- und Alleebaum
Eigenschaften: frosthart, regenerationsfähig bei mechanischen Verletzungen, empfindlich gegen Bodenverdichtung, Einpflasterung und Salz

Sorbus aucuparia 'Edulis'
Mährische Eberesche

Baum mit lockerer, eiförmiger Krone; 12–15 m hoch, 5–7 m breit. Blatt wie die Art, jedoch größer und dunkelgrün. Frucht über 1 cm groß, leuchtendrot, reichfruchtend. Gartenform, im Siedlungsbereich, im Hausgarten und im Öffentlichen Grün

Sorbus

Abb. 538 + 539: *Sorbus aucuparia* 'Edulis'

Sorbus aucuparia 'Fastigiata'
Säulen-Eberesche

Abb. 540

Kleinbaum, säulenförmig straff aufrecht, im Alter unregelmäßig oval; 5–7 m hoch, 2–4 m breit. Blatt deutlich dunkelgrün. Gartenform, für Hausgarten und im Öffentlichen Grün

Abb. 540: *Sorbus aucuparia* 'Fastigiata'

Sorbus domestica
Speierling

Abb. 541

Familie: *Rosaceae* – Rosengewächse
Herkunft: Südeuropa, Kleinasien
Wuchs: Baum mit meist kurzem Stamm und rundlich gewölbter Krone; Höhe 10–15(–20) m, 8–12(–15) m breit
Blatt: Fiederblatt unpaarig zu 11–21 gefiedert, Blättchen oben mattgrün, unten bläulichgrün, 3–8 cm lang, gleichmäßig gesägt; Blatt wechselständig
Blüte: in Schirmrispen, weiß, bis 10 cm breit
Blütezeit: V
Frucht: birnenförmig, 2,5 cm lang, grünlich-rot, später braun, dann erst genießbar
Standort: Sonne bis lichter Schatten
Bodenansprüche: trocken bis mäßig frisch, kalkhaltig, durchlässig und nährstoffreich
Verwendung: heimisches Wildgehölz, eingebürgert um 800–1000 n. Chr., seitdem verwildert, in bäuerlichen Obstgärten, Dorf- und Hofbaum, an Wegen und Landstraßen, als Ziergehölz in großen Gärten

Abb. 541: *Sorbus domestica* (Foto: Holmåsen)

Sorbus intermedia
Schwedische Mehlbeere

Abb. 542

Familie: *Rosaceae* – Rosengewächse
Herkunft: (*Sorbus aria* × *Sorbus aucuparia*)
Wuchs: Baum, meist mit kurzem Stamm und eiförmiger, dichter Krone; 10–16 m hoch, 4–6 m breit
Blatt: oberseits glänzend-dunkelgrün, unterseits graugrünfilzig, verkehrt-eiförmig, 6–10 cm lang, Blattrand deutlich gelappt, wechselständig
Blüte: in Schirmrispen, Blüten weiß mit hellroten Staubgefäßen, ø der Rispen 7–10 cm, strenger Geruch
Blütezeit: V–VI
Frucht: elliptisch, bis 1,5 cm, zunächst glänzend grün, im reifen Zustand (IX), orangerot
Standort: Sonne bis lichter Schatten
Bodenansprüche: mäßig trocken bis frisch, schwach sauer bis alkalisch, durchlässig, sandig-kiesig
Verwendung: heimisches Wildgehölz (Nordostdeutschland), Landschaftsgehölz, im Einzelstand und in Gruppen, an Landstraßen und als Allee, als Hofbaum und als Ziergehölz in Gärten und Parks

Abb. 542: *Sorbus intermedia* (Foto: Holmåsen)

Abb. 544: *Sorbus × thuringiaca* 'Fastigiata'

Sorbus serotina
Späte Eberesche

Familie: *Rosaceae* – Rosengewächse
Herkunft: Ostasien
Wuchs: Kleinbaum, meist kurzstämmig mit trichterförmiger Krone; 5–10 m hoch, 3–6 m breit
Blatt: Fiederblatt, Blättchen glänzendgrün, lanzettlich, scharf gesägt, zu 9–13; Herbstfärbung in verschiedenen Rottönen ab IX
Blüte: Schirmrispen mit weißlichen Blüten
Blütezeit: V–VI
Frucht: kugelig, leuchtend rot, klein
Standort: sonnig–halbschattig
Bodenansprüche: frisch bis feucht, schwach sauer bis schwach alkalisch
Verwendung: Ziergehölz im Siedlungsbereich für Einzelstand und in Gruppen

Familie: *Rosaceae* – Rosengewächse
Herkunft: (*Sorbus aria × Sorbus aucuparia*)
Wuchs: Kleinbaum, anfangs kegelförmig, später breit eiförmig, dichttriebig; 5–7(–10) m hoch, 3–5 m breit
Blatt: oberseits glänzend dunkelgrün, ledrig-derb, unterseits graufilzig behaart, fiederblättrig gelappt, 6–9 cm lang, wechselständig
Blüte: in Schirmrispen, weiß, ø 6–10 cm
Blütezeit: V
Frucht: eiförmig bis kugelig, rot, bis 1,2 cm ø, zahlreich in hängenden Doldentrauben
Standort: Sonne bis lichter Schatten
Bodenansprüche: mäßig trocken bis frisch, schwach sauer bis alkalisch
Verwendung: heimisches Wildgehölz, Landschaftsgehölz, im Siedlungsbereich als Park- und Gartenbaum

Sorbus torminalis
Elsbeere

Familie: *Rosaceae* – Rosengewächse
Herkunft: Europa, Kleinasien
Wuchs: Baum mit eiförmiger bis runder Krone, auch kleiner Baum oder nur Großstrauch; 8–15(–20) m hoch, 7–12 m breit
Blatt: oberseits glänzend dunkelgrün, unterseits blaßgrün, ahornartig gelappt, 5–15 cm lang, wechselständig
Blüte: in Schirmrispen, reinweiß, sehr zahlreich und auffallend
Blütezeit: V–VI
Frucht: eiförmig, 1,5 cm lang, braun, unauffällig, nicht zum Verzehr
Standort: sonnig bis halbschattig
Bodenansprüche: trocken bis frisch, kalkhaltig bis neutral
Verwendung: heimisches Wildgehölz, Landschaftsgehölz, als Gruppengehölz, in Feldgehölzinseln, an Wegen und Landstraßen, als Ziergehölz im Siedlungsbereich
Eigenschaften: mäßig frosthart, wärmeliebend, wenig ausschlagfähig

Abb. 543: *Sorbus serotina* (Foto: Holmåsen)

Sorbus × thuringiaca 'Fastigiata'
Thüringische Eberesche

Abb. 545: *Sorbus torminalis* (Foto: Holmåsen)

Sorbus vilmorinii
China-Eberesche

Abb. 546: *Sorbus vilmorinii*

Familie: *Rosaceae* – Rosengewächse
Herkunft: China
Wuchs: Großstrauch oder kleiner Baum; 4–6 m hoch, 3–5 m breit
Blatt: Fiederblatt, unpaarig gefiedert zu 17–19, Blättchen elliptisch, bis 3,5 cm lang, oben dunkelgrün, unten graugrün
Blüte: in lockeren Schirmrispen, weiß, ø bis 10 cm
Blütezeit: V–VI
Frucht: kugelig, rot und verblassend rosa, 1 cm ø, langhaftend, in hängenden Rispen
Standort: Sonne bis lichter Schatten
Bodenansprüche: frisch bis feucht, sauer bis neutral
Verwendung: Ziergehölz im Siedlungsbereich, im Einzelstand in Parks und Gärten
Eigenschaften: langsam wachsend und lichthungrig, sehr langlebig

Spiraea × *arguta*
Schnee-Spierstrauch

Abb. 547: *Spiraea* × *arguta*

Familie: *Rosaceae* – Rosengewächse
Herkunft: (*Spiraea multiflora* × *Spiraea thunbergii*)
Wuchs: Strauch, vieltriebig breit aufrecht, mit überhängenden Seitenzweigen; 1,5–2,5 m hoch, 1,5–2,5(–3) m breit
Blatt: grün, schmallanzettlich, 4–6 cm lang, Rand scharf gesägt, wechselständig
Blüte: in kurzgestielten Doldentrauben, vielblütig weiß, auf der Oberseite der vorjährigen Triebe
Blütezeit: IV–V
Standort: sonnig, sonst anspruchslos
Bodenansprüche: alle kultivierten Böden
Pflege: als Verjüngungsschnitt vergreiste Triebe alle 2–3 Jahre gleich nach der Blüte entfernen
Verwendung: Landschaftsgehölz, Deckstrauch, im Hausgarten als Zierstrauch, für freiwachsende oder geschnittene Hecken
Eigenschaften: frosthart, schnittverträglich, robust

Spiraea-Bumalda-Hybride 'Anthony Waterer'
Spiraea × *bumalda* 'Anthony Waterer'
Spiere 'Anthony Waterer'

Familie: *Rosaceae* – Rosengewächse
Herkunft: (*Spiraea japonica* × *Spiraea albiflora*)
Wuchs: Kleinstrauch, vieltriebig, dichtbuschig; 0,6–0,8 m hoch und breit
Blatt: frischgrün, lanzettlich, bis 7 cm lang, Blattrand doppelt gesägt, wechselständig
Blüte: in Schirmrispen, karminrot, ø 15 cm, am einjährigen Holz
Blütezeit: VII–IX
Standort: sonnig bis halbschattig
Bodenansprüche: auf allen kultivierten Gartenböden
Verwendung: Ziergehölz, im Hausgarten und im Öffentlichen Grün, einzeln und in Gruppen, für niedrige Hecken
Eigenschaften: frosthart, schnittverträglich

Abb. 548: Spiraea-Bumalda-Hybride 'Anthony Waterer'

Spiraea-Bumalda-Hybride 'Froebelii'
(*Spiraea* × *bumalda* 'Froebelii')
Spiere 'Froebelii', Purpur-Spierstrauch

Familie: *Rosaceae* – Rosengewächse
Wuchs: vieltriebiger Kleinstrauch, dichtbuschig; 0,6–1,2 m hoch, 0,4–1 m breit
Blatt: frischgrün, lanzettlich, bis 7 cm lang, Blattrand doppelt gesägt, wechselständig
Blüte: in Schirmrispen, karminrot
Blütezeit: VI–IX
Standort: sonnig–halbschattig
Bodenansprüche: auf allen kultivierten Gartenböden
Verwendung: Ziergehölz, im Hausgarten und im Öffentlichen Grün, einzeln und in Gruppen, für niedrige Hecken

Spiraea × cinerea 'Grefsheim'
Spiere 'Grefsheim', Norwegische Spiere

Abb. 549: *Spiraea × cinerea* 'Grefsheim'

Familie: *Rosaceae* – Rosengewächse
Herkunft: (*Spiraea hypericifolia × Spiraea cana*)
Wuchs: dichtbuschiger Strauch mit locker überhängenden Zweigen; 1,5–2 m hoch und breit
Blatt: mattgrün, lanzettlich, bis 2,5 cm lang, unterseits seidig behaart, wechselständig
Blüte: in Doldentrauben, weiß, sehr zahlreich entlang der vorjährigen Triebe
Blütezeit: IV–V
Standort: sonnig bis lichter Schatten
Bodenansprüche: alle kultivierten Böden
Verwendung: Zierstrauch, im Hausgarten und im Öffentlichen Grün, für breite Blütenhecken
Eigenschaften: frosthart, schnittverträglich, deutlich robuster als *Spiraea × arguta*

Spiraea decumbens
Weiße Polster-Spiere

Familie: *Rosaceae* – Rosengewächse
Herkunft: Südeuropa
Wuchs: Zwergstrauch, feintriebig mit aufrechten Grundtrieben und überhängenden bis niederliegenden Zweigen; 0,3 m hoch, 0,6 m breit
Blatt: hellgrün, elliptisch, bis 3 cm lang, Blattrand doppelt gesägt, wechselständig
Blüte: in Doldentrauben, weiß, 3–5 cm breit
Blütezeit: IV–V
Standort: sonnig
Bodenansprüche: frisch bis feucht, auf allen kultivierten Gartenböden
Pflege: jährlicher Rückschnitt fördert Verzweigung und Blütenbildung, Schnitt direkt nach der Blüte oder vor dem Austrieb
Verwendung: Zierstrauch, meist in Gruppen als Bodendecker
Eigenschaften: durch Ausläufer teppichbildend

Spiraea japonica 'Little Princess'
Rosa Zwerg-Spiere

Familie: *Rosaceae* – Rosengewächse
Herkunft: Cultivar
Wuchs: Zwergstrauch, vieltriebig, dichtbuschig-gedrungen; 0,4–0,6 m hoch, bis 1 m breit
Blatt: grün, eilanzettlich, 1–3 cm lang, wechselständig
Blüte: in flachen Doldentrauben, zartrosa, ø 5 cm, aufrecht, am Ende der einjährigen Triebe, sehr zahlreich und zierend
Blütezeit: VI–VII
Standort: sonnig
Bodenansprüche: frisch bis feucht, auf allen kultivierten Gartenböden
Verwendung: Zierstrauch, einzeln und in Gruppen, im Hausgarten und im Öffentlichen Grün, in Pflanzgefäßen
Eigenschaften: frosthart, schnittverträglich, robust
Sorten: 'Albiflora': weiße Blüten in endständigen Schirmrispen, groß und zahlreich. Blütezeit VII–VIII, sonst wie 'Little Princess'

Abb. 550: *Spiraea japonica* 'Little Princess'

Spiraea nipponica
Japanische Strauch-Spiere

Abb. 551: *Spiraea nipponica*

Spiraea

Familie: *Rosaceae* – Rosengewächse
Herkunft: Japan
Wuchs: Strauch, vieltriebig aus der Basis, trichterförmig mit bogig überhängenden Trieben; 1,5–2,5 m hoch, 1,5–3 m breit
Blatt: oberseits dunkelgrün, unterseits blaugrün, elliptisch bis eiförmig, 3–5 cm lang
Blüte: in Doldentrauben, weiß, flachkugelig, entlang der einjährigen Triebe, sehr zahlreich und auffallend
Blütezeit: VI–VII
Standort: sonnig–halbschattig
Bodenansprüche: frisch bis feucht, alle kultivierten Gartenböden
Verwendung: Zierstrauch, einzeln oder in Gruppen in öffentlichen Grünanlagen und im Hausgarten

Spiraea prunifolia
Gefülltblühende Strauch-Spiere

Familie: *Rosaceae* – Rosengewächse
Herkunft: Ostasien
Wuchs: aufrechter Strauch, vieltriebig, mit deutlich überhängenden Trieben; 1,5–2 m hoch und breit
Blatt: glänzend dunkelgrün, unterseits graufilzig behaart, länglich-lanzettlich, bis etwa 4 cm lang, wechselständig
Blüte: in Doldentrauben, weiß, bis 5 cm ø, sitzend am vorjährigen Holz
Blütezeit: IV–V
Standort: sonnig bis lichter Schatten, etwas geschützt
Bodenansprüche: frisch bis mäßig feucht, kultivierte Böden
Verwendung: Zierstrauch im Hausgarten und im Öffentlichen Grün
Eigenschaften: bedingt frosthart

Abb. 552: *Spiraea × vanhouttii*

Spiraea thunbergii
Feinlaubige Strauch-Spiere, Frühlings-Spiere

Familie: *Rosaceae* – Rosengewächse
Herkunft: China
Wuchs: Kleinstrauch, locker aufrecht mit überhängenden Trieben; 0,8–1,2 m hoch, 0,6–1,2 m breit
Blatt: frischgrün, linealisch-lanzettlich, 2–3 cm lang, wechselständig; Herbstfärbung gelb
Blüte: in reinweißen Dolden, 4 cm ø, vor dem Blattaustrieb, sehr zahlreich
Blütezeit: III
Standort: sonnig, bevorzugt warm und geschützt
Bodenansprüche: frisch bis mäßig feucht, alle kultivierten Gartenböden
Pflege: Rückschnitt ausgeblühter Stände nach der Blüte, Rückschnitt des alten Holzes II/III
Verwendung: Zierstrauch, einzeln oder in Gruppen, im Hausgarten und im Öffentlichen Grün, attraktiver Frühjahrsblüher
Eigenschaften: etwas spätfrostgefährdeter Blühtermin

Staphylea colchica
Kolchische Pimpernuß

Familie: *Staphyleaceae* – Pimpernußgewächse
Herkunft: Kaukasus
Wuchs: Großstrauch, straff aufrecht; 3–4 m hoch
Blatt: Fiederblatt, lebhaft grün, 5–8 cm lang, Blättchen eiförmig zugespitzt, zu (3–)5, fast sitzend, Blatt gegenständig
Blüte: aufrechte, weiße Blütenrispen, bis 10 cm lang, duftend
Blütezeit: V
Frucht: blasig aufgetriebene Fruchtkapseln, gelbgrün, 4–5 cm lang, hängend
Standort: sonnig bis halbschattig, wärmeliebend
Bodenansprüche: feucht bis mäßig trocken, schwach sauer bis alkalisch
Verwendung: Zierstrauch, einzeln, in Garten und Park
Eigenschaften: anspruchslos, schnittverträglich

Spiraea × vanhouttii
Pracht-Spiere

Familie: *Rosaceae* – Rosengewächse
Herkunft: Cultivar
Wuchs: Strauch, vieltriebig aus der Basis, Triebe breitbuschig überhängend; Höhe 2–2,5(–3) m, 2,5–3,5 m breit
Blatt: oben dunkelgrün, unterseits bläulichgrün, eiförmig, 3–5zählig gelappt, 3–5 cm lang, wechselständig; Herbstfärbung gelb
Blüte: in halbkugelförmigen Dolden, reinweiß, sehr zahlreich entlang der Triebe, streng riechend
Blütezeit: V–VI
Standort: sonnig
Bodenansprüche: frisch bis feucht, wächst auf allen kultivierten Gartenböden
Pflege: Blütentriebe nach der Blüte um 1/3 einkürzen, Auslichten II/III
Verwendung: Zierstrauch, einzeln oder in Gruppen, im Öffentlichen Grün und im Hausgarten
Eigenschaften: frosthart, robust, schnittverträglich, beschattet nur reduzierter Blütenansatz

Abb. 553: *Staphylea colchica* (Foto: Holmåsen)

Stephanandra incisa
Kleine Kranzspiere

Familie: *Rosaceae* – Rosengewächse
Herkunft: Ostasien
Wuchs: Strauch, breitbuschig-kompakt mit bogenförmig überhängenden Trieben; 1–2 m hoch und breit
Blatt: grün, dreilappig mit herausragendem Mittellappen, Rand tief eingeschnitten und unregelmäßig gesägt, 4–6 cm lang, wechselständig
Blüte: in lockeren Rispen, grünlichweiß, 4–6 cm lang, am einjährigen Holz
Blütezeit: VI
Standort: sonnig–halbschattig
Bodenansprüche: feucht bis frisch, sauer bis neutral, bevorzugt nährstoffreich und durchlässig
Verwendung: Zierstrauch, im Garten und im Öffentlichen Grün
Eigenschaften: anspruchslos, frosthart

Stephanandra incisa 'Crispa'
Kranzspiere 'Crispa'

Familie: *Rosaceae* – Rosengewächse
Herkunft: Cultivar
Wuchs: Kleinstrauch, breitbuschig-kompakt, Triebe bogenförmig übergeneigt; 0,5–0,8 m hoch, 0,6–1,2 m breit
Blatt: oberseits frischgrün, unterseits hell graugrün, 3lappig, tief eingeschnitten und unregelmäßig gesägt, 2–3 cm lang, wechselständig
Blüte: in lockeren, endständigen Rispen, grünlichweiß, bis 6 cm lang
Blütezeit: VI–VII
Standort: lichter Schatten bis halbschattig
Bodenansprüche: frisch bis feucht, sauer bis neutral
Verwendung: Zierstrauch im Hausgarten und im Öffentlichen Grün, als Bodendecker unter Laubbäumen, an Böschungen, in Seitenstreifen und auf Restflächen
Eigenschaften: frosthart, in direkter Sonne Hitzeschäden am Blatt, kalkmeidend, gutes Ausschlagvermögen

Abb. 554: *Stephanandra incisa* 'Crispa' (Foto: Holmåsen)

Stephanandra tanakae
Große Kranzspiere

Abb. 555: *Stephanandra tanakae* (Foto: Holmåsen)

Familie: *Rosaceae* – Rosengewächse
Herkunft: Japan
Wuchs: Strauch, breitbuschig aufrecht, bis 2 m hoch und breit
Blatt: dunkelgrün, herzförmig, doppelt gesägt, 5–10 cm lang, wechselständig; Herbstfärbung orange bis rot
Blüte: in lockeren Rispen, weiß, bis 10 cm lang, am einjährigen Holz
Blütezeit: VI–VII
Standort: sonnig bis absonnig
Bodenansprüche: frisch bis feucht, sauer bis neutral
Verwendung: Zierstrauch im Hausgarten und im Öffentlichen Grün, als Bodendecker unter Laubbäumen, an Böschungen, in Seitenstreifen und auf Restflächen

Stranvaesia davidiana
Stranvesie

Familie: *Rosaceae* – Rosengewächse
Herkunft: China
Wuchs: breitbuschiger Strauch, sparrig verzweigt; 2(–3) m hoch, 1,5–2,5 m breit
Blatt: wintergrün, sattgrün glänzend, lanzettlich, bis 12 cm lang; Herbstfärbung scharlachrot, Winterfärbung bläulichviolett
Blüte: in flachen Doldentrauben, weiß, bis 8 cm ø, duftend
Blütezeit: VI
Frucht: rote Beeren, erbsengroß, langgestielt in lockeren Fruchtständen
Standort: sonnig bis halbschattig, bevorzugt warm und geschützt
Bodenansprüche: frisch bis feucht, schwach sauer bis alkalisch
Verwendung: Zierstrauch, Deckstrauch
Eigenschaften: da feuerbrandgefährdet, nur in Einzelstellung auf isolierten Standorten

Stranvaesia

Abb. 556: *Stranvaesia davidiana*

Symphoricarpos × *chenaultii*
Schneebeere

Familie: *Caprifoliaceae* – Geißblattgewächse
Herkunft: *(Symphoricarpos orbiculatus* × *Symphoricarpos microphyllus)*
Wuchs: Strauch, vieltriebig aufrecht, dichtbuschig verzweigt, Zweige bogig überhängend; 1,5–2 m hoch, 1–1,5 m breit
Blatt: oberseits dunkelgrün, unterseits bläulichgrün, fein behaart, eiförmig, bis 2 cm lang, gegenständig, auffallend paarweise entlang der Triebe
Blüte: in endständigen Ähren, rosa
Blütezeit: VI–VIII
Frucht: Beeren, sonnenseitig rot, schattenseitig weiß, bis 0,8 cm ø, zahlreich, langhaftend, ungenießbar
Standort: sonnig bis halbschattig
Bodenansprüche: gering, mäßig trocken bis feucht
Verwendung: Landschaftsgehölz, Deckstrauch, im Straßenbegleitgrün, in öffentlichen Grünanlagen
Eigenschaften: wie *Symphoricarpos albus* var. *laevigatus*, Früchte noch zahlreicher und auffälliger

Symphoricarpos albus var. *laevigatus* (*Symphoricarpos racemosus* hort.)
Gemeine Schneebeere

Familie: *Caprifoliaceae* – Geißblattgewächse
Herkunft: Wildform aus Nordamerika
Wuchs: Strauch, vieltriebig straff aufrecht, Triebe später leicht überhängend; 1,5–2 m hoch, 1–1,5 m breit
Blatt: oberseits dunkelgrün, unten hellgrün-kahl, rundlich bis eiförmig-elliptisch, 4–6 cm lang, gegenständig, langhaftend
Blüte: in endständigen Ähren, rosa-weiß, zu 4–5
Blütezeit: VI–IX
Frucht: weiße Beeren, 1–1,5 cm ø, zu mehreren geballt, auffallend, ungenießbar/giftig
Standort: sonnig–halbschattig
Bodenansprüche: gering, mäßig trocken bis feucht
Verwendung: Landschaftsgehölz, Deckstrauch, im Straßenbegleitgrün, für Hecken, an Böschungen, als Vogelnährgehölz
Eigenschaften: frosthart und robust, schatten-, salz- und schnittverträglich, durch Ausläufer stark „wandernd" und Dickicht bildend

Symphoricarpos × *chenaultii* 'Hancock'
Schneebeere 'Hancock'

Cultivar. Kleinstrauch, dicht verzweigt, breitwachsend, Triebe ausgebreitet bis niederliegend; 0,5–0,8 m hoch und 1–2 m breit. Blüte in endständigen Ähren, rosa. Frucht wie die Art. Landschaftsgehölz, im Siedlungsbereich als Bodendecker. Anspruchslos, schattenverträglich und salzverträglich, verbreitet sich durch Bewurzelung niederliegender Äste

Symphoricarpos × *doorenbosii* 'Magic Berry'
Schneebeere 'Magic Berry'

Cultivar. Kleinstrauch, dicht verzweigt, breitwachsend, Triebe ausgebreitet bis niederliegend; 0,6–1 m hoch. Lilarote Beeren, sehr zahlreich und zierend, nicht genießbar

Abb. 557: *Symphoricarpos albus* var. *laevigatus*

Abb. 558: *Symphoricarpos* × *doorenbosii* 'Magic Berry'

Symphoricarpos orbiculatus
Korallenbeere

Familie: *Caprifoliaceae* – Geißblattgewächse
Herkunft: Nordamerika
Wuchs: Strauch, dichtbuschig aufrecht, später überhängend; 1,5–2 m hoch
Blatt: oberseits grün mit bläulichem Schimmer, unten filzig hellgraugrün, eirundlich, bis 4 cm lang, gegenständig
Blüte: in kleinen Ähren, weißlich bis rötlich, wenig auffällig
Frucht: kugelige, rote Beeren, ca. ø 5 mm, in dicken Büscheln entlang der Triebe, zierend, ungenießbar
Standort: sonnig–halbschattig
Bodenansprüche: gering, mäßig trocken bis feucht
Verwendung: Landschaftsgehölz, Deckstrauch, im Straßenbegleitgrün, in öffentlichen Grünanlagen, in Hecken, an Böschungen

Syringa × chinensis
Chinesischer Flieder, Königs-Flieder

Abb. 559

Abb. 559: *Syringa × chinensis* (Foto: Holmåsen)

Familie: *Oleaceae* – Ölbaumgewächse
Herkunft: (*Syringa vulgaris* × *Syringa persica*)
Wuchs: Großstrauch, locker aufrecht mit bogig überhängenden Zweigen; 3–5 m hoch und breit
Blatt: dunkelgrün, eiförmig zugespitzt, 4–8 cm lang, gegenständig
Blüte: in Rispen, lilarosa, bis 30 cm lang am mehrjährigen Holz, sehr zahlreich, duftend
Blütezeit: V
Standort: sonnig, bevorzugt warm und geschützt
Bodenansprüche: mäßig trocken bis frisch, neutral bis alkalisch, durchlässig und nährstoffreich
Pflege: entfernen ausgeblühter Blütenstände sowie Verjüngungsschnitt nach der Blüte zu empfehlen; Wildtriebe am Wurzelstock entfernen
Verwendung: Ziergehölz, im Hausgarten und im Öffentlichen Grün, als Blütengehölz mit hohem Zierwert in Dorf und Stadt
Eigenschaften: frosthart, stadtklimafest
Sorten: 'Saugeana': dunkles Rotlila, Blütenrispen in großer Fülle

Syringa josikaea
Ungarischer Flieder

Abb. 560

Abb. 560: *Syringa josikaea* (Foto: Holmåsen)

Familie: *Oleaceae* – Ölbaumgewächse
Herkunft: Südosteuropa
Wuchs: Großstrauch, straff aufrecht, dichtbuschig; 3–4 m hoch und breit
Blatt: dunkelgrün, breit-elliptisch, 6–12 cm lang, gegenständig; Herbstfärbung fahlgelb
Blüte: violett, in Rispen, bis 20 cm lang, duftend
Blütezeit: V–VI
Standort: sonnig bis lichter Schatten, bevorzugt warm und geschützt
Bodenansprüche: frisch bis feucht, sauer bis schwach alkalisch, durchlässig und nährstoffreich
Pflege: entfernen ausgeblühter Blütenstände sowie Verjüngungsschnitt nach der Blüte zu empfehlen; Wildtriebe am Wurzelstock entfernen
Verwendung: Ziergehölz, im Hausgarten und in öffentlichen Grünanlagen, als Blütengehölz mit hohem Zierwert in Dorf und Stadt, schön in Blütenhecken
Eigenschaften: frosthart, stadtklimafest

Syringa microphylla 'Superba'
Herbst-Flieder

Abb. 561

Familie: *Oleaceae* – Ölbaumgewächse
Herkunft: Cultivar
Wuchs: aufrecht-breitbuschiger Kleinstrauch; 1–1,5 m hoch
Blatt: oberseits dunkelgrün, unterseits graugrün, rundlich bis elliptisch, bis 4 cm lang, gegenständig
Blüte: in Rispen, anfangs lilarosa, später hellrosa, 5–10 cm lang, duftend
Blütezeit: V–IX
Standort: sonnig, bevorzugt warm und etwas geschützt
Bodenansprüche: mäßig trocken bis frisch, mäßig sauer bis neutral, durchlässig und nährstoffreich
Verwendung: Ziergehölz, im Hausgarten und im Öffentlichen Grün, als Blütengehölz zur Einzelstellung auch in kleineren Gärten
Eigenschaften: frosthart, stadtklimafest

Abb. 561: *Syringa microphylla* 'Superba'

Abb. 563: *Syringa* × *swegiflexa* (Foto: Holmåsen)

Syringa reflexa
Bogen-Flieder

Abb. 562

Familie: *Oleaceae* – Ölbaumgewächse
Herkunft: China
Wuchs: Strauch, vieltriebig breit aufrecht, im Alter fast schirmförmig; 2–4 m hoch und breit
Blatt: oben dunkelgrün, unten graugrün, länglich eiförmig, bis 15 cm lang, gegenständig
Blüte: in Rispen, außen dunkelrosa, innen fast weiß, bis 15 cm lang, hängend, duftend
Blütezeit: V–VI
Standort: sonnig, bevorzugt warm und etwas geschützt
Bodenansprüche: frische bis feuchte, saure bis neutrale, durchlässig-lockere und ausreichend nährstoffhaltige Böden
Pflege: entfernen ausgeblühter Blütenstände sowie Verjüngungsschnitt nach der Blüte zu empfehlen
Verwendung: Zierstrauch, im Hausgarten und in öffentlichen Grünanlagen, zur Einzelstellung bei ausreichendem Raumangebot
Eigenschaften: frosthart, stadtklimafest, kalkmeidend

Bodenansprüche: frisch bis mäßig feucht, sauer bis neutral, auf durchlässig-lockeren und nährstoffreichen Böden
Pflege; entfernen ausgeblühter Blütenstände sowie Verjüngungsschnitt nach der Blüte zu empfehlen;
Verwendung: Zierstrauch, im Hausgarten und in öffentlichen Grünanlagen, als Blütengehölz mit hohem Zierwert
Eigenschaften: frosthart, stadtklimafest, kalkmeidend

Syringa-Vulgaris-Hybriden
Garten-Flieder

Abb. 564 – 574

Abb. 564: Syringa-Vulgaris-Hybride

Abb. 565: Syringa-Vulgaris-Hybride

Abb. 562: *Syringa reflexa*

Syringa × *swegiflexa*
Perlen-Flieder

Abb. 563

Familie: *Oleaceae* – Ölbaumgewächse
Herkunft: *(Syringa reflexa* × *Syringa sweginzowii)*
Wuchs: Strauch, vieltriebigaufrecht, trichterförmig, bogig überhängende Seitenzweige; 2–3(–3,5) m hoch, 2–3 m breit
Blatt: oben dunkelgrün, unterseits heller, eiförmig, spitz, bis 15 cm lang, gegenständig
Blüte: in Rispen, knospig karminrot, blühend rosa, langgestreckt überhängend, bis 30 cm lang, duftend
Blütezeit: VI
Standort: Sonne, bevorzugt warm und etwas geschützt

Abb. 566: Syringa-Vulgaris-Hybriden

Syringa

Familie: *Oleaceae* – Ölbaumgewächse
Herkunft: Südeuropa
Wuchs: aufrechter Großstrauch, dicht verzweigt, auch Kleinbaum; 4–6 m hoch, 3–5 m breit
Blatt: schwachglänzend-sattgrün, breiteiförmig bis herzförmig, 5–12 cm lang, gegenständig
Blüte: in Rispen, 10–20 cm lang, duftend, Farbe s. Sorten
Blütezeit: V–VI

Abb. 570: Syringa-Vulgaris-Hybride 'Katherine Havemeyer'

Abb. 567 + 568: Syringa-Vulgaris-Hybride 'Andenken an Ludwig Späth'

Standort: Sonne
Bodenansprüche: frisch bis mäßig feucht, schwach sauer bis stark alkalisch, auf durchlässig-lockeren und nährstoffreichen Böden
Verwendung: Ziergehölze in Hausgärten und Öffentlichem Grün
Eigenschaften: stark Ausläufer treibend
Sorten: 'Andenken an Ludwig Späth': Blüte dunkel-purpurrot, einfach. 'Charles Joly': Blüte purpurrot, gefüllt. 'Katherine Havemeyer': Blüte lila-purpur-rosa, halbgefüllt. 'Michel Buchner': Blüte lila mit weißem Auge, gefüllt. 'Mme. Lemoine': Blüte reinweiß, gefüllt. 'Mrs. Edward Harding': Blüte weinrot, gefüllt. 'Primrose': Blüte hellgelb, einfach. Außer diesen aufgeführten und bewährten Standard-Sorten sind weitere Gartenformen mit unterschiedlicher Verfügbarkeit im Angebot.

Abb. 569: Syringa-Vulgaris-Hybride 'Charles Joly'

Abb. 571: Syringa-Vulgaris-Hybride 'Michael Buchner'

Syringa

Abb. 572: Syringa-Vulgaris-Hybride 'Mme. Lemoine'

Abb. 573: Syringa-Vulgaris-Hybride 'Mrs. Edward Harding'

Abb. 574: Syringa-Vulgaris-Hybride 'Primrose'

Tamarix parviflora
Frühlings-Tamariske

Familie: *Tamaricaceae* – Tamariskengewächse
Herkunft: Südosteuropa
Wuchs: Großstrauch oder kurzstämmiger kleiner Baum, vieltriebig locker mit bogig überhängenden Ästen; 3–4 m hoch und breit
Blatt: blaßgrün-grau, lanzettlich, schuppenartig am Trieb, sehr fein
Blüte: in Trauben, hellrosa, am vorjährigen Holz, 3–4 cm lang, in großer Fülle entlang der Triebe
Blütezeit: V
Standort: sonnig
Bodenansprüche: trocken bis mäßig frisch, neutral bis alkalisch, durchlässig; auch auf armen Böden und Rohböden
Verwendung: Ziergehölz, im Einzelstand im Hausgarten oder im Park, auch als Schutzpflanze auf Dünen, Halden, Anrissen
Eigenschaften: ausreichend winterhart, salzverträglich, resistent gegen Hitze und Trockenperioden, anspruchslos

Abb. 575: *Tamarix parviflora*

Tamarix pentandra (*Tamarix ramosissima* 'Rubra')
Tamariske

Familie: *Tamaricaceae* – Tamariskengewächse
Herkunft: Südosteuropa bis Kleinasien
Wuchs: Großstrauch, wenig verzweigt mit bogig überhängenden Trieben; 3–5 m hoch und breit
Blatt: blaugrün, lanzettlich, schuppenartig am Trieb
Blüte: in Doppeltrauben, bis zu 8 cm lang, dunkelrosa
Blütezeit: VII–IX
Standort: sonnig
Bodenansprüche: trocken bis frisch, alkalisch bis neutral, auch auf ärmeren Böden
Verwendung: Ziergehölz, im Einzelstand im Hausgarten oder im Park, nur in geschützten Lagen klimatisch bevorzugter Regionen
Eigenschaften: bedingt winterhart, salzverträglich, resistent gegen Hitze und Trockenperioden, anspruchslos

Tilia

Abb. 576: *Tamarix pentandra*

Abb. 577: *Tilia americana* (Foto: Holmåsen)

Tamarix ramosissima
Sommer-Tamariske

Familie: *Tamaricaceae* – Tamariskengewächse
Herkunft: Südosteuropa
Wuchs: Strauch, mit aufrechten Grundtrieben und bogig überhängenden Seitentrieben; 2–3 m hoch und breit
Blatt: graugrün, lanzettlich, schuppenförmig am Trieb
Blüte: sternförmige Blüten in 3 cm langen, lockeren Einzeltrauben, hellrosa, sehr zahlreich, endständig in langen Rispen, auffallend
Blütezeit: VII–IX
Standort: sonnig
Bodenansprüche: mäßig trocken bis frisch
Verwendung: Ziergehölz im Einzelstand im Hausgarten und in Parks, nur geschützt in klimatisch begünstigten Regionen
Eigenschaften: bedingt winterhart, salzverträglich, resistent gegen Hitze und Trockenperioden

Tilia americana
Amerikanische Linde

Abb. 577

Familie: *Tiliaceae* – Lindengewächse
Herkunft: östliches Nordamerika
Wuchs: Großbaum mit anfangs kegelförmiger, später hochgewölbter, dichter Krone und überhängenden Ästen; Höhe 20–25(–35) m, 15–20(–25) m Breite
Blatt: grün, breit-eiförmig, scharf gesägt, 15–20 cm lang, wechselständig
Blüte: in hängendem Blütenstand mit 5 und mehr gelben Blüten, duftend
Blütezeit: VI–VII
Frucht: rundliche, kleine Früchte im Fruchtstand; dieser ist bis zur Hälfte am Hochblatt angeheftet
Standort: sonnig–halbschattig
Bodenansprüche: frisch bis feucht, schwach sauer bis alkalisch, bevorzugt tiefgründig, nährstoffreich
Pflege: Schnittmaßnahmen VII und VIII
Verwendung: Landschaftsgehölz, Waldbaum, im Öffentlichen Grün, an breiten Straßen im Außenbereich, auf Plätzen
Eigenschaften: frosthart, hitzeverträglich, sehr gutes Ausschlagvermögen, empfindlich gegen Bodenverdichtung, Einpflasterung und Salz
Sorten: 'Nova': weitgehend identisch mit der Art. Die im Handel befindliche *Tilia americana* ist in der Regel die Sorte 'Nova'.

Tilia cordata
Winter-Linde

Abb. 578

Familie: *Tiliaceae* – Lindengewächse
Herkunft: Europa
Wuchs: Baum bis Großbaum, meist kurzschäftig mit kegelförmiger, später hochgewölbter Krone; 20–25(–30) m hoch, 15–20(–25) m breit
Blatt: oberseits sattgrün, unten bläulichgrün, herzförmig oder schief-herzförmig, 3–6 cm lang, wechselständig; Herbstfärbung gelb
Blüte: im Blütenstand mit 5–10 Blüten, gelb, intensiv duftend
Blütezeit: VI–VII
Frucht: eirundlich, klein, graufilzig, Hochblatt als Flugorgan, in unauffälligen Fruchtständen
Standort: Sonne bis lichter Schatten
Bodenansprüche: mäßig trocken bis frisch, schwach sauer bis alkalisch, auf allen Substraten, bevorzugt nährstoffreich
Pflege: Schnittmaßnahmen VII und VIII
Verwendung: Landschaftsgehölz, Forstgehölz, als Dorf- und Hofbaum, an Straßen und für Alleen, für ungeschnittene und geschnittene Hecken, in Gärten und Parks, an Plätzen
Eigenschaften: frosthart, hitzeverträglich, sehr gutes Ausschlagvermögen, empfindlich gegen Bodenverdichtung, Einpflasterung und Salz

Abb. 578: *Tilia cordata* (Foto: Holmåsen)

Tilia

Tilia cordata 'Erecta'
Winter-Linde 'Erecta'

Cultivar. Baum, zunächst kegelförmig, später breit-eirunde Krone; 15–18(–20) m hoch, 10–14 m breit. Geeignet als Straßen- und Parkbaum. Sonst wie die Art

Tilia cordata 'Greenspire'
Winter-Linde 'Greenspire'

Selektion. Baum mit meist gerade durchgehendem Stamm und kompakter, eiförmiger Krone; 12–15(–18) m hoch, 8–12 m breit. Oberseits glänzend dunkelgrün, derb, unterseits bläulichgrün, rundlich bis schief-herzförmig, 6–10 cm lang, wechselständig. Geeignet als Straßen- und Parkbaum

Abb. 580: *Tilia* × *euchlora*

Abb. 579: *Tilia cordata* 'Greenspire'

Tilia × euchlora
Krim-Linde

Familie: *Tiliaceae* – Lindengewächse
Herkunft: *(Tilia cordata × Tilia dasystyla)*
Wuchs: Baum, meist mit geradem, durchgehendem Stamm und kompakter, schmal-ovaler Krone; ausgewachsen Zweige unten, außen hängend; 15–18(–20) m hoch, 10–15 m breit
Blatt: oberseits glänzend dunkelgrün, unterseits heller bläulichgrün, meist schief-herzförmig, 5–15 cm lang, wechselständig
Blüte: in hängenden Blütenständen, langgestielt auf dem Hochblatt, zu 3–7 leuchtend gelb und stark duftend
Blütezeit: VI–VII
Frucht: klein, grünlich-braun, im Fruchtstand zu mehreren, am Hochblatt
Standort: sonnig
Bodenansprüche: mäßig trocken bis frisch, schwach sauer bis stark alkalisch, bodenvag
Verwendung: Straßen-, Allee- und Parkbaum, gut geeignet als Formgehölz
Eigenschaften: frosthart, stadtklimafest, windfest

Tilia × flavescens 'Glenleven'
Linde 'Glenleven'

Familie: *Tiliaceae* – Lindengewächse
Herkunft: *(Tilia americana × Tilia cordata)*
Wuchs: Großbaum, Stamm durchgehend bis in die Terminale, Krone rundlich, breit ausladend; 18–25(–30) m hoch, 12–20 m breit
Blatt: glänzend dunkelgrün, herzförmig, bis 10 cm lang, wechselständig
Blüte: in Blütenständen, gelblich-grün, duftend
Blütezeit: VI–VII
Frucht: unauffällig
Standort: sonnig
Bodenansprüche: gering, mäßig trocken bis frisch, schwach sauer bis alkalisch
Verwendung: Straßen-, Allee- und Parkbaum, bei entsprechendem Raumangebot
Eigenschaften: frosthart

Tilia platyphyllos
Sommer-Linde

Familie: *Tiliaceae* – Lindengewächse
Herkunft: Mitteleuropa
Wuchs: Großbaum mit meist kurzem Stamm, tief angesetzter Krone und aufstrebenden Hauptästen, Krone anfangs kegelförmig, später rund; 30–40 m hoch, 15–25 m breit
Blatt: oberseits stumpfgrün, unterseits heller und weich behaart, herzförmig, 8–15 cm lang, wechselständig; Herbstfärbung gelb
Blüte: in Trugdolden, Einzelblüte gelblich-weiß, duftend
Blütezeit: VI
Frucht: graufilzige, erbsengroße Nüßchen
Standort: sonnig bis halbschattig
Bodenansprüche: frisch bis feucht, schwach sauer bis alkalisch, bevorzugt tiefgründig und nährstoffreich
Verwendung: heimisches Wildgehölz, Landschaftsgehölz, in Feldgehölzinseln, Mischpflanzungen, als Dorf- und Hofbaum, im Siedlungsbereich auf offenen Plätzen und in Parkanlagen, für Baumhecken
Eigenschaften: bevorzugt luft- und bodenfeuchte Standorte, anspruchsvoll auch an den

Boden, empfindlich gegen Bodenverdichtung, salzempfindlich, schnittverträglich, VII–VIII

Abb. 581: *Tilia platyphyllos*

Tilia tomentosa
Silber-Linde

Abb. 582: *Tilia tomentosa*

Familie: *Tiliaceae* – Lindengewächse
Herkunft: Südosteuropa bis Kleinasien
Wuchs: Großbaum mit kompakter, breit-kegelförmiger bis breit-eiförmiger Krone; 25–30 m hoch, 15–20 m breit
Blatt: oberseits mattgrün, unterseits weißfilzig, schiefherzförmig, 11–16 cm lang, wechselständig, langhaftend
Blüte: in Blütenständen, Einzelblüten zu 5–10, gelb, duftend, spät
Blütezeit: VII
Frucht: unauffällig
Standort: Sonne
Bodenansprüche: mäßig trocken bis frisch, schwach sauer bis stark alkalisch
Verwendung: Allee- und Parkbaum, als Straßenbaum besser Sorten verwenden
Eigenschaften: frosthart, stadtklimafest, wie alle Linden ertragreiche Bienenfutterpflanze

Tilia × vulgaris
(*Tilia × intermedia*, *Tilia × europea*)
Holländische Linde

Abb. 583: *Tilia × vulgaris*

Familie: *Tiliaceae* – Lindengewächse
Herkunft: (Selektion aus *Tilia cordata × Tilia platyphyllos*)
Wuchs: Großbaum, gerader und durchgehender Stamm mit geschlossen-gleichmäßiger, hochgewölbter Krone; Höhe 25–30(–40) m, 15–20(–25) m breit
Blatt: oberseits frischgrün, unterseits gelbgrün, schiefherzförmig, 6–10 cm groß; Herbstfärbung fahlgelb
Blüte: in Blütenständen zu 3–7, gelb
Blütezeit: VI
Frucht: unauffällig
Standort: sonnig
Bodenansprüche: frisch bis feucht, schwach sauer bis alkalisch, bevorzugt tiefgründig und nährstoffreich
Verwendung: Straßen-, Allee- und Parkbaum; nicht für Parkplätze geeignet, da Honigtau absondernd
Eigenschaften: frosthart, stadtklimafest, windfest
Sorten: 'Pallida': Selektion aus *Tilia × vulgaris*. Blatt größer und leicht glänzend

Ulmus glabra
Berg-Ulme

Abb. 584: *Ulmus glabra*

Familie: *Ulmaceae* – Ulmengewächse
Herkunft: Europa
Wuchs: Großbaum, kurzer Stamm in starke Hauptäste übergehend, breit-runde, dichte Krone; 20–30(–40) m hoch, 15–25 m breit
Blatt: oberseits dunkelgrün, unterseits mittelgrün, eiförmig, bis verkehrt eiförmig, 5–15 cm lang, wechselständig; Herbstfärbung gelb
Blüte: in auffälligen bräunlichen Büscheln vor dem Laubaustrieb
Blütezeit: III–IV
Frucht: gelblichbraune, kugelige Nuß im 2–3 cm breiten Fruchtflügel
Standort: sonnig–halbschattig
Bodenansprüche: frisch bis feucht, schwach sauer bis stark alkalisch, nur auf tiefgründigen, nährstoffreichen Böden
Verwendung: heimisches Wildgehölz, Landschaftsgehölz, in Auwäldern, in Berg- und Schluchtwäldern
Eigenschaften: früher verbreitet, heute durch das Ulmensterben in der Existenz bedroht

Ulmus glabra 'Horizontalis' (*Ulmus glabra* 'Pendula')
Hänge-Ulme

Cultivar. Kleinbaum, dicht verzweigt, Äste schirmartig ausgebreitet; 3–5 m hoch, 4–6 m breit. Ziergehölz zur Einzelstellung in Garten und Park. Bedroht durch Ulmensterben!

Abb. 585: *Ulmus glabra* 'Horizontalis'

Ulmus × *hollandica*
Holländische Ulme

Herkunft *Ulmus carpinifolia* × *Ulmus glabra*. Bastardformen mit unterschiedlichem Habitus. Gleichfalls vom Ulmensterben befallen; nach neueren Angaben jedoch unterschiedlich resistent – Ergebnisse bleiben abzuwarten (Stand 1994)

Abb. 586: *Ulmus* × *hollandica* 'Groeneveld'

Ulmus-Hybride 'Dodoens'
Ulme 'Dodoens'

Cultivar. Baum mit locker aufgebauter, breitkegelförmiger Krone; 12–15 m hoch, 4–6 m breit. Blatt matt glänzend, dunkelgrün, eiförmig, 8–10 cm lang. Soll angeblich relativ resistent gegen die Ulmenkrankheit sein; endgültige Ergebnisse stehen noch aus (Stand 1994)

Ulmus-Hybride 'Lobel'
Ulme 'Lobel'

Cultivar. Baum mit durchgehendem Stamm und geschlossener, breit-kegelförmiger Krone; 12–15 m hoch, 4–6 m breit. Blatt mattgrün, derb, eiförmig, 6–8 cm lang. Angeblich relativ resistent gegen die Ulmenkrankheit; nur selektive Beobachtungen, Ergebnisse noch offen (Stand 1994)

Ulmus-Hybride 'Plantijn'
Ulme 'Plantijn'

Cultivar. Baum mit durchgehendem Stamm und breitkegelförmiger Krone; 12–15 m hoch, 4–6 m breit. Blatt grün, auch graugrün, eiförmig, bis 16 cm lang. Gilt als relativ widerstandsfähig gegen die Ulmenkrankheit; nur selektive Beobachtungen, Ergebnisse noch offen (Stand 1994)

Ulmus laevis
Flatter-Ulme

Familie: *Ulmaceae* – Ulmengewächse
Herkunft: Europa
Wuchs: Großbaum, rundkronig, später locker und breitrund; 15–25(–35) m hoch, 12–18 m breit
Blatt: oben matt dunkelgrün, unten graugrün behaart, rundlich bis oval, Blattgrund auffallend asymmetrisch, 6–12 cm lang, wechselständig; Herbstfärbung gelb
Blüte: in Büscheln langgestielt „flatternd", gelblichgrün, vor dem Laubaustrieb
Blütezeit: IV
Frucht: geflügelte Nuß, Fruchtflügel bis 1,2 cm lang, zahlreich
Standort: sonnig–halbschattig
Bodenansprüche: mäßig frisch bis feucht, schwach sauer bis neutral, nur auf tiefgründigen, nährstoffreichen Böden
Verwendung: heimisches Wildgehölz, Landschaftsgehölz, in Auwäldern der mittel- und osteuropäischen Flußtäler
Eigenschaften: durch Ulmensterben in der Existenz bedroht

Ulmus minor
(*Ulmus carpinifolia*)
Feld-Ulme

Familie: *Ulmaceae* – Ulmengewächse
Herkunft: Europa, Nordafrika, Westasien
Wuchs: Großbaum, meist kurzstämmig mit starken Hauptästen und breit-runder Krone; 25–35(–40) m hoch, 20–25 m breit
Blatt: oberseits sattgrün-glänzend, unterseits heller, eiförmig bis elliptisch, Spreitenbasis deutlich asymmetrisch, 5–10 cm lang, wechselständig
Blüte: unauffällig, in grünlich-bräunlichen Büscheln vor dem Laubaustrieb
Blütezeit: III–IV
Frucht: grünes, kugeliges Nüßchen im Fruchtflügel, 1,5–2,5 cm lang, zahlreich, IV–V
Standort: sonnig–halbschattig
Bodenansprüche: trocken bis feucht, schwach sauer bis stark alkalisch, nur auf tiefgründig-lockeren und nährstoffreichen Böden
Verwendung: Landschaftsgehölz, in Hartholzauen, in Laubmischwäldern, auf sonnigen Hängen und warmen Mittelgebirgstälern
Eigenschaften: durch die Ulmenkrankheit in der Existenz bedroht (Pilzinfektion)

Ulmus minor 'Wredei'
(*Ulmus carpinifolia* 'Wredei')
Gold-Ulme

Cultivar. Kleinbaum, anfangs schmal säulenförmig mit straff aufrechten Ästen, später kegelförmig; 8–10 m hoch, 3–5 m breit. Blatt im Austrieb leuchtend gelb, später sattgelb mit grünlichem Schimmer, Blatt breit-eiförmig und in sich gedreht, Blattrand gewellt bis gekraust. Ziergehölz zur Einzelstellung für Gärten und öffentliche Grünanlagen

Abb. 587: *Ulmus minor* 'Wredei'

Vaccinium corymbosum
Garten-Heidelbeere, Amerikanische Heidelbeere

Abb. 588: *Vaccinium corymbosum* (Foto: Holmåsen)

Familie: *Ericaceae* – Heidekrautgewächse
Herkunft: östliches Nordamerika
Wuchs: Kleinstrauch, vieltriebig aus der Basis, straff aufrecht, später breitbuschig; 1–2 m hoch, 0,8–1,8 m breit
Blatt: grün, elliptisch, 5–8 cm lang, wechselständig; Herbstfärbung gelb bis orangerot
Blüte: in Trauben, weiß oder rosa
Blütezeit: V
Frucht: blauschwarze Beeren, kugelig, ø 1–1,5 cm, eßbar
Standort: sonnig–halbschattig
Bodenansprüche: feucht bis naß, sauer bis schwachsauer, kalkfrei
Verwendung: Ausgangsmaterial für Fruchtsorten, Wildform in standortgerechten Pflanzengesellschaften
Sorten: siehe Kreuzers Gartenpflanzen Lexikon Band III

Abb. 589: *Vaccinium corymbosum* 'Goldtraube'

Vaccinium vitis-idea
Preiselbeere

Abb. 590: *Vaccinium vitis-idea* (Foto: Holmåsen)

Familie: *Ericaceae* – Heidekrautgewächse
Herkunft: Europa, Asien
Wuchs: Zwergstrauch, durch unterirdische Ausläufer sich verbreitend; 0,1–0,3 m hoch
Blatt: immergrün, oberseits glänzendgrün, unten heller, eiförmig stumpf, wechselständig
Blüte: kelchförmige, gestielte Blüten, in hängenden Trauben weiß mit rötlichem Schimmer
Blütezeit: V–VI
Frucht: kugelige Beeren, leuchtend rot, ab VIII/IX, eßbar
Standort: sonnig
Bodenansprüche: mäßig frisch bis naß, sauer, nährstoffarm
Verwendung: in standortgerechten Pflanzengesellschaften, Züchtungsmaterial für Fruchtsorten
Sorten: siehe Kreuzers Gartenpflanzen Lexikon Band III

Abb. 591: *Vaccinium vitis-idea* 'Koralle'

Viburnum × bodnantense 'Dawn'
Schneeball 'Dawn'

Familie: *Caprifoliaceae* – Geißblattgewächse
Herkunft: (*Viburnum farreri* × *Viburnum grandiflorum*)
Wuchs: Strauch, vieltriebig aus der Basis, straff aufrecht, sparrig verzweigt; 2–3 m hoch, 1,5–2 m breit
Blatt: oberseits grün, unterseits heller, länglich-elliptisch, 3–10 cm lang, gegenständig; Herbstfärbung dunkelrot bis violett
Blüte: in Büscheln zu mehreren, im Herbst weiß mit rosa Schimmer, im Frühjahr kräftig rosa, duftend
Blütezeit: IX und II–III
Standort: sonnig–halbschattig
Bodenansprüche: mäßig trocken bis frisch, auf allen kultivierten Gartenböden
Pflege: Schnitt, falls erforderlich, nur gleich nach der Blüte
Verwendung: Zierstrauch, als Winter-, Frühjahrsblüher im Einzelstand mit besonderem Zierwert
Eigenschaften: frosthart bis –20 °C

Viburnum × burkwoodii
Wintergrüner Duft-Schneeball

Familie: *Caprifoliaceae* – Geißblattgewächse
Herkunft: (*Viburnum carlesii* × *Viburnum utile*)
Wuchs: Strauch, locker aufrecht, breitbuschig; 2(–3) m hoch, 1,5–2,5 m breit
Blatt: wintergrün, oben glänzend tiefgrün, unten filziggraugrün, elliptisch, 4–7 cm lang, gegenständig
Blüte: in Rispen, anfangs zartrosa, später weiß, ø 6 cm, duftend, am mehrjährigen Holz
Blütezeit: IV–V und XII
Standort: sonnig–halbschattig
Erde: feucht bis frisch, sauer bis neutral, auf guten Gartenböden
Verwendung: Zierstrauch, zur Einzelstellung und in Gruppen, in Gärten und Parks

Abb. 592: *Viburnum × burkwoodii*

Viburnum × carlcephalum
Großblütiger Duft-Schneeball

Familie: *Caprifoliaceae* – Geißblattgewächse
Herkunft: (*Viburnum carlesii* × *Viburnum macrocephalum*)
Wuchs: breitbuschiger Strauch, locker aufrecht; 2(–3) m hoch, 1,5–2,5 m breit
Blatt: oben mattgrün, unterseits graugrün, breit-eiförmig, bis 12 cm lang, gegenständig; Herbstfärbung gelb bis braunrot
Blüte: in halbkugelförmigen Rispen, ø 10–12 cm, Einzelblüten einfach, reinweiß, intensiv duftend
Blütezeit: IV–V
Standort: Sonne bis lichter Schatten
Bodenansprüche: mäßig feucht bis frisch, sauer bis neutral, durchlässig
Verwendung: Zierstrauch, zur Einzelstellung und in Gruppen

Viburnum carlesii
Koreanischer Duft-Schneeball

Familie: *Caprifoliaceae* – Geißblattgewächse
Herkunft: Korea
Wuchs: breitbuschiger Kleinstrauch, locker aufrecht; 1–1,5 m hoch und breit
Blatt: stumpfgrün, unterseits dicht behaart, breit-eiförmig, 3–10 cm lang, gegenständig; Herbstfärbung gelegentlich orangerot
Blüte: in halbkugelförmigen Rispen, 5–7 cm ø, Einzelblüten einfach, rosa und im Verblühen weiß, intensiv duftend
Blütezeit: IV–V
Standort: Sonne bis lichter Schatten
Bodenansprüche: frisch bis mäßig feucht, sauer bis neutral, auf guten Gartenböden
Verwendung: Zierstrauch, zur Einzelstellung und in Gruppen, in Gärten und Parks

Abb. 593: *Viburnum carlesii*

Viburnum davidii
Immergrüner Zwerg-Schneeball

Familie: *Caprifoliaceae* – Geißblattgewächse
Herkunft: China
Wuchs: Zwergstrauch, dicht verzweigt, Zweige waagerecht bis aufliegend; 0,5–0,8(–1,2) m hoch, 0,8–1,4 m breit
Blatt: immergrün, dunkelgrün und ledrig-derb, elliptisch, 5–15 cm lang, gegenständig
Blüte: in flachen Schirmrispen, 7strahlig, Blüte weißlich-rosa
Blütezeit: VI
Frucht: eirund, dunkelblau bereift, nicht eßbar
Standort: Sonne bis lichter Schatten, in geschützten, warmen Lagen
Bodenansprüche: frisch bis mäßig feucht, sauer bis neutral
Verwendung: Zierstrauch, zur Einzelstellung und in Gruppen in Gärten und Parks
Eigenschaften: bedingt frosthart, nur für wintermilde Regionen empfehlenswert

Abb. 594: *Viburnum davidii*

Viburnum farreri
Winter-Duft-Schneeball

Familie: *Caprifoliaceae* – Geißblattgewächse
Herkunft: China
Wuchs: breitbuschiger Strauch, locker aufrecht; 2–3 m hoch, 1,5–2,5 m breit
Blatt: mittelgrün, elliptisch bis lanzettlich, 5–7 cm lang, gegenständig; Herbstfärbung rot
Blüte: in endständigen Rispen, 3–5 cm lang, Einzelblüten anfangs rosa, später weiß, stark duftend, sehr zahlreich
Blütezeit: IV
Standort: Sonne bis lichter Schatten
Bodenansprüche: mäßig trocken bis frisch, sauer bis neutral, alle kultivierten Böden
Verwendung: Zierstrauch, einzeln und in Gruppen, in Gärten und Parks

Viburnum lantana
Wolliger Schneeball

Familie: *Caprifoliaceae* – Geißblattgewächse
Herkunft: Europa, Nordafrika, Kleinasien
Wuchs: Großstrauch, straff aufrecht, dichtbuschig verzweigt; 2–4(–5) m hoch, 2–4 m breit
Blatt: oberseits mattglänzend mittelgrün und runzelig, unten stumpfgrün behaart, breit-elliptisch, bis 12 cm lang, gegenständig
Blüte: in schirmförmigen Rispen, verwaschen weiß, unangenehmer Geruch
Blütezeit: IV–V
Frucht: Steinbeeren, in hängenden Fruchtständen, anfangs rot, später schwarz, ungenießbar
Standort: Sonne bis lichter Schatten
Bodenansprüche: trocken bis frisch, stark alkalisch, locker und durchlässig
Verwendung: Landschaftsgehölz, für Eingrünungen, Bodenbefestigung, Schutzpflanzungen, Hecken, Ziergehölz im Siedlungsbereich
Eigenschaften: frosthart, hitzeverträglich, kalkliebend, salzverträglich, windfest

Abb. 595: *Viburnum lantana*

Viburnum opulus
Gewöhnlicher Schneeball

Abb. 596: *Viburnum opulus* (Foto: Holmåsen)

Familie: *Caprifoliaceae* – Geißblattgewächse
Herkunft: Europa, Nordafrika, Kleinasien
Wuchs: Großstrauch, breit aufrecht, dichtbuschig verzweigt; 2–4(–5) m hoch, 2–4 m breit
Blatt: frischgrün, 3–5lappig, ahornähnlich, Blattrand grob gezähnt, gegenständig; Herbstfärbung orangerot
Blüte: in flachen Schirmrispen, mit randständigen Schaublüten und weißlichen, kleinen Fruchtblüten in der Mitte, Blüte nach dem Austrieb
Blütezeit: V–VI
Frucht: Steinbeeren, glänzendrot, in hängenden Fruchtständen, zahlreich, langhaftend, nicht zum Verzehr geeignet
Standort: sonnig–halbschattig
Bodenansprüche: frisch bis naß, alkalisch bis schwach sauer, bevorzugt auf schweren Böden
Verwendung: Landschaftsgehölz, für Böschungen und Hänge, Schutzpflanzungen und Knicks, „pumpende" Gehölzart zur lokalen Entwässerung von Naßstellen
Eigenschaften: frosthart, salzverträglich, windfest, empfindlich gegen Hitze und Trockenheit, nach Verletzung gut regenerierend, Ausläufer bildend
Sorten: 'Roseum': wie die Art, Trugdolden jedoch reinweiß und im Verblühen rosa

Abb. 597: *Viburnum opulus* 'Roseum'

Viburnum plicatum 'Mariesii'
Schneeball 'Mariesii', Etagen-Schneeball

Familie: *Caprifoliaceae* – Geißblattgewächse
Herkunft: Cultivar
Wuchs: Strauch, Zweige etagenartig angeordnet, horizontal ausgebreitet; 1,5–2 m hoch, 2–3 m breit
Blatt: grün, breit-eiförmig, 4–10 cm lang, gegenständig; Herbstfärbung weinrot
Blüte: in tellerförmigen, flachen Schirmrispen auf den waagerechten Zweigen; sterile Randblüten und Fruchtblüten reinweiß
Blütezeit: V–VI
Standort: Sonne bis lichter Schatten
Bodenansprüche: frisch bis feucht, sauer bis schwach alkalisch, auf kultivierten Böden
Verwendung: Zierstrauch, einzeln und in Gruppen, in Gärten und Parks

Abb. 598: *Viburnum plicatum* 'Mariesii'

Viburnum plicatum 'Pragense'
Prager Schneeball

Familie: *Caprifoliaceae* – Geißblattgewächse
Herkunft: Cultivar
Wuchs: breitbuschiger Strauch, locker aufrecht, Zweige überhängend; 2–3 m hoch, 1,5–2,5 m breit
Blatt: immergrün, oberseits glänzendgrün, unten graufilzig, elliptisch, 5–10 cm lang, gegenständig
Blüte: in flachen Schirmrispen, Randblüten groß, mit kleinen Fruchtblüten innen, im Aufblühen rosa, dann cremeweiß
Blütezeit: V–VI
Standort: Sonne bis lichter Schatten
Bodenansprüche: frisch bis feucht, sauer bis neutral, auf kultivierten Gartenböden
Verwendung: Zierstrauch, einzeln und in Gruppen, in Gärten und Parks

Vinca

Viburnum plicatum f. *tomentosum*
Japanischer Schneeball

Familie: *Caprifoliaceae* – Geißblattgewächse
Herkunft: Ostasien
Wuchs: breitbuschiger Strauch, locker aufrecht; 2–3 m hoch, 1,5–2,5 m breit
Blatt: grün, breit-eiförmig, 4–10 cm lang, gegenständig; Herbstfärbung rot bis violett
Blüte: in flachen Schirmrispen, ø 6–8 cm, sterile Randblüten und kleine Fruchtblüten, weiß
Blütezeit: V–VI

Standort: sonnig bis halbschattig
Bodenansprüche: frisch bis feucht, sauer bis schwach alkalisch, auf kultivierten Gartenböden
Pflege: Schnitt nur gleich nach der Blüte
Verwendung: Zierstrauch, einzeln und in Gruppen, in Gärten und Parks
Eigenschaften: frosthart, bevorzugt im lichten Schatten

Viburnum rhytidophyllum
Runzelblättriger Schneeball

Familie: *Caprifoliaceae* – Geißblattgewächse
Herkunft: China
Wuchs: Großstrauch, locker aufrecht, dicht verzweigt, breitbuschig; 3–5 m hoch, 4–4,5 m breit
Blatt: immergrün, oben glänzend dunkelgrün, stark runzlig, unten graufilzig behaart, länglich-eiförmig, bis 20 cm lang, gegenständig
Blüte: in flachen Schirmrispen, bis 20 cm ø, cremeweiß, am mehrjährigen Holz, strenger Duft
Blütezeit: V–VI

Frucht: Steinfrucht, eiförmig, ø 8 mm, erst rot, dann schwarz, ungenießbar
Standort: absonnig bis halbschattig
Bodenansprüche: mäßig trocken bis feucht, schwach sauer bis stark alkalisch
Pflege: Schnitt nur nach der Blüte bis ins alte Holz möglich
Verwendung: Zierstrauch, einzeln und in Gruppen, in Gärten und Parks
Eigenschaften: eingewachsen ausreichend frosthart, empfindlich gegen Bodenverdichtung, da Flachwurzler

Viburnum tinus
Zwerg-Schneeball, Laurustinus

Abb. 600: *Viburnum tinus*

Familie: *Caprifoliaceae* – Geißblattgewächse
Herkunft: Südeuropa
Wuchs: breitbuschiger Strauch, locker aufrecht; 1,5–2 m hoch, 1–1,5 m breit
Blatt: immergrün, oberseits dunkelgrün, unterseits grün, ledrig-derb, verkehrt eiförmig, 3–8 cm lang, gegenständig
Blüte: in flachen Schirmrispen, 5–7strahlig, ø 4–6 cm, Blüten knospig rosa, aufgeblüht weiß
Blütezeit: als Kübelpflanze von IX bis III/IV

Frucht: kugelig, dunkelblau bis schwarz
Standort: Sonne bis lichter Schatten
Bodenansprüche: mäßig trockene bis frische, schwach sauere bis neutrale Böden
Verwendung: mediterrane Kübelpflanze, Überwinterung von X–IV bei vollem Licht und 2–6°C, im Sommer auch Zierstrauch im Freiland
Eigenschaften: nicht winterhart, schnittfest, für Formschnitt geeignet

Vinca major
Großblättriges Immergrün

Abb. 599: *Viburnum rhytidophyllum*

Abb. 601: *Vinca major*

Vinca

Familie: *Apocynaceae* – Hundsgiftgewächse
Herkunft: Südeuropa, Kleinasien
Wuchs: Halbstrauch, mattenförmig ausgebreitet; 0,2–0,3 m hoch
Blatt: immergrün, glänzend dunkelgrün, eiförmig, 3–7 cm lang, Blattgrund herzförmig abgerundet, ledrig-derb, gegenständig
Blüte: einzeln, blau, ø 3–4 cm
Blütezeit: V–IX

Standort: Sonne bis Schatten
Bodenansprüche: gering, frisch bis feucht, sauer bis schwach alkalisch
Pflege: nach Frostschäden Rückschnitt
Verwendung: Bodendecker in Gärten und in öffentlichen Grünanlagen, zur Unterpflanzung auch in schattigen Partien
Eigenschaften: bedingt frosthart, nicht trittfest, durch unterirdische Ausläufer sich verbreitend

Familie: *Caprifoliaceae* – Geißblattgewächse
Herkunft: Ostasien
Wuchs: Strauch, vieltriebig aufstrebend, bogig überhängend; 2–3 m hoch, 1,5–2,5 m breit
Blatt: grün, elliptisch bis eiförmig, lang zugespitzt, 4–6 cm lang, gegenständig
Blüte: in endständigen Trugdolden aus trichterförmigen rosa Einzelblüten, Blüte am mehrjährigen Holz
Blütezeit: V–VI
Frucht: unauffällig
Standort: Sonne bis lichter Schatten
Bodenansprüche: frisch bis mäßig feucht, nährstoffreich, locker
Pflege: Rückschnitt durch Einkürzen der Triebe um 1/3 sofort nach der Blüte oder Auslichtungsschnitt nach 2–3 Standjahren
Verwendung: Zierstrauch, einzeln und in Gruppen, in Gärten und Parks
Sorten: 'Bouquet Rose': Blüte karminrosa mit hellem Saum, Blütezeit V–VI. 'Bristol Ruby': Blüte rubinrot, Blütezeit V–VI. 'Eva Rathke': Blüte karminrot, Blütezeit V–VI. 'Styriaca': Blüte karminrosa, Blütezeit V

Vinca minor
Kleinblättriges Immergrün

Abb. 602

Abb. 602: *Vinca minor* (Foto: Holmåsen)

Abb. 604: Weigela-Hybride 'Bouquet Rose'

Familie: *Apocynaceae* – Hundsgiftgewächse
Herkunft: Südeuropa
Wuchs: Halbstrauch, mattenförmig ausgebreitet; Höhe 0,25–0,3 m
Blatt: immergrün, glänzend dunkelgrün, elliptisch, 2–5 cm lang, ledrig-derb, gegenständig
Blüte: ø 2,5–3 cm, einzeln, blau
Blütezeit: V–IX

Standort: Sonne bis Schatten
Bodenansprüche: gering, frische bis feuchte, saure bis alkalische Böden
Verwendung: Bodendecker in Gärten und öffentlichen Grünanlagen, zur Unterpflanzung auch schattiger Partien
Eigenschaften: frosthart, nicht trittfest, empfindlich gegen Bodenverdichtung, treibt Ausläufer

Abb. 605: Weigela-Hybride 'Bristol Ruby'

Abb. 606: Weigela-Hybride 'Eva Rathke'

Weigela florida
Weigelie

Abb. 603 – 607

Abb. 603: *Weigela florida*

Abb. 607: Weigela-Hybride 'Styriaca'

NADELGEHÖLZE

Abies alba
Weiß-Tanne

Familie: *Pinaceae* – Kieferngewächse
Herkunft: Europa
Wuchs: Baum mit geradem, durchgehendem Stamm und regelmäßig kegelförmiger Krone; 30–50 m hoch
Blatt: Nadeln; oberseits glänzend dunkelgrün, unterseits zwei weiße Streifen, 20–30 mm lang, meist kammförmig gescheitelt angeordnet
Blüte: männliche Blüten in Kätzchen, weibliche in aufrechten, zapfenförmigen Blütenständen
Blütezeit: VI
Frucht: in aufrechten Zapfen, zylindrisch, ausgereift dunkelbraun, 10–14 cm lang
Standort: Sonne bis lichter Schatten; anspruchsvoll
Bodenansprüche: frisch bis feucht, schwach sauer bis alkalisch
Verwendung: Waldbaum, zur Einzelstellung in Gärten und Parks, in weitgehend emissionsfreien Regionen
Eigenschaften: frosthart, empfindlich gegen Luft- und Bodenverschmutzung, im natürlichen Bestand gefährdete Baumart

Abies balsamea 'Nana'
Zwerg-Balsam-Tanne

Familie: *Pinaceae* – Kieferngewächse
Herkunft: Cultivar
Wuchs: Zwergstrauch, dicht verzweigt, flachkugeliger Wuchs; 0,3–0,5 m hoch, 1–1,5 m breit
Blatt: Nadeln; oben dunkelgrün, unten mit zwei weißen Bändern, dichtstehend und deutlich gescheitelt angeordnet, 1–1,5 cm lang
Blüte: unbedeutend
Frucht: aufrechte, walzenförmige Zapfen, bis 8 cm lang
Standort: sonnig–halbschattig
Bodenansprüche: mäßig feucht bis frisch, sauer bis schwach alkalisch, bevorzugt tiefgründig und nährstoffreich
Verwendung: Ziergehölz, einzeln in Steingärten, Rabatten, zur Grabbepflanzung
Eigenschaften: absolut frosthart, empfindlich gegen Hitze und Trockenheit

Abb. 608

Abb. 608: *Abies balsamea* 'Nana'

Abies concolor
Grau-Tanne, Kolorado-Tanne

Abb. 609

Familie: *Pinaceae* – Kieferngewächse
Herkunft: westliches Nordamerika
Wuchs: Großbaum, Stamm durchgehend, Äste in Quirlen

Abies

Abb. 609: *Abies concolor*

Familie: *Pinaceae* – Kieferngewächse
Herkunft: Cultivar
Wuchs: Zwergform, sehr dicht beastet, etwas unregelmäßig, gedrungen; 1,5–2 m hoch und breit
Blatt: Nadeln; blau bereift, derb, bis 4 cm lang, in aufrechten oder sichelartigen Formen
Blüte: unbedeutend
Frucht: zylindrische Zapfen, 8–12 cm lang
Standort: sonnig bis absonnig
Bodenansprüche: frisch bis mäßig trocken, sauer bis schwach alkalisch
Verwendung: Ziergehölz, in Gärten und Parks, zur Einzelstellung auf Gräbern, in Trögen
Eigenschaften: frosthart, sehr langsamer Wuchs

Abies homolepis
Nikko-Tanne

Familie: *Pinaceae* – Kieferngewächse
Herkunft: Japan
Wuchs: Großbaum, Stamm durchgehend, Äste etagenweise steif abstehend, bis unten beastet, gleichmäßig-kegelförmig; 15–20(–30) m hoch wachsend, 8–10(–12) m breit
Blatt: Nadeln; oben dunkelgrün glänzend, unten mit zwei weißen Bändern, bis 2 cm lang, auf den Zweigen v-förmig angeordnet, unterseits gescheitelt
Frucht: zylindrische Zapfen, braun, bis 10 cm lang, mit Harzblasen besetzt
Standort: lichter Schatten, angewachsen auch sonnig
Bodenansprüche: feucht bis frisch, sauer bis neutral
Verwendung: Ziergehölz, zur Einzelstellung in Parks und anderen Grünanlagen
Eigenschaften: mittelstark wachsend – in 10–15 Jahren bis 8 m hoch, frosthart, für Stadtklima geeignet

waagerecht abstehend, meist bis unten beastet, Habitus breitkegelförmig; 15–20(–35) m hoch, 8–10(–12) m breit
Blatt: Nadeln; graugrün, oft sichelförmig aufrecht gebogen, 4–6 cm lang, unregelmäßig gestellt
Blüte: unauffällig
Frucht: in zylindrischen Zapfen, aufrecht stehend, zunächst grün, ausgereift bläulich-braun, bis 12 cm lang, ab X
Standort: sonnig bis absonnig
Bodenansprüche: frisch bis mäßig trocken, sauer bis schwach alkalisch
Verwendung: Ziergehölz, zur Einzelstellung in Parks und großen Gärten
Eigenschaften: frosthart, raschwüchsig, langlebig

Abies concolor 'Compacta'
Zwerg-Grau-Tanne

Abb. 610: *Abies concolor* 'Compacta'

Abb. 611: *Abies homolepis*

Abies koreana
Korea-Tanne

Familie: *Pinaceae* – Kieferngewächse
Herkunft: Korea
Wuchs: Kleinbaum, Stamm durchgehend bis zur Spitze, Äste waagerecht bis leicht ansteigend, ausgewachsen regelmäßig-pyramidal; 5–8 m hoch, 3–4 m breit
Blatt: Nadeln; oberseits dunkelgrün, unterseits weiß mit grüner Mittelrippe, bürstenför-

mig gehäuft, 1–2 cm lang
Frucht: aufrechte, zylindrische Zapfen, unreif violettpurpur, ausgereift braun, erstmals nach 6–8 Jahren, dann zahlreich
Standort: sonnig bis halbschattig
Bodenansprüche: frisch bis mäßig feucht, sauer bis schwach alkalisch, relativ anspruchslos an das Substrat
Verwendung: Ziergehölz, für den Einzelstand in Parks, Gärten, auf Friedhöfen
Eigenschaften: sehr frosthart, kalkverträglich, stadtklimafest

Abb. 612: *Abies koreana*    Abb. 613: *Abies koreana*

Abies lasiocarpa var. *arizonica*
Kork-Tanne 'Arizonica'
Abb. 614

Familie: *Pinaceae* – Kieferngewächse
Herkunft: Nordamerika
Wuchs: kleiner Baum, breit kegelförmig, dicht verzweigt; 8–12 m hoch
Blatt: Nadeln; oben bläulichgrün, unten weißlich mit zwei Stomabändern, 3–4 cm lang, meist kammförmig gescheitelt angeordnet
Frucht: braune Zapfen, bis 5 cm lang
Standort: sonnig bis absonnig
Bodenansprüche: frisch bis feucht, anspruchslos
Verwendung: Ziergehölz, zur Einzelstellung in großen Gärten und Parks
Eigenschaften: winterhart, etwas spätfrostgefährdet, lichthungrig

Abb. 614: *Abies lasiocarpa* 'Compacta'

Abies nordmanniana
Nordmanns-Tanne
Abb. 615

Familie: *Pinaceae* – Kieferngewächse
Herkunft: Kaukasus
Wuchs: großer Baum, Stamm durchgehend, Äste dicht regelmäßig, quirlständig, bis zum Boden beastet; 25–30(–40) m hoch, 8–10 m breit
Blatt: Nadeln; oberseits glänzend dunkelgrün, unterseits mit zwei weißen Stomabändern, dicht bürstenförmig angeordnet, 2–2,5 cm lang
Frucht: dunkelbraune Zapfen, aufrecht stehend, bis 15 cm lang, erst nach 15–20 Jahren
Standort: sonnig–halbschattig
Bodenansprüche: frisch bis feucht, sauer bis alkalisch, wenig anspruchsvoll
Verwendung: Ziergehölz, als Weihnachtsbaum sehr beliebt, da meist mit ausgeprägt gleichmäßigem Habitus
Eigenschaften: in der Jugend etwas spätfrostgefährdet, sehr empfindlich gegen Trockenheit und Hitze

Abb. 615: *Abies nordmanniana*

Abies pinsapo 'Glauca'
Blaue Spanische Tanne
Abb. 616

Familie: *Pinaceae* – Kieferngewächse
Herkunft: Cultivar
Wuchs: Baum bis Großbaum, Stamm durchgehend, Krone dicht verzweigt, breit-kegelförmig; 10–15(–25) m hoch
Blatt: Nadeln; blaugrün, wachsartig bedeckt, steif bürstenartig abstehend, 2–3 cm lang
Frucht: hellbraune, zylindrische Zapfen, bis 15 cm lang
Standort: sonnig bis absonnig, etwas geschützt
Bodenansprüche: frisch bis feucht, schwach sauer bis alkalisch, bevorzugt kalkreich und durchlässig–locker
Verwendung: Ziergehölz zur Einzelstellung in Parks und Gärten
Eigenschaften: in der Jugend etwas empfindlich, gilt jedoch als ausreichend winterhart
Sorten: entspricht der Sorte 'Kelleriis' in vielen Baumschulkatalogen

Sorten: 'Compacta': Zwergform mit 1,5–2 m Höhe, Nadeln blau, bürstenförmig aufgerichtet

Abies

Abb. 616: *Abies pinsapo* 'Glauca'

Abies procera 'Glauca'
Edel-Tanne, Silber-Tanne

Abb. 617 + 618

Familie: *Pinaceae* – Kieferngewächse
Herkunft: Cultivar
Wuchs: Baum, oft mehrtriebig, durchgehend unregelmäßig beastet, ausgewachsen breitkegelförmig; 15–20(–25) m hoch, 8–10 m breit
Blatt: Nadeln; auffallend blauweiß, oben dicht gestellt, unten kammförmig gescheitelt, 2–3,5 cm lang
Frucht: purpurbraune Zapfen, dick walzenförmig, bis 25 cm lang, auffallend groß und dekorativ
Standort: sonnig
Bodenansprüche: frisch bis mäßig feucht, sauer bis neutral, auf allen kultivierten Gartenböden
Verwendung: Ziergehölz für den Einzelstand in Parks und Gärten
Eigenschaften: frosthart, anspruchslos, sehr langlebig

Abb. 617 + 618: *Abies procera* 'Glauca'

Abies veitchii
Veitch's Tanne

Abb. 619

Familie: *Pinaceae* – Kieferngewächse
Herkunft: Japan
Wuchs: Baum, durchgehend beastet, Äste kurz und waagerecht ausgebreitet, auffallende Stammform; 15–25 m hoch
Blatt: Nadeln; oberseits glänzend dunkelgrün, unterseits mit zwei weißen Bändern, bis 2,5 cm lang, oben aufwärts gestellt, unten deutlich gescheitelt und insgesamt bürstenartig
Frucht: zylindrische Zapfen, 6–8 cm lang, unauffällig, erst nach 15–20 Jahren
Standort: Sonne bis lichter Schatten
Bodenansprüche: frisch bis feucht, sauer bis neutral, auf allen kultivierten Böden
Verwendung: Ziergehölz, einzeln, für Parks und Gärten
Eigenschaften: in der Jugend gern beschattet, etwas geschützt, für Stadtklima bedingt geeignet, verlangt hohe Luftfeuchtigkeit

Abb. 619: *Abies veitchii*

Araucaria araucana
Chilenische Schmucktanne, Araucarie

Abb. 620

Familie: *Araucariaceae* – Schmucktannengewächse
Herkunft: Chile, Argentinien
Wuchs: Kleinbaum, Äste gleichmäßig quirlständig in Etagen, kaum verzweigt; 6–8(–10) m hoch, 3–5 m breit
Blatt: dunkelgrün, ledrig, dreieckig bis lanzettlich, scharf zugespitzt, schraubig eng an den Zweigen
Blüte: unauffällig
Frucht: aufrechte Zapfen, bis 15 cm lang
Standort: sonnig, geschützt
Bodenansprüche: sauer bis neutral, bevorzugt humose, durchlässige Substrate
Verwendung: Kübelpflanze; im Freistand im Garten in luftfeuchten, wintermilden Lagen; für Liebhaber exotischer Gehölze
Eigenschaften: bedingt frosthart, junge Pflanzen brauchen in den ersten Jahren Winterschutz; Kübelpflanzen hell und frostfrei überwintern

Abb. 620: *Araucaria araucana*

Cedrus atlantica
Atlas-Zeder

Familie: *Pinaceae* – Kieferngewächse
Herkunft: Nordafrika
Wuchs: Großbaum mit breit-kegelförmiger Krone, im Alter unregelmäßig ausladend und licht; 15–25(–40) m hoch, 8–12 m breit
Blatt: Nadeln; bläulichgrau, 2–2,5 cm lang, an Langtrieben spiralig, an Kurztrieben in dichten Büscheln
Blüte: männliche Blüten aufrecht, etwa 5 cm, weibliche Blüten rötlich, eiförmig, bis 1,5 cm lang
Blütezeit: Samenflug IX
Frucht: Zapfen, zylindrisch, aufrecht auf den Zweigen, glänzend braun, 5–7 cm lang
Standort: Sonne
Bodenansprüche: mäßig trocken bis frisch, schwach sauer bis alkalisch, durchlässig und nährstoffreich
Verwendung: Ziergehölz zur Einzelstellung und in Gruppen, in Parks und anderen öffentlichen Grünanlagen
Eigenschaften: bedingt frosthart, möglichst nur in wintermilden Regionen und auf geschützten Standorten; Winterschutz empfehlenswert

Abb. 621: *Cedrus atlantica*

Cedrus atlantica 'Glauca'
Blaue Atlas-Zeder

Familie: *Pinaceae* – Kieferngewächse
Herkunft: Cultivar
Wuchs: Großbaum, Krone breit-kegelförmig, ausgewachsen stärker verzweigt als die Art, mit schirmförmig ausladenden Astpartien; Höhe 15–25(–40) m, Breite: 8–12 m
Blatt: Nadeln; leuchtend blaugrau, 2–2,5 cm lang, an Langtrieben spiralig entfernt stehend, an Kurztrieben büschelig
Blüte: unauffällig
Frucht: zylindrische Zapfen, aufrecht auf den Zweigen, tonnenförmig; graublau, im 2. Jahr braun; bis 5 cm lang
Standort: Sonne bis lichter Schatten
Bodenansprüche: mäßig trocken bis frisch, schwach sauer bis alkalisch, durchlässig und nährstoffreich
Verwendung: Ziergehölz zur Einzelstellung und in Gruppen, in öffentlichen Grünanlagen
Eigenschaften: im Jungstadium bedingt frosthart, Winterschutz erforderlich

Abb. 622 + 623: *Cedrus atlantica* 'Glauca'

Cedrus atlantica 'Glauca Pendula'
Blaue Hänge-Zeder

Familie: *Pinaceae* – Kieferngewächse
Herkunft: Cultivar
Wuchs: Kleinbaum, Hängeform mit bogenförmigen Ästen und lang herabhängenden dicht mähnenartigen Zweigen; 5–7 m hoch, 3–5 m breit
Blatt: Nadeln; silbrigblau, 2–2,5 cm lang
Blüte: unauffällig
Frucht: zylindrische Zapfen, seltener als bei der Art und erst im 6.–7. Lebensjahr
Standort: Sonne bis lichter Schatten
Bodenansprüche: mäßig trocken bis frisch, schwach sauer bis alkalisch, durchlässig und nährstoffreich
Verwendung: Ziergehölz, für den Einzelstand im Garten, für Liebhaber ungewöhnlicher Wuchsformen
Eigenschaften: meist mit Pfählen als Halt für die überhängenden Hauptäste abgestützt

Cedrus

Abb. 624: *Cedrus atlantica* 'Glauca Pendula'

Cedrus deodara
Himalaja-Zeder

Abb. 625

Familie: *Pinaceae* – Kieferngewächse
Herkunft: Himalaja
Wuchs: Baum bis Großbaum, Stamm durchgehend, Äste waagrecht ausgebreitet, schirmartig ausladend; 15–20(–25) m hoch, 6–8(–12) m breit
Blatt: Nadeln; blaugrün, in Büscheln, 2,5–5 cm lang
Blüte: unauffällig
Frucht: Zapfen tonnenförmig, 8–10 cm lang, rötlichbraun
Standort: Sonne bis lichter Schatten, bevorzugt luftfeucht und wintermild
Bodenansprüche: frisch bis mäßig feucht, sauer bis neutral, bevorzugt auf tiefgründigen und nährstoffreichen Böden
Verwendung: Ziergehölz, zur Einzelstellung und in Gruppen, in Parks und anderen öffentlichen Grünanlagen
Eigenschaften: bedingt frosthart, empfehlenswert in luftfeuchten und wintermilden Regionen

Cedrus deodara 'Pendula'
Hänge-Himalaja-Zeder

Familie: *Pinaceae* – Kieferngewächse
Herkunft: Cultivar
Wuchs: Kleinbaum, Hängeform mit bogenförmigen Ästen und langen, schlaff herabhängenden Zweigen; 6–8 m hoch, 8–10(–12) m breit
Blatt: Nadeln; blaugrün, in Büscheln
Frucht: tonnenförmige Zapfen, graugrün, ausgereift rötlichbraun
Standort: Sonne
Bodenansprüche: mäßig trocken bis frisch, schwach sauer bis neutral
Verwendung: Ziergehölz, zur Einzelstellung im Garten, für Liebhaber ungewöhnlicher Baumformen
Eigenschaften: Hängeform wird durch Aufbinden mit dem Pfahl bewirkt

Abb. 625: *Cedrus deodara*

Chamaecyparis lawsoniana 'Alumii'
Scheinzypresse 'Alumii'

Abb. 626

Familie: *Cupressaceae* – Zypressengewächse
Herkunft: Cultivar
Wuchs: säulen- bis kegelförmig, durchgehend dicht beastet; 8–12 m hoch, 3–5 m breit
Blatt: Nadeln; graublau, schuppenförmig, fest anliegend auf flachen Zweiglein
Frucht: kugelig, ausgereift braun, bis 1 cm ø, sehr zahlreich
Standort: sonnig–halbschattig
Bodenansprüche: mäßig trocken bis feucht, auf allen kultivierten Gartenböden
Pflege: Heckenschnitt VI und II/III
Verwendung: Ziergehölz in Gärten und Parks, vorwiegend als Heckenpflanze
Eigenschaften: schnittverträglich, etwas empfindlich gegen Hitze und trockenen Boden

Abb. 626: *Chamaecyparis lawsoniana* 'Alumii'

Chamaecyparis lawsoniana 'Columnaris'
Scheinzypresse 'Columnaris'

Abb. 627

Familie: *Cupressaceae* – Zypressengewächse
Herkunft: Cultivar
Wuchs: geschlossen säulenförmig, straff aufrecht und durchgehend dicht beastet; 5–8(–10) m hoch, 1–2 m breit
Blatt: Nadeln; blaugrün bis graugrün, schuppenförmig fest anliegend, flache Zweiglein
Frucht: kugelig klein, unauffällig
Standort: sonnig–halbschattig
Bodenansprüche: mäßig trocken bis frisch, auf allen kultivierten Gartenböden
Pflege: Heckenschnitt VI und II/III
Verwendung: Ziergehölz für Gärten und Parks, vorwiegend jedoch als Heckenpflanze für immergrüne Hecken
Eigenschaften: schnittverträglich, frosthart und anspruchslos

Chamaecyparis

Abb. 627: *Chamaecyparis lawsoniana* 'Columnaris'

Chamaecyparis lawsoniana 'Ellwoodii'
Scheinzypresse 'Ellwood'

Familie: *Cupressaceae* – Zypressengewächse
Herkunft: Cultivar
Wuchs: kegelförmig, auch mehrstämmig, dicht und straff aufrecht beastet; 2–3(–5) m hoch, 0,8–1,2 m breit
Blatt: Nadeln; blaugrau, nadelförmig dünn und dicht, an buschigen Zweiglein
Frucht: unauffällig
Standort: sonnig–halbschattig
Bodenansprüche: mäßig trocken bis frisch, auf allen kultivierten Gartenböden
Pflege: Schnitt VI und/oder II/III
Verwendung: Ziergehölz für Gärten und Parks, für halbhohe Hecken, auf Gräbern, in Trögen
Eigenschaften: durch Schnitt kompakterer Wuchs

Abb. 628: *Chamaecyparis lawsoniana* 'Ellwoodii'

Chamaecyparis lawsoniana 'Fletcheri'
Scheinzypresse 'Fletcher'

Familie: *Cupressaceae* – Zypressengewächse
Herkunft: Cultivar
Wuchs: breit kegelförmig, sehr dicht beastet, Äste ansteigend, vergleichbar 'Ellwoodii', jedoch deutlich größer; 5–8(–15) m hoch, 2–4 m breit
Blatt: Nadeln; blaugrün, teils schuppenförmig, teils nadelförmig, schräg abstehend, etwas offener als 'Ellwoodii', jedoch im Innern der Pflanze immer dunkelgrün
Frucht: unauffällig, ausgewachsen mit Zapfen
Standort: sonnig–halbschattig
Bodenansprüche: mäßig trocken bis frisch, auf allen kultivierten Gartenböden
Verwendung: anpassungsfähig an Boden und Standort

Abb. 629: *Chamaecyparis lawsoniana* 'Fletcheri'

Chamaecyparis lawsoniana 'Golden Wonder'
Scheinzypresse 'Golden Wonder'

Familie: *Cupressaceae* – Zypressengewächse
Herkunft: Cultivar
Wuchs: säulen- bis kegelförmig, sehr dicht fächerförmig beastet; 5–7 m hoch, 2–4 m breit
Blatt: Nadeln; anhaltend gelb, schuppenförmig anliegend auf fiederförmigen, dünnen Zweiglein
Frucht: kugelig klein und unauffällig
Standort: sonnig bis halbschattig, bevorzugt geschützt
Bodenansprüche: mäßig trocken bis frisch, auf allen kultivierten Gartenböden
Verwendung: Ziergehölz für Gärten und Parks, im Einzelstand in Vorgärten, Innenhöfen, auf Friedhöfen

Abb. 630: *Chamaecyparis lawsoniana* 'Golden Wonder'

Chamaecyparis lawsoniana 'Kelleriis Gold'
Scheinzypresse 'Kelleriis Gold'

Familie: *Cupressaceae* – Zypressengewächse
Herkunft: Cultivar
Wuchs: kegelförmig, dichtgeschlossen beastet mit nickenden Triebspitzen; 6–8 m hoch, 3–5 m breit
Blatt: Nadeln; im Austrieb goldgelb, später gelblichgrün, schuppenförmig anliegend auf fächerförmig-flachen Zweiglein
Frucht: kugelig klein, unauffällig
Standort: sonnig–halbschattig
Bodenansprüche: mäßig trocken bis frisch, auf allen kultivierten Gartenböden
Verwendung: Ziergehölz für Gärten und Parks; im Einzelstand in Vorgärten, an Auffahrten
Eigenschaften: frosthart, anspruchslos

Chamaecyparis lawsoniana 'Lane'
Abb. 631
Scheinzypresse 'Lane'

Familie: *Cupressaceae* – Zypressengewächse
Herkunft: Cultivar
Wuchs: geschlossen kegelförmig, dicht verzweigt, Zweige feingliedrig, unregelmäßig verteilt, zum Teil nickend; 4–6 m hoch, 2–3 m breit
Blatt: Nadeln; goldgelb, schuppenförmig dicht anliegend auf flachen Zweiglein
Frucht: kugelig, klein und unauffällig
Standort: sonnig bis halbschattig
Bodenansprüche: mäßig trocken bis frisch, auf allen kultivierten Gartenböden
Verwendung: Ziergehölz für Gärten und Parks für den Einzelstand umd mit grünlaubigen Ziergehölzen
Eigenschaften: frosthart, anspruchslos

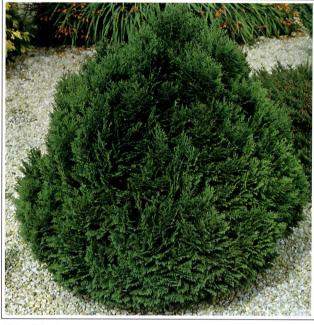

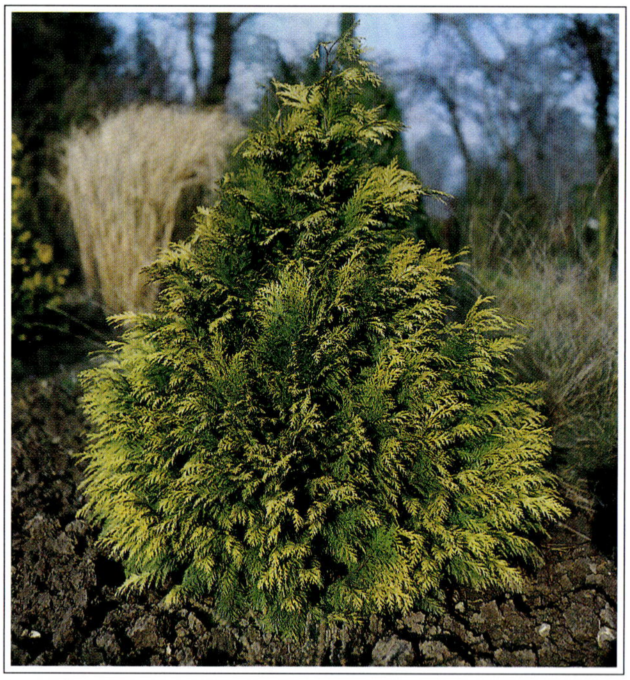

Abb. 631: ***Chamaecyparis lawsoniana*** **'Lane'**

Chamaecyparis lawsoniana 'Minima Glauca'
Abb. 632
Zwerg-Scheinzypresse

Familie: *Cupressaceae* – Zypressengewächse
Herkunft: Cultivar
Wuchs: rundlich-kompakt, Zweige sehr dicht aufstrebend und muschelförmig gedreht; im Alter breit kegelförmig; 1,5–2 m hoch und breit
Blatt: Nadeln; blaugrün, schuppenförmig dicht anliegend auf flachen Zweiglein
Frucht: kugelig, klein und unauffällig
Standort: sonnig–halbschattig
Bodenansprüche: mäßig trocken bis frisch, auf allen kultivierten Gartenböden
Verwendung: Ziergehölz für Gärten und Parks, zur Einzelstellung auf Gräbern, in Trögen

Abb. 632: ***Chamaecyparis lawsoniana*** **'Minima Glauca'**

Chamaecyparis lawsoniana 'Spek'
Abb. 633
Scheinzypresse 'Spek'

Familie: *Cupressaceae* – Zypressengewächse
Herkunft: Cultivar
Wuchs: breit-kegelförmig, Äste aufrecht, später ausgebreitet offen, mit nickenden Triebspitzen; 6–8(–12) m hoch, 2–4 m breit
Blatt: Nadeln; blaugrau, schuppenförmig dicht anliegend auf flachen Zweiglein
Frucht: kugelig, klein und unauffällig
Standort: sonnig–halbschattig
Bodenansprüche: mäßig trocken bis frisch, auf allen kultivierten Gartenböden
Verwendung: Ziergehölz für Gärten und Parks, zur Einzelstellung im Vorgarten, im Innenhof, an Eingängen und Auffahrten
Eigenschaften: gilt als beste blaue Scheinzypresse, frosthart, anspruchslos und schnittverträglich

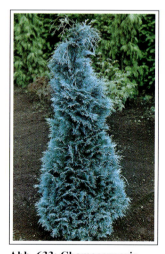

Abb. 633: Chamaecyparis lawsoniana 'Spek'

Chamaecyparis lawsoniana 'Stewartii'
Abb. 634
Scheinzypresse 'Stewart'

Familie: *Cupressaceae* – Zypressengewächse
Herkunft: Cultivar
Wuchs: breit-kegelförmig, locker aufrecht, mit waagerechten bis überhängenden Zweigen und deutlich übergeneigten Triebspitzen; 6–9(–12) m hoch, 3–5 m breit
Blatt: Nadeln; anfangs goldgelb, später etwas vergrünend, schuppenförmig dicht anliegend auf flachen Zweiglein
Frucht: kugelig, klein und

Chamaecyparis

unauffällig
Standort: sonnig bis halbschattig
Bodenansprüche: mäßig trocken bis frisch, auf allen kultivierten Gartenböden
Verwendung: Ziergehölz für Gärten und Parks, zur Einzelstellung und in Gruppen, auch für breite Hecken
Eigenschaften: anspruchslos und schnittverträglich

Bodenansprüche: mäßig feucht bis frisch, auf allen kultivierten Gartenböden
Verwendung: Ziergehölz für Gärten und Parks, zur Einzelstellung im Steingarten, in Trögen, an der Terrasse oder Auffahrt
Eigenschaften: anspruchslos, kein Schnittbedarf

Abb. 634: *Chamaecyparis lawsoniana* 'Stewartii'

Chamaecyparis lawsoniana 'White Spot'
Scheinzypresse 'White Spot'

Familie: *Cupressaceae* – Zypressengewächse
Herkunft: Cultivar
Wuchs: säulenförmig, Äste schräg aufrecht bis horizontal, Zweiglein zierlich und etwas überhängend; 3–5 m hoch, 2–3 m breit
Blatt: Nadeln; teilweise im Austrieb rahmweiß, später vergrünend, sonst stumpf-blaugrün, bereift
Frucht: unauffällig
Standort: sonnig–halbschattig
Bodenansprüche: mäßig feucht bis frisch, auf allen kultivierten Gartenböden
Verwendung: Ziergehölz für Gärten und Parks, zur Einzelstellung in Vorgärten, Gärten und Innenhöfen
Eigenschaften: etwas anspruchsvoller an den Standort als andere Scheinzypressen, jedoch frosthart und schnittverträglich

Chamaecyparis lowsoniana 'Tharandtensis Caesia'
Blaue Kissenzypresse 'Tharandt'

Familie: *Cupressaceae* – Zypressengewächse
Herkunft: Cultivar
Wuchs: anfangs kugelig, später breit-rund, Äste lockergestellt, Zweige zahlreich und dicht; 1–2 m hoch und breit
Blatt: Nadeln; stumpf blaugrün bereift, schuppenförmig locker anliegend auf den krausen Zweiglein
Frucht: unauffällig
Standort: sonnig bis halbschattig

Abb. 635: *Chamaecyparis lowsoniana* 'Tharandtensis Caesia'

Abb. 636: *Chamaecyparis lawsoniana* 'White Spot'

Chamaecyparis nootkatensis 'Glauca'
Blaue Nootkazypresse

Familie: *Cupressaceae* – Zypressengewächse
Herkunft: Cultivar
Wuchs: Baum, Krone regelmäßig-kegelförmig, Zweige deutlich überhängend; 15–20 m hoch, 5–7 m breit
Blatt: Nadeln; blaugrün, schuppenförmig dicht bis locker anliegend, stechend
Frucht: kugelige Zapfen, bräunlich, 1 cm ø, zahlreich
Standort: sonnig–halbschattig
Bodenansprüche: frisch bis feucht, auf kultivierten Gartenböden
Verwendung: Ziergehölz in Gärten und Parks, im Einzelstand als Hausbaum, auf Friedhöfen

Chamaecyparis

Chamaecyparis nootkatensis 'Pendula'
Hänge-Nootkazypresse

Familie: *Cupressaceae* – Zypressengewächse
Herkunft: Cultivar
Wuchs: Baum mit durchgehendem Stamm, Äste bogenförmig bis waagerecht ausgebreitet, mit mähnenartig herabhängenden Zweigen, breit-kegelförmiger Habitus; 8–10 m hoch, 3–5 m breit
Blatt: Nadeln; grün, schuppenförmig eng anliegend, an starken Zweiglein auch abstehend
Frucht: kugelige Zapfen, bräunlich, 1 cm ø
Standort: sonnig–halbschattig
Bodenansprüche: frisch bis mäßig feucht, auf allen kultivierten Gartenböden
Verwendung: Ziergehölz für Gärten und Parks, zur Einzelstellung für Liebhaber dekorativer, auffallender Wuchsformen
Eigenschaften: frosthart, anspruchslos, kein Schnittbedarf
Sorten: auch als Typ mit ausschließlich bogenartig aufsteigenden Ästen und kulissenartig herabhängenden Zweigen im Handel, dann eher schmal-kegelförmiger Habitus

Abb. 638: *Chamaecyparis obtusa* 'Nana Gracilis'

Abb. 637: *Chamaecyparis nootkatensis* 'Pendula'

Chamaecyparis obtusa 'Nana Gracilis'
Zwerg-Muschelzypresse

Familie: *Cupressaceae* – Zypressengewächse
Herkunft: Cultivar
Wuchs: anfangs unregelmäßig-kegelförmig, im Alter meist breit-kegelförmig, Äste waagerecht, Zweige unregelmäßig; 1,5–2 m hoch, 1–2 m breit
Blatt: Nadeln; dunkelgrün, glänzend, fest anliegend, auf muschelförmig gedrehten Zweiglein
Frucht: unauffällige, kugelige Zapfen, bis 1 cm ø
Standort: sonnig–halbschattig
Bodenansprüche: mäßig feucht bis frisch, sauer bis neutral, nährstoffreich
Verwendung: Ziergehölz in Gärten und Parks, auf Friedhöfen, in Pflanzgefäßen
Eigenschaften: sehr langsam wachsend, anspruchslos, kein Schnittbedarf

Chamaecyparis obtusa 'Pygmaea'
Zwerg-Zypresse 'Pygmaea'

Familie: *Cupressaceae* – Zypressengewächse
Herkunft: Cultivar
Wuchs: halbkugelförmig-gedrungen, mit abstehenden Ästen und fächerförmigen Zweigen; 2–3 m hoch und breit
Blatt: Nadeln; sattgrün-glänzend, schuppenförmig, mit auffällig rotbraunen Partien, im Winter hellbraun verfärbt
Frucht: unauffällig
Standort: sonnig–halbschattig
Bodenansprüche: mäßig feucht bis frisch, sauer bis schwach alkalisch, nährstoffreich
Verwendung: Ziergehölz in Gärten und Parks, in Steingärten, Pflanzgefäßen, auf Gräbern

Abb. 639: *Chamaecyparis obtusa* 'Pygmaea'

Chamaecyparis pisifera 'Boulevard'
Faden-Zypresse 'Boulevard'

Familie: *Cupressaceae* – Zypressengewächse
Herkunft: Cultivar
Wuchs: breit-kegelförmig, waagerechte kurze Äste, Zweige dichtbuschig-geschlossen, bis 2 m hoch
Blatt: Nadeln; silberblau, nadelförmig einwärts gekrümmt, im Winter eher blaugrau, Nadeln sehr dicht stehend und weich
Frucht: kugelige, kleine Zapfen, dunkelbraun

Chamaecyparis

Standort: sonnig–halbschattig
Bodenansprüche: mäßig feucht bis frisch, auf allen kultivierten Gartenböden
Verwendung: Ziergehölz für Gärten und Parks, in Steingärten, Pflanzgefäßen, Staudenpflanzungen
Eigenschaften: anspruchslos, kein Schnittbedarf

Abb. 640: *Chamaecyparis pisifera* 'Boulevard'

Abb. 642: *Chamaecyparis pisifera* 'Filifera Nana'

Chamaecyparis pisifera 'Filifera Aurea'
Gelbe Fadenzypresse

Familie: *Cupressaceae* – Zypressengewächse
Herkunft: Cultivar
Wuchs: breit kegelförmig, dichtbuschig; 2–3 m hoch, 3–4 m breit
Blatt: Nadeln; gelb, in gegenständigen Paaren, scharf zugespitzt, an hängenden, dünnen Zweiglein
Frucht: selten

Standort: sonnig bis absonnig
Bodenansprüche: mäßig feucht bis frisch, auf allen kultivierten Gartenböden
Verwendung: Ziergehölz, geeignet für Gärten und Parks, zur Einzelstellung im Hausgarten, im Vorgarten und an Terrassen
Eigenschaften: langsamwachsend, frosthart

Chamaecyparis pisifera 'Plumosa'
Federzypresse

Familie: *Cupressaceae* – Zypressengewächse
Herkunft: Cultivar
Wuchs: kleiner Baum mit rotbraunem Stamm, durchgehender Beastung und geschlossen-regelmäßigem, breit-kegelförmigem Habitus; 8–10(–15) m hoch, 4–6 m breit
Blatt: Nadeln; grün und nadelförmig spitz, auf krausen, faserartigen Zweiglein
Standort: sonnig–halbschattig
Bodenansprüche: mäßig feucht bis frisch, auf allen kultivierten Gartenböden
Verwendung: Ziergehölz für Gärten und Parks, als Hausbaum, zur Einzelstellung auch in kleinen Gärten

Abb. 641: *Chamaecyparis pisifera* 'Filifera Aurea'

Chamaecyparis pisifera 'Nana'
Kissenförmige Fadenzypresse

Familie: *Cupressaceae* – Zypressengewächse
Herkunft: Cultivar
Wuchs: halbkugelförmig-gedrungen, dichtbuschig verzweigt; 0,3–0,5 m hoch, bis 1,5 m breit
Blatt: Nadeln; oben tiefgrün, unten blaugrün, auf fächerförmigen Zweiglein mit etwas gebogenem Rand

Standort: sonnig–halbschattig
Bodenansprüche: mäßig feucht bis frisch, auf allen kultivierten Gartenböden
Verwendung: Ziergehölz in Gärten und Parks, in Pflanzgefäßen, Steingärten, mit niedrigen Stauden und Gräsern
Eigenschaften: sehr langsam wachsend, frosthart und anspruchslos

Chamaecyparis pisifera 'Plumosa Aurea'
Gelbe Federzypresse

Abb. 643: *Chamaecyparis pisifera* 'Plumosa Aurea'

Chamaecyparis

Familie: *Cupressaceae* – Zypressengewächse
Herkunft: Cultivar
Wuchs: gedrungener, breit-kegelförmiger Habitus, durchgehend beastet und dicht verzweigt; 6–8(–10) m hoch, 4–6 m breit
Blatt: Nadeln; anhaltend goldgelb, nadelförmig und sehr dichtstehend, weich, auf federartig-krausen Zweiglein
Standort: sonnig–halbschattig
Bodenansprüche: mäßig feucht bis frisch, auf allen kultivierten Gartenböden
Verwendung: Ziergehölz in Gärten und Parks, zur Einzelstellung, mit dunkellaubigen Gehölzen, für mittelhohe, immergrüne Hecken
Eigenschaften: zuverlässig winterhart, schnittverträglich, anspruchslos

Chamaecyparis pisifera 'Squarrosa'
Mooszypresse, Silberzypresse

Abb. 644

Familie: *Cupressaceae* – Zypressengewächse
Herkunft: Cultivar
Wuchs: Baum, breit-kegelförmig, ausgewachsen etwas unregelmäßig und licht; Höhe 8–15(–20) m, 3–5(–10) m breit
Blatt: Nadeln; oben blaugrün, unten silbrig-weiß, nadelförmig, dichtstehend und weich, auf moosartig-krausen Zweiglein
Frucht: unauffällig
Standort: sonnig bis halbschattig
Bodenansprüche: mäßig feucht bis frisch, auf allen kultivierten Gartenböden
Verwendung: Ziergehölz für Gärten und Parks, zur Einzelstellung und kombiniert mit anderen Nadelgehölzen
Eigenschaften: anspruchslos, kein Schnittbedarf

Abb. 644: *C. pisifera* 'Squarrosa' (Foto: Holmåsen)

Chamaecyparis pisifera 'Sungold'
Gelbe Fadenzypresse 'Sungold'

Abb. 645

Familie: *Cupressaceae* – Zypressengewächse
Herkunft: Cultivar
Wuchs: breit-halbkugelförmig, dicht geschlossen mit fadenförmig überhängender Verzweigung; 0,6–1 m hoch, 1,2–2 m breit
Blatt: Nadeln; goldgelb, in gegenständigen Paaren an hängenden, dünnen, fadenförmigen Zweiglein
Standort: sonnig–halbschattig
Bodenansprüche: mäßig feucht bis frisch, auf allen kultivierten Gartenböden
Verwendung: Ziergehölz in Gärten und Parks, zur Einzelstellung und in dunkellaubigen Partien

Cryptomeria japonica
Sicheltanne

Familie: *Taxodiaceae* – Sumpfzypressengewächse
Herkunft: Japan
Wuchs: Baum, breit-pyramidal, Stamm gerade durchgehend, Äste ausgebreitet, dicht gestellt bis auf den Boden; 10–15 m hoch, 6–8 m breit
Blatt: Nadeln; dunkelgrün, pfriemlich, 6–12 cm lang, sichelförmig einwärts gekrümmt, fünfzeilig, spiralig entlang der Triebe
Blüte: männliche Kätzchen in achselständigen Ähren, weibliche Blüten einzeln an Kurztrieben, einhäusig
Blütezeit: II–III
Frucht: in kugeligen Zapfen, anfangs grün, ausgereift braun
Standort: Sonne bis lichter Schatten
Bodenansprüche: frisch bis mäßig feucht, neutral bis schwach alkalisch, bevorzugt auf nährstoffreichem Grund
Verwendung: Ziergehölz zur Einzelstellung in großen Gärten und Parkanlagen
Eigenschaften: verlangt in der Jugend Schutz vor Wintersonne und austrocknendem Wind; bevorzugt in luftfeuchten Regionen

Cryptomeria japonica 'Cristata'
Sicheltanne 'Cristata', Hahnenkamm-Sicheltanne

Abb. 646

Familie: *Taxodiaceae* – Sumpfzypressengewächse
Herkunft: Cultivar
Wuchs: kleiner Baum, breit kegelförmig-aufrecht, Zweige kurz und gedrängt stehend; 6–8 m hoch, 3–4 m breit
Blatt: Nadeln; grün, spitz, sichelförmig einwärts gekrümmt, häufig in hahnenkammartigen, breiten Verbänderungen, die nach einigen Jahren abfallen
Frucht: in kugeligen, braunen Zapfen, bis 3 cm ø
Standort: sonnig bis halbschattig
Bodenansprüche: frisch bis mäßig feucht, neutral bis schwach alkalisch, bevorzugt nährstoffreich
Verwendung: Ziergehölz zur Einzelstellung, für Liebhaber außergewöhnlicher Wuchsformen
Eigenschaften: bedingt frosthart, Winterschutz empfehlenswert

Abb. 645: *Chamaecyparis pisifera* 'Sungold'

Abb. 646: *Cryptomeria japonica* 'Cristata'

Cryptomeria japonica 'Elegans'
Sicheltanne 'Elegans'

Abb. 647: *Cryptomeria japonica* 'Elegans'

Familie: *Taxodiaceae* – Sumpfzypressengewächse
Herkunft: Cultivar
Wuchs: breit-kegelförmig, Äste unregelmäßig gestellt, ausgebreitet, Triebspitzen überhängend; 6–8 m hoch
Blatt: Nadeln; bläulich-grün, im Winter rotbraun, nadelförmig dünn, weich, bis 2,5 cm lang, abstehend
Frucht: in kleinen, kugeligen Zapfen
Standort: Sonne bis lichter Schatten
Bodenansprüche: frisch bis mäßig feucht, neutral bis schwach alkalisch
Verwendung: Ziergehölz zur Einzelstellung in großen Gärten und Parkanlagen
Eigenschaften: in der Jugend frostgefährdet, Winterschutz empfehlenswert

Cryptomeria japonica 'Vilmoriniana'
Sicheltanne 'Vilmoriniana'

Abb. 648: *Cryptomeria japonica* 'Vilmoriniana'

Familie: *Taxodiaceae* – Sumpfzypressengewächse
Herkunft: Cultivar
Wuchs: Zwergform, kugelförmig-breit, kurz beastet und dichtverzweigt; 0,6–0,8 m hoch und breit
Blatt: Nadeln; hellgrün, im Winter bräunlich verfärbend, nadelförmig spitz, 3–5 cm lang
Frucht: in kugeligen, kleinen Zapfen
Standort: sonnig–halbschattig
Bodenansprüche: frisch bis mäßig feucht, neutral bis schwach alkalisch, bevorzugt auf nährstoffreichen Standorten
Verwendung: Ziergehölz für Gärten und Parks
Eigenschaften: in der Jugend frostgefährdet, Winterschutz empfehlenswert

× Cupressocyparis leylandii
Leyland-Zypresse

Familie: *Cupressaceae* – Zypressengewächse
Herkunft: *(Cupressus macrocarpa × Chamaecyparis nootkatensis)*
Wuchs: säulenförmig bis kegelförmig, geschlossen-aufrecht, durchgehend gleichmäßig beastet, dicht verzweigt
Blatt: Nadeln; grün, schuppenförmig dicht anliegend, auf feinen Zweiglein
Blüte: männliche Blüten klein, endständig, gelb, einhäusig
Blütezeit: IX
Frucht: weibliche Zapfen anfangs grün, später glänzend braun-violett, kugelig, 1–2 cm ø
Standort: sonnig bis halbschattig, geschützt
Bodenansprüche: auf allen kultivierten, nährstoffreichen Gartenböden
Verwendung: als Ziergehölz in Gärten und Parks, Heckenpflanze in wintermilden Regionen
Eigenschaften: bedingt frosthart, in der Jugend Winterschutz empfehlenswert
Sorten: beim Einkauf auf Wuchsform achten, da unterschiedliche Klone im Angebot

× *Cupressocyparis leylandii* 'Castlewellan Gold'
Gelbe Leyland-Zypresse

Abb. 650: × *Cupressocyparis leylandii* 'Castlewellan Gold'

Familie: *Cupressaceae* – Zypressengewächse
Wuchs: anfangs säulenförmig, im Alter kegelförmig, Äste straff aufrecht, dichtverzweigt mit etwas nickenden Triebspitzen; 8–10 m hoch, 2–3 m breit
Blatt: Nadeln; im Sommer goldgelb, im Winter eher bronzefarben, schuppenförmig dicht anliegend auf zierlich-feinen Zweiglein
Frucht: in kugeligen, braunen Zapfen
Standort: Sonne bis lichter Schatten
Bodenansprüche: auf allen kultivierten, ausreichend nährstoffreichen Gartenböden
Verwendung: als Ziergehölz in Gärten und Parks, zur Einzelstellung, als Farbkontrast zu dunkellaubigen Gehölzen
Eigenschaften: bedingt frosthart, in der Jugend Winterschutz empfehlenswert

Ginkgo biloba
Gingkobaum

Abb. 651: *Ginkgo biloba*

Familie: *Ginkgoceae* – Ginkgobaumgewächse
Herkunft: China
Wuchs: Baum, breit-ausladende, unregelmäßige Krone auf kurzem Stamm; 15–20(–30) m hoch, 10–15 m breit
Blatt: sommergrüne Nadeln; als fächerförmiges Blatt ausgebildet, in der Mitte unterschiedlich tief gelappt; im Sommer frischgrün, Herbstfärbung gelb
Blüte: männliche Blüten als Kätzchen, endständig an Kurztrieben, 2–3 cm lang, gelbgrün, weibliche Blüten langgestielt, unscheinbar, an mehrjährigen Kurztrieben, zweihäusig
Blütezeit: III–IV
Frucht: Steinfrucht, Kern eßbar, jedoch unangenehm strengen Geruch verbreitend
Standort: sonnig bis absonnig
Bodenansprüche: auf allen kultivierten Böden
Verwendung: Ziergehölz in Gärten und Parks, zur Einzelstellung bei ausreichendem Raumangebot
Eigenschaften: frosthart, windfest, gesund, stadtklimafest

Juniperus chinensis 'Blaauw' (*Juniperus* × *media* 'Blaauw')
Strauch-Wacholder 'Blaauw'

Familie: *Cupressaceae* – Zypressengewächse
Herkunft: (*Juniperus chinensis* × *Juniperus sabina*)
Wuchs: trichterförmig aufrecht, Hauptäste schräg aufwärts nach allen Richtungen, dichtbuschig verzweigt; 2–2,5 m hoch, 2 m breit
Blatt: Nadeln; schuppenförmig dicht anliegend, graublau
Standort: sonnig
Bodenansprüche: auf allen kultivierten Böden
Verwendung: Ziergehölz in Gärten und Parks, zur Einzelstellung und in Gruppen, in Heidegärten und Vorgärten
Eigenschaften: frosthart, robust, schnittverträglich

Abb. 652: *Juniperus chinensis* 'Blaauw'

Juniperus chinensis 'Hetzii'
(*Juniperus* × *media* 'Hetzii')
Strauch-Wacholder 'Hetz'

Familie: *Cupressaceae* – Zypressengewächse
Herkunft: Cultivar
Wuchs: trichterförmig breit aufrecht, Hauptäste schräg aufwärts nach allen Richtungen, dichtbuschig verzweigt; 3–5 m hoch und breit
Blatt: Nadeln; schuppenförmig anliegend an dünnen Zweiglein, deutlich blaugrün, klein
Standort: sonnig
Bodenansprüche: gering, bevorzugt alkalisch
Verwendung: Ziergehölz für Gärten und öffentliche Grünanlagen, zur Einzelstellung im Vorgarten, für Heidegärten und Friedhof
Eigenschaften: frosthart, robust, verträgt Hitze und Trockenheit

Abb. 654: *Juniperus chinensis* 'Mint Julep'

Abb. 653: *Juniperus chinensis* 'Hetzii'

Juniperus chinensis 'Keteleerii'
Strauch-Wacholder 'Keteleer'

Familie: *Cupressaceae* – Zypressengewächse
Herkunft: Cultivar
Wuchs: säulenförmig aufrecht, dicht-verzweigt, im Alter etwas unregelmäßig, jedoch geschlossen bleibend; 6–8(–10) m hoch, 3–5 m breit
Blatt: Nadeln; grün, bläulich bereift, schuppenförmig anliegend, sehr spitz
Frucht: Beerenzapfen, kugelig, 1–1,5 cm ø, blau bereift, sehr zahlreich, auffallend
Standort: sonnig–halbschattig
Bodenansprüche: gering
Verwendung: Ziergehölz zur Einzelstellung in Gärten und Parkanlagen, für Heidegarten-Motive, in Vorgärten
Eigenschaften: frosthart, schnittverträglich

Juniperus chinensis 'Mint Julep'
(*Juniperus* × *media* 'Mint Julep')
Strauch-Wacholder 'Mint Julep'

Familie: *Cupressaceae* – Zypressengewächse
Herkunft: Cultivar
Wuchs: breit aufrecht, oft mehrtriebig, mit locker bogig ausgebreiteten Zweigen; 3–4 m hoch, 4–6 m breit
Blatt: Nadeln; schuppenförmig an dünnen Zweiglein, deutlich frischgrün, im Inneren auch nadelförmig
Standort: sonnig
Bodenansprüche: gering, bevorzugt alkalisch, durchlässig und humos
Verwendung: Ziergehölz für Gärten und Parkanlagen, zur Einzelstellung in großen Gärten, an Böschungen, vor Kellerniedergängen, auf Restflächen
Eigenschaften: frosthart und robust, schnittverträglich, stadtklimafest, pflegeextensiv

Juniperus chinensis 'Old Gold'
(*Juniperus* × *media* 'Old Gold')
Strauch-Wacholder 'Old Gold'

Familie: *Cupressaceae* – Zypressengewächse
Herkunft: Cultivar
Wuchs: flach-breit wachsende Mutation von *Juniperus* × *media* 'Pfitzeriana Aurea'; 0,8–1,2 m hoch, 2–3 m breit
Blatt: Nadeln; schuppenförmig anliegend, ganzjährig bronzegelb, im Innern der Pflanze oft auch nadelförmig zugespitzt
Standort: sonnig
Bodenansprüche: auf allen kultivierten Böden von sauer bis alkalisch, feucht bis mäßig trocken
Verwendung: Ziergehölz für Gärten und Parkanlagen, zur Einzelstellung in Heidegärten, Pflanzgefäßen, Dachgärten
Eigenschaften: frosthart, langsam wachsend, anspruchslos

Abb. 655: *Juniperus chinensis* 'Old Gold'

Juniperus chinensis 'Pfitzeriana'
(*Juniperus* × *media* 'Pfitzeriana')
Grüner Pfitzer-Wacholder

Familie: *Cupressaceae* – Zypressengewächse
Herkunft: Cultivar
Wuchs: breit ausladend, locker gestellte Äste, jeweils dichtbuschig verzweigt; 3–5 m hoch, 4–6 m breit
Blatt: Nadeln; teils schuppenförmig anliegend, teils nadelförmig spitz, hellgrün, bläulich gestreift
Standort: Sonne bis lichter Schatten
Verwendung: Ziergehölz, geeignet für Gärten und Parkanlagen; eine der häufigsten Arten bei angemessenem Platzangebot
Eigenschaften: frosthart, stadtklimafest, schnitt- und schattenverträglich, trockenheitsresistent
Sorten: Grundtyp in einer Reihe von weiteren Sorten mit gelber oder blauer Benadelung und anderen Wuchsformen

Juniperus

Juniperus chinensis 'Spartan'
Zypressen-Wacholder 'Spartan'

Familie: *Cupressaceae* – Zypressengewächse
Herkunft: Cultivar
Wuchs: gedrungen-pyramidal, aufrecht; 4–6 m hoch, 2–3 m breit
Blatt: Nadeln; sattgrün, nadelförmig dreiwirtelig und schuppenförmig anliegend auf demselben Baum
Blüte: weibliche Blüten in kleinen, zapfenförmigen, gelblichen Blütenständen, männliche siehe Frucht, zweihäusig
Blütezeit: III
Frucht: Beerenzapfen, kugelig, ø ca. 1 cm, auffallend blau bereift
Standort: sonnig–halbschattig
Bodenansprüche: gering
Verwendung: Ziergehölz für Gärten und Parks, im Einzelstand auch für mittelgroße Gärten, Vorgärten und Innenhöfe
Eigenschaften: frosthart, stadtklimafest, schnittverträglich
Sorten: in Katalogen fälschlich auch als *Juniperus chinensis* 'Helle' oder *Juniperus virginiana* 'Helle' geführt

Juniperus communis 'Hibernica'
Irischer Säulen-Wacholder

Familie: *Cupressaceae* – Zypressengewächse
Herkunft: Cultivar
Wuchs: säulenförmig, straff aufrecht und dicht verzweigt; 3–5 m hoch, 1–1,5 m breit
Blatt: Nadeln; nadelförmig, scharf zugespitzt, beidseitig bläulichgrün
Frucht: Beerenzapfen, kugelig, schwarz, blau bereift
Standort: sonnig
Bodenansprüche: gering
Verwendung: Ziergehölz für Gärten und Parks, in Heidegärten, Steingärten, Pflanzgefäßen, für ungeschnittene Hecken
Eigenschaften: frosthart, anspruchslos, kein Schnittbedarf

Juniperus communis
Gemeiner Wacholder

Abb. 657: *Juniperus communis* 'Hibernica'

Abb. 656: *Juniperus communis* (Foto: Holmåsen)

Familie: *Cupressaceae* – Zypressengewächse
Herkunft: Cultivar
Wuchs: von locker-kegelförmig bis breit-vasenförmig, d.h. sehr variabel, oft auch mehrstämmig; 6–8(–12) m hoch
Blatt: Nadeln; nadelförmig, stechend, zu dritt in Quirlen, abgespreizt, 1–1,5 cm lang, oben graugrün mit weißem Längsstreifen, unten grün
Blüte: unscheinbar grün, achselständig, Art meist zweihäusig
Blütezeit: IV–V
Frucht: Beerenzapfen, kugelig, 6–9 mm, schwarz, anfangs bläulich bereift, nicht eßbar
Standort: bevorzugt sonnig
Bodenansprüche: gering
Verwendung: Landschaftsgehölz, landschaftsprägend in der Lüneburger Heide, an sonnigen Hängen, auf Magerweiden; als Ziergehölz besser Sorten verwenden
Eigenschaften: in der Wuchsform variabel, frosthart, lichthungrig und konkurrenzschwach, mit großer Standortamplitude

Juniperus communis 'Hornibrookii'
Kriech-Wacholder 'Hornibrook'

Familie: *Cupressaceae* – Zypressengewächse
Herkunft: Cultivar
Wuchs: Zwergform, flachwachsend, mattenartig ausgebreitet; 0,3–0,5 m hoch, 2–3 m breit
Blatt: Nadeln; nadelförmig, stechend, ca. 0,5 cm lang, oben mit breitem, weißem Band, unten grün
Frucht: kugelige, schwarze Beerenzapfen
Standort: sonnig
Bodenansprüche: auch auf sehr armen Böden gedeihend
Verwendung: Ziergehölz, als Bodendecker nach einigen Standjahren, in Steingärten und Pflanzgefäßen
Eigenschaften: frosthart, langsam wachsend, anspruchslos

Juniperus communis 'Meyer'
Heide-Wacholder 'Meyer'

Familie: *Cupressaceae* – Zypressengewächse
Herkunft: Cultivar
Wuchs: breit kegelförmig, locker-aufrecht mit leicht überhängenden Triebspitzen; 3–5 m hoch, 1–1,5 m breit
Blatt: Nadeln; nadelförmig scharf zugespitzt, silbriggrün
Frucht: kugelige, schwarze

Beerenzapfen
Standort: sonnig
Bodenansprüche: gering
Verwendung: Ziergehölz für Gärten und Parks, einzeln und in Koniferengruppen, in standortgerechten Pflanzengesellschaften
Eigenschaften: frosthart, robust

Abb. 658: *Juniperus communis* 'Meyer'

Juniperus communis 'Repanda'
Kriech-Wacholder 'Repanda'

Abb. 659

Familie: *Cupressaceae* – Zypressengewächse
Herkunft: Cultivar
Wuchs: Zwergform, kriechend, Zweige kreisförmig dicht abstehend, Habitus dadurch meist tellerförmig; 0,3–0,5 m hoch, 2–3 m breit
Blatt: Nadeln; nadelförmig, weich, 0,5–0,8 cm lang, dicht um die Triebe gestellt, oberseits silbrig-weißer Streifen, unten dunkelgrün
Frucht: kugelige, runde Beerenzapfen, blauschwarz
Standort: Sonne bis lichter Schatten
Bodenansprüche: gering, bevorzugt durchlässig-humos
Pflege: keinerlei Pflegeansprüche
Verwendung: Ziergehölz für Gärten und Parks, als bodendeckendes Gehölz in abgesonderten Gartenpartien, an Böschungen, auf Restflächen
Eigenschaften: frosthart und robust

Abb. 659: *Juniperus communis* 'Repanda'

Juniperus communis 'Suecica'
Schwedischer Säulen-Wacholder

Abb. 660

Familie: *Cupressaceae* – Zypressengewächse
Herkunft: Cultivar
Wuchs: von schmal-säulenförmig bis breit-pyramidal, im oberen Drittel meist unregelmäßig und etwas offen; 3–5(–7) m hoch, 2–3 m breit
Blatt: Nadeln; nadelförmig, spitz und stechend, beidseitig bläulichgrün
Frucht: längliche, blauschwarze Beerenzapfen
Standort: sonnig
Bodenansprüche: auf jedem Boden von sauer bis alkalisch, bevorzugt sandig-durchlässig
Verwendung: Ziergehölz für Gärten, Parkanlagen, Friedhöfe, auch als Heckenpflanze
Eigenschaften: frosthart und robust, schnittverträglich

Abb. 660: *Juniperus communis* 'Suecica'

Juniperus horizontalis
Teppich-Wacholder

Abb. 661

Familie: *Cupressaceae* – Zypressengewächse
Herkunft: Nordamerika
Wuchs: flachwachsend bis kriechend, mit zahlreichen kurzen, dicht verzweigten Ästen, ausgebreitet; 0,3–0,5 m hoch, 1,5–2,5 m breit
Blatt: Nadeln; schuppenförmig, scharf zugespitzt, 0,2–0,6 cm lang, blaugrün, etwas abstehend
Frucht: Beerenzapfen, kugelig, 0,7–0,9 cm ø, blauschwarz, meist bläulich bereift, nur an der Wildform zu beobachten
Standort: sonnig bis absonnig
Bodenansprüche: gering, auf allen, auch armen Böden
Verwendung: Ziergehölz in Gärten und Parks, als bodendeckendes Gehölz, in Pflanzgefäßen, auf Dachgärten, an Böschungen
Eigenschaften: frosthart und anspruchslos, ohne jeden Pflegebedarf, trittfest, kein Schnittbedarf

Abb. 661: *Juniperus horizontalis*

Juniperus horizontalis 'Glauca'
(Juniperus horizontalis 'Wiltonii')
Blauer Teppich-Wacholder

Abb. 662: *Juniperus horizontalis* 'Glauca'

Familie: *Cupressaceae* – Zypressengewächse
Herkunft: Cultivar
Wuchs: flachwachsend bis kriechend, mit zahlreichen, kurzen Ästen, mattenförmig ausgebreitet; 0,3–0,5 m hoch, 1,5–2,5 m breit
Blatt: Nadeln; dicht anliegend an fadenförmig langen Zweiglein, ganzjährig stahlblau, vierzeilig dicht stehend
Standort: sonnig
Bodenansprüche: auf allen kultivierten Gartenböden
Verwendung: Ziergehölz für Gärten und Parkanlagen, als bodendeckendes Gehölz in Pflanzgefäßen, an Böschungen, auf Trockenmauern
Eigenschaften: frosthart und anspruchslos, ohne jeden Pflegebedarf, trittfest, kein Schnittbedarf

Juniperus sabina 'Mas'
Sadebaum

Familie: *Cupressaceae* – Zypressengewächse
Herkunft: Cultivar
Wuchs: säulenförmig aufrecht; 10–15(–20) m hoch, 5–7 m breit
Blatt: Nadeln; oben bläulich weiß gestreift, unten grün, pfriemförmig scharf zugespitzt, in Quirlen zu dritt
Blüte: weibliche Blüten in gelblichen Blütenständen, sehr zahlreich
Blütezeit: III–IV
Frucht: in kugelig-kleinen Beerenzapfen
Standort: sonnig–halbschattig
Bodenansprüche: bevorzugt auf kalkhaltigen Böden
Verwendung: Ziergehölz für Gärten und Parkanlagen, zur Einzelstellung in größeren Gärten, Vorgärten, auf Friedhöfen
Eigenschaften: anspruchslos, schnittverträglich

Juniperus sabina 'Rockery Gem'
Tamarisken-Wacholder 'Rockery Gem'

Familie: *Cupressaceae* – Zypressengewächse
Herkunft: Cultivar
Wuchs: flach ausgebreitet, Äste waagerecht in Etagen übereinander, Zweige kurz und dicht; 0,6-0,8 m hoch, 2–3 m breit
Blatt: Nadeln; nadelförmig spitz, abstehend, bläulichgrün
Standort: sonnig
Bodenansprüche: gering, bevorzugt kalkhaltig, sandig bis kiesig
Verwendung: Ziergehölz für Gärten und Parkanlagen, in Heidegärten, Vorgärten, Dachgärten, Pflanzgefäßen
Eigenschaften: frosthart, robust und anspruchslos

Juniperus squamata 'Blue Carpet'
Zwerg-Wacholder 'Blue Carpet'

Familie: *Cupressaceae* – Zypressengewächse
Herkunft: Cultivar
Wuchs: flach ausgebreitet, Äste ausladend-überhängend, locker gestellt und eher fadenförmig verzweigt; 0,5 m hoch, 1,5–2,5 m breit
Blatt: Nadeln; nadelartig fein und scharf zugespitzt, deutlich stahlblau, 0,6–0,8 cm lang, dichtstehend, locker anliegend
Standort: sonnig
Bodenansprüche: bevorzugt kalkhaltig und sandig-kiesig
Verwendung: Ziergehölz für Gärten und Parkanlagen, zur Einzelstellung im Vorgarten, in Innenhöfen, auf Dachgärten, in Pflanzgefäßen

Abb. 663: *Juniperus squamata* 'Blue Carpet'

Juniperus squamata 'Blue Star'
Zwerg-Wacholder 'Blue Star'

Abb. 664: *Juniperus squamata* 'Blue Star'

Familie: *Cupressaceae* – Zypressengewächse
Herkunft: Cultivar
Wuchs: breitrund, unregelmäßig-kompakt, sehr dicht verzweigt; 0,6–0,8 m hoch, 1–1,5 m breit
Blatt: Nadeln; nadelartig fein und scharf zugespitzt, silberblau, dichtstehend, locker anliegend
Standort: sonnig
Bodenansprüche: bevorzugt sandig-humos
Verwendung: Ziergehölz in Gärten und Parkanlagen, für Heidegärten, Steingärten, Tröge und Gräber
Eigenschaften: anspruchslos, kein Schnittbedarf

Juniperus squamata 'Meyeri'
Blauzeder-Wacholder

Familie: *Cupressaceae* – Zypressengewächse
Herkunft: Cultivar
Wuchs: breit-oval, etwas unregelmäßig mit meist einem Hauptstamm, im Alter locker und ausgestellt offen; 3–5 m hoch, 2–3 m breit
Blatt: Nadeln; nadelförmig, blauweiß, sehr dicht stehend, bis 1 cm lang, alte Nadeln färben sich braun und werden abgeworfen
Frucht: eilängliche Beerenzapfen, fast schwarz, sehr klein und unauffällig
Standort: sonnig
Bodenansprüche: bevorzugt sandig-humos
Verwendung: Ziergehölz für Gärten und Parkanlagen, zur Einzelstellung in Vorgärten, Gärten und Innenhöfen
Eigenschaften: frosthart, stadtklimaverträglich, schnittverträglich

Abb. 665: *Juniperus squamata* 'Meyeri' (Foto: Holmåsen)

Abb. 667: *Juniperus virginiana* 'Canaertii'

Juniperus virginiana 'Burkii'
Zypressen-Wacholder 'Burk'

Familie: *Cupressaceae* – Zypressengewächse
Herkunft: Cultivar
Wuchs: breit-kegelförmig, dicht verzweigte, geschlossene Form; 2–3 m hoch und 1 m breit
Blatt: Nadeln; pfriemlich, fein zugespitzt, oben mattblau gestreift, unten grün, 0,5 cm lang; Winterfärbung bläulich-rötlich
Frucht: eirunde Beerenzapfen, glänzend dunkelblau
Standort: sonnig
Bodenansprüche: gering
Verwendung: Ziergehölz für Gärten und Parkanlagen
Eigenschaften: sehr frosthart, hitzeverträglich

Abb. 666: *Juniperus virginiana* 'Burkii'

Juniperus virginiana 'Canaertii'
Zypressen-Wacholder 'Canaertii'

Familie: *Cupressaceae* – Zypressengewächse
Herkunft: Cultivar
Wuchs: breitsäulenförmig, geschlossen; 6–8 m hoch, 2–3 m breit
Blatt: Nadeln; an Jungtrieben schuppenförmig, sonst pfriemlich spitz, dunkelgrün
Frucht: blauweiße Beerenzapfen, klein, sehr zahlreich und zierend
Standort: sonnig
Bodenansprüche: gering
Verwendung: Ziergehölz für Gärten und Parkanlagen
Eigenschaften: sehr frosthart und anspruchslos

Juniperus virginiana 'Glauca'
Zypressen-Wacholder 'Glauca'

Familie: *Cupressaceae* – Zypressengewächse
Herkunft: Cultivar
Wuchs: säulenförmig aufrecht, dicht beastet; 6–8(–10) m hoch, 2–4 m breit
Blatt: Nadeln; schuppenförmig dicht anliegend, blaugrau
Frucht: eirunde Beerenzapfen, blau bereift, klein
Standort: sonnig
Bodenansprüche: gering
Verwendung: Ziergehölz für Gärten und Parkanlagen, zur Einzelstellung im Rasen, mit anderen Koniferen
Eigenschaften: frosthart, stadtklimaverträglich

Abb. 668: *Juniperus virginiana* 'Glauca'

Juniperus

Juniperus virginiana 'Grey Owl'
Zypressen-Wacholder 'Grey Owl'

Familie: *Cupressaceae* – Zypressengewächse
Herkunft: Cultivar
Wuchs: breit-flach, Äste einzeln gestellt, ausladend; Zweige dünn mit z.T. hängenden Triebspitzen; 2–3 m hoch, 5–7 m breit
Blatt: Nadeln; schuppenförmig anliegend, graugrün
Standort: sonnig
Bodenansprüche: gering, bevorzugt kalkhaltig
Verwendung: Ziergehölz für Gärten und Parkanlagen; zur Einzelstellung in Vorgärten, und Hausgärten, auch für Innenhöfe
Eigenschaften: frosthart, stadtklimaverträglich

Abb. 669: *Juniperus virginiana* 'Grey Owl'

Juniperus virginiana 'Skyrocket'
Raketen-Wacholder

Familie: *Cupressaceae* – Zypressengewächse
Herkunft: Cultivar
Wuchs: schmal-säulenförmig, mit straff aufrechten, anliegenden Ästen und dichter Verzweigung; 6–8 m hoch, 0,6–1 m breit
Blatt: Nadeln; schuppenförmig anliegend und pfriemlich zugespitzt, blaugrau
Standort: sonnig
Bodenansprüche: bevorzugt kalkhaltig und sandig-humos
Verwendung: Ziergehölz zur Einzelstellung in Gärten und Parkanlagen, für Liebhaber auffallender Wuchsformen
Eigenschaften: frosthart, anspruchslos

Abb. 670: *Juniperus virginiana* 'Skyrocket'

Larix decidua
Europäische Lärche

Abb. 671: *Larix decidua*

Familie: *Pinaceae* – Kieferngewächse
Herkunft: Europa
Wuchs: Großbaum, durchgehender Stamm, Krone anfangs kegelförmig, im Alter ausgebreitet-offen; 25–35(–45) m hoch, 10–20 m breit
Blatt: sommergrüne Nadeln; hellgrün und weich, zu 30–40 an kurzen Sprossen, 2–3 cm lang; Herbstfärbung gelb
Blüte: männliche Blüten in kleinen, gelben Büscheln, weibliche Blüten in roten, aufrechten Zäpfchen von 0,5 cm Länge, Pflanze ist einhäusig
Blütezeit: IV–V
Frucht: junge Zapfen leuchtend rot, eiförmig, 3–4 cm lang, später braun, mehrere Jahre haftend
Standort: sonnig
Bodenansprüche: mäßig trocken bis frisch, schwach sauer bis alkalisch, auf sandig-steinigen bis tiefgründig-lehmigen Böden
Verwendung: Landschaftsgehölz, Waldbaum; im Siedlungsbereich als Solitärgehölz in offenen Lagen
Eigenschaften: sehr frosthart, empfindlich gegen Emissionen, schnittverträglich

Larix kaempferi
Japanische Lärche

Familie: *Pinaceae* – Kieferngewächse
Herkunft: Japan
Wuchs: Großbaum, Stamm durchgehend gerade, Krone breit kegelförmig mit waagerecht abstehenden Ästen; 25–30 m hoch, 10–15 m breit
Blatt: sommergrüne Nadeln; blaugrün, weich, zu 40 und mehr an Kurztrieben, 2–3,5 cm lang; Herbstfärbung gelb
Blüte: männliche Blüten in kleinen, gelben Büscheln, weibliche Blüten rötlich-grün, eiförmig, Pflanze ist einhäusig
Blütezeit: IV
Frucht: eirunde Zapfen, 1,5–3,5 cm lang, braun, Samenschuppen rosettenartig zurückgebogen
Standort: sonnig
Bodenansprüche: mäßig feucht bis frisch, schwach sauer bis alkalisch, bevorzugt tiefgründig-lehmig, nährstoffreich

Verwendung: als Solitärbaum in großen Gärten und Parkanlagen in luftfeuchten Regionen

Eigenschaften: frosthart, empfindlich gegen Hitze und Trockenheit

feucht, sauer bis alkalisch
Verwendung: Solitärbaum in Parkanlagen, Arboreten (Baumsammlungen), in forstwirtschaftlichen Versuchsanlagen
Eigenschaften: frosthart, raschwüchsig, schnittverträglich

Abb. 672: *Larix kaempferi* (Foto: Holmåsen)

Abb. 673: *Metasequoia glyptostroboides*

Larix kaempferi 'Pendula'
Japanische Hänge-Lerche

Familie: *Pinaceae* – Kieferngewächse
Herkunft: Cultivar
Wuchs: kleiner Baum, Haupttrieb überhängend, Äste unregelmäßig gestellt, Zweige schleppenartig hängend; 6–8 m hoch
Blatt: sommergrüne Nadeln; blaugrün und weich, zahlreich an Kurztrieben, 2–3,5 cm lang; Herbstfärbung gelb

Standort: sonnig
Bodenansprüche: mäßig feuchte bis frische, schwach saure bis mäßig alkalische, tiefgründige und nährstoffreiche Böden
Verwendung: Ziergehölz zur Einzelstellung für Liebhaber ausgefallener Wuchsformen
Eigenschaften: langsam wachsend, empfindlich gegen Hitze und Trockenheit

Microbiota decussata
Fächer-Wacholder

Familie: *Cupressaceae* – Zypressengewächse
Wuchs: flach ausgebreitet, dicht verzweigt mit überhängenden Triebspitzen; 0,3–0,5 m hoch, 1,5–2 m breit
Blatt: Nadeln; schuppenartig anliegend, klein, im Sommer grün, im Winter bronzefarben, auf abgeflachten Zweiglein
Frucht: kugelige, kleine Nüßchen, schwach glänzendbraun, achselständig, ø 3–5 mm
Standort: Sonne bis Schatten
Bodenansprüche: auf allen kultivierten Böden
Verwendung: Ziergehölz in Gärten und Parks, Bodendecker, in Pflanzgefäßen
Eigenschaften: frosthart, schnittverträglich, trittfest, pflegeextensiv

Metasequoia glyptostroboides
Chinesisches Rotholz, Urweltmammutbaum

Familie: *Taxodiaceae* – Sumpfzypressengewächse
Herkunft: China
Wuchs: Großbaum, gerader Stamm mit gleichmäßig kegelförmiger Krone, auch mehrstämmig; 20–30(–35) m hoch, 8–10(–12) m breit
Blatt: sommergrüne Nadeln, linealisch, hellgrün, 1,5–2 cm lang, 2reihig, gegenständig an Kurztrieben
Blüte: männliche Blüten kätzchenförmig in Ähren, weibliche Blüten in grünlichen Büscheln, bis 0,5 cm lang
Blütezeit: IV
Frucht: in kugeligen Zapfen, anfangs dunkelgrün, später dunkelbraun, 2–2,5 cm ø, langgestielt, hängend
Standort: Sonne bis lichter Schatten
Bodenansprüche: frisch bis

Abb. 674: *Microbiota decussata*

Picea

Picea abies
Fichte, Rotfichte

Familie: *Pinaceae* – Kieferngewächse
Herkunft: Europa
Wuchs: Großbaum mit geradem, durchgehendem Stamm, Äste in regelmäßigen Quirlen, bogig aufrecht, Zweige hängend, Habitus geschlossen kegelförmig; 25–40(–60) m hoch, 6–8(–10) m breit
Blatt: Nadeln; nadelartig zugespitzt, dunkelgrün, 1–2 cm lang, spiralig um den Zweig angeordnet, an der Zweigunterseite auch zweiseitig gescheitelt
Blüte: männliche Blüten rötlich, in Gruppen an den Triebenden, weibliche Blüten auffallend rot und aufrecht stehend, später hängend, Pflanze ist einhäusig
Blütezeit: IV–V
Frucht: zylindrische Zapfen, 10–15 cm lang, ausgereift glänzend braun, meist im Wipfelbereich
Standort: sonnig
Bodenansprüche: frisch bis feucht, sauer bis alkalisch, bevorzugt sandig-steinig und nährstoffarm
Verwendung: heimisches Wildgehölz, Landschaftsgehölz, als Forstgehölz verbreitet, sonst in mitteleuropäischen Gebirgszonen ab 600 m aufwärts bis 1900 m; im Siedlungsbereich nur in kühl-feuchten Regionen
Eigenschaften: frosthart, schnittverträglich, empfindlich gegen Trockenheit, Salz, Luftverschmutzung

Abb. 676: *Picea abies* 'Echiniformis'

Abb. 675: *Picea abies*

Picea abies 'Echiniformis'
Igel-Fichte

Familie: *Pinaceae* – Kieferngewächse
Herkunft: Cultivar
Wuchs: Zwergform, halbkugelförmig, dicht verzweigt mit kurzen, dicken Trieben; 0,3–0,4 m hoch und 0,3 m breit
Blatt: Nadeln; nadelförmig, dunkelgrün, 1–1,25 cm lang, starr und stechend
Standort: sonnig
Bodenansprüche: gering
Verwendung: Ziergehölz, einzeln, für Hausgärten, Pflanzgefäße, Steingärten und Gräber
Eigenschaften: langsamwachsend, anspruchslos
Sorten: fälschlich auch als *Picea excelsa* 'Echiniformis' geführt

Picea abies 'Inversa'
Hänge-Fichte 'Inversa'

Familie: *Pinaceae* – Kieferngewächse
Herkunft: Cultivar
Wuchs: Hängeform, schmalsäulenförmig mit übergeneigter Spitze und senkrecht herabhängenden Ästen und Zweigen; 6–8 m hoch, 2–3 m breit
Blatt: Nadeln; nadelförmig, glänzend grün
Standort: sonnig
Bodenansprüche: gering, auf allen kultivierten Gartenböden
Verwendung: Solitärgehölz, im Hausgarten für Liebhaber außergewöhnlicher Wuchsformen und auf Friedhöfen

Abb. 677: *Picea abies* 'Inversa' (Foto: Holmåsen)

Picea abies 'Little Gem'
Nest-Fichte 'Little Gem'

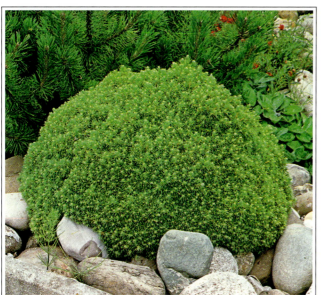

Abb. 678: *Picea abies* 'Little Gem'

Familie: *Pinaceae* – Kieferngewächse
Herkunft: Cultivar
Wuchs: Zwergform, geschlossen halbkugelförmig, dicht verzweigt; 0,3 m hoch und 1 m breit
Blatt: Nadeln; nadelförmig, dünn, grün, sehr dichtstehend
Standort: sonnig
Bodenansprüche: gering, bevorzugt kalkhaltig und sandig-humos
Verwendung: Ziergehölz im Hausgarten, in Pflanzgefäßen, Heidegärten, Steingärten

Picea abies 'Maxwellii'
Kissen-Fichte 'Maxwell'

Familie: *Pinaceae* – Kieferngewächse
Herkunft: Cultivar
Wuchs: Zwergform, unregelmäßig breit-pyramidal, kissenförmig mit kurzen, steifen Trieben radial abstehend; 0,6–1 m hoch, 1–2 m breit
Blatt: Nadeln; nadelförmig, grün, dick und steif, radial an den Trieben
Standort: sonnig
Bodenansprüche: gering
Verwendung: Ziergehölz im Hausgarten, in Pflanzgefäßen, Trögen, Heidegärten und Steingärten
Eigenschaften: anspruchslos

Abb. 679: *Picea abies* 'Maxwellii'

Picea abies 'Nidiformis'
Nest-Fichte 'Nidiformis'

Familie: *Pinaceae* – Kieferngewächse
Herkunft: Cultivar
Wuchs: Zwergform, geschlossen halbkugelförmig bis kissenförmig, Triebe dichtstehend, mit nestartiger Vertiefung im Mittelpunkt der Pflanze; 0,8–1,2 m hoch und bis 2 m breit
Blatt: Nadeln; nadelförmig, hellgrün, bis 1 cm lang, teils radial angeordnet, unterseits gescheitelt
Standort: sonnig
Bodenansprüche: gering, bevorzugt schwach kalkhaltig, sandig-humos
Verwendung: Ziergehölz für den Hausgarten, in Pflanzgefäßen, an Hängen und Böschungen
Eigenschaften: anspruchslos, kein Schnittbedarf

Abb. 680: *P. abies* 'Nidiformis'

Picea abies 'Procumbens'
Zwerg-Fichte 'Procumbens'

Familie: *Pinaceae* – Kieferngewächse
Herkunft: Cultivar
Wuchs: Zwergform, geschlossen breit-rund, Äste flach ansteigend mit steifen, dicken Trieben; 0,6–1 m hoch, 2–3 m breit
Blatt: Nadeln; nadelförmig, frischgrün, dicht gestellt halbradial
Standort: sonnig
Bodenansprüche: auf allen kultivierten Gartenböden
Verwendung: Ziergehölz für den Hausgarten, mit Stauden und Gräsern, in Pflanzgefäßen und im Steingarten

Picea abies 'Pumila Glauca'
Blaue Zwerg-Fichte

Familie: *Pinaceae* – Kieferngewächse
Herkunft: Cultivar
Wuchs: Zwergform, kissenartig flach ausgebreitet; 0,6–1 m hoch, 2–4 m breit
Blatt: Nadeln; nadelförmig, bläulichgrün, dicht gestellt, halbradial
Standort: sonnig
Bodenansprüche: alle kultivierten Böden, schwach sauer bis alkalisch, sandig-humos
Verwendung: Ziergehölz für den Hausgarten, mit Stauden und Gräsern, in Pflanzgefäßen

Abb. 681: *Picea abies* 'Pumila Glauca'

Picea abies 'Pygmaea'
Zwerg-Fichte 'Pygmaea'

Familie: *Pinaceae* – Kieferngewächse
Herkunft: Cultivar
Wuchs: Zwergform, unregelmäßig halbkugelförmig, sehr dicht geschlossen, verzweigt; 0,6–1 m hoch, 2–3 m breit
Blatt: Nadeln; nadelförmig, frischgrün, sehr dicht radial gestellt
Standort: sonnig
Bodenansprüche: alle kultivierten Böden, schwach sauer bis alkalisch, sandig-humos
Verwendung: Ziergehölz für den Hausgarten mit Stauden und Gräsern, in Pflanzgefäßen, auf Gräbern
Eigenschaften: robust und pflegeleicht

Picea abies 'Virgata'
Schlangen-Fichte

Familie: *Pinaceae* – Kieferngewächse
Herkunft: Cultivar
Wuchs: Baum mit durchgehendem Stamm, Äste lang und schlangenartig gebogen, kaum verzweigt; 10–12 m hoch, 3–5 m breit
Blatt: Nadeln; nadelförmig, dunkelgrün, bis 2,5 cm lang, radial angeordnet
Standort: sonnig
Bodenansprüche: bevorzugt kalkhaltig und sandig-humos
Verwendung: Ziergehölz (?), sehr bizarres Gebilde, für Liebhaber außergewöhnlicher Wuchsformen, sehr selten

Picea breweriana
Mähnen-Fichte

Abb. 682: *Picea breweriana*

Familie: *Pinaceae* – Kieferngewächse
Herkunft: westliches Nordamerika
Wuchs: Baum mit durchgehendem Stamm, breit-pyramidal, mit ausgebreiteten Ästen und schleppenartig hängenden Zweigen; 10–15 m hoch, 4–6 m breit
Blatt: Nadeln; nadelförmig, dunkelgrün, 2–2,5 cm lang, radial und deutlich nach vorn gerichtet
Blüte: männliche Blüten kugelig klein, weibliche zapfenförmig aufrecht, dunkelrosa, 2,5 cm groß
Blütezeit: V
Frucht: zylindrische Zapfen, braun, weich, bis 10 cm lang
Standort: sonnig
Bodenansprüche: gering
Verwendung: Ziergehölz in Gärten und Parks, im Einzelstand in großen Gärten, für Liebhaber ausdrucksstarker Pflanzen
Eigenschaften: frosthart, empfindlich gegen Trockenheit

Picea engelmannii
Engelmann-Fichte

Familie: *Pinaceae* – Kieferngewächse
Herkunft: westliches Nordamerika
Wuchs: Großbaum, Stamm durchgehend, Krone dichtkegelförmig, Äste in dichten Quirlen; 25–35 m hoch, 8–10 m breit
Blatt: Nadeln; nadelförmig dünn, bläulichgrün, 1,5–2,5 cm lang, etwas gekrümmt, deutlich zum Triebende hin gerichtet
Blüte: männliche Blüten eiförmig klein und dunkelrot, weibliche Blüten purpurrot, etwa 3 cm lang, meist zu mehreren
Blütezeit: V
Frucht: in Zapfen, zylindrisch, bräunlich-gelblich, fast sitzend, 6–8 cm lang
Standort: sonnig
Bodenansprüche: gering
Verwendung: Ziergehölz für Gärten und Parks, zur Einzelstellung in großen Gärten, in Gruppen in öffentlichen Grünanlagen
Eigenschaften: Nadeln riechen zerrieben nach Kampfer

Picea glauca 'Conica'
Zuckerhut-Fichte

Abb. 683: *Picea glauca* 'Conica'

Familie: *Pinaceae* – Kieferngewächse
Herkunft: Cultivar
Wuchs: geschlossen kegelförmig, sehr dicht verzweigt; 2–3 m hoch, 1–1,5 m breit
Blatt: Nadeln; nadelförmig, 1 cm lang, locker/radial stehend
Standort: sonnig bis halbschattig
Bodenansprüche: gering, bevorzugt mäßig feucht bis frisch, durchlässig und humos
Verwendung: Ziergehölz für Gärten und Parks, zur Einzelstellung im Vorgarten, Garten, auf Friedhöfen und Innenhöfen
Eigenschaften: sehr langsamwüchsig, anfällig gegen rote Spinne

Picea glauca 'Echiniformis'
Blaue Igel-Fichte

Familie: *Pinaceae* – Kieferngewächse
Herkunft: Cultivar
Wuchs: Zwergform, geschlossen kugelig, sehr dicht radial verzweigt; 0,5–0,8 m hoch
Blatt: Nadeln; nadelförmig dünn, blaugrün, 0,5–1 cm lang, radial stehend
Standort: Sonne bis lichter Schatten
Bodenansprüche: gering
Verwendung: Ziergehölz für Gärten und Parks, in Vergemeinschaftung mit Stauden und Gräsern, in Pflanzgefäßen, auf Gräbern
Eigenschaften: sehr langsamwüchsig, frosthart, empfindlich gegen Trockenheit

Picea

Abb. 684: *Picea glauca* 'Echiniformis'

Picea mariana 'Nana'
Blaue Kissen-Fichte

Familie: *Pinaceae* – Kieferngewächse
Herkunft: Cultivar
Wuchs: Zwergform, geschlossen kugelig bis kissenförmig mit dünnen Trieben; 0,5–0,7 m hoch, 1–1,5 m breit
Blatt: Nadeln; nadelförmig, blaugrün, sehr dicht radial stehend, 0,5–0,7 cm lang
Standort: Sonne bis lichter Schatten
Bodenansprüche: gering, kalkverträglich, bevorzugt durchlässig-humos
Verwendung: Ziergehölz in Gärten und Parks, mit Stauden und Gräsern, in Pflanzgefäßen und für Heide- und Steingärten
Eigenschaften: sehr langsam wachsend, Jahreszuwachs 2–3 cm (lt. KRÜSSMANN)

Abb. 685: *Picea mariana* 'Nana'

Picea omorika
Omorika-Fichte

Familie: *Pinaceae* – Kieferngewächse
Herkunft: Balkan
Wuchs: Baum mit geradem Stamm, waagerecht kurz und meist bis zum Boden beastet mit schmal-kegelförmiger Krone; 15–25(–35) m hoch, 2,5–5 m breit
Blatt: Nadeln; nadelförmig, abgeflacht, oben glänzend grün, unten mit 2 breiten, weißen Bändern, 1–2 cm lang, dicht angedrückt bis abstehend
Blüte: männliche Blüten länglich-oval, 1,2 cm lang, weibliche Blüten 1,5 cm, grünlich
Blütezeit: V
Frucht: Zapfen, gestreckt eiförmig, bis 5 cm lang
Standort: sonnig
Bodenansprüche: auf nahezu allen Böden
Verwendung: Forstbaum, Landschaftsgehölz, Ziergehölz in Gärten und Parks
Eigenschaften: frosthart, stadtklimafest, schnittverträglich

Abb. 686: *Picea omorika*

Picea omorika 'Nana'
Omorika-Zwergfichte

Familie: *Pinaceae* – Kieferngewächse
Herkunft: Cultivar
Wuchs: Zwergform, unregelmäßig kugelig mit kurzen, dicken Trieben; im Alter 1,5–2 m hoch und breit
Blatt: Nadeln; nadelförmig stumpf, oben grün, unten 2 breite, weiße Bänder
Standort: sonnig
Bodenansprüche: gering, bevorzugt durchlässig-humos
Verwendung: Ziergehölz für Gärten und Parks, zusammen mit Stauden und Gräsern, in Stein- und Heidegärten, in Pflanzgefäßen
Eigenschaften: langsam wachsend, anspruchslos, kein Schnittbedarf; mit unterschiedlichen Wuchstypen im Angebot

Abb. 687: *Picea omorika* 'Nana'

199

Picea orientalis
Orientalische Fichte

Familie: *Pinaceae* – Kieferngewächse
Herkunft: Kleinasien, Kaukasus
Wuchs: Großbaum, Stamm gerade durchgehend bis zur Spitze, schmal-kegelförmige Krone mit quirlig gestellten, aufstrebenden Ästen; 20–25 m hoch, 6–8 m breit
Blatt: Nadeln; nadelförmig steif, glänzend dunkelgrün, stumpf, nur 0,5–1 cm lang, dicht stehend, radial und gescheitelt
Blüte: männliche Blüten eilänglich, rötlich, weibliche Blüten violett, bis 2,5 cm lang
Blütezeit: IV
Frucht: walzenförmige Zapfen, ausgereift glänzend braun, 5–8 cm lang
Standort: sonnig bis absonnig
Bodenansprüche: auf allen Böden von sauer bis alkalisch, von frisch bis feucht
Verwendung: Ziergehölz in Gärten und Parks, zur Einzelstellung und bei ausreichendem Raumangebot in Gruppen
Eigenschaften: frosthart, stadtklimaverträglich

Abb. 689: *Picea orientalis* 'Aurea' (Foto: Holmåsen)

Abb. 688: *Picea orientalis*

Picea orientalis 'Aurea'
Gelbe Orientalische Fichte

Familie: *Pinaceae* – Kieferngewächse
Herkunft: Cultivar
Wuchs: Baum mit gerade durchgehendem Stamm und geschlossen-kegelförmiger Krone; 15–20 m hoch
Blatt: Nadeln; nadelförmig stumpf, junge Pflanzen anhaltend goldgelb, bei älteren Pflanzen meist nur die Triebspitzen gelb, sonst grünnadelig; kurz, dicht gestellt
Standort: sonnig bis absonnig
Bodenansprüche: auf allen kultivierten Böden
Verwendung: Ziergehölz für Gärten und Parks, zur Einzelstellung für Liebhaber auffallender Baumformen

Picea orientalis 'Nutans'
Orientalische Fichte 'Nutans'

Familie: *Pinaceae* – Kieferngewächse
Herkunft: Cultivar
Wuchs: Hängeform, Wuchs unregelmäßig, breit-kegelförmig mit hängenden Ästen; 15–18 m hoch
Blatt: Nadeln; nadelförmig stumpf, glänzend dunkelgrün, etwas steif, dicht gestellt
Standort: sonnig–halbschattig
Bodenansprüche: bevorzugt kalkhaltig und tiefgründig
Verwendung: Ziergehölz für Gärten und Parks, für die Einzelstellung in ausreichend großen Pflanzflächen
Eigenschaften: anspruchslos, kein Schnittbedarf, schattenverträglich

Picea pungens
Stech-Fichte

Familie: *Pinaceae* – Kieferngewächse
Herkunft: Nordwestamerika
Wuchs: Baum mit quirlständigen, waagerecht ausgebreiteten Ästen und regelmäßig-kegelförmigem Aufbau; 15–20 m hoch, 6–8 m breit
Blatt: Nadeln; nadelförmig starr, bläulichgrün, 2–3 cm lang, lang zugespitzt und stechend, radial abstehend an den Trieben
Blüte: männliche Blüten gedrungen eiförmig, rötlich, bis 2 cm lang; weibliche Blüten doppelt so lang und grünlich-gelblich
Blütezeit: V
Frucht: hellbraune Zapfen, länglich-zylindrisch, mit gezähnten Schuppen, 6–10 cm lang
Standort: sonnig
Bodenansprüche: gering, bevorzugt sandig-humos, kalkverträglich
Verwendung: Ziergehölz für Gärten und Parks, als Wildform selten, besser die Auswahl aus den zahlreichen Gartenformen
Eigenschaften: frosthart, stadtklimaverträglich, lichthungrig, schnittverträglich

Picea

Abb. 690: *Picea pungens* (Sämling)

Familie: *Pinaceae* – Kieferngewächse
Herkunft: Cultivar
Wuchs: Baum mit durchgehendem Stamm, fast waagerecht ausgebreiteten Ästen und regelmäßiger, kegelförmiger Krone; 10–15(–20) m hoch, 6–8 m breit
Blatt: Nadeln; nadelförmig steif, leicht sichelförmig, blau, im Winter silbrig-blau
Frucht: braune Zapfen, länglich-zylindrisch, hängend, bis 10 cm lang
Standort: sonnig
Bodenansprüche: gering, bevorzugt frische, schwach alkalische und durchlässig-humose Böden
Verwendung: Ziergehölz in Gärten und Parks, zur Einzelstellung auf Rasenflächen, im Vorgarten und Hausgarten

Picea pungens 'Glauca'
Blaue Stech-Fichte, Blau-Fichte

Familie: *Pinaceae* – Kieferngewächse
Herkunft: Cultivar
Wuchs: Baum mit durchgehendem Stamm, quirlständig ausgebreiteten Ästen und regelmäßig-kegelförmiger Krone; 15–20(–25) m hoch, 6–8 m breit
Blatt: Nadeln; nadelförmig steif, stahlblau, lang zugespitzt stechend, radial abstehend
Blüte: wie die Art
Frucht: hellbraune Zapfen, länglich-zylindrisch, bis 10 cm
Standort: sonnig
Bodenansprüche: gering, bevorzugt sandig-humos, schwach alkalisch bis neutral
Verwendung: Ziergehölz in Gärten und Parks, sehr beliebt als Weihnachtsbaum
Eigenschaften: frosthart, anspruchslos, schnittverträglich

Picea pungens 'Endtz'
Blau-Fichte 'Endtz'

Abb. 691

Abb. 691: *Picea pungens* 'Endtz'

Picea pungens 'Glauca Globosa'
Kleine Blau-Fichte

Abb. 692

Familie: *Pinaceae* – Kieferngewächse
Herkunft: Cultivar
Wuchs: Zwergform, flachkugelig, kurze, dicke Zweige, sehr dichtstehend-geschlossen; 0,8–1 m hoch, 1–1,5 m breit
Blatt: Nadeln; nadelförmig, leicht sichelförmig, silbrigblau, dicht stehend, 1–1,2 cm lang
Frucht: zylindrische Zapfen, hellbraun, hängend
Standort: sonnig
Bodenansprüche: gering, bevorzugt sandig-humose Böden
Verwendung: Ziergehölz in Gärten und Parks, zur Einzelstellung in Heidegärten, Pflanzgefäßen, auf Gräbern
Eigenschaften: anspruchslos, robust, kein Schnittbedarf

Abb. 692: *Picea pungens* 'Glauca Globosa'

Picea

Picea pungens 'Hoopsii'
Silber-Fichte

Abb. 693: *Picea pungens* 'Hoopsii'

Familie: *Pinaceae* – Kieferngewächse
Herkunft: Cultivar
Wuchs: Baum mit durchgehendem Stamm, ausgebreiteten Ästen und regelmäßig-kegelförmiger Krone, meist bis unten beastet; 10–12(–15) m hoch, 3–5 m breit
Blatt: Nadeln; nadelförmig, blau-weiß, sehr dicht stehend
Frucht: hellbraune Zapfen, länglich-zylindrisch
Standort: sonnig
Bodenansprüche: gering, bevorzugt schwach alkalisch, sandig-humos
Verwendung: Ziergehölz in Gärten und Parks, zur Einzelstellung im Vorgarten, auf Rasenflächen, als Sichtschutz
Eigenschaften: Typ mit den blauesten Nadeln von allen *Picea pungens*-Sorten

Abb. 694: *Picea pungens* 'Koster'

Picea pungens 'Koster'
Blau-Fichte 'Koster'

Familie: *Pinaceae* – Kieferngewächse
Herkunft: Cultivar
Wuchs: Baum, anfangs etwas unregelmäßig breit-kegelförmig, später sehr dicht; 10–15 m hoch, 4–6 m breit
Blatt: Nadeln; nadelförmig, leicht sichelförmig, anhaltend silbrigblau, 2–2,5 cm lang, radial dicht stehend
Frucht: zylindrische Zapfen, braun, hängend
Standort: sonnig
Bodenansprüche: gering, bevorzugt schwach alkalisch, sandig-humos
Verwendung: Ziergehölz für Gärten und Parks, zur Einzelstellung, als Sichtschutz
Eigenschaften: frosthart, schnittverträglich (Bindegrün)

Picea purpurea
Purpur-Fichte

Familie: *Pinaceae* – Kieferngewächse
Herkunft: China
Wuchs: Baum mit geradem Stamm, ausgebreitet dicht verzweigt, breit-kegelförmig, geschlossen; 12–15(–25) m hoch, 5–7 m breit
Blatt: Nadeln; nadelförmig, flach und stumpf, dunkelgrün, bis 1,2 cm lang, dicht anliegend an den relativ dünnen Zweigen
Blüte: zapfenförmig, rötlich, meist endständig zu mehreren an Kurztrieben im Kronenbereich
Blütezeit: IV
Frucht: Zapfen, zylindrisch, purpurviolett, ausgereift braun, bis 5 cm lang
Standort: sonnig bis absonnig
Bodenansprüche: von mäßig trocken bis frisch, schwach alkalisch bis neutral, bevorzugt sandig-humos
Verwendung: einzeln als Ziergehölz in Gärten und Parks
Sorten: botanisch korrekt laut van de Laar: *Picea likiangensis* var. *purpurea*

Picea sitchensis
Sitka-Fichte

Abb. 695: *Picea sitchensis* (Foto: Holmåsen)

Familie: *Pinaceae* – Kieferngewächse
Herkunft: Nordamerika
Wuchs: Großbaum mit geradem Stamm und breit-pyramidaler, offener Krone; 25–35 m hoch, 8–10 m breit
Blatt: Nadeln; nadelförmig, dünn und stechend, silbrigweiß, 1,5–2,5 cm lang, radial an den Trieben
Blüte: männliche Blüten rötlich, 2,5–3,5 cm lang, weibliche Blüten rot, 3–5 cm lang
Blütezeit: V
Frucht: Zapfen, zylindrisch kurz, weich, 5–10 cm lang, anfangs grünlich, später braun
Standort: sonnig–halbschattig
Bodenansprüche: tiefgründig, feucht bis naß, bodenvag; bevorzugt jedoch feucht und schwach sauer
Verwendung: Waldbaum, als Ziergehölz zur Einzelstellung in Gärten und Parks

Pinus aristata
Fuchsschwanz-Kiefer, Grannen-Kiefer

Familie: *Pinaceae* – Kieferngewächse
Herkunft: Nordamerika
Wuchs: in Europa meist nur strauchartig mit quirlig abstehenden Ästen und kurzen, dicken Trieben; 2–3 m hoch, 1,5–2 m breit
Blatt: Nadeln; nadelförmig kurz und gedrungen, dunkelgrün, zu 5 dichtgedrängt, stehend, 2–4 cm lang
Blüte: männliche Blüten dunkelrot, klein und verdeckt, weibliche purpurfarben, etwas größer, endständig zu mehreren
Blütezeit: VI
Frucht: Zapfen, gedrungen-zylindrisch, 6–8 cm lang, bräunlich, mit borstigen Nadeldornen, sitzend
Standort: am natürlichen Standort Baum der Gebirgszone, d.h. kalkverträglich, freistehend
Verwendung: Ziergehölz für Gärten und Parks, im Einzelstand und in Verbindung mit anderen Koniferen
Eigenschaften: absolut frosthart, anspruchslos, langsam wachsend und langlebig

Abb. 696: *Pinus aristata*

Pinus cembra
Zirbel-Kiefer, Arve

Familie: *Pinaceae* – Kieferngewächse
Herkunft: Mitteleuropa
Wuchs: Baum, Stamm meist gerade durchgehend und bis unten beastet, Krone pyramidal-geschlossen, im Alter unregelmäßig und offen; Höhe 15–20(–25) m, 4–6(–8) m breit
Blatt: Nadeln; nadelförmig, weich, blaugrün, 6–12 cm lang, 5nadelig in Büscheln
Blüte: im Abstand von 6–10 Jahren mit rötlichen männlichen und braunroten weiblichen Blüten
Blütezeit: V
Frucht: eiförmige Zapfen, 6–8 cm ø, anfangs blaubereift, ausgereift braun, hartschalig und kompakt

Abb. 697: *Pinus cembra*

Standort: sonnig und unbedingt im freien Stand
Bodenansprüche: gering, trocken bis frisch
Verwendung: Landschaftsgehölz der Gebirgsregionen bis zur Baumgrenze; bedingt als Ziergehölz im Siedlungsbereich zur Einzelstellung
Eigenschaften: hitzeempfindlich, extrem frosthart

Pinus cembra 'Glauca'
Blaue Zirbel-Kiefer

Familie: *Pinaceae* – Kieferngewächse
Herkunft: Cultivar
Wuchs: Baum, Stamm gerade, Krone pyramidal; Höhe 12–15(–20) m, 6–8 m breit
Blatt: Nadeln; nadelförmig, silbrigblau, 6–12 cm lang, zu 5 in Büscheln
Blüte: wie die Art
Blütezeit: V
Frucht: wie die Art
Standort: sonnig und unbedingt im freien Stand
Bodenansprüche: mäßig feuchte bis trockene, saure bis alkalische, bevorzugt tiefgründige Böden
Verwendung: Ziergehölz für Gärten und Parks, nur in Einzelstellung, da konkurrenzschwach
Eigenschaften: frosthart, anspruchslos

Pinus contorta
Dreh-Kiefer

Familie: *Pinaceae* – Kieferngewächse
Herkunft: Nordamerika
Wuchs: kleiner Baum, auch mehrstämmig-strauchförmig, mit unregelmäßig breit-kegelförmiger Krone; 10–15(–25) m hoch
Blatt: Nadeln; nadelförmig und stark gedreht, dunkelgrün bis gelbgrün, 3–5 cm lang, zu 2 an ebenfalls gedrehten Zweigen
Blüte: männliche Blüten gelb, klein, in Büscheln, weibliche

Pinus

Abb. 698: *Pinus contorta* (Foto: Holmåsen)

Blatt: Nadeln; nadelförmig steif, stumpf, blaugrau, zu 5 locker stehend, 6–12 cm lang
Blüte: männliche und weibliche Blüten rötlich
Frucht: Zapfen, kegelförmig-zylindrisch, fast sitzend-aufrecht, 9–14 cm lang, hellbraun
Standort: sonnig
Bodenansprüche: trockene bis frische, durchlässig-humose Böden
Verwendung: Ziergehölz für Gärten und Parks, zur Einzelstellung im Freistand, keine Benachbarung erwünscht
Sorten: botanisch korrekt: *Pinus koraiensis* 'Silverray'

Blüten rot, zylindrisch, endständig
Blütezeit: V
Frucht: eiförmige Zapfen, ausgereift braun, fest, 3–5 cm lang
Standort: sonnig
Bodenansprüche: auf allen Böden von sauer bis alkalisch
Verwendung: Waldbaum, als Ziergehölz zur Einzelstellung in großen Gärten, in Vorgärten und in öffentlichen Grünanlagen
Eigenschaften: zuverlässig frosthart, sehr anspruchslos, kein Schnittbedarf

Pinus densiflora 'Globosa'
Kleine Japanische Rot-Kiefer

Familie: *Pinaceae* – Kieferngewächse
Herkunft: Cultivar
Wuchs: Zwergform, flachkugelig dicht, unregelmäßig verzweigt; 0,6–0,8 m hoch und breit
Blatt: Nadeln; nadelförmig fein zugespitzt, frischgrün, 6–8 cm lang, 2nadelig in Büscheln, radial an den Zweigen stehend
Blüte: männliche Blüten eiförmig, rötlich, weibliche Blüten rot, aufrecht stehend, endständig
Blütezeit: V
Frucht: braune Zapfen, kurzgestielt, bis 5 cm lang
Standort: sonnig
Bodenansprüche: gering
Verwendung: Ziergehölz in Gärten und Parks
Eigenschaften: eine der wenigen Rot-Kiefern im Sortiment der Baumschulen

Pinus koraiensis 'Glauca'
Blaue Korea-Kiefer

Familie: *Pinaceae* – Kieferngewächse
Herkunft: Cultivar
Wuchs: kleiner Baum mit lockerer, kegelförmiger Krone; 8–10 m hoch, 2–4 m breit

Pinus leucodermis
Schlangenhaut-Kiefer

Abb. 699

Familie: *Pinaceae* – Kieferngewächse
Herkunft: Balkan
Wuchs: Baum mit gerade durchgehendem Stamm und schlank kegelförmiger Krone, bis zum Boden beastet; 10–15 m hoch, 4–6 m breit
Blatt: Nadeln; nadelförmig scharf zugespitzt, tiefglänzend-dunkelgrün, 2nadelig, pinselartig an den Triebenden gehäuft
Blüte: männliche Blüten zylindrisch klein, gelblich, gehäuft endständig, weibliche Blüten zapfenförmig dunkelrot, 0,8 cm lang
Blütezeit: V
Frucht: Zapfen, jung eiländlich blaugrün, ausgereift eirundlich hellbraun, 6–8 cm
Standort: sonnig
Bodenansprüche: trocken bis frisch, schwach sauer bis mäßig alkalisch, auch auf sehr armen und trockenen Böden
Verwendung: Ziergehölz zur Einzelstellung in größeren Gärten und im Öffentlichen Grün
Eigenschaften: frosthart und ausgesprochen anspruchslos, langsam wachsend, mit nach dem Nadelfall schlangenhautartig gefelderten Jahrestrieben

Abb. 699: *Pinus leucodermis*

Pinus mugo 'Gnom'
Strauch-Kiefer 'Gnom'

Abb. 700

Familie: *Pinaceae* – Kieferngewächse
Herkunft: Cultivar
Wuchs: Zwergform, kugelig, vieltriebig basal, dicht verzweigt; 2–3 m hoch und breit
Blatt: Nadeln; nadelförmig, tiefgrün, bis 4 cm lang, radial und dicht gedrängt stehend
Standort: Sonne bis lichter

Schatten
Bodenansprüche: bodenvag, d.h. unabhängig von der Bodenreaktion, gerne sandig und nährstoffarm
Verwendung: als Ziergehölz

in Gärten und Parks, für niedrige, ungeschnitten-breite Hecken in Heidegärten und Steingärten
Eigenschaften: frosthart, anspruchslos

Abb. 700: *Pinus mugo* 'Gnom'

Pinus mugo 'Mops'
Kugel-Kiefer 'Mops'

Familie: *Pinaceae* – Kieferngewächse
Herkunft: Cultivar
Wuchs: Zwergform, kugelig, vieltriebig-kompakt und dicht verzweigt; 1,5–2 m hoch und breit
Blatt: Nadeln; nadelförmig, dunkelgrün, bis 4,5 cm lang, 2zeilig in Büscheln radial an den geraden, jungen Trieben
Standort: Sonne bis lichter Schatten
Bodenansprüche: bodenvag. d.h. unabhängig von Bodenreaktionen, gerne durchlässig und nicht zu nährstoffreich
Verwendung: Ziergehölz in Gärten und Parks, in Heide- und Steingärten, als Einfassung, an Böschungen
Eigenschaften: frosthart, anspruchslos, kein Schnitt erforderlich

Abb. 701: *Pinus mugo* 'Mops'

Pinus mugo ssp. *mugo*
(*Pinus mugo* var. *mughus*)
Leg-Föhre, Krummholz-Kiefer

Familie: *Pinaceae* – Kieferngewächse
Herkunft: Mittel- und Südeuropa
Wuchs: Großstrauch oder Kleinbaum, meist vielstämmig mit weit ausgebreiteten, z.T. niederliegenden Ästen; 2–4(–8) m hoch und 4–6 m breit
Blatt: Nadeln; nadelförmig, grün, etwas zum Trieb hin gebogen und oft leicht gedreht, zu 2 in Büscheln an Kurztrieben, 2–5 cm lang
Blüte: männliche Blüten gelb in Büscheln, weibliche Blüten blaugrün, einhäusig
Blütezeit: V
Frucht: kegelförmige Zapfen, braun, oft zu mehreren, 2–6 cm lang
Standort: sonnig
Bodenansprüche: mäßig trocken bis frisch, auf allen Böden von sauer bis alkalisch
Pflege: Formschnitt z.B. für japanische Gärten
Verwendung: heimisches Wildgehölz, Landschaftsgehölz, in lichten Gruppen für Begrünung und für Rekultivierungsmaßnahmen in der Zone zwischen 500 m NN und der Baumgrenze; Ziergehölz im Siedlungsbereich
Eigenschaften: anspruchslos, sehr frosthart, schattenunverträglich, in der Form sehr variabel, schnittverträglich
Sorten: vielfach noch fälschlich unter *Pinus montana* HORT. geführt, was im Hinblick auf die Herkunft verständlich erscheint, jedoch nomenklatorisch falsch ist.

Abb. 702: *Pinus mugo* ssp. *mugo*

Pinus mugo ssp. *pumilo*
(*Pinus mugo* var. *pumilo*)
Zwerg-Föhre, Zwerg-Kiefer

Familie: *Pinaceae* – Kieferngewächse
Herkunft: Südeuropa
Wuchs: halbkugelig bis ausgebreitet, meist vielstämmig aus der Basis, im Alter auch niedergestreckt; 0,8–1,5 m hoch, 1,5–3 m breit
Blatt: Nadeln; nadelförmig, dunkelgrün, unterschiedlich lang, 2zeilig in Büscheln, an Jungtrieben deutlich radial
Frucht: Zapfen, länglich-eiförmig, anfangs blauviolett, ausgereift hellbraun, 6–8 cm lang, fast sitzend
Standort: sonnig bis lichter Schatten
Bodenansprüche: durchlässige und mäßig nährstoffreiche Böden
Verwendung: Landschaftsgehölz der Bergzonen; bis zur Baumgrenze normal- und bis 2600 m krüppelig wachsend. Als Ziergehölz im Siedlungsbereich besser Sorten oder Selektionen verwenden
Eigenschaften: frosthart, anspruchslos, schnittverträglich

Pinus

Abb. 703: *Pinus mugo* ssp. *pumilo*

Pinus nigra ssp. *nigra*
Österreichische Schwarz-Kiefer

Familie: *Pinaceae* – Kieferngewächse
Herkunft: Südeuropa, Balkan
Wuchs: Großer Baum, gerader, durchgehender Stamm mit anfangs breit-kegelförmiger, später unregelmäßig schirmförmiger Krone; 20–30(–40) m hoch, 8–12 m breit
Blatt: Nadeln; nadelförmig steif und stechend, grün, 0,8–1,2 cm lang, 2zeilig, teils gerade, teils gekrümmt
Blüte: männliche Blüten goldgelb in endständigen Büscheln, weibliche rot und etwas größer
Blütezeit: V
Frucht: eiförmige Zapfen, 4–8 cm lang, anfangs grün, ausgereift im 2.Jahr glänzend braun
Standort: sonnig
Bodenansprüche: bevorzugt sandig–kalkhaltig und nährstoffarm
Verwendung: Landschaftsgehölz, auch Waldbaum in Höhen zwischen 150 und 300 m NN; gerne auch Ziergehölz, einzeln und in Gruppen, im Siedlungsbereich
Eigenschaften: frosthart, robust, hitzebeständig, schnittverträglich (Formschnitt)
Sorten: auch als: *Pinus nigra* var. *austriaca*, *Pinus nigra* ssp. *austriaca* oder *Pinus austriaca* in den Katalogen

Abb. 704: *Pinus nigra* ssp. *nigra*

Pinus parviflora 'Glauca'
Blaue Mädchen-Kiefer

Familie: *Pinaceae* – Kieferngewächse
Herkunft: Cultivar
Wuchs: baumartig, unregelmäßig, 4–6(–10) m hoch
Blatt: Nadeln; nadelförmig, dünn und bis 7 cm lang, zweifarbig grün-blau, teils gekrümmt, meist gedreht, 5zeilig, flaschenbürstenartig an den Trieben
Frucht: eiförmige Zapfen, bis 10 cm lang, braunrot, mehrere Jahre haftend
Standort: sonnig
Bodenansprüche: frisch bis mäßig feucht, schwach sauer bis alkalisch, durchlässig und nährstoffarm
Verwendung: Ziergehölz einzeln, in Gärten und Parks, auch als Formschnitt-Gehölz
Eigenschaften: frosthart, anspruchslos, schnittverträglich

Abb. 705: *Pinus parviflora* 'Glauca'

Pinus peuce
Mazedonische Kiefer

Familie: *Pinaceae* – Kieferngewächse
Herkunft: Balkan
Wuchs: Baum, durchgehender Stamm mit regelmäßig-quirlständigen Ästen, geschlossen schlank kegelförmig, im Alter breiter und offener; Höhe 10–12(–15) m, 4–6 m breit
Blatt: Nadeln; nadelförmig scharf zugespitzt, steif, grün, 5zeilig an Jungtrieben anliegend, sonst radial abstehend, bis 10 cm lang
Blüte: männliche Blüten hellgelb in endständigen Büscheln; weibliche Blüten dunkelrot und klein
Blütezeit: VI
Frucht: zylindrische Zapfen, oft leicht gekrümmt, hellbraun sitzend, einzeln oder zu mehreren, bis 15 cm lang
Standort: Sonne bis lichter Schatten
Bodenansprüche: gering, bevorzugt durchlässig und etwas humos
Verwendung: Landschaftsgehölz, zur Einzelstellung und in Gruppen, in Höhenlagen, wenn standortgerecht verwendet; Ziergehölz im Siedlungsbereich
Eigenschaften: sehr frosthart, kein Schnittbedarf

Pinus

Abb. 706: *Pinus peuce* (Foto: Holmåsen)

Pinus ponderosa
Gelb-Kiefer

Familie: *Pinaceae* – Kieferngewächse
Herkunft: Nordamerika
Wuchs: Großbaum, Krone kegelförmig auf gerade durchgehendem Stamm 15–20 m hoch und 6–8 m breit
Blatt: Nadeln; nadelförmig spitz, etwas derb, dunkelgrün, 3zeilig, bis 25 cm lang, gehäuft büschelig an den Triebenden
Blüte: männliche Blüten rot, weibliche Blüten in Ähren, dunkelrot
Blütezeit: V
Frucht: eilängliche Zapfen, 8–15 cm lang, anfangs purpurviolett, dann ausgereift glänzend hellbraun
Standort: sonnig
Bodenansprüche: frisch bis feucht, neutral bis schwach alkalisch, bevorzugt tiefgründig-durchlässig
Verwendung: Ziergehölz zur Einzelstellung in großen Gärten und in öffentlichen Grünanlagen
Eigenschaften: zuverlässig frosthart, hitzeverträglich

Pinus pumila 'Glauca'
Blaue Kriech-Kiefer

Familie: *Pinaceae* – Kieferngewächse
Herkunft: Cultivar
Wuchs: breitbuschig, vieltriebig aus der Basis, dicht verzweigt, im Habitus veränderlich; 1–1,5 m hoch und 2–3 m breit
Blatt: Nadeln; nadelförmig, außen graublau, innen blaugrün, zu 5, bürstenartig radial und sehr dicht stehend, 4–8 cm lang
Blüte: männliche Blüte tiefrot, weibliche rötlich
Blütezeit: V
Frucht: eiförmige Zapfen, 3–4 cm ø, zu mehreren endständig, anfangs violett, ausgereift gelbbraun
Standort: sonnig
Bodenansprüche: trocken bis frisch, locker-durchlässig, besser nährstoffarm
Verwendung: Ziergehölz zur Einzelstellung im Vorgarten, im Garten, in Pflanzgefäßen, im Heidegarten
Eigenschaften: frosthart, anspruchslos, schnittverträglich

Abb. 707: *Pinus ponderosa*

Abb. 708: *Pinus pumila* 'Glauca'

Pinus × *schwerinii*
Schwerin-Kiefer

Familie: *Pinaceae* – Kieferngewächse
Herkunft: *(Pinus wallachiana* × *Pinus strobus)*
Wuchs: Baum, breit-kegelförmig, Äste ausgebreitet mit aufsteigenden Triebspitzen, unregelmäßig aber geschlossen; 10–15(–20) m hoch, 8–10 m breit
Blatt: Nadeln; nadelförmig, blaugrün, dünn und schlaff, 10 cm lang, zu 5 sehr dicht stehend
Blüte: weibliche Blüten blaßgrün, bis 2 cm lang, einhäusig
Blütezeit: VI
Frucht: walzenförmige Zapfen, gestielt, zu mehreren, endständig, 10–15 cm lang, braun, harzig
Standort: sonnig
Bodenansprüche: frisch bis feucht, bodenvag, durchlässig und mäßig nährstoffreich
Verwendung: Ziergehölz zur Einzelstellung in großen Gärten und Parks

Pinus

Abb. 709: *Pinus* × *schwerinii*

Pinus strobus
Weymouth-Kiefer

Familie: *Pinaceae* – Kieferngewächse
Herkunft: Nordamerika
Wuchs: Großbaum, Stamm gerade und durchgehend beastet, breit-kegelförmig; 25–30 m hoch, 10–15 m breit
Blatt: Nadeln; nadelförmig, dünn und weich, blaugrün, zu 5. büschelig an den jungen Trieben
Blüte: männliche Blüten gelblich, in Büscheln, weibliche rötlich und zapfenförmig, klein
Blütezeit: VI
Frucht: Zapfen, zylindrisch lang, anfangs grün und verharzt, ausgereift hellbraun, bis 20 cm lang, hängend
Standort: sonnig
Bodenansprüche: frisch bis mäßig feucht, schwach sauer bis neutral, bevorzugt tiefgründig-humos
Verwendung: Ziergehölz im Einzelstand in Parks und anderen öffentlichen Grünanlagen, als Hausbaum in großen Gärten
Eigenschaften: winterhart, empfindlich gegen Hitze und Trockenheit, anfällig für Blasenrost

Abb. 710: *Pinus strobus*
(Foto: Holmåsen)

Pinus strobus 'Radiata'
Weymouth-Zwergkiefer

Familie: *Pinaceae* – Kieferngewächse
Herkunft: Cultivar
Wuchs: Zwergform, halbkugelig, dicht geschlossen verzweigt; 1–2 m hoch, 1,5–2,5 m breit
Blatt: Nadeln; nadelförmig scharf zugespitzt, blaugrün, 7–9 cm lang, 5nadelig, an den Triebenden gehäuft stehend
Standort: sonnig
Bodenansprüche: mäßig feucht bis frisch, schwach sauer bis neutral, bevorzugt durchlässig und humos
Verwendung: Ziergehölz zur Einzelstellung im Vorgarten, kleinen Hausgärten, Heidegärten, in Pflanzgefäßen
Eigenschaften: sehr langsam wachsend, anspruchslos, kein Schnittbedarf
Sorten: entspricht: *Pinus strobus nana* oder *Pinus strobus* 'Umbraculifera' HORT.

Abb. 711: *Pinus strobus* 'Radiata'

Pinus sylvestris
Gewöhnliche Kiefer, Föhre

Familie: *Pinaceae* – Kieferngewächse
Herkunft: Europa, Asien
Wuchs: Großbaum mit gerade durchgehendem Stamm, Krone anfangs kegelförmig, später meist unregelmäßig schirmförmig; 15–30(–50) m hoch, 8–10(–15) m breit
Blatt: Nadeln; nadelförmig, etwas gedreht, bläulich- bis graugrün, 4–8 cm lang, 2nadelig, an Kurztrieben
Blüte: männliche Blüten gelb zu mehreren, weibliche in kleinen, rötlichen Zapfen, 0,5 cm lang
Blütezeit: V
Frucht: eilängliche Zapfen, 2,5–7 cm lang, kurzgestielt zu 1–3, anfangs dunkelgrün, ausgereift braun
Standort: sonnig
Bodenansprüche: trocken bis feucht, bodenvag, bevorzugt nahrhaft und durchlässig
Verwendung: Landschaftsgehölz auch auf armen Böden, Forstgehölz nur bei standortgerechter Verwendung; Ziergehölz im Siedlungsbereich
Eigenschaften: frosthart, hitzeverträglich, lichthungrig, empfindlich gegen Umweltbelastungen aus Luft und Boden
Sorten: sehr veränderliche Form mit zahlreichen Sippen und vielen Gartenformen

Abb. 712: *Pinus sylvestris*

Pinus sylvestris 'Fastigiata'
Säulen-Kiefer

Abb. 713: *Pinus sylvestris* 'Fastigiata'

Familie: *Pinaceae* – Kieferngewächse
Herkunft: Cultivar
Wuchs: säulenförmig straff aufrecht und dicht, auch mehrstämmig; 8–10 m hoch, 1–1,5 m breit
Blatt: Nadeln; nadelförmig, blaugrün, etwas gedreht, 2nadelig, büschelartig an Kurztrieben
Standort: Sonne bis lichter Schatten
Bodenansprüche: trockene bis mäßig feuchte, bevorzugt durchlässige und nährstoffarme Böden
Verwendung: Ziergehölz für Gärten und Parks, in Vorgärten, Hausgärten, an Gräbern

Pinus sylvestris 'Watereri'
Strauch-Waldkiefer

Familie: *Pinaceae* – Kieferngewächse
Herkunft: Cultivar
Wuchs: breit-flache Form, ausgewachsen unregelmäßig und geschlossen; 2–3(–5) m hoch, 3–5 m breit
Blatt: Nadeln; nadelförmig steif, gedreht, blaugrau, bis 4 cm lang
Standort: sonnig bis halbschattig
Bodenansprüche: frisch bis mäßig feucht, bodenvag
Verwendung: Ziergehölz zur Einzelstellung in größeren Gärten und im Öffentlichen Grün
Sorten: entspricht *Pinus sylvestris* 'Waterer', *Pinus sylvestris* f. *pumila*, oft auch fälschlich als *Pinus sylvestris* 'Nana' im Angebot

Abb. 714: *Pinus sylvestris* 'Watereri'

Pinus wallichiana
Tränen-Kiefer

Familie: *Pinaceae* – Kieferngewächse
Herkunft: Himalaja
Wuchs: Baum, breit-pyramidal, Äste aufsteigend bis waagerecht ausgebreitet, bis unten beastet; 15–20(–30) m hoch, 8–12 m breit
Blatt: Nadeln; nadelförmig dünn und spitz, grün, 5nadelig, in Büscheln an den Triebspitzen hängend, sehr auffällig, bis 20 cm lang
Blüte: männliche Blüten rötlich, in Büscheln; weibliche Blüten zapfenförmig klein und blaßgrün
Blütezeit: VI
Frucht: zylindrische Zapfen, meist zu mehreren 15–30 cm lang, braun mit Harztropfen
Standort: Sonne bis lichter Schatten
Bodenansprüche: bodenvag, bevorzugt tiefgründig und nahrhaft
Verwendung: Ziergehölz für den etwas geschützten Einzelstand in Gärten und öffentlichen Grünanlagen
Eigenschaften: in der Jugend bedingt frosthart, Winterschutz empfehlenswert
Sorten: fälschlich auch unter: *Pinus excelsa* oder *Pinus griffithii* geführt

Abb. 715: *Pinus wallichiana*

Pseudolarix amabilis (*Pseudolarix kaempferi*)
Gold-Lärche

Familie: *Pinaceae* – Kieferngewächse
Herkunft: China
Wuchs: Baum mit breit ausladenden Ästen, überwiegend hängenden Zweigen, Krone unregelmäßig offen, malerisch wachsend; 15–25 m hoch, 8–12 m breit
Blatt: sommergrüne Nadeln; linealisch, weich, sichelförmig, zu 15–30, hellgrün, im Herbst gelb-rötlich verfärbend und abfallend, 3–7 cm lang
Blüte: männliche Blüten endständig zu vielen, weibliche kugelig, einzeln, einhäusig
Blütezeit: IV–V
Frucht: eiförmige Zapfen, 5–7 cm lang, rötlich-braun
Standort: sonnig
Bodenansprüche: frisch bis feucht, schwach sauer bis neutral, durchlässig und nährstoffreich
Verwendung: Ziergehölz für Gärten und Parks, einzeln, bei ausreichendem Raumangebot

Abb. 716: *Pseudolarix amabilis* (Foto: Holmåsen)

Pseudotsuga

Pseudotsuga menziesii
Douglasie

Familie: *Pinaceae* – Kieferngewächse
Herkunft: Nordamerika
Wuchs: Großbaum, bei uns nur Baum; Stamm gerade durchgehend, Wuchs breit-kegelförmig, im Freistand bis zum Boden beastet; 12–15 m hoch, 6–8 m breit
Blatt: Nadeln; nadelförmig, meist stumpf, graugrün, 1,5–3 cm lang, überwiegend breit gescheitelt stehend mit deutlicher Furche
Blüte: männliche Blüten gelblich, weibliche in ährenförmigen Ständen, rötlich
Blütezeit: IV
Frucht: zylindrische Zapfen, hängend, 8–10 cm lang; hellbraune Deckschuppen deutlich herausragend
Standort: sonnig
Bodenansprüche: frisch bis mäßig feucht, bodenvag, bevorzugt tiefgründig
Verwendung: Landschaftsgehölz, auch Waldbaum, wenn standortgerecht gepflanzt; Ziergehölz im Siedlungsbereich

Sciadopitys verticillata
Schirm-Tanne

Abb. 717: *Sciadopitys verticillata*

Familie: *Taxodiaceae* – Sumpfzypressengewächse
Herkunft: Japan
Wuchs: Baum mit durchgehendem, quirlständig beastetem Stamm und geschlossen-kegelförmiger Krone; 10–15 m hoch, 3–5 m breit
Blatt: Doppelnadeln; nadelförmig, parallel verwachsen, glänzend dunkelgrün, 8–15 cm lang, schirmartig zu 20–30 an den Triebenden
Blüte: männliche Blüten kugelig gelb, zu mehreren dichtgestellt an den Triebenden; weibliche Blüten bräunlich, bürstenartig, endständig
Blütezeit: V
Frucht: eilängliche Zapfen, bis 10 cm lang, mit braunroten, wulstig hervortretenden Deckschuppen
Standort: sonnig
Bodenansprüche: frisch bis feucht, neutral, sandig-humos und nährstoffreich
Verwendung: Ziergehölz für Gärten mit ausreichend großem Raumangebot und für Parks
Eigenschaften: in der Jugend spätfrostgefährdet, dann bevorzugt lichtschattig, trockenheitsempfindlich

Sequoiadendron giganteum
Mammutbaum

Abb. 718: *Sequoiadendron giganteum*

Familie: *Taxodiaceae* – Sumpfzypressengewächse
Herkunft: Nordamerika
Wuchs: Großbaum, gerader, durchgehender und im Freistand bis zum Boden dicht beasteter Stamm; 30–50 m hoch, 8–12 m breit
Blatt: Nadeln; schuppenförmig bis lanzettlich, dreizeilig, eng angepreßt, blaugrün
Blüte: männliche Blüten gelb, weibliche Blüten grün, einhäusig
Frucht: eiförmige Zapfen, 3–5 cm lang, rotbraun, einzeln oder zu mehreren, im 2. Jahr hängend
Standort: Sonne bis lichter Schatten
Bodenansprüche: bodenvag, bevorzugt tiefgründig, humos
Verwendung: Landschaftsgehölz, Waldbaum, wenn standortgerecht verwendet, in großen Parkanlagen, in Baumsammlungen
Eigenschaften: erkennbar an der weichen, dicken, rotbraunen Rinde

Taxodium distichum
Sumpf-Zypresse

Familie: *Taxodiaceae* – Sumpfzypressengewächse
Herkunft: Nordamerika
Wuchs: Großbaum mit regelmäßig kegelförmiger Krone und oft spannrückigem Stamm; 25–35 m hoch, 8–10 m breit
Blatt: sommergrüne Nadeln; an bleibenden Trieben schuppenförmig, an Kurztrieben linalisch und zweizeilig; hellgrün, Herbstfärbung rotbraun
Blüte: männliche Blüten in bis zu 15 cm langen, endständigen Ähren; weibliche nur 2 mm große, grüne Zäpfchen
Blütezeit: IV
Frucht: eirunde Zapfen, 3 cm ø, Schuppen hornartig und rauh
Standort: sonnig
Bodenansprüche: feucht bis naß, sauer bis neutral, auf nährstoffreichen Böden
Verwendung: Ziergehölz zur Einzelstellung am oder im stehenden Gewässer
Eigenschaften: frostgefährdet, auf alkalischen Böden Chlorosegefahr

Taxus

Abb. 719: *Taxodium distichum*

Taxus baccata
Gewöhnliche Eibe

Familie: *Taxaceae* – Eibengewächse
Herkunft: Europa, Nordafrika, Kleinasien
Wuchs: Baum oder Großstrauch, Krone anfangs breit kegelförmig, ausgewachsen meist unregelmäßig rundkronig; 5–15 m hoch, 8–12 m breit
Blatt: Nadeln; linealisch flach, zugespitzt, leicht gebogen, oberseits schwarzgrün, unterseits gelbgrün, 1–3 cm lang, zweizeilig an Langtrieben
Blüte: männliche Blüten kugelig, gelb, 0,5 cm ø; weibliche Blüten winzig, grün, unscheinbar
Blütezeit: III–IV
Frucht: harthölziger Samen in becherförmigem, scharlachrotem Fruchtfleisch, als Arillus bezeichnet
Standort: sonnig bis halbschattig
Bodenansprüche: mäßig trocken bis feucht, schwach sauer bis alkalisch, bevorzugt auf luftfeuchten Standorten
Verwendung: heimisches Wildgehölz, Landschaftsgehölz, in Laub- und Nadelmischwäldern; einzeln, in Gruppen und als Hecken im dörflichen Siedlungsraum; Ziergehölz im städtischen Siedlungsbereich
Eigenschaften: frosthart, etwas spätfrostgefährdet, stadtklimafest, sehr schnittverträglich, konkurrenzstark. Alle Pflanzenteile sind giftig!

Taxus baccata 'Aureovariegata'
Gold-Eibe

Familie: *Taxaceae* – Eibengewächse
Herkunft: Cultivar
Wuchs: breitbuschig aufrecht, dicht verzweigt; 3–5 m hoch und breit
Blatt: Nadeln; linealisch flach, anhaltend tiefgelb, bis 3 cm lang, zweizeilig
Standort: sonnig bis halbschattig, bevorzugt luftfeucht
Bodenansprüche: mäßig trocken bis feucht, schwach sauer bis alkalisch
Verwendung: Ziergehölz für Gärten und Parks
Eigenschaften: Alle Pflanzenteile sind giftig!

Taxus baccata 'Dovastoniana'
Adlerschwingen-Eibe

Familie: *Taxaceae* – Eibengewächse
Herkunft: Cultivar
Wuchs: baumartig aufrecht oder breit ausladend locker gestellt, sehr variabel; 4–6 m hoch, 6–8 m breit
Blatt: Nadeln; linealisch, schwarzgrün, bis 3 cm lang, zweizeilig
Blüte: meist männliche Form
Standort: sonnig bis halbschattig, bevorzugt etwas geschützter und luftfeuchter Stand
Bodenansprüche: mäßig trocken bis feucht, schwach sauer bis alkalisch
Verwendung: Ziergehölz zur Einzelstellung bei ausreichendem Raumangebot in Grünanlagen und großen Gärten
Eigenschaften: Alle Pflanzenteile sind giftig!

Abb. 720: *Taxus baccata* 'Dovastoniana'

Taxus baccata 'Fastigiata'
Säulen-Eibe

Familie: *Taxaceae* – Eibengewächse
Herkunft: Cultivar
Wuchs: säulenförmig mit mehreren Grundtrieben, Äste straff aufrecht anliegend, dichtgeschlossen verzweigt; 3–5(–7) m hoch, 2–3 m breit
Blatt: Nadeln; linealisch und flach, schwarzgrün, bis 3 cm lang, allseitig abstehend
Standort: sonnig bis halbschattig, bevorzugt geschützt und luftfeucht
Bodenansprüche: mäßig trocken bis feucht, schwach sauer bis alkalisch
Verwendung: Ziergehölz zur Einzelstellung und als Raumelement in formalen Gärten und Grünanlagen
Eigenschaften: frosthart, robust, schnittverträglich, alle Pflanzenteile sind giftig!

Abb. 721: *Taxus baccata* 'Fastigiata'

Taxus baccata 'Fastigiata Aurea'
Gelbe Säulen-Eibe

Cultivar. Wuchs säulenförmig mit mehreren Grundtrieben, Äste straff aufrecht anliegend, dicht geschlossen verzweigt. Nadeln an Jungtrieben breit, goldgelb gerandet, allmählich vergrünend, im Inneren der Pflanze dunkelgrün. Ziergehölz im Einzelstand in Gärten und Parks. Sonst wie 'Fastigiata'

Abb. 722: *Taxus baccata* 'Fastigiata Aurea'

Taxus baccata 'Fastigiata Robusta'
Schmale Säulen-Eibe

Cultivar. Wuchs säulenförmig, meist mit mehreren Grundtrieben, Äste straff anliegend, dicht geschlossen verzweigt; 4–8 m hoch, 1–2 m breit. Nadeln linealisch flach, mittelgrün, bis 3,5 cm lang, allseitig abstehend. Ziergehölz zur Einzelstellung in Gärten und öffentlichen Grünanlagen, in Innenhöfen, Heidegärten, als Wind- und Sichtschutz. Frosthart und robust, schmaler als 'Fastigiata'!

Abb. 723: *Taxus baccata* 'Fastigiata Robusta'

Taxus baccata 'Nissens Corona'
Nissen's Eibe 'Corona'

Cultivar. Wuchs breitbuschig mit schräg aufrechten Ästen und leicht überhängenden Spitzen; 1,5–2,5 m hoch, 4–6(–8) m breit. Nadeln linealisch, flach, frischgrün. Zierstrauch. Sonst wie *Taxus baccata*

Taxus baccata 'Nissens Präsident'
Nissen's Eibe 'Präsident'

Cultivar. Wuchs breitbuschig mit schräg aufrechten Ästen und überhängenden Triebspitzen; 1,5–2,5 m hoch, 4–6 m breit. Nadeln linealisch, flach, schwarzgrün. Ziergehölz zur Einzelstellung. Sonst wie *Taxus baccata*

Taxus baccata 'Overeynderi'
Kegel-Eibe

Familie: Taxaceae – Eibengewächse
Herkunft: Cultivar
Wuchs: breit-kegelförmig aufrecht, Äste regelmäßig straff aufrecht, dicht geschlossen verzweigt; 3–5(–7) m hoch, 2–3 m breit
Blatt: Nadeln; linealisch, flach, oben dunkelgrün, unten mattgrün, bis 2 cm lang
Standort: sonnig bis halbschattig
Bodenansprüche: mäßig trocken bis feucht, schwach sauer bis alkalisch
Verwendung: Ziergehölz zur Einzelstellung und in Gruppen, in Gärten und öffentlichen Grünanlagen
Eigenschaften: frosthart, robust, schnittverträglich

Taxus baccata 'Repandens'
Kissen-Eibe

Familie: Taxaceae – Eibengewächse
Herkunft: Cultivar
Wuchs: Zwergform, kissenartig flach ausgebreitet, 0,8–1 m hoch, 2–3 m breit
Blatt: Nadeln; linealisch, flach, etwas gekrümmt, oben dunkelgrün glänzend, unten stumpfgrün, bis 3 cm lang
Standort: sonnig–halbschattig
Bodenansprüche: mäßig trocken bis feucht, schwach sauer bis alkalisch
Verwendung: Ziergehölz in Gärten und Parks, zur Flächenbegrünung im Öffentlichen Grün, in Pflanzgefäßen
Eigenschaften: frosthart, schnittverträglich

Abb. 724: *Taxus baccata* 'Repandens'

Taxus baccata 'Semperaurea'
Goldgelbe Strauch-Eibe

Familie: Taxaceae – Eibengewächse
Herkunft: Cultivar
Wuchs: breit aufrecht, Äste aufrecht bis ausgebreitet, mit kurzen Trieben vieltriebig-geschlossen; 1–2 m hoch, 3–4 m breit
Blatt: Nadeln; linealisch, etwas sichelförmig, oben beständig goldgelb, unten gelbgrün, bis 2 cm lang
Standort: sonnig, bis lichter Schatten, bevorzugt luftfeuchte Lage
Bodenansprüche: mäßig trocken bis feucht, schwach sauer bis alkalisch, bevorzugt gleichmäßige Grundfeuchte
Verwendung: Ziergehölz zur Einzelstellung in Gärten und Parks
Eigenschaften: langsam wachsend, schnittverträglich

Abb. 725: *Taxus baccata* 'Semperaurea'

Taxus baccata 'Washingtonii'
Strauch-Eibe 'Washington'

Familie: *Taxaceae* – Eibengewächse
Herkunft: Cultivar
Wuchs: breitbuschig aufrecht, Äste locker gestellt und dicht verzweigt; 1–2 m hoch, 2–3 m breit
Blatt: Nadeln; linealisch, flach, sichelförmig nach oben gerichtet, gelbgrün, bis 3 cm lang
Standort: Sonne bis lichter Schatten
Bodenansprüche: mäßig trockene bis feuchte, schwach saure bis stark alkalische Böden
Verwendung: Ziergehölz zur Einzelstellung und in Gruppen in großen Gärten und öffentlichen Grünanlagen
Eigenschaften: winterhart, schnittverträglich

Taxus cuspidata 'Nana'
Japanische Zwerg-Eibe

Familie: *Taxaceae* – Eibengewächse
Herkunft: Cultivar
Wuchs: Zwergform ohne Mitteltrieb, Äste breit ausladend, unregelmäßig gestellt, dicht verzweigt; 1–2 m hoch, 3–4 m breit
Blatt: Nadeln; linealisch, tiefgrün, bis 2,5 cm lang, undeutlich zweizeilig oder spiralig angeordnet
Standort: sonnig bis schattig
Bodenansprüche: mäßig trocken bis feucht, bodenvag, bevorzugt auf durchlässig-nährstoffreichen Böden
Verwendung: Ziergehölz für Gärten und Parks, in Einzelstellung und in Gruppen, in Steingärten, Pflanzgefäßen, Rabatten
Eigenschaften: frosthart, schattenverträglich

Taxus × *media* 'Hicksii'
Eibe 'Hicks', Becher-Eibe

Familie: *Taxaceae* – Eibengewächse
Herkunft: Cultivar
Wuchs: breit-säulenförmig, mehrtriebig aus der Basis, straff aufrecht und dicht verzweigt; 3–4(–5) m hoch, 2–3(–4) m breit
Blatt: Nadeln; linealisch, breit, steif, oben glänzend dunkelgrün, unten hellgrün, an aufrechten Trieben mehr spiralig, an Seitentrieben deutlich zweizeilig
Frucht: Samenkern in roter Scheinfrucht (Arillus)
Standort: sonnig bis schattig
Bodenansprüche: mäßig trocken bis feucht, schwach sauer bis alkalisch, bevorzugt tiefgründig-humos
Verwendung: Ziergehölz zur Einzelstellung und in Gruppen, in Gärten und im Öffentlichen Grün, bevorzugt für Hecken
Eigenschaften: robust, sehr schnittverträglich
Sorten: *Taxus* × *media* sind Kreuzungen aus *Taxus baccata* und *Taxus cuspidata*

Abb. 726: *Taxus* × *media* 'Hicksii'

Taxus × *media* 'Hillii'
Eibe 'Hillii'

Familie: *Taxaceae* – Eibengewächse
Herkunft: Cultivar
Wuchs: breit-säulenförmig, mehrtriebig aus der Basis, straff aufrecht und dicht verzweigt; 3–4(–5) m hoch, 2–3(–4) m breit
Blatt: Nadeln; linealisch, breit und steif, oben glänzend hellgrün, unten mattgrün, teils zweizeilig, teils spiralig stehend
Standort: sonnig bis schattig
Bodenansprüche: mäßig trocken bis feucht, schwach sauer bis alkalisch, durchlässig und nährstoffreich
Verwendung: Ziergehölz zur Einzelstellung und in Gruppen, in Hausgärten und öffentlichen Grünanlagen
Eigenschaften: frosthart, schattenverträglich

Abb. 727: *Taxus* × *media* 'Hillii'

Taxus × *media* 'Strait Hedge'
Eibe 'Strait Hedge'

Familie: *Taxaceae* – Eibengewächse
Herkunft: Cultivar
Wuchs: breit-säulenförmig, mehrtriebig mit dichten Seitentrieben und unverzweigten Spitzentrieben; 2–4(–5) m hoch, 2–3(–4) m breit
Blatt: Nadeln; linealisch, dunkelgrün glänzend, bis 3 cm lang, an Seitentrieben deutlich zweizeilig, an aufrechten Trieben auch spiralig
Frucht: Samenkern in roter Scheinfrucht (Arillus)
Standort: sonnig bis halbschattig
Bodenansprüche: mäßig trocken bis feucht, schwach sauer bis alkalisch, tiefgründig und nährstoffreich
Verwendung: Ziergehölz für Gärten und Parks, im Einzelstand, in Gruppen, für breite, ungeschnittene oder geschnittene Hecken
Eigenschaften: robust, frosthart, stadtklimafest

Taxus × *media* 'Thayerae'
Eibe 'Thayer'

Familie: *Taxaceae* – Eibengewächse
Herkunft: Cultivar
Wuchs: breitbuschig, ohne Mitteltrieb, Äste unregelmäßig gestellt, breit ausladend, locker verzweigt; 1,5–2 m hoch, 6–8 m breit
Blatt: Nadeln; linealisch schmal, glänzend hellgrün, bis 2 cm lang, zweizeilig weit gestellt
Standort: sonnig–halbschattig
Bodenansprüche: mäßig trocken bis feucht, schwach sauer bis alkalisch, durchlässig und humos
Verwendung: Ziergehölz zur Einzelstellung in Gärten und Parks
Eigenschaften: robust, frosthart, stadtklimaverträglich

Thuja occidentalis
Abendländischer Lebensbaum

Familie: *Cupressaceae* – Zypressengewächse
Herkunft: Nordamerika
Wuchs: Baum mit kegelförmiger Krone, Äste kurz und waagerecht oder leicht aufwärts, Zweige mit vielen zusammengedrückten Zweiglein; 15–20 m hoch, 4–6 m breit
Blatt: Nadeln; schuppenförmig, stumpf eirund, oberseits glänzend dunkelgrün, unterseits

Thuja

gelblichgrün, an den Haupttrieben weitstehend, bis 4 mm lang, an den Seitentrieben dicht angedrückt, 2,5 mm lang
Blüte: männliche Blüten dunkelrot, weibliche dunkelbraun, jeweils als nur 1 mm starke Kügelchen am Triebende
Blütezeit: III–IV
Frucht: eilängliche Zapfen, zahlreich, 1,2 cm lang, anfangs gelblich, ausgereift braun, lederartige Schuppen
Standort: sonnig bis halbschattig
Bodenansprüche: frisch bis feucht, schwach sauer bis alkalisch, bevorzugt durchlässig und nährstoffreich
Verwendung: Ziergehölz, einzeln und in Gruppen, in Gärten und Parks, auch als Heckenpflanze, allgemein besser Sorten wählen
Eigenschaften: frosthart, stadtklimafest, sehr schnittverträglich, hohes Ausschlagvermögen, sehr langlebig

Thuja occidentalis 'Columna'
Säulen-Lebensbaum

Familie: Cupressaceae – Zypressengewächse
Herkunft: Cultivar
Wuchs: säulenförmig, Stamm durchgehend, Äste waagerecht und kurz, dicht geschlossen verzweigt; 6–8(–10) m hoch, 1–2 m breit
Blatt: Nadeln; schuppenförmig, glänzend dunkelgrün
Standort: sonnig–halbschattig
Bodenansprüche: frisch bis feucht, schwach sauer bis alkalisch, bevorzugt durchlässig und nährstoffreich
Verwendung: Ziergehölz für Gärten und Parks, sehr geeignet für immergrüne, hohe Hecken

Thuja occidentalis 'Danica'
Lebensbaum 'Danica'

Familie: Cupressaceae – Zypressengewächse
Herkunft: Cultivar
Wuchs: Zwergform, kugelig, dicht verzweigt, mit senkrecht stehenden Zweiglein; 0,3–0,6 m hoch und breit
Blatt: Nadeln; schuppenförmig, dunkelgrün
Standort: sonnig bis halbschattig
Bodenansprüche: frisch bis feucht, schwach sauer bis alkalisch, bevorzugt durchlässig und nährstoffreich
Verwendung: Ziergehölz im Hausgarten, in Pflanzgefäßen, Rabatten, in Grabanlagen

Abb. 728: *Thuja occidentalis* 'Danica'

Thuja occidentalis 'Fastigiata'
Breiter Säulen-Lebensbaum

Familie: Cupressaceae – Zypressengewächse
Herkunft: Cultivar
Wuchs: Säulenform, Äste aufrecht und abstehend, dicht geschlossen verzweigt, im Alter auch breit-kegelförmig; 12–15 m hoch, 6–8 m breit
Blatt: Nadeln; schuppenförmig, hellgrün
Standort: sonnig–halbschattig
Bodenansprüche: frisch bis feucht, schwach sauer bis alkalisch, bevorzugt durchlässig und nährstoffreich
Verwendung: Ziergehölz in Gärten und Parks, zur Einzelstellung und in Gruppen
Eigenschaften: durch echt aus Samen gezogene Pflanzen etwas variabel in der Form; frosthart und schnittverträglich

Thuja occidentalis 'Holmstrup'
Lebensbaum 'Holmstrup'

Familie: Cupressaceae – Zypressengewächse
Herkunft: Cultivar
Wuchs: Säulenform, Äste waagerecht und kurz stehend, dicht geschlossen verzweigt; 3–4 m hoch, 0,6–1,2 m breit
Blatt: Nadeln; schuppenförmig, anhaltend frischgrün
Standort: sonnig bis halbschattig
Bodenansprüche: frisch bis feucht, schwach sauer bis alkalisch, bevorzugt tiefgründig-locker
Verwendung: Ziergehölz in Gärten und Parks, einzeln, in Gruppen, als Heckenpflanze
Eigenschaften: frosthart, schnittverträglich

Abb. 729: *Thuja occidentalis* 'Holmstrup'

Thuja occidentalis 'Recurva Nana'
Zwerg-Lebensbaum

Familie: Cupressaceae – Zypressengewächse
Herkunft: Cultivar
Wuchs: Zwergform, kugelig dicht, im Alter auch unregelmäßig-kissenförmig; 1,5–2 m hoch und breit
Blatt: Nadeln; schuppenförmig, mattgrün, im Winter deutlich braun verfärbend
Standort: sonnig bis halbschattig
Bodenansprüche: frisch bis feucht, schwach sauer bis alkalisch, bevorzugt locker und nährstoffreich
Verwendung: Ziergehölz im Hausgarten, in Einzelstellung an Wegen, Auffahrten, in großen Pflanzgefäßen
Eigenschaften: frosthart, stadtklimafest

Thuja occidentalis 'Rheingold'
Lebensbaum 'Rheingold'

Abb. 730: *Thuja occidentalis* 'Rheingold'

Familie: *Cupressaceae* – Zypressengewächse
Herkunft: Cultivar
Wuchs: breit-kegelförmig, dicht geschlossen, im Alter auch unregelmäßig und etwas offen; 2–4 m hoch, 1,5–3 m breit
Blatt: Nadeln; in der Jugend nadelförmig, ausgewachsen schuppenförmig, leuchtend goldgelb, im Winter bräunlich verfärbend
Standort: sonnig–halbschattig
Bodenansprüche: frisch bis feucht, schwach sauer bis alkalisch, bevorzugt locker und nährstoffreich
Verwendung: Ziergehölz zur Einzelstellung in Gärten und Parks
Eigenschaften: frosthart, variabel in der Form durch unterschiedliches Ausgangsmaterial, empfindlich gegen Tropfenfall und Wurzeldruck

mit durchgehendem Stamm und waagerecht locker gestellten Zweiglein; 10–15 m hoch, 3–4 m breit
Blatt: Nadeln; schuppenförmig dick, glänzend dunkelgrün, auf derben Zweiglein
Standort: sonnig bis halbschattig
Bodenansprüche: frisch bis feucht, schwach sauer bis alkalisch, bevorzugt auf lockeren, nährstoffreichen Böden
Verwendung: Ziergehölz im Einzelstand in großen Gärten, Parks und anderen Grünanlagen im Siedlungsbereich
Eigenschaften: frosthart, stadtklimaverträglich, schnittverträglich

Thuja occidentalis 'Smaragd'
Lebensbaum 'Smaragd'

Familie: *Cupressaceae* – Zypressengewächse
Herkunft: Cultivar

Abb. 731: *Thuja occidentalis* 'Smaragd'

Wuchs: breit-kegelförmig mit durchgehendem Stamm, dicht gestellten Ästen und senkrecht gestellten Zweiglein; 4–6 m hoch, 2–2,5 m breit
Blatt: Nadeln; schuppenförmig, frischgrün glänzend, auch im Winter
Standort: sonnig–halbschattig
Bodenansprüche: frisch bis feucht, schwach sauer bis alkalisch, bevorzugt locker und nährstoffreich
Verwendung: Ziergehölz zur Einzelstellung und in Gruppen in Gärten und Parks, auch als Heckenpflanze geeignet
Eigenschaften: frosthart, schnittverträglich

Thuja plicata 'Zebrina'
Lebensbaum 'Zebrina'

Abb. 733: *Thuja plicata* 'Zebrina'

Familie: *Cupressaceae* – Zypressengewächse
Herkunft: Cultivar
Wuchs: großer, breitkegliger Baum, Stamm gerade durchgehend bis zur Spitze, unregelmäßig beastet und locker verzweigt; 15–20 m hoch, Breite 8–12(–14) m
Blatt: Nadeln; schuppenförmig; gelbliche Zweiglein außen, vergrünend im Inneren
Standort: Sonne bis lichter Schatten
Bodenansprüche: frisch bis feucht, schwach sauer bis alkalisch, bevorzugt auf lockerem, nährstoffreichem Grund
Verwendung: Ziergehölz im Einzelstand in großen Anlagen

Thuja occidentalis 'Sunkist'
Lebensbaum 'Sunkist'

Familie: *Cupressaceae* – Zypressengewächse
Herkunft: Cultivar

Abb. 732: *Thuja occidentalis* 'Sunkist'

Wuchs: breit-kegelförmig, Stamm durchgehend, Äste dicht waagerecht gestellt, Zweiglein flach und oft etwas gedreht; 3–5 m hoch, 1,5–3 m breit
Blatt: Nadeln; schuppenförmig, im Austrieb hellgelb, später dunkler und im Winter vergrünend
Standort: sonnig–halbschattig
Bodenansprüche: frisch bis feucht, schwach sauer bis alkalisch, bevorzugt locker und nährstoffreich
Verwendung: Ziergehölz in Gärten und Parks, einzeln und in Gruppen
Eigenschaften: frosthart, raschwüchsig, schnittverträglich

Thuja plicata 'Excelsa'
Lebensbaum 'Excelsa'

Familie: *Cupressaceae* – Zypressengewächse
Herkunft: Cultivar
Wuchs: Baum, kegelförmig

Thujopsis dolabrata
Hiba-Lebensbaum

Familie: *Cupressaceae* – Zypressengewächse
Herkunft: Japan
Wuchs: Kleinbaum oder Großstrauch, regelmäßig kegelförmig, durchgehend kompakt beastet; 8–10 m hoch, 3–5 m breit
Blatt: Nadeln; schuppenförmig dick, oben glänzend dunkelgrün, unten deutlich weiß gezeichnet auf waagerechten, flachen Zweiglein
Frucht: Zapfen, breit eiförmig, 1,5 cm ø, Schuppen gelblich, holzig und an der Spitze zurückgebogen
Standort: sonnig bis lichter Schatten
Bodenansprüche: frisch bis feucht, schwach sauer bis alkalisch, bevorzugt tiefgründig und nährstoffreich
Verwendung: Ziergehölz zur Einzelstellung in Gärten und Parks in luftfeuchten Regionen
Eigenschaften: frosthart, Hitze und Trockenheit meidend

Tsuga canadensis
Kanadische Hemlocktanne

Familie: *Pinaceae* – Kieferngewächse
Herkunft: Nordamerika
Wuchs: Baum, Stamm durchgehend gerade und waagerecht bis überhängend beastet, offen; 15–20(–40) m hoch, 6–8 m breit
Blatt: Nadeln; linealisch, Spitze rund, oberseits glänzend dunkelgrün, unterseits mit zwei weißen Bändern, 1–2 cm lang, fast regelmäßig zweizeilig
Blüte: männliche Blüten kugelig, gelblich, 0,3 cm ø, in Gruppen zu mehreren; weibliche Blüten grünlich, zapfenförmig endständig, 0,5–0,7 cm groß
Blütezeit: V
Frucht: eiförmige Zapfen, gestielt, bis 2,5 cm lang, ausgereift dunkelbraun
Standort: sonnig–halbschattig
Bodenansprüche: frisch bis feucht, sauer bis neutral, bevorzugt durchlässig und nährstoffreich
Verwendung: Ziergehölz zur Einzelstellung in Parks, Arboreten, botanischen Gärten

Abb. 734: *Tsuga canadensis* (Foto: Holmåsen)

Tsuga canadensis 'Jeddeloh'
Zwerg-Hemlocktanne 'Jeddeloh'

Familie: *Pinaceae* – Kieferngewächse
Herkunft: Cultivar
Wuchs: Zwerggehölz, halbkugelig, in der Mitte trichterförmig vertieft, Zweige spiralig gestellt und ausgebreitet; 0,3–0,6(–1) m hoch und 0,6–0,8(–1,6) m breit
Blatt: Nadeln; zweizeilig, frischgrün, bis 1,5 cm lang
Blüte: ohne Bedeutung
Standort: sonnig–halbschattig
Bodenansprüche: auf allen kultivierten Böden mit gleichmäßiger Grundfeuchte, bevorzugt im lichten Schatten
Verwendung: Ziergehölz für den Hausgarten, einzeln in Steingärten, Heidegärten, Innenhöfen und in Pflanzgefäßen
Eigenschaften: empfindlich gegen Hitze und Trockenheit

Abb. 735: *Tsuga canadensis* 'Jeddeloh'

Tsuga canadensis 'Nana'
Zwerg-Hemlocktanne

Familie: *Pinaceae* – Kieferngewächse
Herkunft: Cultivar
Wuchs: Zwerggehölz, halbkugelig, Zweige ausgebreitet bis überhängend; 0,6–1 m hoch, 1–2 m breit
Blatt: Nadeln; linealisch, glänzend dunkelgrün, 1–2 cm lang, zweizeilig
Blüte: ohne Bedeutung
Frucht: wie die Art
Standort: sonnig bis halbschattig
Bodenansprüche: auf kultivierten Böden mit ausreichendem Nährstoffangebot und gleichmäßiger Grundfeuchte
Verwendung: Ziergehölz für den Hausgarten, Einzelstellung in Stein- und Heidegärten, in Pflanzgefäßen
Eigenschaften: empfindlich gegen Hitze und Trockenheit

Abb. 736: *Tsuga canadensis* 'Nana'

Tsuga canadensis 'Pendula'
Hänge-Hemlocktanne

Familie: *Pinaceae* – Kieferngewächse
Herkunft: Cultivar
Wuchs: baumartig, Äste bogenförmig übergeneigt, Zweige hängend; 3–5 m hoch und breit
Blatt: Nadeln; linealisch, dunkelgrün glänzend, zweizeilig gestellt
Standort: sonnig–halbschattig
Bodenansprüche: frisch bis feucht, sauer bis neutral, bevorzugt tiefgründig, locker, nährstoffreich
Verwendung: Ziergehölz zur Einzelstellung in Parkanlagen, botanischen Gärten, bedingt in großen Hausgärten
Eigenschaften: aus unterschiedlicher Herkunft stammende, sehr variable Form

Abb. 737: *Tsuga canadensis* 'Pendula'

Tsuga mertensiana 'Glauca'
Blaue Berg-Hemlocktanne

Familie: *Pinaceae* – Kieferngewächse
Herkunft: Cultivar
Wuchs: Baum, schmal kegelförmig, Stamm gerade durchgehend mit hängenden, dicht verzweigten Ästen; 6–8 m hoch, 2–3 m breit
Blatt: Nadeln; linealisch, graublau, 1–2 cm lang, spiralig um den Trieb stehend, am Triebende gehäuft
Blüte: männliche Blüten rötlich, in Büscheln; weibliche Blüten zapfenförmig, grünlichbraun, 0,5 cm groß
Blütezeit: IV–V
Frucht: zylindrische Zapfen, 5–8 cm lang, anfangs purpur, ausgereift braun
Standort: Sonne bis lichter Schatten, hohe Luftfeuchtigkeit bevorzugt
Bodenansprüche: frisch bis feucht, sauer bis schwach sauer, bevorzugt locker und nährstoffreich
Verwendung: Ziergehölz zur Einzelstellung in großen Gärten, Parkanlagen, Arboreten
Eigenschaften: frosthart, gerne in luftfeuchten Regionen

Pflanzenschutz und Schädlingsbekämpfung

Allgemeine Hinweise:
1. Durch richtige Standortwahl werden Pflanzen für viele Krankheiten weniger anfällig!
2. Bei Neukauf von Pflanzen auf gesundes Pflanzgut achten!
3. Hygienemaßnahmen treffen!
4. Vorrangig biologische, biotechnische und alternative Bekämpfungsmaßnahmen anwenden. Besonders im Hausgartenbereich wird die Schadschwelle selten erreicht, die eine Bekämpfung mit chemischen Pflanzenschutzmitteln notwendig macht.
5. Bei Einsatz von chemischen Mitteln Herstelleranweisung beachten.

Pflanzenkrankheiten und ihre Schadursachen
Gruppe I:
Virosen: Krankheiten, die durch Viren übertragen werden. Sie vermehren sich nur in lebenden Zellen, werden aber auch durch Pollen übertragen – Sameninfektion. Viren sind typische Wunderreger.

Bakteriosen: Meist Masseninfektion, die oft durch Wasser, Wind oder Insekten übertragen wird. Bakterien vermehren sich auf lebendem und abgestorbenem Material.

Pilze (Mykosen): Sind selbstständige Organismen, die meist durch Nährstoffentzug die Pflanze schädigen.

Mykoseplasmen: Schadorganismen, die Stauchungen, Verfärbungen an Blüten und Blättern verursachen.

Gruppe II:
Umwelteinflüsse: Krankheiten sind nicht übertragbar. Ursachen liegen bei ungünstigen Umwelteinflüssen z.B.:
Klima/Witterung: Licht, Temperatur, Wind, Wasser;
Standort: Bodenart, Nährstoffmangel, Nährstoffüberschuß, Bodenbearbeitung, Luftverschmutzung etc.

Gruppe III:
Tierische
Schädlinge: z.B. Nematoden, Schnecken, Milben, Insekten, Wirbeltiere.
Schäden durch Fraß, Entzug von Pflanzensaft, Entwicklungsstadien innerhalb der Fortpflanzung. (Beißende, saugende Mundwerkzeuge), Übertragung von Krankheiten (Virosen).

	Krankheitsbezeichnung Schaderreger	Schadbild	Bekämpfungshinweise
Allgemeine, an Laub- und Nadelgehölzen verbreitete Krankheiten und Schädlinge	**Hallimasch** *Armillaria* u.a.	Zweige sterben ab. Nach jahrelangem Kränkeln gehen die Pflanzen ein. Unter der Rinde, nahe der Bodenoberfläche, weißliche Pilzgeflechte.	Keine Bekämpfungsmöglichkeit. Befallene Gehölze samt Wurzeln entfernen.
	Borkenkäfer	Zahlreiche Bohrlöcher in Stamm und Ästen, die entweder tief ins Holz hineinreichen können oder sich zwischen Rinde und Holz befinden.	Bekämpfung mit chemischen Pflanzenschutzmitteln nicht möglich. Befallene Bäume leiden oft auch unter Gummifluß.
	Baumschwämme verschiedene Arten	Fruchtkörper an Stamm und Ästen, z.T. handtellergroß von verschiedenen Baumpilzen	Fruchtkörper rechtzeitig, d.h. vor der Sporenbildung, entfernen und vernichten. Befallene Pflanzen können nicht gerettet werden.
	Rotpustelkrankheit verschiedene Arten	Absterbeerscheinungen an Laubgehölzen. Auf den abgestorbenen Rindenpartien zunächst hellrote, im darauffolgenden Jahr dunkelrote, ca. stecknadelkopfgroße Pusteln in großer Zahl.	Ausschneiden der befallenden Pflanzenteile, Behandlung der Schnittstellen mit Baumwachs. Gute Wachstumsbedingungen schaffen. Schwächeparasit, Ansteckung über Wunden. Chemische Bekämpfung nicht möglich.
	Wühl- oder Schermaus	Pflanzen sitzen oft nur noch locker im Boden. Hauptwurzeln benagt oder durchgefressen. Laubgehölze bleiben in ihrer Entwicklung zurück und sterben ab.	Aufstellen von Wühlmausfallen. Anwendung von Köder- bzw. Vergasungsmitteln. Ködermittel niemals offen auslegen. Gebrauchsanweisung unbedingt beachten!
	Wirtelpilz *Verticillium alboatrum*	Laubblätter an einzelnen Trieben, meist einseitig an der Pflanze vertrocknet, die befallenen Triebe sterben ab und treiben im nächsten Jahr nicht wieder aus.	Bekämpfung mit chemischen Pflanzenschutzmitteln nicht möglich. Pflanzen sterben langsam ab.

	Krankheitsbezeichnung Schaderreger	Schadbild	Bekämpfungshinweise
Allgemeine, an Laub- und Nadelgehölzen verbreitete Krankheiten und Schädlinge	**Feuerbrand** *Erwinia amylovora*	An den Triebspitzen der Laubgehölze welkende Blätter, die sich schnell dunkelbraun verfärben und völlig trocken werden. Die abgestorbenen Blätter bleiben an den Trieben hängen. Die Triebspitzen verbräunen sich ebenfalls, neigen sich hakenförmig nach unten und sterben ab. Befallen werden <u>nur</u>: Äpfel, Birne, Weißdorn, Rotdorn, Zwergmispel, Quitte, *Stranvaesia*, Feuerdorn und *Sorbus*.	Die Krankheit ist meldepflichtig. Befallene Pflanzen müssen sofort vernichtet werden!
	Schmier- oder Wolläuse	Zahlreiche gut sichtbare, flaumigweiße Pünktchen. Bei starkem Befall Wuchshemmung.	Stark befallene Pflanzenteile ausschneiden. Promanal, Telmion, Naturen
	Schildläuse	Mehr oder weniger stark gewölbte, gelblich bis bräunliche Schilde, an Blättern und Trieben. Klebrige Ausscheidungen (Honigtau) verschmutzen die Pflanzen dann, wenn sich auf diesen Ausscheidungen Rußtaupilze angesiedelt haben.	(siehe oben, Schmierläuse)
	Raupen des Kleinen und/oder Großen Frostspanners (Typisch: „Katzenbuckel")	Lochfraß an Laubgehölzen. Junge Blättchen zusammengesponnen	Neudorff's-Raupenspritzmittel, Spruzit flüssig, Schädlingsfrei Parexan
	Spinnmilben	Blattoberseits kleine, weißliche Saugstellen, hell gesprenkelt. Blattunterseits kleine Milben.	Spruzit flüssig, Schädlingdfrei Parexan
	Zikaden	Gelblich bis weißliche Sprenkelung an Laubgehölzen, zunächst entlang der Blattadern, später über die Blattfläche verteilt. Blattunterseits zahlreiche gelblichgrüne Insekten, die entweder geflügelt oder ungeflügelt sein können. Sie springen bei der leisesten Berührung der Äste oder der Blätter weg.	Bekämpfung zumeist nicht erforderlich.
	Blattläuse	Blätter deformieren, entweder gerollt oder gekräuselt. Auch Triebspitzen gekrümmt. Zumeist blattunterseits Blattläuse, die verschieden gefärbt sein können. Befallene Pflanzenteile oft klebrig (Honigtau) und mit schwarzem Überzug versehen (Rußtau).	Einzelne, befallene Triebe ausbrechen. Neudosan, 20 ml/l, Schädlingsfrei Parexan, Spruzit flüssig
	Gallmilben	An Laubgehölzen blattoberseits grüne oder rotgefärbte zipfelartige Gallen. Durch den Speichel der Gallmilben gelangen Substanzen in die Zellen, die zur Gallbildung anregen.	Bekämpfung ist nicht erforderlich.

Laubgehölze

Pflanze	Krankheitsbezeichnung Schaderreger	Schadbild	Bekämpfungshinweise
Acer Ahorn	Teerfleckenkrankheit	Schwarze Flecken, teerartig, mit gelbem Rand, vorzeitiger Blattfall.	Feuchte Lagen meiden, vorbeugend Grünkupfer spritzen, Fallaub sammeln und vernichten.
	Zweigsterben Welke (*Verticillium*)	nicht parasitär Plötzliches Welken der Blätter, Absterben der Zweige. Im Splintholz grünbraune Verfärbung.	Rückschnitt bis ins gesunde Laub. Langfristiger Wechsel der Anbaufläche, befallende Pflanzen entfernen.
	Rotpustelkrankheit	Hellrote Pusteln auf der Rinde, Absterben von Ästen und Astgruppen. Schwächeparasit.	Kranke Partien ausscheiden, Absterbepilz, bei Kronenschnitt keine „Zapfen" stehen lassen, Wundverschluß.
Aesculus Roßkastanie	Blattbräune	Einrollen der Blätter, dunkelrostbraune Flecken, dann vorzeitiger Blattfall, pilzlicher Schaderreger (*Guignardia aesculi*).	Abgefallene Blätter vernichten.
Amelanchier Felsenbirne	Echter Mehltau	Mehlig, weißer Belag auf jungen Trieben und Blüten.	Spritzen mit Baymat flüssig oder Saprol
	Ringfleckenmosaik-Virus	Zu Beginn hellgrüne, später rötliche, mosaikartige Muster, Wachstumshemmung.	Kranke Pflanzen vernichten, auf gesundes Pflanzengut achten.
Berberis Berberitze	Getreideschwarzrost	Blattoberseite orangefarbene Flecken, Blattunterseite schwarze Sporenlager.	Nur landwirtschaftliche Bedeutung. Keine Verwendung von *Berberis vulgare*.
Betula Birke	Hexenbesen	An älteren Bäumen, besenartiger Wuchs, durch Austrieb ruhender Knospen.	Entfernen befallener Äste.
	Birkenrost	Blattoberseite gelbe Flecken, Blattunterseite orange Flecken, Blattfall nach Gelbfärbung.	Bei Befall spritzen, mit Baymat flüssig oder Saprol.
	Springrüssler	Lochfraß durch Käfer auf den Birken, Minierfraß der Larven im Blatt, Blattbräunung.	Bekämpfung nicht erforderlich.
Buxus Buchsbaum	Buchsbaumgallmücke	Blattoberseite gelbe Flecken, unterseits flache Beule – Gallen, darin gelbrote Larven.	Rückschnitt ab Mitte Mai, Spritzung mit Telmion, Naturen: nur bei starkem Mückenflug.
	Buchsbaumblattfloh	Blätter löffelartig nach oben gekrümmt.	Spritzung wie vor, von Anfang bis Ende Juni.
	Schildläuse	Braune, höckerartige Schilde an den Zweigen.	Bekämpfung wie Buchsbaumblattfloh.
	Triebspitzengallmilben	Abgestorbene Endknospen, gekräuselte Spitzenblättchen.	Bekämpfung siehe Buchsbaumgallmücke.
Carpinus Hainbuche	Hainbuchen-Sterben, *Dermetea carpinea* Weitere Krankheiten und Schädlinge: Rotpustelkrankheit, Spinnmilben, Kleiner/Großer Frostspanner.	Rinde platzt auf und löst sich vom Holzkern. Darunter Fruchtkörper eines Pilzes.	Kranke Äste ausschneiden. Wunden mit Wundpflegemittel behandeln. Bekämpfung mit chemischen Pflanzenschutzmitteln nicht möglich. Hohe Luftfeuchtigkeit fördert die Krankheit.
Choenomeles Zierquitte	Gelbfleckenkrankheit	Gelbliche bis grüne Band- oder Ringmuster. Virus.	Gesundes Pflanzgut verwenden. Bei Befallsverdacht Pflanze vernichten. Virusüberträger (Vektoren) wie Insekten bekämpfen.
	Blattfleckenkrankheit	Kleine schwarze Flecken an den Blättern, die dann welken und vorzeitig abfallen, Diplocarpon.	Vorbeugende Spritzung mit Baymat flüssig oder Saprol.
Corylus Haselnuß	Knospengallmilbe	Bildung von Rundknospen, die nicht austreiben, darin überwinternde Gallmilben.	Triebschnitt befallener Pflanzenteile, wiederholte Spritzung ab Austrieb, z.B. mit Telmion, Naturen oder Promanal.

Pflanze	Krankheitsbezeichnung Schaderreger	Schadbild	Bekämpfungshinweise
Cotoneaster Strauchmispel, Felsenmispel	Feuerbrand	Vertrocknen und Absterben von Blättern und Trieben. Bakterien halten sich in verholzten Trieben auf. Es entsteht Rindenbrand im Winter, Schleimbildung im Frühjahr, mit Neuübertragung durch Insekten.	Quarantänekrankheit – bei Verdacht Pflanzenschutzamt verständigen. Erkrankte Pflanzen vernichten. Krankheit ist meldepflichtig.
	Blutlaus	An Zweigen weiße Wachsausscheidungen, darunter ca. 2 mm große Läuse.	Insektizidspritzung, z.B. mit Unden flüssig.
	Schildläuse	Napf-, plättchen- bzw. kommaförmige Läuse an Zweigen.	Wiederholte Spritzung mit Telmion, Naturen oder Promanal.
	Phomopsis-Blattkrankheit	Blattrandnekrosen – Absterben der Seitentriebe, auch Triebe nekrotisch.	Besonders empfindlich sind Pflanzen mit schwacher Disposition, erhöhte Anfälligkeit bei Trockenheit. Befallene Triebe ausschneiden.
Crataegus Weißdorn	Feuerbrand	Absterben von Blättern und Trieben, sehen „verbrannt" aus, s. Feuerbrand bei *Cotoneaster*.	Quarantänekrankheit – siehe Feuerbrand bei *Cotoneaster*.
	Blattfleckenkrankheit	Kleine, braune Flecken. Blattfall möglich. Diplocarpon.	Grünkupferspritzung bei starkem Befall.
	Weißdornrost	Gallenartige, angeschwollene Zweige und Triebe. Blattoberseite gelbfleckig, Blattunterseite gelbe bis rote Fruchtkörper.	*Juniperus communis* und Sorten nicht in *Crataegus*-Umgebung pflanzen (Wirtswechsel des Rostpilzes).
	Echter Mehltau	Triebe und Blätter mehligweiß überzogen, Triebe verkrüppeln und verkümmern.	Spritzung mit Fungizid gegen Echten Mehltau, z.B. Saprol, Baymat flüssig.
	Gespinstmotte	Kleine, gelbliche, dunkelgepunktete Raupen in großen, gemeinsamen Gespinsten.	Ab Vegetationsbeginn Spritzung mit Dimethoat-Präparaten.
Cytisus Ginster und *Laburnum* Goldregen	Blatt- und Stengelfleckenkrankheit	Auf Blättern, Blattstielen und Stammteilen kleine, später ausgedehnte, braune Flecken, kann zum Absterben der Pflanze führen. Pilzkrankheit.	Ab Vegetationsbeginn spritzen mit Kupferpräparaten.
Daphne Seidelbast	Blattfleckenkrankheit	Kleine, braune Blattflecken, Blätter vergilben und fallen ab. Verschiedene pilzliche Schaderreger.	Halbschattige Standorte wählen, ausreichende Bodenfeuchte. Wiederholte Behandlung mit Kupferpräparaten.
	Mosaik-Virus	Scheckige Blattzeichnungen, schmale Blattspreiten.	Kranke Pflanzen vernichten, gesundes Pflanzengut verwenden.
Euonymus Pfaffenhütchen	Echter Mehltau	Blätter und junge Triebe mehligweiß überzogen.	Behandlung wie *Crataegus*.
	Pfaffenhütchengespinstmotte	Kleine, schwarze punktierte Raupen können Kahlfraß verursachen, Gespinstbildungen.	Ausschneiden befallener Bereiche; bei starkem Befall spritzen mit Dimethoat-Präparaten.
	Blattläuse	Blattsprenkelungen, Kümmerwuchs.	Anwendung ab Mai von Neudosan, Pyrethrum-Präparaten.
Fagus Buche	Buchenblattbaumlaus	Blätter gekräuselt, gekrümmt, wollige, weiße Wachsausscheidungem, gelbgrüne Blattläuse, Blattfall.	Bekämpfung nur bei stärkerem Befall, dann Einsatz von z.B. Unden flüssig, Dimethoat.
	Buchenwollschildlaus	Massenbefall an Stämmen und Zweigen von kleinen, rundlichen Schildläusen, die wolliges Wachs ausscheiden.	Sommerbefall wie Buchenblattbaumlaus bekämpfen.
	Buchenknospengallmücke	Zerstören der Knospen, Kümmer- und Krüppelwuchs, oft hexenbesenartiges, struppiges Aussehen.	Ab Ende Mai bis August wiederholt behandeln, mit Telmion oder Naturen.
Forsythia Forsythie	Bakterienkrebs *Corynebacterium fascians*	Krebsartige Anschwellungen besonders an den Trieben von älteren Pflanzen. Bei stärkerem Befall Absterben der Triebe.	Befallene Triebe ausschneiden. Eine Bekämpfung mit chemischen Pflanzenschutzmitteln ist nicht möglich.
	Bakterienseuche *Pseudomonas syringae*	Mai-Juni glasig durchscheinende, später bräunliche Flecken mit durchsichtigem Rand. Blätter verkrüppeln. Junge Triebe werden einseitig braun und knicken.	Siehe Bakterienkrebs.

Pflanze	Krankheitsbezeichnung Schaderreger	Schadbild	Bekämpfungshinweise
Forsythia Forsythie	**Blattwanzen**	Zunächst kleine gelbliche Saugstellen an den Blättern. Später wellig verbogen, verkrüppelt oder aber durchlöchert. Bei stärkerem Befall auch Triebspitzen verkrüppelt.	Spruzit flüssig oder Schädlingsfrei Parexan, wiederhholte Behandlung, am besten am frühen Morgen.
	Blütenwelke, *Monilia spec.* *Botrytis spec.*	Blüten und Triebspitzen verfärben sich im Frühjahr braun und sterben ab.	Befallene Triebe ausschneiden. Bekämpfung mit chemischen Pflanzenschutzmitteln nicht erforderlich.
	Weitere Krankheiten und Schädlinge: ***Verticillium*, Spinnmilben**		
Fraxinus Esche	**Eschenrüsselkäfer**	Fußlose, mit Schleim überzogene Larve verursacht blattunterseits starken Lochfraß.	Bei starkem Befall Decis.
	Eschenbastkäfer	Fraßgänge unter der Rinde, Wucherungen an der Rinde.	Befallene Pflanzen vernichten.
Ilex Stechpalme	**Blattminierfliege**	Unregelmäßige Miniergänge der Larve, Platzminen braun verfärbt.	Insektizideneinsatz nach dem Schlüpfen ab Mai, besonders Blattunterseite behandeln mit Decis.
	Triebspitzenspanner	Zusammengerollte Triebspitzen, in denen Raupen enthalten sind.	Befallene Triebe ausschneiden.
Juglans Walnuß	**Blattfleckenkrankheit**	Dunkelbraune, unregelmäßig eckige, oft dunkelumrandete Blattflecken. Darin feine, schwarze Pünktchen (Sporen).	Jungbäume mit Kupferpräparaten oder organischen Fungiziden behandeln.
Ligustrum Liguster	**Fliedermotte**	Miniergänge der Raupen in den Blättern.	Wiederholte Behandlung nötig, da mehrere Generationen von V–IX, mit Decis. Regelmäßiger Heckenschnitt.
	Ligustermotte	Tupfenförmige, zusammengesponnene Triebspitzen, kleine gelbgrünne Raupen.	
	Buntblättrigkeit	Blattspitzen mit gelbweißen Flecken, auch Nekrosen, unregelmäßiger Befall der Zweige. Virus.	Kranke Pflanzen vernichten, gesundes Pflanzgut verwenden, Vektoren bekämpfen.
Lonicera Heckenkirsche	**Blasenlaus**	An den Trieben Kolonien, unter weißen Wachsfäden.	Befallene Triebe ausschneiden.
Mahonia Mahonie	**Echter Mehltau**	Blätter ober- und unterseits mit mehlartigem Belag versehen, der abwischbar ist. Blätter verbräunen und vertrocknen. Auch Stengel, Blüten und Früchte können befallen sein.	Wiederholte Behandlungen mit Pilzbekämpfungsmitteln, die systemische Eigenschaften besitzen, wie: Baymat flüssig, Saprol.
	Mahonienrost	Rote bis gelbliche Flecken auf der Blattoberseite, gegenüber gelben Pusteln im Frühjahr, braune Pusteln mit Sporen im Sommer.	Bekämpfung siehe Mehltau.
Malus Apfel	**Feuerbrand** **Obstbaumkrebs**	Siehe *Cotoneaster*. Absterben, Einsinken der Rinde, wulstartige Wucherungen, Rindenrisse, abgestorbene Triebe oberhalb der Befallstelle, Krebs wird durch feuchte Witterung begünstigt, Nectria.	Erkrankte Stellen bis ins gesunde Holz ausschneiden, Wundverschluß, Grünkupferspritzung während des Blattfalles.
	Schorf	Blattoberseits grün-schwarze Flecken im Frühjahr, Blattsterben, Früchte fleckig.	Wahl resistenter Sorten, Entfernung des Fallaubes, hoher Befallsdruck bei feuchter, warmer Witterung im Frühjahr. Chemische Behandlung nur sofort nach Regenfällen (Infektion) sinnvoll.
	Mehltau	Blätter mehligweiß überzogen, Spitzendürre, Blattrollen und -fall.	Kräftiger Rückschnitt befallener Triebe.

Pflanze	Krankheitsbezeichnung Schaderreger	Schadbild	Bekämpfungshinweise
Platanus	Zweigdürre/Zweigkrebs	Unregelmäßige, braune Flecken an Hauptadern von Blättern sowie an Stielen. Zerreißen abgestorbenen Gewebes, Steckenbleiben und Vertrocknen der Knospen.	Starker Rückschnitt, Behandlung mit Kupferpräparaten wirken vorbeugend, bei jungen Bäumen Fallaub entfernen.
Potentilla Fingerstrauch	Echter Mehltau	Blätter ober- und unterseits mit mehlartigem Belag versehen, der abwischbar ist. Blätter verbräunen, vertrocknen und fallen ab. Auch junge Triebe können befallen sein.	Wiederholte Behandlungen mit Pilzbekämpfungsmitteln, die systemische Eigenschaften besitzen, wie Baymat flüssig oder Saprol.
Prunus	**Rindenbrand**	Winterphase: krebsartiger Rinderbrand. Sommerphase: Blattnekrosen, vertrocknete Blattstellen fallen heraus – Schrotschußeffekt, Gummifluß, Spitzendürre, Infektion über Blattstielnarben bei kaltem nassen Wetter.	Triebausschnitt bis ins gesunde Holz, Wundverschluß, Spritzung zum Blattfall und zum Austrieb mit Kupferpräparaten. Resistente Sorten: Schattenmorellen, Ludwigs Frühe, Koröser Weichsel.
	Scharka (an Pflaumen und Zwetschgen)	Vorzeitiger Fruchtfall, deformierte, ungenießbare Früchte, hellgrüne, diffuse Ringe auf den Blättern.	Meldepflicht: Bei Auftreten dem Pflanzenschutzamt melden.
	Monilia (**Spitzendürre**)	Schnelles Welken und Absterben der Triebe, daran hängenbleibende, vertrocknete Blüten.	Befallene Zweige abschneiden. Vorbeugende Fungizidspritzung zur Blütezeit mit Saprol, Baycor oder Ronilan WG.
	Monilia (**Fruchtfäule**)	Befall von Kern- und Steinobst, kleine, sich rasch vergrößernde Faulstellen, graubraune Polsterschimmel, ringförmig sich ausbreitend.	Befallene Früchte vernichten.
Pyracantha Feuerdorn	**Feuerdornschorf**	An den Blättern und Blüten braungraue, samtige, sich stark vergrößernde Blattflecken. Befallene Blätter sterben vorzeitig ab. Früchte von schwarzgrauem Belag überzogen, schrumpeln ein.	Durch Schnittmaßnahmen im Frühjahr auslichten. Abgefallenes Laub entfernen. Bei feuchtwarmer Witterung je 1 Spritzung in den Monaten April, Mai, Juni mit Euparen, Saprol.
	Feuerbrand, *Erwinia amylovora*	Blätter und Triebspitzen verfärben sich erst braun und später schwarz. Befallene Pflanzen sehen aus wie verbrannt.	Krankheit ist meldepflichtig. Befallene Sträucher müssen umgehend entfernt werden.
	Weitere Krankheiten und Schädlinge: **Blattläuse**		
Quercus Eiche	**Eichenmehltau**	Blätter und Triebe mehligweiß überzogen, später absterbend.	Wiederholte Anwendung von Baymat flüssig oder Saprol, befallene Triebe ausschneiden, nur bei Jungbäumen.
	Eichenwickler	Blatt- und Knospenfraß, graugrüne Raupen, später braune Puppen in Blattgespinsten.	Beratung durch Pflanzenschutzamt.
	Frostspanner	Blattfraß durch gelbgrüne Raupen mit Rückenlinie und je drei weißen Seitenlinien.	Bekämpfung zumeist nicht erforderlich.
Rhododendron Freiland-Azalee	**Zweigsterben**, *Phytophthora cactorum*	Blätter an einzelnen Zweigen verfärben sich grau, rollen sich ein und fallen ab. Die Krankheit breitet sich von den Endknospen aus und kommt bei älterem Holz zum Stillstand. Befallene Zweige sind eingeschrumpft.	Befallene Äste ausschneiden. Bekämpfung mit Spezial-Pilzfrei Aliette.
	Wurzel- und Stammfäule, *Phytophthora cinnamoni*	Fahlgrünes Laub, das welkt und später abstirbt. Jüngere Pflanzen sind besonders gefährdet.	Befallene Pflanzen entfernen. Vor Neupflanzung an derselben Stelle 2–3 Jahre warten. Bekämpfung mit Spezial-Pilzfrei Aliette.
	Rhododendron-Hautwanze	Blätter oberseits gelblich gesprenkelt, unterseits bräunlich verfärbt. Blattränder rollen sich nach unten. Blätter vertrocknen und werden abgeworfen. Blattunterseits kleine Wanzen.	Spruzit flüssig, von Mai–Juni mehrmals im Abstand von 14 Tagen.

Pflanze	Krankheitsbezeichnung Schaderreger	Schadbild	Bekämpfungshinweise
Rhododendron Freiland-Azalee	**Weiße Fliege**	Blattunterseits weiße und bepuderte, ca. 2 mm lange, geflügelte Insekten. Auch unbewegliche Larven und puppenähnliche Stadien. Befallene Blätter klebrig (Honigtau) und und mit schwarzem Überzug versehen (Rußtau).	Bekämpfung nur bei stärkerem Befall notwendig. Mehrmals im Abstand von 2–3 Tagen mit Neudosan, Naturen, Telmion behandeln. Blattunterseiten müssen getroffen werden.
	Ohrläppchenkrankheit, *Exobasidium rhododendri*	Die jüngsten Blättchen an den Triebspitzen fleischig verdickt, blasenartig deformiert und zunächst weißlich oder später auch rötlich verfärbt. Auch Blütenblätter können befallen sein.	Befallene Pflanzenteile entfernen. Wiederholte Behandlungen mit Saprol
	Gelbsucht (*Chlorose*, nicht parasitäre Erscheinung)	Vergilbungen, wobei die Blattadern meistens noch grün sind.	Boden auf Nährstoffzusammensetzung untersuchen lassen und danach entsprechende Maßnahmen durchführen.
	Trockenheit	Eingerollte Blätter im Winter	Pflanze rechtzeitig im Herbst gut wässern.
	Gefurchter Dickmaulrüßler	Blätter vom Rande her bogenförmig ausgefressen. Im Boden schädigen zusätzlich kleine weiße Larven mit brauner Kopfkaspel.	Käfer abends im Dämmerlicht absammeln. Einsatz von parasitären Nematoden.
	Pycnostysanus Pilzkrankheit wird übertragen von Rhododendronzikade Weitere Krankheiten und Schädlinge: **Schildläuse**	Blütenknospen werden braun und trocken.	Zikaden bekämmpfen im Mai mit Pyrethrum-Präparaten.
Ribes Zierjohannisbeere	**Johannisbeerglasflügler**	Einzelne Teile welken und sterben ab. Schneidet man diese der Länge nach auf findet man im Mark kleine, weißlichgelbe Räupchen.	Befallene Triebe ausschneiden.
	Johannisbeergallmilbe	Knospen im Frühjahr rund und kugelig angeschwollen. Befallene Knospen treiben nicht aus und vertrocknen.	Oft reicht es vollkommen aus, die befallenen Knospen auszubrechen. Im Frühjahr vor Austrieb mit Naturen behandeln.
	Johannisbeertrieblaus	Blätter an den Treibspitzen zusammengerollt. Triebe gestaucht. Blattunterseits zahlreiche grüne, mit Wachs bepuderte Blattläuse. Befallene Pflanzenteile stark mit Honigtau bzw. Rußtau verunziert.	Bei stärkerem Befall während der Blütezeit mit Schädlingsfrei Parexan, Spruzit flüssig.
	Blattwanzen	Unregelmäßig deformierte Risse bzw. Kräuselungen oder Löcher von unregelmäßiger Größe auf den Blättern.	Bekämpfung meist nicht erforderlich.
	Blattfallkrankheit, *Drepanopeziza ribis*	Besonders bei längeren Regenperioden kleine, braune Flecken auf den Blättern, die ineinander übergehen. Blätter rollen sich ein und fallen vorzeitig ab.	Abgefallenes Laub, auf dem die Krankheit überwintert, beseitigen. Im Kleingartenbereich keine Präparate geprüft und zugelassen. In gefährdeten Lagen 3 Behandlungen mit Euparen: 1.) vor der Blüte 2.) 14 Tage nach 1. Spritzung 3.) 14 Tage nach 2. Spritzung.
	Säulenrost *Cronartium ribicola*	Blattunterseits im Hochsommer bräunlicher Sporenbelag. Blätter werden braun und fallen bei stärkerem Befall frühzeitig ab.	Pilz ist wirtswechselnd und benötigt Weymouthskiefer o.a. fünfnadelige Kiefer für seine Entwicklung. Ab Befallsbeginn 4 Behandlungen, jeweils im Absstand von 10–14 Tagen mit Saprol.
	Johannisbeer- Nesselblatt-Mosaik-Virus	Brennesselartig deformierte Blätter mit Farbveränderungen.	Befallene Triebe ausschneiden. Keine Bekämpfung mit chemischen Pflanzenschutzmitteln möglich.
	Johannisbeerblattlaus	Oberseits blasig aufgetriebene Blätter. Unterseits gelbgrüne Blattläuse.	Stärker befallene Blätter frühzeitig abpflücken, solange die Läuse noch da sind. Bekämpfung meist nicht erforderlich.
Rhus Essigbaum	**Nicht parasitäre Krankheitserscheinungen**	Äste und Triebe sterben von der Spitze her ab. Vom Boden her erfolgt aber immer wieder Neuaustrieb.	Alle 2–3 Jahre mit 200 g kohlensaurem Kalk/m^2. Zurückschneiden der abgestorbenen Äste bis ins gesunde Holz, behandeln der Wunden mit Wundverschlußmittel.
	Welkepilz, *Verticillium spec.*	wie oben	Wie oben, reichliche Humuszufuhr kann die Ausbreitung des Pilzes manchmal eindämmen.

Pflanze	Krankheitsbezeichnung Schaderreger	Schadbild	Bekämpfungshinweise
Rubus	Rutensterben	Violettblaue Flecken an Rinde, später aufreißend und abblätternd, schwarze Pilzsporen.	Gallmücken wirken befallsbegünstigend durch Saugstellen, in die der Pilz eindringt. Bodenbedeckung schaffen, leichte Böden, windgeschützte Lagen, kalkarme Düngemittel verwenden.
Salix Weide	Weidenschorf	Dunkelbraune, schorfartige Blattflecken, Nekrosen, Spitzendürre.	Austriebsspritzung mit Kupferpräparaten. Bei Befall Baymat oder Saprol.
Spiraea Spiere	Echter Mehltau	Auf Blattober- und -unterseite weißer, mehlartiger Belag.	Siehe unter *Malus*.
	Blattwespe	Bei Massenauftreten Kahlfraß durch grüne Afterraupen.	Stäuben und Spritzen mit Pyrethrum-Präparaten.
Syringa Flieder	**Zweig- und Knospenkrankheit**, *Phytophthora syringae*	Blütenknospen verbräunt, sterben ab. Die Rinde unterhalb der Blüten ist eingeschrumpft und verbräunt bei scharfer Abgrenzung zum noch gesunden Gewebe. Die Triebe kümmern zunächst und sterben dann später ganz ab.	Befallene Triebe bis ins gesunde Holz zurückschneiden. Bekämpfung mit chemischen Pflanzenschutzmitteln nicht möglich.
	Fliedermotte	Geschlängelte Gangminen bzw. größere Blattminen, in denen sich zumeist Larven finden. Im späteren Verlauf rollen sich die Blätter und werden von Spinnfäden zusammengehalten. In diesen Blattwickeln fressen mehrere Larven.	Befallene Blätter abpflücken. Bekämpfung mit chemischen Pflanzenschutzmitteln nicht erforderlich.
	Ringfleckenmosaik	Blätter aufgehellt, gelbe Ringe und Flecken. Bei stärkerem Befall Risse und Löcher.	siehe Zweig- und Knospenkrankheit.
	Fliederseuche, *Pseudomonas syringae* Weitere Krankheiten und Schädlinge: ***Verticillium, Wühlmäuse, Schildläuse.***	In den Monaten Mai-Juni glasig durchscheinende, später bräunliche Flecken. Bei stärkerem Befall Risse und Löcher.	siehe Zweig- und Knospenkrankheit.
Tilia Linde	Rindenfleckenkrankheit	An Stämmen und Zweigen junger Linden kreisrunde bis ovale, eingesunkene Flecken, anfangs dunkelrotbraun, später schwarzgrau, umgürtelte Stämme sterben ab.	Befallene Stellen ausschneiden, Wundverschluß.
	Blattfleckenkrankheit	Vorzeitiger Blattfall, Triebwelke, verschieden gestaltete, braune Flecken auf Blättern und Blattstielen.	Hauptsächlich an *Tilia cordata*.
	Lindenblattwespe	Blattgewebe wird von der Unterseite her bis auf die dünne Oberhaut abgefressen, Fraß durch kleine, schneckenähnliche, schleimige Blattwespenlarven.	Frühzeitige Behandlung mit Pyrethrum-Präparaten verhindert Massenauftreten, 2–3 Generationen.
	Lindenspinnmilben	Vergilben und Abfallen der Blätter bei starkem Befall, Stämme und Äste im Spätsommer von feinen, glänzenden Gespinstfäden überzogen.	Besonders bei *Tilia cordata*.
Ulmus Ulme	Ulmensplintkäfer	Fressen knapp unter der Rinde im Spintholz, Rindenbrüter, Larven fressen in den Gängen zeilenförmig mehrere Schlupflöcher.	Befallene Pflanzen roden.
	Ulmensterben	Jahrelanges Siechtum befallener, älterer Bäume, vorzeitiger Blattfall, Leitgefäße braunschwarz verfärbt.	Bekämpfung des Ulmensplintkäfers, Wahl resistenter Sorten, befallene Pflanzen vernichten.
Viburum Schneeball	Blattlaus	Kräuselung der Blätter, Triebstauchungen, Krüppelwuchs.	Bei erstem Auftreten Spritzung mit Neudosan.
	Blattkäfer	Lochfraß der Blätter durch kleine Käfer und Larven.	Spritzung mit Pyrethrum-Präparaten.
	Blattfleckenkrankheit	Blätter braun mit rotem Rand, Blattfall.	Nicht erforderlich.

Nadelgehölze

Pflanze	Krankheitsbezeichnung Schaderreger	Schadbild	Bekämpfungshinweise
Abies Tanne	Grauschimmel	Mai-Juni, Welken junger Triebspitzen, rotbraun verfärbt, Absterbeerscheinungen, auch nestartig, grauer Schimmelrasen.	Pilz wird durch hohe Luftfeuchtigkeit begünstigt. Spritzen mit mit Ronilan WG oder Rovral.
	Tannentrieblaus	An den jungen Trieben, Nadelverkrümmungen, Vertrocknen der äußeren Partien, Wachsausscheidungen.	Voraustriebsspritzung mit Promanal, Telmion oder Naturen.
	Fichtengallaus	Gallen am Triebgrund, grüne Läuse, Wucherungen durch Speichelsekrete.	Auf Lärchen wirtswechselnd, getrennter Anbau, Spritzung mit unbefriedigender Wirkung.
	Weißtannentrieblaus	Krümmung der Nadeln, so daß sich helle Unterseite nach oben kehrt, bei starkem Befall Absterben der Triebe und rotbraune Färbung, ähnlich Spätfrostschäden.	Voraustriebsspritzung mit Promanal, Telmion oder Naturen.
Cedrus Zeder	Grauschimmel	Siehe *Abies*.	
Chamaecyparis Scheinzypresse	Wurzelfäule, *Phytophthora cinnamoni*	Wurzel und Stammgrund braun verfärbt, Nadeln verfärben sich mattgrün, welken und vertrocknen, dann Absterben der Pflanze.	Befallene Pflanzen entfernen. Vor einer Neupflanzung an derselben Stelle 2–3 Jahre warten. Keine staunassen Böden. Gießbehandlung mit Spezial-Pilzfrei Aliette.
	Physiologische Erscheinung	Vergilben der Nadeln.	Scheinzypressen lieben sandig-lehmigen, wasserdurchlässigen Boden. Absterben der Wurzeln bei Luftmangel durch stauende Nässe im Boden. Oberirdische Pflanzenteile sterben in dem Maße ab, wie Wurzeln – solange bis das Gleichgewicht wiederhergestellt ist.
	Nadelholzspinnmilbe	Nadeln verfärben sich graugrün und vertrocknen. Ein Gespinst ist deutlich sichtbar.	Neudosan, Spruzit flüssig, Schädlingsfrei Parexan.
Juniperus Wacholder	Birnengitterrost, *Gymnosporangium sabinae*	Äste spindelförmig verdickt. Im Frühjahr bei feucht-warmen Wetter tritt eine gelblichbraune, dickschleimige Masse (Pilzsporen) aus.	Befallene Pflanzenteile entfernen. Eine Bekämpfung mit chemischen Pflanzenschutzmitteln ist nicht möglich.
	Zweigsterben, *Kabatina juniperi*	Absterben einzelner Triebspitzen.	Befallene Triebe ausschneiden.
	Nadelholzspinnmilbe	Helle, nadelstichartige Flecken, Nadeln verbräunen. Spinnfäden sind deutlich erkennbar.	Spruzit flüssig, Schädlingsfrei Parexan.
	Weitere Krankheiten und Schädlinge: **Schildläuse**		
Larix Lärche	Lärchenminiermotte	Raupen fressen in einem Sack sitzend die jungen Nadeln aus, so daß sie weißlich und schlapp werden.	Austriebsspritzung bei starkem Befall, mit Promanal, Telmion oder Naturen.
	Lärchenblasenfuß	Graufärbung und Verdorren junger Zweigenden, V–IX, Krüppelwuchs, Läuse in Wachswolle gehüllt.	Feuchte Standorte meiden, Spritzen mit Pyrethrum-Präparaten.
	Rote und grüne Fichtengallenlaus	Saugschäden an Nadeln, Kümmerwuchs, Läuse in Wachswolle gehüllt.	Wirtswechsel auf Fichte. Siehe *Abies*.
Picea Fichte	Grüne Fichtengallenlaus	Ananasähnliche Gallen an der Basis der Triebe.	Zweige mit den Gallen abschneiden und verbrennen. Eine Bekämpfung mit chemischen Pflanzenschutzmitteln lohnt nicht.
	Rote Fichtengallenlaus	Erdbeerähnliche Gallen an den Spitzen der Triebe.	

Pflanze	Krankheitsbezeichnung Schaderreger	Schadbild	Bekämpfungshinweise
Picea Fichte	**Sitkafichtenlaus (Fichtenröhrenlaus)**	Gelbliche Flecken auf den älteren Nadeln, die abfallen deutlich sichtbare Blattläuse an den Nadeln.	Nach dem Austrieb verwendet man Neudosan. Vor dem Austrieb im Frühjahr ein Austriebsspritzmittel.
	Kleiner Fichtennadelmarkwickler	Nadeln im Frühjahr von grünlichen Raupen ausgehöhlt. Mehrere Nadeln röhrenartig zusammengesponnen.	Ende Juni 2 Behandlungen im Abstand von 2 Wochen mit Spruzit flüssig.
	Nadelbräune bei Omorika-Fichten (nicht parasitäre Erscheinung, Magnesium-Mangel)	Nadeln vergilben, werden braun und fallen ab (Omorika-Fichte).	Im Frühjahr, kurz vor oder während des Austriebs, je nach Größe des Baumes 200–500g/Pflanze Bittersalz (Magnesiumsulfat) auf die Baumscheibe. Wiederholen im darauffolgenden Jahr. Besonders auf schweren, lehmigen oder stark mit Humus angereicherten Gartenböden tritt Magnesium-Mangel auf.
	Nadelholzspinnmilbe	Helle, nadelstichartige Flecken, Nadeln verbräunen. Spinnfäden sind deutlich erkennbar.	Neudosan.
Pinus Kiefer	**Kiefernschütte**	Besonders an jungen Kiefern, Nadeln innen stärker verbräunend, in Massen abfallend. Abgefallene Nadeln mit schwarzen Sporenlagern.	Sehr häufig in nassen Jahren, Unkraut/Gräser niedrig halten, Bekämpfung mit Dithane Ultra.
	Weymouthskiefernblasenrost	Stamm- und Zweigverdickungen, besonders an Astquirlen im Frühjahr, orangerote, stäubende Pusteln, erbsengroß.	*Pinus strobus* – Baumtod bei Stammbefall, wirtswechselnd mit Johannisbeeren, getrennter Anbau.
	Kiefernknospentriebwickler	Krümmung, Bräunung und Absterben der jungen Triebe, Markröhre ausgefressen, Krüppelwuchs.	Befallene Triebe schneiden und vernichten, Spritzung Ende April/Anfang Mai, wenn Raupen neue Triebe aufsuchen. Schwarzkiefern weniger befallen.
	Wollaus	An Maitrieben und Rindenteilen der Kiefern einen weißen Überzug bildend.	Promanal, Telmion oder Naturen.
	Kiefernharzgallenwickler	Kleine, später haselnußgroße Gallen an den Triebspitzen, kleine Raupen fressen später an Endknospen.	Nicht bekämpfungswürdig, evtl. Gallen ausbrechen.
Pseudotsuga Douglasie	**Douglasienschütte**	Scharf begrenzte, rotbraune, an der Nadelunterseite violette, schimmernde Flecken, an den Nadeln des letzten Triebes. Im Frühjahr starker Nadelabfall.	Sorten, die gering anfällig sind, verwenden z.B. „viridus".
	Douglasienwollaus	An Zweigen und Nadeln zahlreiche Läuse, in weiße Wachswolle gehüllt, Kurztriebe, Nadelfall nach Gelbfärbung.	Voraustriebsspritzung mit Promanal, Telmion oder Naturen.
Taxus baccata Eibe	**Taxuskäfer** (Dickmaulrüßler)	Fraßschäden an den Nadeln und an der Rinde in Bodennähe.	Käfer abends im Dämmerlicht absammeln. Einsatz von parasitären Nematoden.
	Knospengallmilbe	Austrieb der Endknospen im Frühjahr verkrüppelt oder fehlt ganz. Gesunde Seitenknospen treiben verstärkt aus, was zu einem besenartigen Wuchs führt.	Im Einzelfall, befallene Triebe ausschneiden. Bekämpfung mit chemischen Pflanzenschutzmitteln im allgemeinen nicht erforderlich.
Thuja Lebensbaum	**Trieb- oder Zweigsterben**	Vorjährige Triebe glanzlos, dann gelbbraun und fallen ab, Verkahlungen, häufig an Pflanzen mit schwacher Konstitution, besonders im unteren Bereich.	Besonders bei *Thuja occidentalis*, nach Heckenschnitt Spritzung mit Dithane Ultra etc., befällt auch Wacholder.
	Thujaminiermotte	Aufhellung, dann Braunfärbung der Schuppenblättchen von der Spitze her. Minierfraß durch kleine, grüne Raupen, Gänge mit Kot gefüllt.	Bei Falterflug Juni/Juli spritzen mit Pyrethrum-Präparaten.
	Napfschildlaus	Höckerartige Schildchen auf den jungen Trieben.	Spritzung mit Promanal, Telmion oder Naturen.

Wuchsformen und Kulturansprüche Laubgehölze

Botanischer Name	Wuchs							Standort				Bodenansprüche								Schmuck		Blütezeit
	Zwergstrauch (0,1–0,5 m)	Kleinstrauch (0,5–1,5 m)	Strauch (1,5–3,0 m)	Großstrauch (3/5–7 m)	Kleiner Baum (5/7–12 m)	Baum (12/15–20 m)	Großer Baum (über 20 m)	sonnig	absonnig	halbschattig	schattig	alkalisch	schwach alkalisch	neutral	schwach sauer	sauer	trocken	frisch	feucht	naß	• Frucht, ■ genießbar, ▲ giftig	Laub-, Herbstfärbung	
Acer campestre					•	•		•	•				•	•	•			•	•				•	V
Acer capillipes				•	•			•	•				•	•						•			•	V
Acer cappadocicum					•			•	•				•	•	•				•					V/VI
Acer ginnala				•	•			•	•					•	•			•	•	•		•	•	V
Acer japonicum 'Aconitifolium'				•				•	•						•	•	•						•	V
Acer monspessulanum					•			•	•			•	•											IV–V
Acer × neglectum 'Annae'					•			•	•	•	•								•	•			•	V
Acer negundo						•		•	•	•			•	•	•				•	•				III–IV
Acer negundo 'Aureomarginatum'				•	•			•	•	•			•	•	•				•	•				III–IV
Acer negundo 'Flamingo'				•	•			•	•				•	•	•				•	•				III–IV
Acer negundo 'Odessanum'				•	•			•	•				•	•	•				•	•				III–IV
Acer negundo 'Variegatum'				•	•			•	•				•	•	•				•	•				III–IV
Acer opalus				•	•			•				•	•					•	•					V
Acer palmatum					•			•	•	•					•				•	•			•	V
Acer palmatum 'Atropurpureum'			•					•	•	•					•				•	•			•	V
Acer palmatum 'Dissectum'			•					•	•	•					•				•	•			•	V
Acer palmatum 'Dissectum Garnet'			•					•	•	•					•				•	•				V
Acer palmatum 'Dissectum Nigrum'		•						•	•	•					•				•	•				V
Acer palmatum 'Ornatum'			•					•	•	•					•				•	•			•	V
Acer palmatum 'Osakazuki'			•					•	•	•					•				•	•				V
Acer pensylvanicum				•	•			•	•	•	•			•	•	•			•	•				V
Acer platanoides						•	•	•	•	•		•	•	•	•			•	•	•			•	IV–V
Acer pseudoplatanus						•	•	•	•	•									•	•			•	V
Acer rubrum						•		•	•					•	•	•			•	•	•	•	•	V
Acer rufinerve				•				•	•						•									V
Acer saccharinum						•	•						•	•	•	•			•				•	III
Acer saccharinum 'Laciniatum Wieri'						•	•						•	•	•	•			•				•	III
Acer saccharinum 'Pyramidale'						•	•						•	•	•	•			•				•	III
Aesculus × carnea						•		•											•	•				V
Aesculus hippocastanum						•	•	•	•				•	•	•				•	•		•		V
Aesculus parviflora				•	•			•	•	•	•								•	•				VII–VIII
Ailanthus altissima						•		•	•				•	•	•	•		•	•					VI–VII
Alnus cordata					•			•	•				•	•	•				•	•	•			III–IV
Alnus glutinosa						•		•	•										•	•				III–IV
Alnus incana						•		•	•										•	•				III
Alnus × spaethii						•		•											•	•	•			III
Alnus viridis			•					•	•										•	•				–
Amelanchier laevis			•	•				•	•					•	•				•	•		■	•	V

227

Wuchsformen und Kulturansprüche Laubgehölze

Botanischer Name	Zwergstrauch (0,1–0,5 m)	Kleinstrauch (0,5–1,5 m)	Strauch (1,5–3,0 m)	Großstrauch (3/5–7 m)	Kleiner Baum (5/7–12 m)	Baum (12/15–20 m)	Großer Baum (über 20 m)	sonnig	absonnig	halbschattig	schattig	alkalisch	schwach alkalisch	neutral	schwach sauer	sauer	trocken	frisch	feucht	naß	Frucht, ■ genießbar, ▲ giftig	Laub-, Herbstfärbung	Blütezeit
Amelanchier lamarckii					•	•		•	•					•	•			•	•	•		■	•	IV–V
Amelanchier ovalis			•					•	•					•	•			•	•	•		■	•	IV–V
Andromeda polifolia	•							•							•				•		•			V–VI
Aralia elata				•	•			•											•				•	VII–IX
Arctostaphylos uva-ursi	•							•	•	•							•	•						IV–V
Aronia melanocarpa		•						•	•	•										•		■		V
Azalea-Hybriden		•	•					•	•	•				•	•				•					–
Berberis buxifolia 'Nana'	•							•	•										•	•	•			IV–V
Berberis candidula		•						•	•	•	•								•	•				V
Berberis × frikartii		•						•	•	•									•	•				V
Berberis gagnepainii var. *lanceifolia*		•						•	•	•									•	•				V–VI
Berberis hookeri		•						•	•	•									•	•				V–VI
Berberis × hybrido-gagnepainii		•						•	•	•									•	•				V–VI
Berberis julianae		•	•					•	•										•	•	•			V–VI
Berberis × media 'Parkjuwel'		•						•	•	•									•	•				V–VI
Berberis × ottawensis 'Superba'			•					•	•										•	•	•	•		V
Berberis × stenophylla		•						•	•										•	•	•	•		V
Berberis thunbergii		•						•	•	•						•	•		•	•		•		V
Berberis verruculosa		•						•	•	•									•	•				V
Betula albosinensis					•			•	•	•									•	•				IV
Betula ermanii						•		•											•	•	•			IV
Betula humilis		•						•	•						•	•			•	•				III–IV
Betula maximowicziana						•		•											•	•				III–IV
Betula nana	•	•						•	•							•	•		•	•				V
Betula nigra					•			•												•	•		•	IV–V
Betula papyrifera						•		•	•					•	•	•	•		•	•				IV–V
Betula pendula						•		•	•										•	•	•			IV–V
Betula pendula 'Crispa'						•		•											•	•	•			IV–V
Betula pendula 'Fastigiata'						•		•	•										•	•				IV–V
Betula pendula 'Purpurea'					•			•											•	•				IV–V
Betula pendula 'Tristis'						•		•											•	•				IV–V
Betula pendula 'Youngii'					•			•	•										•	•				IV–V
Betula platyphylla var. *japonica*						•		•						•	•	•	•		•	•				III–IV
Betula pubescens				•	•			•						•	•	•	•		•	•				IV–V
Betula utilis 'Doorenbos'						•		•											•	•				V
Buddleja alternifolia			•	•				•											•	•				VI
Buddleja-Davidii-Hybriden			•					•					•	•	•				•	•				VII–IX
Buxus sempervirens 'Suffruticosa'	•	•						•	•	•	•		•	•	•				•					IV–V

Wuchsformen und Kulturansprüche Laubgehölze

Botanischer Name	Zwergstrauch (0,1–0,5m)	Kleinstrauch (0,5–1,5m)	Strauch (1,5–3,0m)	Großstrauch (3/5–7m)	Kleiner Baum (5/7–12m)	Baum (12/15–20m)	Großer Baum (über 20m)	sonnig	absonnig	halbschattig	schattig	alkalisch	schwach alkalisch	neutral	schwach sauer	sauer	trocken	frisch	feucht	naß	Frucht ● genießbar, ▲ giftig	Laub-, Herbstfärbung	Blütezeit
Buxus sempervirens var. *arborescens*				•				•	•	•	•	•	•	•				•					IV–V
Callicarpa bodinieri var. *giraldii*			•					•	•					•	•	•	•	•			•		VII–IX
Calluna vulgaris	•							•							•	•	•	•					VIII–IX
Calycanthus floridus			•					•							•			•				•	VI–VII
Caragana arborescens				•				•									•	•					V–VI
Caragana arborescens 'Lorbergii'			•					•									•	•					V–VI
Caragana arborescens 'Pendula'			•					•									•	•					V–VI
Caragana arborescens 'Pygmaea'	•	•						•									•	•					V–VI
Carpinus betulus						•		•		•	•		•	•	•			•	•				IV–V
Caryopteris × *clandonensis*		•						•				•	•	•			•	•					IX–X
Castanea sativa						•	•	•					•	•	•	•		•			■	•	VI–VII
Catalpa bignonioides					•			•										•	•			•	VI–VII
Ceanothus-Hybride		•						•									•	•					VII–X
Cercidiphyllum japonicum					•			•		•			•	•	•			•	•			•	IV
Cercis siliquastrum				•	•			•						•	•			•				•	IV–V
Chionanthus virginicus			•					•	•	•				•					•		•	•	VI
Choenomeles japonica		•						•	•	•				•	•		•	•			■		IV–V
Choenomeles speciosa			•					•	•	•				•	•		•	•			■		III–V
Choenomeles x *superba*		•						•	•	•				•	•		•	•			■		III–V
Clethra alnifolia			•					•	•	•								•	•				VII–IX
Colutea arborescens			•	•				•	•	•		•	•				•				▲		VII–IX
Cornus alba			•					•	•	•	•							•	•		•		V
Cornus alba 'Sibirica'			•					•	•	•	•							•	•				V
Cornus alternifolia				•				•	•	•	•							•	•				V–VI
Cornus canadensis	•								•	•					•	•		•					VI
Cornus controversa					•			•	•	•				•	•			•	•		•		VI
Cornus florida				•				•	•	•				•	•			•	•				V–VI
Cornus kousa				•	•			•	•	•				•	•			•					V–VI
Cornus kousa var. *chinensis*				•	•			•	•	•				•	•			•				•	V–VI
Cornus mas				•				•	•	•			•	•			•	•			■		III–IV
Cornus nuttallii				•				•	•	•				•	•			•	•			•	V
Cornus sanguinea				•				•	•	•					•			•	•		•	•	V–VI
Cornus stolonifera 'Flaviramea'				•				•	•	•	•							•	•				V
Cornus stolonifera 'Kelsey´s Dwarf'		•						•	•			•	•	•	•			•	•				V
Corylopsis pauciflora		•						•	•	•								•	•			•	III–IV
Corylopsis spicata			•					•	•	•								•	•			•	III–IV
Corylus avellana			•	•				•	•	•		•	•	•				•	•		■		II–III
Corylus avellana 'Contorta'			•					•	•	•		•	•	•				•	•				II–III

Wuchsformen und Kulturansprüche Laubgehölze

Botanischer Name	Wuchs							Standort				Bodenansprüche									Schmuck		Blütezeit
	Zwergstrauch (0,1–0,5m)	Kleinstrauch (0,5–1,5m)	Strauch (1,5–3,0m)	Großstrauch (3/5–7m)	Kleiner Baum (5/7–12m)	Baum (12/15–20m)	Großer Baum (über 20m)	sonnig	absonnig	halbschattig	schattig	alkalisch	schwach alkalisch	neutral	schwach sauer	sauer	trocken	frisch	feucht	naß	Frucht (• genießbar, ■ giftig)	Laub-/Herbstfärbung	
Corylus colurna						•		•				•	•				•	•	•		■	•	II–III
Corylus maxima 'Purpurea'			•					•									•	•	•		■		III–IV
Cotinus coggygria			•	•				•									•	•				•	VI–VII
Cotoneaster adpressus	•							•	•	•								•	•		•		V–VII
Cotoneaster bullatus			•					•	•	•								•	•		•		V–VI
Cotoneaster dammeri	•							•	•	•								•	•		•		V–VI
Cotoneaster dielsianus			•					•	•	•								•	•		•		VI–VI
Cotoneaster divaricatus			•					•	•	•								•	•		•		VI
Cotoneaster franchetii			•					•	•	•								•	•		•		VI
Cotoneaster horizontalis		•						•	•									•	•		•		V–VI
Cotoneaster lucidus			•					•	•	•								•	•		•		V–VI
Cotoneaster microphyllus var. *cochleatus*	•							•	•	•								•	•		•		V–VI
Cotoneaster multiflorus			•	•				•	•	•								•	•		•		V–VI
Cotoneaster praecox	•							•	•	•								•	•		•		V
Cotoneaster salicifolius var. *floccosus*			•					•	•	•								•	•		•		VI
Cotoneaster-Watereri-Hybriden			•					•	•	•								•	•		•		ab VI
Cotoneaster-Watereri-Hybride 'Cornubia'				•				•	•	•								•	•		•		VI
Cotoneaster-Watereri-Hybride 'Pendulus'	•							•	•	•								•	•		•		VI
Crataegus crus-galli					•			•				•	•					•	•		•	•	V–VI
Crataegus laevigata				•	•			•	•									•	•		■	•	V
Crataegus laevigata 'Paul´s Scarlet'				•	•			•	•									•	•		•		V–VI
Crataegus × lavallei 'Carrierei'				•	•			•	•			•	•	•				•	•		■	•	V–VI
Crataegus monogyna				•	•			•	•			•	•	•				•	•		■	•	V
Crataegus pedicellata				•	•			•	•			•	•	•	•			•	•		■	•	V
Crataegus persimilis				•	•			•										•	•		•	•	VI
Cytisus × beanii	•							•										•	•				V
Cytisus decumbens	•							•										•	•				V–VI
Cytisus × kewensis	•							•										•	•				V
Cytisus × praecox			•					•										•	•				IV–V
Cytisus purpureus			•					•										•	•				V
Cytisus-Scoparius-Hybriden			•					•						•	•	•		•	•				V–VI
Daphne × burkwoodii 'Somerset'			•					•	•	•		•	•	•				•	•				V
Daphne cneorum	•							•	•									•	•				Ende IV–V
Daphne mezereum			•						•	•		•						•	•				ab III
Davidia involucrata var. *vilmoriniana*					•			•										•	•				V–VI
Decaisnea fargesii			•	•				•										•	•		•		VI
Deutzia gracilis		•						•	•									•	•				V–VI
Deutzia × hybrida 'Mont Rose'			•					•	•									•	•				VI

Wuchsformen und Kulturansprüche Laubgehölze

Botanischer Name	Zwergstrauch (0,1–0,5m)	Kleinstrauch (0,5–1,5m)	Strauch (1,5–3,0m)	Großstrauch (3/5–7m)	Kleiner Baum (5/7–12m)	Baum (über 20m)	Großer Baum	sonnig	absonnig	halbschattig	schattig	alkalisch	schwach alkalisch	neutral	schwach sauer	sauer	trocken	frisch	feucht	naß	Frucht ■ genießbar, ▲ giftig	Laub-, Herbstfärbung	Blütezeit
Deutzia × kalmiiflora			•					•	•										•				VI
Deutzia × magnifica			•					•	•									•	•				V–VI
Deutzia × rosea		•						•	•									•	•				VI–VII
Deutzia scabra 'Candidissima'			•	•				•	•									•	•				VI–VII
Deutzia scabra 'Plena'			•					•	•									•	•				VI–VII
Elaeagnus angustifolia				•	•			•				•	•				•				■		VI
Elaeagnus commutata				•				•				•	•				•				■		V–VI
Elaeagnus multiflora			•					•				•	•				•				■		V
Elaeagnus pungens 'Maculata'		•						•	•	•								•	•				IX–X
Empetrum nigrum	•							•						•	•	•		•	•				V
Enkianthus campanulatus			•							•	•			•	•	•		•	•			•	V–VI
Erica carnea	•							•	•					•	•			•	•				XII–IV
Erica cinerea		•						•							•	•		•					VI–X
Erica tetralix	•							•	•						•	•		•	•				VI–X
Erica vagans	•							•	•					•	•			•	•				VII–IX
Euodia hupehensis				•				•	•	•								•					VII–VIII
Euonymus alatus			•					•	•	•		•	•	•	•			•			▲	•	V–VI
Euonymus europaeus			•					•	•	•		•	•					•	•		▲		V
Euonymus fortunei		•						•	•	•								•	•				V
Euonymus planipes			•					•	•	•								•	•		▲	•	V–VI
Exochorda racemosa			•					•	•				•	•	•			•	•				V
Fagus sylvatica						•		•	•	•	•	•	•	•	•			•	•		■	•	V
Fagus sylvatica 'Asplenifolia'					•			•	•	•	•	•	•	•	•			•	•		■	•	V
Fagus sylvatica 'Dawyck'					•			•	•	•		•	•	•	•			•	•		■	•	V
Fagus sylvatica 'Laciniata'					•			•	•	•	•	•	•	•	•			•	•		■	•	V
Fagus sylvatica 'Pendula'					•			•	•	•		•	•	•	•			•	•		■	•	V
Fagus sylvatica 'Purpurea'					•			•	•	•		•	•	•	•			•	•		■	•	V
Fagus sylvatica 'Purpurea Pendula'					•			•	•	•		•	•	•	•			•	•		■	•	V
Forsythia × intermedia			•					•	•									•	•				III–IV
Fothergilla gardenii		•						•	•	•					•	•		•	•			•	V
Fothergilla major		•						•	•	•					•	•		•	•			•	V
Fraxinus excelsior					•			•	•									•	•				IV
Fraxinus excelsior 'Altena'					•			•	•									•	•				IV
Fraxinus excelsior 'Diversifolia'					•			•	•									•	•				IV
Fraxinus excelsior 'Westhof's Glorie'					•			•	•									•	•				IV
Fraxinus ornus					•	•		•	•								•	•	•			•	V–VI
Gaultheria procumbens	•									•					•	•		•	•		■		VI–VII
Genista lydia	•							•				•	•	•	•		•	•					V–VI

Wuchsformen und Kulturansprüche Laubgehölze

Botanischer Name	Wuchs							Standort				Bodenansprüche								Schmuck		Blütezeit
	Zwergstrauch (0,1–0,5 m)	Kleinstrauch (0,5–1,5 m)	Strauch (1,5–3,0 m)	Großstrauch (3/5–7 m)	Kleiner Baum (5/7–12 m)	Baum (12/15–20 m)	Großer Baum (über 20 m)	sonnig	absonnig	halbschattig	schattig	alkalisch	schwach alkalisch	neutral	schwach sauer	sauer	trocken	frisch	feucht	naß	• Frucht, ■ genießbar, ▲ giftig	Laub-, Herbstfärbung	
Genista radiata		•						•				•	•	•	•			•	•				V–VI
Genista sagittalis	•							•				•	•	•				•	•				V–VI
Genista tinctoria		•						•				•	•	•	•			•	•				VI–VIII
Gleditsia triacanthos						•		•	•	•		•	•	•				•	•		•	•	VI
Gleditsia triacanthos f. *inermis*						•		•	•	•		•	•	•				•	•			•	VI
Gleditsia triacanthos 'Shademaster'						•		•	•	•		•	•	•				•	•				VI
Gleditsia triacanthos 'Skyline'					•			•	•	•		•	•	•				•	•			•	VI
Gleditsia triacanthos 'Sunburst'					•			•	•	•		•	•	•				•				•	VI
Gymnocladus dioicus					•			•										•					VI
Halesia carolina				•				•					•	•	•			•	•				V
Halesia monticola				•	•			•					•	•	•			•	•				V
Hamamelis × *intermedia*			•					•	•				•	•					•				I–III
Hamamelis japonica			•					•	•				•	•					•				I–III
Hamamelis mollis			•					•	•				•	•					•				I–III
Hamamelis virginiana			•					•	•				•	•					•				IX–X
Hibiscus syriacus		•						•				•	•	•	•			•	•				VI–IX
Hippophae rhamnoides			•					•				•	•					•	•		■		IV
Holodiscus discolor var. *ariifolius*			•					•	•				•	•					•				VII–VIII
Hydrangea arborescens 'Annabelle'		•							•	•					•	•			•				VII–IX
Hydrangea arborescens 'Grandiflora'		•							•	•					•	•			•				VII–IX
Hydrangea aspera ssp. *sargentiana*			•						•	•					•	•			•				VII–IX
Hydrangea macrophylla 'Alpenglühen'		•							•						•	•			•				VII–IX
Hydrangea macrophylla 'Blue Ware'		•							•					•	•	•			•	•				VI–IX
Hydrangea macrophylla 'Bouquet Rose'		•							•						•	•			•	•				VII–IX
Hydrangea macrophylla 'Lanarth White'		•							•						•	•			•	•				VII–IX
Hydrangea macrophylla 'Masja'		•							•						•	•			•	•				VII–IX
Hydrangea macrophylla ssp. *serrata* 'Acuminata'		•							•						•	•			•	•				VII–VIII
Hydrangea macrophylla ssp. *serrata* 'Blue Bird'		•							•						•	•			•	•				VII–VIII
Hydrangea macrophylla ssp. *serrata* 'Rosalba'		•							•						•	•			•	•				VII–VIII
Hydrangea paniculata 'Grandiflora'		•													•	•			•				VII–IX
Hypericum calycinum	•							•	•	•	•				•			•	•				VII–X
Hypericum 'Hidcote'		•						•							•				•				VII–X
Hypericum × *moserianum*	•							•	•	•					•			•	•				VII–VIII
Hypericum patulum var. *henryi*		•						•	•	•					•			•	•				VII–VIII
Ilex aquifolium				•					•	•				•	•				•			▲		V–VI
Ilex aquifolium 'Alaska'			•						•	•				•	•				•	•		▲		V–VI
Ilex aquifolium 'I. C. van Tol'			•	•					•	•				•	•				•	•		▲		V
Ilex aquifolium 'Pyramidalis'			•	•					•	•				•	•				•	•		▲		V

Wuchsformen und Kulturansprüche Laubgehölze

Botanischer Name	Wuchs							Standort				Bodenansprüche									Schmuck		Blütezeit
	Zwergstrauch (0,1–0,5m)	Kleinstrauch (0,5–1,5m)	Strauch (1,5–3,0m)	Großstrauch (3/5–7m)	Kleiner Baum (5/7–12m)	Baum (12/15–20m)	Großer Baum (über 20m)	sonnig	absonnig	halbschattig	schattig	alkalisch	schwach alkalisch	neutral	schwach sauer	sauer	trocken	frisch	feucht	naß	• Frucht, ■ genießbar, ▲ giftig	Laub-, Herbstfärbung	
Ilex crenata			•					•	•	•			•	•				•	•		▲		V–VI
Ilex crenata 'Convexa'			•					•	•	•	•		•	•				•	•		▲		V–VI
Ilex crenata 'Golden Gem'		•						•	•	•			•	•				•	•		▲		V–VI
Ilex crenata 'Rotundifolia'			•					•	•	•	•		•	•				•	•		▲		V–VI
Ilex crenata 'Stokes'	•	•						•	•	•			•	•				•	•		▲		V–VI
Ilex × meserveae 'Blue Angel'			•	•				•	•	•								•	•		▲		ab V
Ilex × meserveae 'Blue Prince'			•					•	•	•								•	•				V
Ilex × meserveae 'Blue Princess'			•					•	•	•								•	•		▲		V
Ilex verticillata			•					•	•				•	•				•		•		▲		VI–VII
Jasminum nudiflorum			•					•	•			•	•	•	•		•	•	•				XII–IV
Juglans regia					•			•	•			•	•	•				•	•	•		■		V
Kalmia angustifolia 'Rubra'		•						•	•	•				•	•	•		•	•				VI–VII
Kalmia latifolia			•					•	•	•				•	•	•		•	•				V–VI
Kerria japonica			•					•	•	•								•	•				IV–V
Koelreuteria paniculata				•				•				•	•	•	•		•	•				•	•	VIII
Kolkwitzia amabilis			•					•	•	•								•	•				V–VI
Laburnum anagyroides				•				•	•			•	•				•	•	•	•				V–VI
Laburnum × watereri 'Vossii'				•				•	•				•	•			•	•	•	•				V–VI
Lespedeza thunbergii		•						•										•	•				VII–IX
Leucothoe walteri		•								•	•				•	•		•	•				V–VI
Ligustrum obtusifolium var. regelianum			•					•	•	•								•	•		▲		VI–VII
Ligustrum ovalifolium				•				•	•									•	•		▲		VI–VII
Ligustrum vulgare				•				•	•			•	•	•				•	•		▲		VI–VII
Liquidambar styraciflua					•			•						•	•	•		•	•			•	•	V
Liriodendron tulipifera					•	•		•						•	•			•	•				•	VI
Lonicera acuminata			•						•	•												▲		VI–VII
Lonicera ledebourii			•					•	•	•									•	•	•	▲		V–VI
Lonicera maackii				•				•	•	•									•	•	•	▲		VI
Lonicera nitida 'Elegant'		•						•	•	•														V
Lonicera nitida 'Maigrün'		•						•	•	•														V
Lonicera pileata		•						•	•	•									•	•		▲		V–VI
Lonicera tatarica			•					•	•	•									•	•		▲		V
Lonicera xylosteum			•					•				•	•	•	•			•	•		▲		V
Lycium barbarum			•					•	•	•	•						•		•		▲		VI–IX
Magnolia kobus				•	•			•	•					•	•	•			•	•		•		IV–V
Magnolia liliiflora 'Nigra'				•				•	•					•		•			•	•				IV–V
Magnolia × loebneri 'Leonard Messel'				•				•	•					•		•			•	•				IV
Magnolia × loebneri 'Merril'				•				•	•					•		•			•	•				IV

Wuchsformen und Kulturansprüche Laubgehölze

Botanischer Name	Wuchs							Standort				Bodenansprüche									Schmuck		Blütezeit
	Zwergstrauch (0,1–0,5 m)	Kleinstrauch (0,5–1,5 m)	Strauch (1,5–3,0 m)	Großstrauch (3/5–7 m)	Kleiner Baum (5/7–12 m)	Baum (12/15–20 m)	Großer Baum (über 20 m)	sonnig	absonnig	halbschattig	schattig	alkalisch	schwach alkalisch	neutral	schwach sauer	sauer	trocken	frisch	feucht	naß	• Frucht, ■ genießbar, ▲ giftig	Laub-, Herbstfärbung	
Magnolia sieboldii				•				•	•				•	•	•				•	•		•		VI–VII
Magnolia × soulangiana			•	•				•	•						•				•					IV–V
Magnolia stellata			•					•	•					•	•	•			•	•				III–IV
Mahonia aquifolium		•							•	•	•		•	•	•				•	•		▲		IV–V
Mahonia bealei			•					•	•	•			•		•				•	•		•		II–V
Malus sylvestris					•			•	•				•		•				•	•		•		V–VI
Malus-Sorten					•			•	•	•			•	•	•				•	•		▲		V–VI
Mespilus germanica				•				•	•				•	•	•			•	•			■		V/VI
Morus alba						•		•							•				•	•		■	•	V–VI
Morus nigra						•		•							•				•	•		■	•	V–VI
Nothofagus antarctica					•			•	•					•	•	•	•		•	•			•	IV–V
Pachysandra terminalis	•									•	•	•	•	•	•				•	•				IV/V
Paeonia suffruticosa		•						•	•				•	•	•				•	•				V–VI
Parrotia persica				•	•			•	•	•					•				•	•			•	III
Paulownia tomentosa					•			•	•				•	•	•				•	•		•		IV–V
Pernettya mucronata		•								•					•	•			•	•		•		V/VI
Perovskia abrotanoides		•						•				•	•	•			•	•						VIII–IX
Phellodendron amurense						•		•							•	•			•	•				VI
Philadelphus coronarius				•				•	•	•				•	•				•	•				V–VI
Philadelphus inodorus var. grandiflorus				•				•	•						•				•	•				VI–VII
Photinia villosa				•	•			•	•				•	•	•	•			•	•		•	•	VI
Phyllostachys aurea								•											•					–
Phyllostachys nigra								•											•					–
Phyllostachys viridiglaucescens								•											•					–
Physocarpus opulifolius				•				•											•	•				VI–VII
Pieris floribunda		•	•						•	•				•					•	•				IV–V
Pieris japonica		•	•						•	•				•	•	•	•		•	•				III–V
Pieris japonica 'Debutante'		•							•	•			•	•	•	•			•	•				III–V
Pieris japonica 'Forest Flame'		•							•	•				•	•	•			•	•				IV–V
Pieris japonica 'Red Mill'		•							•	•			•	•	•	•			•	•				III–V
Pieris japonica 'Variegata'		•							•	•				•	•	•			•	•				III–V
Platanus × hispanica							•	•				•	•	•					•	•		•		V
Populus alba 'Nivea'							•	•				•	•	•	•				•	•				III–IV
Populus balsamifera							•	•											•	•				III–IV
Populus × berolinensis							•	•											•	•				III–IV
Populus × canescens							•	•	•			•	•	•	•				•	•				III
Populus lasiocarpa						•		•	•	•									•	•				III/IV
Populus nigra							•	•				•	•	•					•	•	•			III/IV

Wuchsformen und Kulturansprüche Laubgehölze

Botanischer Name	Wuchs							Standort				Bodenansprüche								Schmuck			Blütezeit
	Zwergstrauch (0,1–0,5 m)	Kleinstrauch (0,5–1,5 m)	Strauch (1,5–3,0 m)	Großstrauch (3/5–7 m)	Kleiner Baum (5/7–12 m)	Baum (12/15–20 m)	Großer Baum (über 20 m)	sonnig	absonnig	halbschattig	schattig	alkalisch	schwach alkalisch	neutral	schwach sauer	sauer	trocken	frisch	feucht	naß	• Frucht, ■ genießbar, ▲ giftig	Laub-, Herbstfärbung	
Populus nigra 'Italica'					•	•	•	•	•	•		•	•	•				•	•					III–IV
Populus simonii				•				•				•	•	•			•	•	•	•				III–IV
Populus tremula				•				•	•			•	•	•	•	•	•	•	•	•				II–III
Populus-Canadensis-Hybriden					•	•		•	•			•	•	•	•			•	•					III–IV
Potentilla fruticosa		•						•	•			•	•	•	•			•	•					V–IX
Potentilla fruticosa var. *mandschurica*	•							•	•			•	•	•				•	•					VI–IX
Prunus avium					•			•	•			•	•	•				•	•			■	•	IV–V
Prunus cerasifera			•					•	•			•	•	•				•	•				•	III–IV
Prunus cerasifera 'Nigra'				•	•			•	•			•	•	•				•	•				•	III–IV
Prunus × *cistena*			•					•	•	•		•	•	•				•	•				•	IV
Prunus fruticosa 'Globosa'					•			•	•									•	•				•	IV–V
Prunus glandulosa 'Alboplena'			•					•	•									•	•				•	IV–V
Prunus laurocerasus			•	•				•	•	•	•	•	•	•	•			•	•	•			•	V–VI
Prunus laurocerasus 'Barmstedt'			•					•	•	•			•	•	•			•	•				•	V–VI
Prunus laurocerasus 'Otto Luyken'			•					•	•	•			•	•	•			•	•				•	V–VI
Prunus laurocerasus 'Schipkaensis Macrophylla'			•					•	•	•			•	•	•			•	•				•	V–VI
Prunus laurocerasus 'Zabeliana'		•						•	•	•	•		•	•	•			•	•				•	V und IX
Prunus mahaleb			•	•				•				•	•				•		•				•	V
Prunus padus			•	•				•	•	•								•	•	•		■	•	IV–V
Prunus sargentii			•	•				•					•	•					•	•				•	IV
Prunus serotina			•	•	•			•					•	•	•	•		•	•			▲		IV–V
Prunus serrulata								•										•	•					–
Prunus serrulata 'Amanogawa'				•	•														•	•					Ende IV
Prunus serrulata 'Kanzan'				•	•														•	•				•	V
Prunus serrulata 'Kiku-shidare-zakura'				•															•	•				•	Ende V
Prunus serrulata 'Shimidsu-sakura'				•															•	•				•	Mitte V
Prunus serrulata 'Shiro-fugen'				•															•	•				•	Ende V
Prunus spinosa			•					•	•			•	•	•	•			•	•			■		IV
Prunus subhirtella			•	•				•											•	•			•	•	III–IV
Prunus tenella		•						•				•	•	•				•	•			▲		IV–V
Prunus triloba			•					•	•										•	•					IV–V
Prunus × *yedoensis*					•			•	•										•	•			•	•	III–IV
Pseudosasa japonica									•	•									•	•					–
Pterocarya fraxinifolia						•		•	•	•									•	•					V
Pyracantha coccinea			•					•	•	•		•	•	•				•	•				•	V–VI
Pyrus calleryana 'Chanticleer'					•			•	•										•	•				•	IV–V
Pyrus communis						•		•	•	•									•	•				•	IV–V
Pyrus salicifolia					•			•				•	•	•	•			•	•				•	IV–V

Wuchsformen und Kulturansprüche Laubgehölze

Botanischer Name	Wuchs							Standort				Bodenansprüche									Schmuck		Blütezeit
	Zwergstrauch (0,1–0,5m)	Kleinstrauch (0,5–1,5m)	Strauch (1,5–3,0m)	Großstrauch (3/5–7m)	Kleiner Baum (5/7–12m)	Baum (12/15–20m)	Großer Baum (über 20m)	sonnig	absonnig	halbschattig	schattig	alkalisch	schwach alkalisch	neutral	schwach sauer	sauer	trocken	frisch	feucht	naß	• Frucht, ■ genießbar, ▲ giftig	Laub-, Herbstfärbung	
Quercus cerris						•		•	•	•		•	•	•	•		•	•			•		V
Quercus coccinea						•		•	•				•	•	•	•	•	•	•		•	•	V–VI
Quercus frainetto						•		•	•			•	•	•	•		•	•			•		V–VI
Quercus macranthera					•			•	•			•	•	•	•		•	•			•		V
Quercus palustris						•		•	•				•	•	•	•		•	•		•		V–VI
Quercus petraea						•		•	•				•	•	•		•	•			•		IV–V
Quercus pontica				•	•			•	•				•	•	•			•			•		V
Quercus robur						•		•	•				•	•	•			•	•		•		V
Quercus robur 'Fastigiata'					•			•					•	•	•			•	•		•		V
Quercus rubra						•		•	•				•	•	•			•	•		•	•	V
Quercus × *turneri* 'Pseudoturneri'					•			•	•			•	•	•	•			•			•		V–VI
Rhamnus carthaticus			•					•	•	•		•	•	•			•	•			▲		V–VI
Rhamnus frangula			•					•	•	•			•	•	•			•	•	•	▲		V–VI
Rhododendron	•	•	•	•	•	•	•																	
Rhododendron-Forrestii-Hybriden										•	•				•	•			•	•				V–VI
Rhododendron-Hybriden										•	•				•	•			•	•				V–VI
Rhododendron-Japonicum-Hybriden										•	•				•	•			•	•				V–VI
Rhododendron-Williamsianum-Hybriden										•	•				•	•			•	•				V–VI
Rhododendron-Yakushimanum-Hybriden									•	•					•	•			•	•				V–VI
Rhus typhina				•	•			•	•									•	•			•	•	VI–VII
Rhus typhina 'Dissecta'			•	•				•	•									•	•			•	•	VI–VII
Ribes alpinum		•							•	•	•	•	•	•	•			•	•					IV–V
Ribes aureum			•					•	•	•			•	•	•			•	•					IV–V
Ribes sanguineum 'Atrorubens'			•					•										•	•					IV–V
Robinia hispida 'Macrophylla'			•					•					•	•	•			•	•					VI und IX
Robinia pseudoacacia					•	•		•					•	•	•			•	•			•		V–VI
Robinia pseudoacacia 'Bessoniana'					•			•					•	•	•			•	•					V–VI
Robinia pseudoacacia 'Casque Rouge'				•				•					•	•	•			•	•					V–VI
Robinia pseudoacacia 'Frisia'					•			•					•	•	•			•	•					V–VI
Robinia pseudoacacia 'Pyramidalis'					•			•					•	•	•			•	•					V–VI
Robinia pseudoacacia 'Semperflorens'					•			•					•	•	•			•	•					VI, VIII/IX
Robinia pseudoacacia 'Tortuosa'				•				•					•	•	•			•	•					V–VI
Robinia pseudoacacia 'Umbraculifera*				•				•					•	•	•			•	•					V–VI
Rubus fruticosus		•						•	•	•	•							•	•			■		VI–VIII
Rubus idaeus		•						•	•	•			•	•	•			•	•			■		V–VI
Rubus odoratus			•					•	•	•								•	•			•		VI–VIII
Rubus phoenicolasius			•						•	•			•	•	•			•	•			■		VI–VII
Salix acutifolia 'Pendulifolia'				•				•						•	•	•			•	•				III

Wuchsformen und Kulturansprüche Laubgehölze

Botanischer Name	Zwergstrauch (0,1–0,5m)	Kleinstrauch (0,5–1,5m)	Strauch (1,5–3,0m)	Großstrauch (3/5–7m)	Kleiner Baum (5/7–12m)	Baum (12/15–20m)	Großer Baum (über 20m)	sonnig	absonnig	halbschattig	schattig	alkalisch	schwach alkalisch	neutral	schwach sauer	sauer	trocken	frisch	feucht	naß	• Frucht, ■ genießbar, ▲ giftig	Laub-, Herbstfärbung	Blütezeit
Salix alba					•	•		•	•			•	•	•				•	•	•			IV–V
Salix alba 'Liempde'						•		•	•			•	•	•				•	•	•			IV–V
Salix alba 'Tristis'					•			•	•			•	•	•				•	•	•			IV
Salix aurita			•					•	•				•	•	•			•	•	•			IV–V
Salix caprea			•	•				•	•				•					•	•	•			III–IV
Salix caprea 'Mas'			•	•				•	•				•					•	•	•			III–IV
Salix caprea 'Pendula'				•				•	•				•					•	•	•			III–IV
Salix caprea 'Silberglanz'			•	•				•	•				•					•	•	•			III–IV
Salix cinerea				•				•	•				•	•	•	•			•	•			IV–V
Salix daphnoides				•				•	•			•	•	•				•	•	•			III–IV
Salix fragilis						•		•	•				•	•	•			•	•	•			IV–V
Salix hastata 'Wehrhahnii'		•						•				•	•	•				•	•				IV–V
Salix helvetica		•						•						•	•	•		•	•				V–VI
Salix lanata		•						•						•	•	•		•	•				III–IV
Salix matsudana 'Tortuosa'			•					•	•			•	•	•	•		•	•	•				III–IV
Salix purpurea			•	•				•	•			•	•				•	•	•	•			III–IV
Salix repens ssp. *argentea*		•						•						•	•	•		•	•	•			IV–V
Salix repens ssp. *rosmarinifolia*		•						•					•	•	•	•		•	•	•			IV–V
Salix × sericans			•	•				•	•				•					•	•	•			III–IV
Salix viminalis			•	•				•				•	•					•	•				III–IV
Sambucus canadensis 'Maxima'			•					•	•	•								•	•		■		VI–VIII
Sambucus nigra			•					•	•	•		•	•	•				•	•		■		VI
Sambucus racemosa			•					•	•	•				•	•			•	•		▲		IV–V
Sinarundinaria murielae			•					•	•	•								•	•				–
Sinarundinaria nitida			•					•	•	•								•	•				–
Skimmia japonica		•									•		•	•	•	•		•	•		•		V
Sophora japonica					•			•					•	•	•			•	•			•	VIII–IX
Sorbaria sorbifolia			•					•	•	•	•	•	•	•	•			•	•				VI–VII
Sorbus americana				•	•			•					•	•	•	•			•	•		•		V–VI
Sorbus aria				•	•			•	•			•	•	•	•		•	•			■		V
Sorbus aucuparia				•	•			•	•				•	•	•	•			•	•		■		V–VI
Sorbus aucuparia 'Edulis'					•			•	•				•	•	•	•			•	•		■		V–VI
Sorbus aucuparia 'Fastigiata'					•			•	•				•	•	•	•			•	•		■		V–VI
Sorbus domestica					•			•	•				•	•				•	•			■		V
Sorbus intermedia					•			•	•			•	•	•	•			•	•			■		V–VI
Sorbus serotina				•				•	•				•		•			•	•			•		V–VI
Sorbus × thuringiaca 'Fastigiata'					•			•	•				•	•	•			•	•			■		V
Sorbus torminalis					•			•	•	•			•	•				•	•			■		V–VI

Wuchsformen und Kulturansprüche Laubgehölze

Botanischer Name	Zwergstrauch (0,1–0,5m)	Kleinstrauch (0,5–1,5m)	Strauch (1,5–3,0m)	Großstrauch (3/5–7m)	Kleiner Baum (5/7–12m)	Baum (12/15–20m)	Großer Baum (über 20m)	sonnig	absonnig	halbschattig	schattig	alkalisch	schwach alkalisch	neutral	schwach sauer	sauer	trocken	frisch	feucht	naß	Frucht genießbar/giftig	Laub-, Herbstfärbung	Blütezeit
Sorbus vilmorinii					•	•		•	•					•	•	•			•	•		•		V–VI
Spiraea × arguta			•					•							•	•	•						IV–V
Spiraea × cinerea 'Grefsheim'			•					•	•						•	•	•						IV–V
Spiraea decumbens	•							•							•	•							IV–V
Spiraea japonica 'Little Princess'		•						•							•	•							VI–VII
Spiraea nipponica			•					•	•	•					•	•							VI–VII
Spiraea prunifolia			•					•	•						•	•							IV–V
Spiraea thunbergii		•						•							•	•							III
Spiraea × vanhouttii			•					•							•	•							V–VI
Spiraea-Bumalda-Hybride 'Anthony Waterer'		•						•	•	•					•	•							VII–IX
Spiraea-Bumalda-Hybride 'Froebelii'		•						•	•	•					•	•							VI–IX
Staphylea colchica				•				•	•	•		•	•	•	•			•	•				V
Stephanandra incisa			•					•	•	•				•	•	•		•					VI
Stephanandra incisa 'Crispa'		•						•	•	•				•	•	•		•					VI–VII
Stephanandra tanakae			•					•	•	•				•	•	•		•					VI–VII
Stranvaesia davidiana			•					•	•	•		•	•	•				•					VI
Symphoricarpos albus var. *laevigatus*			•					•	•	•					•	•		•			•		VI–IX
Symphoricarpos × chenaultii			•					•	•	•					•	•		•			•		VI–VIII
Symphoricarpos × chenaultii 'Hancock'		•						•	•	•					•	•		•			•		VI–VIII
Symphoricarpos × doorenbosi 'Magic Berry'			•					•	•	•					•	•		•			•		VI–VIII
Symphoricarpos orbiculatus			•					•	•	•					•	•		•			•		VI–VII
Syringa × chinensis				•				•				•	•	•				•					V
Syringa josikaea				•				•	•				•	•	•	•		•	•				V–VI
Syringa microphylla 'Superba'		•						•						•	•	•		•					V–IX
Syringa reflexa				•				•						•	•	•			•				V–VI
Syringa × swegiflexa			•					•						•	•	•		•	•				VI
Syringa-Vulgaris-Hybriden				•	•			•	•				•	•	•				•	•			V–VI
Tamarix parviflora				•	•			•					•	•	•			•	•				V
Tamarix pentandra				•				•					•	•	•			•	•				VII–IX
Tamarix ramosissima				•				•															VII–IX
Tilia americana						•	•	•	•	•		•	•	•	•			•	•				VI–VII
Tilia cordata						•	•	•	•			•	•	•	•				•				VI–VII
Tilia cordata 'Erecta'						•		•	•			•	•	•	•				•				VI–VII
Tilia cordata 'Greenspire'						•		•	•			•	•	•	•				•				VI–VII
Tilia × euchlora						•		•	•			•	•	•	•				•				VI–VII
Tilia × flavescens 'Glenleven'							•	•	•			•	•	•	•				•				VI–VII
Tilia platyphyllos							•	•	•	•		•	•	•	•				•	•			VI
Tilia tomentosa							•	•	•			•	•	•	•			•	•				VII

Wuchsformen und Kulturansprüche Laubgehölze

Botanischer Name	Zwergstrauch (0,1–0,5m)	Kleinstrauch (0,5–1,5m)	Strauch (1,5–3,0m)	Großstrauch (3/5–7m)	Kleiner Baum (5/7–12m)	Baum (12/15–20m)	Großer Baum (über 20m)	sonnig	absonnig	halbschattig	schattig	alkalisch	schwach alkalisch	neutral	schwach sauer	sauer	trocken	frisch	feucht	naß	Frucht/genießbar/giftig	Laub-, Herbstfärbung	Blütezeit
Tilia × vulgaris						•		•	•	•	•		•	•	•			•	•				VI
Ulmus glabra						•		•	•	•	•	•	•	•	•			•	•				III–IV
Ulmus glabra 'Horizontalis'					•			•	•	•		•	•	•	•			•	•				III–IV
Ulmus × hollandica						•		•	•	•		•	•	•	•			•	•				III–IV
Ulmus laevis					•			•	•	•	•			•	•			•	•				IV
Ulmus minor						•		•	•	•		•	•	•	•		•	•	•				III–IV
Ulmus minor 'Wredei'					•			•	•	•		•	•	•	•			•	•				III–IV
Ulmus-Hybride 'Dodoens'					•			•	•	•		•	•	•	•			•	•				III–IV
Ulmus-Hybride 'Lobel'					•			•	•	•		•	•	•	•			•	•				III–IV
Ulmus-Hybride 'Plantijn'					•			•	•	•		•	•	•	•			•	•				III–IV
Vaccinium corymbosum		•						•	•	•					•	•		•	•		■		V
Vaccinium vitis-idaea	•							•								•		•	•	•	■		VI
Viburnum × bodnantense 'Dawn'		•						•	•	•					•			•	•				IX,II–III
Viburnum × burkwoodii		•						•	•	•			•	•	•			•	•			•	IV–V, XII
Viburnum × carlcephalum		•						•	•				•	•	•			•	•			•	IV–V
Viburnum carlesii		•						•	•	•			•	•	•			•	•			•	IV–V
Viburnum davidii	•								•	•				•	•			•	•		•		VI
Viburnum farreri		•						•	•				•	•	•	•		•				•	IV
Viburnum lantana			•					•	•	•		•			•		•	•				• •	IV–V
Viburnum opulus				•				•	•	•			•	•	•			•	•	•		•	V–VI
Viburnum plicatum f. *tomentosum*			•					•	•	•			•	•	•			•	•			•	V–VI
Viburnum plicatum 'Mariesii'			•					•	•					•	•			•	•			•	V–VI
Viburnum plicatum 'Pragense'			•					•	•				•	•	•			•	•				V–VI
Viburnum rhytidophyllum			•						•	•		•	•	•	•		•	•	•				V–VI
Viburnum tinus		•						•	•						•		•	•					
Vinca major								•	•	•	•	•	•	•	•			•	•				V–IX
Vinca minor								•	•	•	•	•	•	•	•			•	•				V–IX
Weigela florida		•						•	•						•	•		•	•				V–VI

Wuchsformen und Kulturansprüche Nadelgehölze

Botanischer Name	Wuchs							Standort				Bodenansprüche									Blütezeit
	Zwergstrauch (0,1–0,5m)	Kleinstrauch (0,5–1,5m)	Strauch (1,5–3,0m)	Großstrauch (3/5–7m)	Kleiner Baum (5/7–12m)	Baum (12/15–20m)	Großer Baum (über 20m)	sonnig	absonnig	halbschattig	schattig	alkalisch	schwach alkalisch	neutral	schwach sauer	sauer	trocken	frisch	feucht	naß	
Abies alba						•		•	•			•	•	•	•			•	•		VI
Abies balsamea 'Nana'	•							•	•	•			•	•	•	•		•	•		–
Abies concolor					•			•	•				•	•	•	•		•			–
Abies concolor 'Compacta'	•							•	•				•	•	•	•	•	•			–
Abies homolepis					•			•	•				•	•	•	•		•			–
Abies koreana				•				•	•	•			•	•	•	•		•	•		–
Abies lasiocarpa var. *arizonica*				•				•	•	•			•	•	•			•	•		–
Abies nordmanniana					•			•	•	•		•	•	•	•			•	•		–
Abies pinsapo 'Glauca'				•	•			•	•				•	•	•			•	•		–
Abies procera 'Glauca'					•			•					•	•	•			•	•		–
Abies veitchii					•			•	•				•	•	•			•	•		–
Araucaria araucana				•				•					•	•	•			•			–
Cedrus atlantica						•		•				•	•	•	•		•	•			–
Cedrus atlantica 'Glauca'						•		•	•			•	•	•			•	•			–
Cedrus atlantica 'Glauca Pendula'					•			•	•	•		•	•	•				•	•		–
Cedrus deodara					•	•		•	•				•	•	•			•	•		–
Cedrus deodara 'Pendula'					•			•	•				•	•				•	•		–
Chamaecyparis lawsoniana 'Alumii'					•			•	•	•					•	•		•	•		–
Chamaecyparis lawsoniana 'Columnaris'					•			•	•	•					•	•		•	•		–
Chamaecyparis lawsoniana 'Ellwoodii'				•				•	•	•					•	•		•	•		–
Chamaecyparis lawsoniana 'Fletcheri'				•				•	•	•					•	•		•	•		–
Chamaecyparis lawsoniana 'Golden Wonder'				•				•	•	•					•	•		•	•		–
Chamaecyparis lawsoniana 'Kelleriis Gold'				•				•	•	•					•	•		•	•		–
Chamaecyparis lawsoniana 'Lane'					•			•	•	•					•	•		•	•		–
Chamaecyparis lawsoniana 'Minima Glauca'			•					•	•	•					•	•		•	•		–
Chamaecyparis lawsoniana 'Spek'				•				•	•	•					•	•		•	•		VI
Chamaecyparis lawsoniana 'Stewartii'				•				•	•	•					•	•		•	•		–
Chamaecyparis lawsoniana 'Tharandtensis Caesia'				•				•	•	•					•	•		•	•		–
Chamaecyparis lawsoniana 'White Spot'				•				•	•	•					•	•		•	•		–
Chamaecyparis nootkatensis 'Glauca'					•			•	•	•					•	•		•	•		–
Chamaecyparis nootkatensis 'Pendula'					•			•	•	•					•	•		•	•		–
Chamaecyparis obtusa 'Nana Gracilis'			•					•	•	•				•	•	•		•	•		–
Chamaecyparis obtusa 'Pygmaea'			•					•	•	•				•	•	•		•	•		–
Chamaecyparis pisifera 'Boulevard'			•					•	•	•								•	•		–
Chamaecyparis pisifera 'Filifera Aurea'			•					•	•	•								•	•		–
Chamaecyparis pisifera 'Nana'	•							•	•	•								•	•		–
Chamaecyparis pisifera 'Plumosa'				•				•	•	•								•	•		–
Chamaecyparis pisifera 'Plumosa Aurea'				•				•	•	•								•	•		–

Wuchsformen und Kulturansprüche Nadelgehölze

Botanischer Name	Zwergstrauch (0,1–0,5m)	Kleinstrauch (0,5–1,5m)	Strauch (1,5–3,0m)	Großstrauch (3/5–7m)	Kleiner Baum (5/7–12m)	Baum (12/15–20m)	Großer Baum (über 20m)	sonnig	absonnig	halbschattig	schattig	alkalisch	schwach alkalisch	neutral	schwach sauer	sauer	trocken	frisch	feucht	naß	Blütezeit
Chamaecyparis pisifera 'Squarrosa'						•		•	•	•								•	•		–
Chamaecyparis pisifera 'Sungold'		•						•	•	•								•	•		–
Cryptomeria japonica						•		•	•					•	•				•	•		II–III
Cryptomeria japonica 'Cristata'				•				•	•					•	•				•	•		–
Cryptomeria japonica 'Elegans'				•				•	•					•	•				•	•		–
Cryptomeria japonica 'Vilmoriniana'		•						•	•					•	•				•	•		–
× *Cupressocyparis leylandii*								•	•	•								•	•		IX
× *Cupressocyparis leylandii* 'Castlewellan Gold'				•				•	•									•	•		–
Ginkgo biloba					•			•										•	•		III–IV
Juniperus × chinensis 'Blaauw'		•						•										•	•		–
Juniperus × chinensis 'Hetzii'			•					•										•	•		–
Juniperus × chinensis 'Keteleerii'				•				•	•	•								•	•		–
Juniperus × chinensis 'Mint Julep'			•					•										•	•		–
Juniperus × chinensis 'Old Gold'		•						•					•	•	•	•	•	•	•		–
Juniperus × chinensis 'Pfitzeriana'			•					•	•									•	•		–
Juniperus × chinensis 'Spartan'			•					•	•	•								•	•		III
Juniperus communis				•				•										•	•		IV–V
Juniperus communis 'Hibernica'			•					•										•	•		–
Juniperus communis 'Hornibrookii'	•							•										•	•		–
Juniperus communis 'Meyer'			•					•										•	•		–
Juniperus communis 'Repanda'	•							•	•									•	•		–
Juniperus communis 'Suecica'			•					•					•	•	•	•	•	•	•		–
Juniperus horizontalis	•							•	•									•	•		–
Juniperus horizontalis 'Glauca'	•							•										•	•		–
Juniperus sabina 'Mas'				•				•	•	•								•	•		–
Juniperus sabina 'Rocky Gem'		•						•				•	•	•			•	•	•		–
Juniperus squamata 'Blue Carpet'	•							•										•	•		–
Juniperus squamata 'Blue Star'	•							•					•	•	•			•	•		–
Juniperus squamata 'Meyeri'			•					•					•	•	•			•	•		–
Juniperus virginiana 'Burkii'		•						•										•	•		–
Juniperus virginiana 'Canaertii'		•						•										•	•		–
Juniperus virginiana 'Glauca'			•					•										•	•		–
Juniperus virginiana 'Grey Owl'			•					•										•	•		–
Juniperus virginiana 'Skyrocket'			•					•				•	•	•				•	•		–
Larix decidua						•		•				•	•	•	•		•	•			IV–V
Larix kaempferi						•		•				•	•	•			•	•			IV
Larix kaempferi 'Pendula'					•			•				•	•	•				•	•		–
Metasequoia glyptostroboides							•	•	•				•	•	•			•	•	•	IV

Wuchsformen und Kulturansprüche Nadelgehölze

Botanischer Name	Zwergstrauch (0,1–0,5m)	Kleinstrauch (0,5–1,5m)	Strauch (1,5–3,0m)	Großstrauch (3/5–7m)	Kleiner Baum (5/7–12m)	Baum (12/15–20m)	Großer Baum (über 20m)	sonnig	absonnig	halbschattig	schattig	alkalisch	schwach alkalisch	neutral	schwach sauer	sauer	trocken	frisch	feucht	naß	Blütezeit
Microbiota decussata			•					•	•	•	•							•	•		–
Picea abies						•	•	•				•	•	•	•	•		•	•		IV–V
Picea abies 'Echiniformis'	•							•					•	•	•				•	•		–
Picea abies 'Inversa'				•				•							•				•	•		–
Picea abies 'Little Gem'	•							•					•	•	•				•	•		–
Picea abies 'Maxwellii'		•						•							•				•	•		–
Picea abies 'Nidiformis'		•						•						•	•				•	•		–
Picea abies 'Procumbens'		•						•							•				•	•		–
Picea abies 'Pumila Glauca'		•						•						•	•	•			•	•		–
Picea abies 'Pygmaea'		•						•					•	•	•				•	•		–
Picea abies 'Virgata'						•		•					•	•	•				•	•		–
Picea breweriana						•		•											•	•		V
Picea engelmannii							•	•											•	•		V
Picea glauca 'Conica'			•					•	•	•									•	•		–
Picea glauca 'Echiniformis'		•						•	•										•	•		–
Picea mariana 'Nana'		•						•	•				•	•	•	•			•	•		–
Picea omorika					•			•						•	•				•	•		V
Picea omorika 'Nana'		•						•											•	•		–
Picea orientalis					•			•	•				•	•	•	•			•	•		IV
Picea orientalis 'Aurea'					•			•	•					•	•				•	•		–
Picea orientalis 'Nutans'					•			•	•	•				•	•				•	•		–
Picea pungens					•			•						•	•			•	•			V
Picea pungens 'Endtz'					•			•					•	•	•				•			–
Picea pungens 'Glauca'					•			•						•	•				•			–
Picea pungens 'Glauca Globosa'		•						•											•	•		–
Picea pungens 'Hoopsii'					•			•					•	•	•				•	•		–
Picea pungens 'Koster'					•			•					•	•	•				•	•		–
Picea purpurea					•			•	•					•	•			•	•			IV
Picea sitchensis					•	•	•	•				•	•	•	•	•			•	•	•	V
Pinus aristata			•					•					•	•	•				•	•	•	VI
Pinus cembra					•			•											•	•		V
Pinus cembra 'Glauca'					•			•											•	•		V
Pinus contorta				•				•						•	•				•	•		V
Pinus densiflora 'Globosa'			•					•											•	•		V
Pinus koraiensis 'Glauca*					•			•										•	•			–
Pinus leucodermis						•		•						•	•			•	•			V
Pinus mugo 'Gnom'			•					•	•				•	•	•			•	•	•		–
Pinus mugo 'Mops'		•						•	•				•	•	•				•	•		–

Wuchsformen und Kulturansprüche Nadelgehölze

Botanischer Name	Wuchs							Standort				Bodenansprüche										Blütezeit
	Zwergstrauch (0,1–0,5m)	Kleinstrauch (0,5–1,5m)	Strauch (1,5–3,0m)	Großstrauch (3/5–7m)	Kleiner Baum (5/7–12m)	Baum (12/15–20m)	Großer Baum (über 20m)	sonnig	absonnig	halbschattig	schattig	alkalisch	schwach alkalisch	neutral	schwach sauer	sauer	trocken	frisch	feucht	naß	
Pinus mugo ssp. *mugo*				•	•			•	•	•	•	•	•	•	•		•	•			V
Pinus mugo ssp. *pumilio*		•						•	•									•	•		–
Pinus nigra ssp. *nigra*					•	•		•	•			•	•	•			•	•	•		V
Pinus parviflora 'Glauca'					•			•	•			•	•	•	•			•	•		–
Pinus peuce					•			•	•	•								•	•		VI
Pinus ponderosa					•	•		•	•					•	•	•		•	•		V
Pinus pumila 'Glauca'		•						•									•	•	•		V
Pinus × *schwerinii*					•	•		•				•	•	•	•	•		•	•		VI
Pinus strobus					•	•		•	•					•	•			•	•		VI
Pinus strobus 'Radiata'		•	•					•						•	•			•	•		–
Pinus sylvestris					•	•		•	•			•	•	•	•	•		•	•		V
Pinus sylvestris 'Fastigiata'				•				•										•	•		–
Pinus sylvestris 'Watereri'			•	•				•	•	•		•	•	•	•	•		•	•		–
Pinus wallichiana					•			•	•			•	•	•	•	•		•	•		VI
Pseudolarix amabilis					•			•					•	•				•	•		IV–V
Pseudotsuga menziesii					•	•	•	•	•			•	•	•	•	•		•	•		IV
Sciadopitys verticillata					•			•	•					•				•	•		V
Sequoiadendron giganteum						•	•	•	•			•	•	•	•			•	•		–
Taxodium distichum						•	•	•	•					•	•	•		•	•	•	IV
Taxus baccata					•	•		•	•	•	•	•	•	•	•		•	•	•		III–IV
Taxus baccata 'Aureovariegata'				•				•	•	•		•	•	•	•		•	•	•		–
Taxus baccata 'Dovastoniana'					•			•	•	•		•	•	•	•		•	•	•		–
Taxus baccata 'Fastigiata'			•					•	•	•		•	•	•	•		•	•	•		–
Taxus baccata 'Fastigiata Aurea'								•	•	•		•	•	•	•		•	•	•		–
Taxus baccata 'Fastigiata Robusta'				•				•	•	•		•	•	•	•		•	•	•		–
Taxus baccata 'Nissen's Corona'			•					•	•	•		•	•	•	•			•	•		–
Taxus baccata 'Nissen's Präsident'			•					•	•	•		•	•	•	•			•	•		–
Taxus baccata 'Overeynderi'			•					•	•	•		•	•	•	•			•	•		–
Taxus baccata 'Repandens'	•							•	•	•		•	•	•	•		•	•	•		–
Taxus baccata 'Semperaurea'		•						•	•			•	•	•	•			•	•		–
Taxus baccata 'Washingtonii'		•						•	•			•	•	•	•		•	•	•		–
Taxus cuspidata 'Nana'		•						•	•	•	•	•	•	•	•		•	•	•		–
Taxus × *media* 'Hicksii'			•					•	•	•		•	•	•	•		•	•	•		–
Taxus × *media* 'Hillii'			•					•	•	•		•	•	•	•			•	•		–
Taxus × *media* 'Strait Hedge'			•					•	•	•		•	•	•	•			•	•		–
Taxus × *media* 'Thayerae'		•						•	•	•		•	•	•	•			•	•		–
Thuja occidentalis						•		•	•	•		•	•	•				•	•		III–IV
Thuja occidentalis 'Columna'						•		•	•	•		•	•	•	•			•	•		–

Wuchsformen und Kulturansprüche Nadelgehölze

Botanischer Name	Wuchs							Standort				Bodenansprüche									Blütezeit
	Zwergstrauch (0,1–0,5 m)	Kleinstrauch (0,5–1,5 m)	Strauch (1,5–3,0 m)	Großstrauch (3/5–7 m)	Kleiner Baum (5/7–12 m)	Baum (12/15–20 m)	Großer Baum (über 20 m)	sonnig	absonnig	halbschattig	schattig	alkalisch	schwach alkalisch	neutral	schwach sauer	sauer	trocken	frisch	feucht	naß	
Thuja occidentalis 'Danica'	•	•						•	•	•		•	•	•	•			•	•		–
Thuja occidentalis 'Fastigiata'					•			•	•	•		•	•	•	•			•	•		–
Thuja occidentalis 'Holmstrup'				•				•	•	•		•	•	•	•			•	•		–
Thuja occidentalis 'Recurva Nana'			•					•	•	•		•	•	•	•			•	•		–
Thuja occidentalis 'Rheingold'			•	•				•	•	•		•	•	•	•			•	•		–
Thuja occidentalis 'Smaragd'				•				•	•	•		•	•	•	•			•	•		–
Thuja occidentalis 'Sunkist'				•				•	•	•		•	•	•	•			•	•		–
Thuja plicata 'Excelsa'					•			•	•	•		•	•	•	•			•	•		–
Thuja plicata 'Zebrina'					•			•	•	•		•	•	•	•			•	•		–
Thujopsis dolabrata			•	•				•	•			•	•	•	•			•	•		–
Tsuga canadensis					•			•	•	•			•	•	•			•	•		V
Tsuga canadensis 'Jeddeloh'	•							•	•	•								•	•		–
Tsuga canadensis 'Nana'			•					•	•	•								•	•		–
Tsuga canadensis 'Pendula'			•					•	•	•			•	•	•			•	•		–
Tsuga mertensiana 'Glauca'					•			•	•						•	•		•	•		IV–V

Heckenpflanzen für geschnittene Hecken

Pflanze	sommergrün	immergrün	bis 0,5	0,5–1,0	1,0–2,0	> als 2,0	Blüte	Schutz	Vögel
Laubgehölze									
Acer campestre	•				–				•
Acer campestre 'Elsrijk'	•				–				•
Berberis buxifolia 'Nana'		•	–						
Berberis candidula		•	–						
Berberis gagnepainii var. *lanceifolia*		•		–				•	•
Berberis × *hybrido-gagnepainii*		•		–	–		•	•	•
Berberis julianae		•			–		•	•	•
Berberis × *ottawensis* 'Superba'	•				–		•	•	•
Berberis thunbergii	•			–	–			•	
Berberis thunbergii 'Atropurpurea'	•			–	–			•	
Berberis thunbergii 'Atropurpurea Nana'	•		–					•	
Buxus sempervirens var. *arborescens*		•			–				•
Buxus sempervirens 'Bullata'		•	–						
Buxus sempervirens 'Handworthiensis'		•	–						
Buxus sempervirens 'Rotundifolia'		•	–						
Buxus sempervirens 'Suffruticosa'		•	–						
Carpinus betulus	•				–				•
Carpinus betulus 'Fastigiata'	•				–				•
Cornus mas	•				–		•		•
Cornus sanguinea	•				–				•
Cotoneaster bullatus	•			–					
Cotoneaster dielsianus	•			–					
Cotoneaster divaricatus	•			–					
Crataegus laevigata	•				–		•	•	•
Crataegus monogyna	•				–		•	•	•
Crataegus monogyna × *prunifolia*	•				–		•	•	•
Fagus sylvatica	•				–				•
Ilex aquifolium		•			–			•	•
Ilex aquifolium 'Alaska'		•			–			•	•
Ilex aquifolium 'Pyramidalis'		•			–			•	•
Ilex crenata		•	–						
Ilex crenata 'Convexa'		•	–						
Ilex × *meserveae* 'Blue Angel'		•			–				•
Ilex × *meserveae* 'Blue Prince'		•		–	–				•
Ilex × *meserveae* 'Blue Princess'		•		–	–				•
Ligustrum ovalifolium		•		–	–				
Ligustrum vulgare 'Atrovirens'		•		–	–				
Ligustrum vulgare 'Lodense'		•	–	–					
Lonicera nitida 'Elegant'		•	–						
Lonicera nitida 'Maigrün'		•		–					
Lonicera tatarica	•				–				•
Lonicera xylosteum	•			–	–				•
Lonicera xylosteum 'Clavey's Dwarf'	•			–					
Mahonia aquifolium		•	–	–					
Mahonia aquifolium 'Apollo'		•	–	–					
Potentilla fruticosa	•		–	–			•		
Prunus laurocerasus		•		–	–				•
Prunus laurocerasus 'Barmstedt'		•		–	–				•
Prunus laurocerasus 'Otto Luyken'		•			–				•
Prunus l. 'Schipkaensis Macrophylla'		•			–	–			•
Pyracantha coccinea		•			–		•	•	•
Pyracantha coccinea 'Red Column'		•			–	–	•	•	•
Pyracantha coccinea 'Golden Charmer'		•			–	–	•	•	•
Pyracantha coccinea 'Orange Charmer'		•			–	–	•	•	•
Pyracantha coccinea 'Orange Glow'		•			–	–	•	•	•
Pyracantha coccinea 'Soleil d'Or'		•			–		•	•	•
Ribes alpinum	•			–	–		•		•
Ribes alpinum 'Schmidt'	•			–			•		•
Salix purpurea 'Gracilis'	•			–					
Spiraea × *arguta*	•						•		
Spiraea × *bumalda* 'Anthony Waterer'	•			–			•		
Spiraea × *bumalda* 'Froebelii'	•				–		•		
Spiraea × *cinerea* 'Grefsheim'	•				–		•		
Spiraea japonica 'Little Princess'	•			–			•		
Spiraea × *vanhouttii*	•				–		•		
Nadelgehölze									
Chamaecyparis lawsoniana 'Alumii'		•				–			
Chamaecyparis lawsoniana 'Columnaris'		•				–			
Chamaecyparis lawsoniana 'Ellwoodii'		•				–			
Chamaecyparis lawsoniana 'Fletcheri'		•				–			
Chamaecyparis lawsoniana 'Golden Wonder'		•				–			
Chamaecyparis lawsoniana 'Kelleriis Gold'		•				–			
Chamaecyparis lawsoniana 'Lane'		•				–			
× *Cupressocyparis leylandii*		•				–			
× *Cupressocyparis leylandii* 'Castlewellan Gold'		•				–			
Larix decidua	•					–			
Picea abies		•				–			
Picea omorika		•				–			
Taxus baccata		•			–	–			
Taxus baccata 'Fastigiata'		•				–			
Taxus baccata 'Fastigiata Aurea'		•				–			
Taxus baccata 'Fastigiata Robusta'		•				–			
Taxus × *media* 'Hicksii'		•			–	–			
Taxus × *media* 'Hillii'		•			–	–			
Taxus × *media* 'Strait Hedge'		•			–	–			
Thuja occidentalis 'Columna'		•				–			
Thuja occidentalis 'Danica'		•	–						
Thuja occidentalis 'Fastigiata'		•				–			
Thuja occidentalis 'Rheingold'		•		–	–				
Thuja occidentalis 'Smaragd'		•				–			
Thuja occidentalis 'Sunkist'		•							
Thuja plicata 'Excelsa'		•				–			
Thuja plicata 'Zebrina'		•				–			

Erläuterungen: sommergrün – verliert im Herbst das Laub, immergrün – ganzjährig belaubt, Höhe = empfehlenswerte Höhe der geschnittenen Hecke, Blüte = auffallend-zierend während der Blüte, Schutz = durch Stacheln oder Dornen zusätzliche Abwehr, Vögel = Vogelschutz- und/oder Vogelnährgehölz

Gehölze zur Verwendung in der Landschaft

Laubgehölze	Wind-, Sicht-, Blendschutz	Bodenbefestigung, -schutz	Küsten, Marschen	Fließgewässer, Uferschutz	Pioniergehölze, Rohböden	Naturhecken	Knicks	Feldgehölzinseln	Waldrand	Forst
Acer campestre	•	•	•	•	•	•	•	•		
Acer platanoides	•			•	•					
Alnus glutinosa	•	•	•	•		•				
Alnus incana	•	•		•	•					
Alnus viridis					•					
Amelanchier ovalis					•			•		
Betula pendula		•		•	•		•	•		•
Betula pubescens		•		•	•					
Caragana arborescens	•	•								
Carpinus betulus	•	•		•		•	•	•	•	
Castanea sativa						•		•	•	
Colutea arborescens		•			•					
Cornus mas	•	•			•	•	•	•		
Cornus sanguinea		•			•	•	•			
Corylus avellana	•			•		•	•	•	•	
Crataegus laevigata	•	•	•	•		•	•	•		
Crataegus monogyna	•	•			•	•	•	•		
Fagus sylvatica	•	•				•	•			•
Fraxinus excelsior	•	•		•	•	•	•	•		•
Fraxinus ornus		•			•					
Genista tinctoria		•			•	•		•		
Hippophae rhamnoides		•			•					
Ilex aquifolium	•				•			•		
Juglans regia								•	•	
Ligustrum vulgare	•	•	•		•		•	•		
Lonicera xylosteum					•			•	•	
Lycium barbarum	•	•			•		•			
Malus sylvestris	•					•	•	•		
Mespilus germanica						•		•		
Populus alba	•	•	•	•						
Populus × canescens	•		•		•					
Populus nigra	•	•		•	•					
Populus tremula	•				•		•	•		
Prunus avium	•	•		•		•	•	•		
Prunus cerasifera	•				•		•			
Prunus mahaleb					•			•		
Prunus padus	•			•		•	•			
Prunus serotina	•	•			•					
Prunus spinosa	•	•			•	•	•			
Pyrus pyraster, Pyrus communis						•		•		
Quercus petraea						•		•		•
Quercus robur	•					•		•		•
Quercus rubra		•								•
Rhamnus carthaticus					•			•	•	
Rhamnus frangula	•			•		•	•			
Ribes alpinum						•	•		•	
Robinia pseudoacacia	•	•	•		•					
Rubus fruticosus						•	•	•	•	
Rubus idaeus						•	•	•	•	
Salix alba	•	•	•	•	•		•			
Salix aurita						•				
Salix caprea	•				•		•	•		
Salix cinerea			•	•	•					
Salix daphnoides										
Salix fragilis	•			•		•				
Salix helvetica										
Salix purpurea				•	•					
Salix viminalis	•			•	•					
Sambucus nigra	•		•	•		•	•	•		
Sambucus racemosa	•				•			•		
Sorbus aria										
Sorbus aucuparia		•			•		•	•		
Sorbus domestica						•		•	•	
Sorbus intermedia	•	•			•					
Sorbus torminalis	•	•						•		
Symphoricarpos albus var. *laevigatus*	•									
Syringa vulgaris						•				
Tilia cordata	•		•			•				•
Tilia platyphyllos	•					•				•
Tilia tomentosa	•					•		•		
Ulmus carpinifolia							•			
Ulmus glabra	•	•		•	•					
Viburnum lantana	•	•				•	•	•	•	
Viburnum opulus	•	•			•			•		

Nadelgehölze										
Abies alba								•	•	•
Juniperus communis		•			•					
Juniperus sabina		•								
Larix decidua						•				•
Picea abies						•		•		•
Pinus mugo	•	•								
Pinus sylvestris						•				•
Taxus baccata	•					•			•	

Gehölze mit Rindenschmuck

Acer capillipes	grün, weiße Streifen	*Cornus alba* 'Sibirica'	leuchtend rot
Acer cappadocicum	Zweige glänzend rot	*Cornus stolonifera*	
Acer palmatum	in der Jugend braunrot	'Flaviramea'	gelblich grün
Acer rufinerve	grün, weiße Streifen	*Cotinus coggygria*	
Berberis thunbergii		'Royal Purple'	dunkel rotbraun
'Atropurpurea'	dunkelrot	*Gleditsia triacanthos*	
Betula albosinensis	rotorange	'Sunburst'	gelbgrün bis braun
Betula ermanii	gelblich-weiß	*Kerria japonica*	
Betula maximowicziana	gelblich-weiß	'Pleniflora'	junge Triebe frischgrün
Betula pendula	weiß	*Nothofagus antarctica*	braunrot, quergestreift
Betula platyphylla var.		*Prunus avium*	glänzend rotbraun
japonica	strahlend weiß	*Prunus cerasifera* 'Nigra'	in der Jugend dunkelrot
Betula pubescens	mattweiß, abrollend	*Prunus × serrulata i. S.*	von hellbraun bis rotbraun
Betula utilis	reinweiß, dünn abrollend		
Cornus alba	dunkelrot	*Salix alba* 'Tristis'	Zweige gelb
Cornus alba 'Kesselringii'	schwarzrot	*Salix acutifolia* 'Pendulifolia'	Zweige bläulich gestreift

Wildgehölze

Begriffsbestimmung:

Als Wildgehölze werden die Formen bezeichnet, die ohne Zutun des Menschen über längere Zeiträume hinweg entwickelt und in einem bestimmten Bereich auf Dauer Fuß gefaßt haben.

Als heimische **(h)** Wildgehölze gelten die Formen, deren Herkunft in Mitteleuropa liegt.

Als eingebürgert **(e)** gelten die Wildgehölze, die aus anderen Wuchsregionen nach Mitteleuropa verbracht wurden und sich in der freien Landschaft als Population ohne menschliche Hilfe erhalten.

(Gesetz über Naturschutz und Landschaftspflege § 20a)

Laubgehölze

Acer campestre	**(h)**	Feldahorn, Maßholder	*Betula pubescens*	**(h)**	Moor-Birke
Acer monspessulanum	**(h)**	Felsen-Ahorn, Französischer Ahorn	*Buxus sempervirens* var. *arborescens*	**(h)**	Gewöhnlicher Buchsbaum
Acer negundo	**(e)**	Eschen-Ahorn	*Calluna vulgaris*	**(h)**	Besen-Heide, Sommer-Heide
Acer opalus	**(h)**	Italienischer Ahorn	*Caragana arborescens*	**(e)**	Gewöhnlicher Erbsenstrauch
Acer platanoides	**(h)**	Spitz-Ahorn	*Carpinus betulus*	**(h)**	Hainbuche, Weißbuche
Acer pseudoplatanus	**(h)**	Berg-Ahorn	*Castanea sativa*	**(h)**	Edel-Kastanie, Marone
Aesculus hippocastanum	**(e)**	Gewöhnliche Roßkastanie	*Colutea arborescens*	**(h)**	Blasenstrauch
Ailanthus altissima	**(e)**	Götterbaum	*Cornus alba*	**(e)**	Weißer Hartriegel
Alnus glutinosa	**(h)**	Schwarz-Erle, Rot-Erle	*Cornus mas*	**(h)**	Kornelkirsche
Alnus incana	**(h)**	Grau-Erle, Weiß-Erle	*Cornus sanguinea*	**(h)**	Roter Hartriegel
Alnus viridis	**(h)**	Grün-Erle	*Corylus avellana*	**(h)**	Haselnuß
Amelanchier lamarckii	**(e)**	Kupfer-Felsenbirne	*Crataegus laevigata*	**(h)**	Zweigriffliger Weißdorn
Arctostaphylos uva-ursi	**(h)**	Europäische Bärentraube	*Crataegus monogyna*	**(h)**	Eingriffliger Weißdorn
Betula nana	**(h)**	Zwerg-Birke	*Cytisus scoparius*	**(h)**	Besenginster
Betula pendula	**(h)**	Sand-Birke, Weiß-Birke	*Daphne cneorum*	**(h)**	Rosmarin-Seidelbast

Wildgehölze

Daphne mezereum	(h)	Seidelbast	*Salix aurita*	(h)	Ohr-Weide
Empetrum nigrum	(h)	Schwarze Krähenbeere	*Salix caprea*	(h)	Sal-Weide
Erica carnea	(h)	Schneeheide	*Salix cinerea*	(h)	Asch-Weide, Grau-Weide
Fagus sylvatica	(h)	Rotbuche	*Salix daphnoides*	(h)	Reif-Weide, Schimmel-Weide
Fagus sylvatica 'Purpurea'	(h)	Blut-Buche	*Salix fragilis*	(h)	Bruch-Weide
Fraxinus excelsior	(h)	Esche	*Salix hastata* 'Wehrhahnii'	(h)	Engadin-Weide
Fraxinus ornus	(e)	Blumen-Esche	*Salix helvetica*	(h)	Schweizer-Weide
Genista tinctoria	(h)	Färber-Ginster	*Salix purpurea*	(h)	Purpur-Weide
Hippophae rhamnoides	(h)	Gewöhnlicher Sanddorn	*Salix repens*	(h)	Kriech-Weide
Ilex aquifolium	(h)	Ilex, Stechpalme, Hülse	*Salix rosmarinifolia*	(h)	Rosmarin-Weide
Juglans regia	(h)	Walnuß	*Salix viminalis*	(h)	Korb-Weide
Kalmia angustifolia 'Rubra'	(e)	Kleiner Berglorbeer	*Sambucus nigra*	(h)	Schwarzer Holunder
Laburnum anagyroides	(e)	Gewöhnlicher Goldregen	*Sambucus racemosa*	(h)	Trauben-Holunder
Ligustrum vulgare	(h)	Gewöhnlicher Liguster	*Sorbus aria*	(h)	Mehlbeere
Lonicera xylosteum	(h)	Gewöhnliche Heckenkirsche	*Sorbus aucuparia*	(h)	Eberesche, Vogelbeere
Lycium barbarum	(e)	Bocksdorn	*Sorbus domestica*	(h)	Speierling
Malus sylvestris	(h)	Holzapfel	*Sorbus intermedia*	(h)	Schwedische Mehlbeere
Mespilus germanica	(h)	Mispel	*Sorbus torminalis*	(h)	Elsbeere
Populus alba 'Nivea'	(h)	Silber-Pappel	*Symphoricarpos albus* var. *laevigatus*	(e)	Gemeine Schneebeere
Populus × canescens	(h)	Grau-Pappel	*Syringy vulgaris*	(e)	Wild-Flieder
Populus nigra	(h)	Schwarz-Pappel	*Tilia cordata*	(h)	Winter-Linde
Populus tremula	(h)	Zitter-Pappel, Espe	*Tilia platyphyllos*	(h)	Sommer-Linde
Prunus avium	(h)	Vogel-Kirsche	*Ulmus carpinifolia*	(h)	Feld-Ulme
Prunus cerasifera	(e)	Kirsch-Pflaume	*Ulmus glabra*	(h)	Berg-Ulme
Prunus fruticosa 'Globosa'	(e)	Kugel-Steppen-Kirsche	*Ulmus laevis*	(h)	Flatter-Ulme
Prunus mahaleb	(h)	Stein-Weichsel, Felsen-Kirsche	*Vaccinium vitis-idaea*	(h)	Preiselbeere
Prunus padus	(h)	Trauben-Kirsche	*Viburnum lantana*	(h)	Wolliger Schneeball
Prunus serotina	(e)	Späte Trauben-Kirsche	*Viburnum opulus*	(h)	Gewöhnlicher Schneeball
Prunus spinosa	(h)	Schlehe, Schwarzdorn	*Vinca minor*	(e)	Kleinblättriges Immergrün
Pyrus pyraster	(h)	Holz-Birne, Wildbirne			
Quercus cerris	(e)	Zerr-Eiche			
Quercus petraea	(h)	Trauben-Eiche	**Nadelgehölze**		
Quercus robur	(h)	Stiel-Eiche			
Quercus rubra	(e)	Rot-Eiche	*Abies alba*	(h)	Weiß-Tanne
Rhamnus carthaticus	(h)	Echter Kreuzdorn	*Juniperus communis*	(h)	Gewöhnlicher Wacholder
Rhamnus frangula	(h)	Faulbaum, Pulverholz	*Juniperus sabina*	(h)	Tamarisken-Wachholder
Rhododendron ferrugineum	(h)	Rhododendron	*Larix decidua*	(h)	Europäische Lärche
Rhododendron hirsutum	(h)	Rhododendron	*Picea abies*	(h)	Fichte-Rottanne
Rhus typhina	(e)	Essigbaum	*Pinus cembra*	(h)	Zirbel-Kiefer
Ribes alpinum	(h)	Alpen-Johannisbeere	*Pinus mugo*	(h)	Berg-Kiefer, Latsche
Robinia pseudoacacia	(e)	Robinie	*Pinus nigra* ssp. *nigra*	(e)	Österreichische Schwarz-Kiefer
Rubus fruticosus	(h)	Echte Brombeere	*Pinus sylvestris* 'Watereri'	(h)	Strauch-Waldkiefer
Rubus idaeus	(h)	Himbeere	*Taxus baccata*	(h)	Gewöhnlicher Eibe
Salix alba	(h)	Silber-Weide			

Bienennährpflanzen

Rangfolge: 1 = sehr gut, 2 = gut, 3 = mittel, 4 = mäßig, 5 = empfohlen

	Nektar	Pollen	Honigtau	Wildbienen		Nektar	Pollen	Honigtau	Wildbienen
Acer campestre	3	5	•		*Lonicera xylosteum*	4	–	–	
Acer platanoides	2	3	•		*Lycium barbarum*	4	4	–	
Acer pseudoplatanus	1	3	•		*Malus*-Sorten	2	2	•	
Aesculus × carnea	2	3	•		*Mespilus germanica*	4	–	–	
Aesculus hippocastum	2	2	•		*Philadelphus coronarius*	5	3	–	
Aesculus parviflora	2	3	•		*Populus alba* 'Nivea'	–	2	•	
Alnus glutinosa	–	2	•		*Populus balsamifera*	5	2	•	
Alnus incana	–	2	•		*Populus nigra* 'Italica'	–	3	•	
Alnus viridis	–	4	–		*Populus tremula*	–	3	•	
Amelanchier laevis	4	2	–		*Prunus avium*	2	2	–	
Amelanchier lamarckii	4	2	–		*Prunus cerasifera*	2	2	–	
Amelanchier ovalis	4	2	–		*Prunus laurocerasus*	4	3	–	
Betula nana	–	4	–		*Prunus mahaleb*	2	2	–	
Betula pendula	–	3	•		*Prunus padus*	3	3	–	
Betula pubescens	–	4	–		*Prunus serotina*	3	3	–	
Buddleja-Davidii-Hybriden	3	2	–		*Prunus spinosa*	2	3	•	
Buxus sempervirens var. *arborescens*	4	–	–		*Pyrus pyraster (Pyrus communis)*	3	2	•	
Buxus sempervirens 'Suffruticosa'	4	–	–		*Quercus petraea*	–	4	•	
Calluna vulgaris	2	–	–		*Quercus robur*	4	2	•	
Castanea sativa	2	2	•		*Rhamnus carthaticus*	4	5	–	
Cornus alba	2	3	–		*Rhamnus frangula*	2	3	–	•
Cornus mas	5	4	–		*Rhus typhina*	3	4	–	
Cornus sanguinea	3	5	–		*Ribes alpinum*	4	–	–	•
Corylus avellana	–	3	•		*Ribes sanguineum* 'Atrorubens'	–	–	–	
Corylus colurna	–	3	•		*Robinia pseudoacacia*	1	3	•	
Crataegus laevigata	3	5	–		*Rubus fruticosus*	3	3	–	
Crataegus monogyna	3	3	–		*Salix alba*	1	1	–	
Cytisus × praecox	4	2	–		*Salix aurita*	1	1	–	•
Cytisus purpureus	4	2	–		*Salix caprea*	1	1	–	
Cytisus scoparius	4	2	–		*Salix cinerea*	1	1	–	
Daphne mezereum	4	4	–		*Salix daphnoides*	1	1	–	
Deutzia gracilis	3	3	–		*Salix fragilis*	3	3	–	
Deutzia × magnifica	3	3	–		*Salix purpurea*	–	–	–	•
Elaeagnus angustifolia	3	5	•		*Salix viminalis*	–	–	–	•
Elaeagnus commutata	3	5	•		*Sambucus nigra*	4	2	–	
Elaeagnus multiflora	3	5	•		*Sorbus aria*	4	5	–	
Erica carnea	3	3	–		*Sorbus aucuparia*	2	2	–	
Erica tetralix	3	4	–		*Syringa vulgaris*	–	4	–	
Euodia hupehensis	1	–	–		*Tilia cordata*	2	5	•	
Euonymus europaeus	4	2	–		*Tilia × euchlora*	2	5	•	
Fagus sylvatica	2	4	•		*Tilia platyphyllos*	2	5	•	
Fraxinus excelsior	–	3	•		*Tilia tomentosa*	2	5	•	
Fraxinus ornus	–	3	•		*Tilia × vulgaris*	2	5	•	
Hibiscus syriacus	2	5	–		*Ulmus glabra*	–	2	•	
Hippophae rhamnoides	4	3	–		*Ulmus × hollandica*	–	2	•	
Juglans regia	4	4	–		*Ulmus laevis*	–	2	•	
Laburnum anagyroides	3	3	–		*Viburnum lantana*	4	4	–	
Ligustrum obtusifolium var. *regelianum*	3	5	–		*Viburnum opulus*	4	3	–	
Ligustrum vulgare	3	5	–						

An Kinderspielplätzen ungeeignete Pflanzen-Arten

nach Dr. Koch: „Giftige Pflanzen an Kinderspielplätzen", veröffentlicht vom Bundesverband Garten-, Landschafts- und Sportplatzbau e. V. Es werden die Pflanzen berücksichtigt, von denen Teile für den menschlichen Verzehr ungenießbar bzw. giftig sind. Dabei werden nur die hier im Handel befindlichen Gattungen erwähnt.   • = giftig; Vergiftungen kamen vor,   •• = gefährlich;   ••• = größte Vorsicht geboten!

Botanischer Name	Deutscher Name	Gefähr-lichkeit	enthalten im Pflanzenteil	kritischer Pflanzenteil	Bemerkungen
Nadelgehölze					
Juniperus sabina	Gemeiner Sadebaum	••	Trieb, Frucht	Frucht (?)	auch äußerlich Reizwirkung.
Juniperus communis	Gemeiner Wacholder	••	Trieb, Frucht	Frucht	männliche und nicht fruchtbare Formen erlaubt.
Taxus baccata	Eibe	••	Triebe, Samen	Samen	männliche Formen erlaubt.
Thuja-Arten	Lebensbaum	••	Trieb	Trieb (?)	Genuß bei Kindern nicht beobachtet.
Laubgehölze					
Andromeda polifolia	Rosamrinheide	•	Trieb, Frucht	Frucht	selten gepfanzt
Cytisus-Arten	Ginster	• (?)	ganze Pflanze	Samen	
Daphne-Arten	Seidelbast	•••	ganze Pflanze	Frucht	alle Arten gefährlich!
Euonymus (zum Teil)	Pfaffenhütchen	••	ganze Pflanze	Frucht, Samen	alle Arten, außer nicht fruchtende *Euonymus fortunei*-Formen: 'Coloratus', 'Gracilis', 'Kewensis' u. ä.
Genista-Arten	Ginster	• (?)	ganze Pflanze	Samen (?)	
Hedera h. 'Arborescens'	Efeu	••		Frucht	beerentragende Form
Ilex-Arten	Stechpalme, Hülse	••	Frucht	Frucht	weibliche Pflanzen kritisch
Kalmia-Arten	Berglorbeer	•	Trieb	Samen	Genuß sehr unwahrscheinlich
Laburnum-Arten	Goldregen	•••	ganze Pflanze	Samen	
Ligustrum-Arten	Liguster	•••	ganze Pflanze	Frucht	
Lonicera, beerentragende	Heckenkirsche	•••	vor allem:	Frucht	*Lonicera pileata* und *Lonicera nitida* 'Elegant' erlaubt
Lycium-Arten	Bocksdorn	•		Frucht (?)	Wirkung unbekannt
Pieris japonica	Pieris	•	ganze Pflanze	Samen (?)	Genuß sehr unwahrscheinlich
Prunus laurocerasus	Kirschlorbeer	•	Blatt, Rinde	Samen	unverträglich
Rhamnus (zum Teil)	Faulbaum, Kreudorn	••	vor allem:	Frucht	unverträglich, selten gepflanzt
Robinia-Arten	Robinie	••	Rinde u.a.	Samen	
Sambucus racemosa	Trauben-Holunder	••	Trieb	Frucht	selten gepflanzt
Sarothamnus scoparius siehe *Genista/Cytisus*	Besenginster				
Symphoricarpos-Arten	Schneebeere	•		Frucht	unverträglich
Viburnum, beerentragende	Schneeball	••		Frucht	sterile Formen erlaubt, wie *V. opulus* 'Sterile', *Viburnum plicatum* und 'Mariesii' u.ä.
Wisteria sinensis	Glycine	•	ganze Pflanze	Blüte (?)	

Deutsch-Botanisches Namensverzeichnis

Die **halbfett** gesetzten Seitenzahlen bedeuten, daß der Eintrag farbig illustriert ist. Die Seitenzahlen verweisen immer auf den Beginn des Eintrags.

A

Abendländischer Lebensbaum → *Thuja occidentalis* 213
Adlerschwingen-Eibe → *Taxus baccata* 'Dovastoniana' 211
Ahorn, Berg- → *Acer pseudoplatanus* **15**
Ahorn, Dunkelroter Schlitz- → *Acer palmatum* 'Dissectum Garnet' **13**
Ahorn, Eschen- → *Acer negundo* **11**
Ahorn, Fächer- → *Acer palmatum* **12**
Ahorn, Feld- → *Acer campestre* **9**
Ahorn, Felsen- → *Acer monspessulanum* **11**
Ahorn, Feuer- → *Acer ginnala* **10**
Ahorn, Französischer → *Acer monspessulanum* **11**
Ahorn, Geschlitzter Silber- → *Acer saccharinum* 'Laciniatum Wieri' **17**
Ahorn, Goldeschen- → *Acer negundo* 'Aureomarginatum' **11**
Ahorn, Grüner Schlitz- → *Acer palmatum* 'Dissectum' **13**
Ahorn, Italienischer → *Acer opalus* **12**
Ahorn, Japanischer Feuer- → *Acer japonicum* 'Aconitifolium' **10**
Ahorn, Kolchischer Spitz- → *Acer cappadocicum* **10**
Ahorn, Rot- → *Acer rubrum* **16**
Ahorn, Roter Fächer- → *Acer palmatum* 'Atropurpureum' **13**
Ahorn, Roter Schlangenhaut- → *Acer cappillipes* **9**
Ahorn, Roter Schlitz- → *Acer palmatum* 'Ornatum' **13**
Ahorn, Schwarzroter Schlitz- → *Acer palmatum* 'Dissectum Nigrum' **13**
Ahorn, Silber- → *Acer saccharinum* **16**
Ahorn, Silbereschen- → *Acer negundo* 'Variegatum' **12**
Ahorn, Spitz- → *Acer platanoides* **14**
Ahorn, Streifen- → *Acer pensylvanicum* **14**
Ahorn, Zoeschener → *Acer × zoeschense* 'Annae' **17**
Ahornblättrige Platane → *Platanus hispanica* **103**
Ährige Scheinhasel → *Corylopsis spicata* **44**
Alpen-Johannisbeere → *Ribes alpinum* **141**
Amberbaum → *Liquidambar styraciflua* **89**
Amerikanische Eberesche → *Sorbus americana* 153
Amerikanische Heidelbeere → *Vaccinium corymbosum* **169**
Amerikanische Lavendelheide → *Pieris floribunda* **102**
Amerikanische Linde → *Tilia americana* **165**
Amerikanische Zaubernuß → *Hamamelis virginiana* **75**
Amerikanischer Blumen-Hartriegel → *Cornus florida* **42**
Amerikanischer Ilex → *Ilex × meserveae* **84**
Amur-Korkbaum → *Phellodendron amurense* 99
Apfel, Holz- → *Malus sylvestris* **95**
Apfelbeere, Schwarze → *Aronia malanocarpa* **22**
Apfeldorn 'Carrierei' → *Crataegus × lavallei* 'Carrierei' 52
Aralie, Japanische → *Aralia elata* **21**
Araucarie → *Araucaria araucana* **178**
Arve → *Pinus cembra* **203**
Asch-Weide → *Salix cinerea* 147
Atlas-Zeder → *Cedrus atlantica* **179**
Atlas-Zeder, Blaue → *Cedrus atlantica* 'Glauca' **179**
Azalee → Rhododendron-Hybriden **128**

B

Ball-Hortensie 'Annabelle' → *Hydrangea arborescens* 'Annabelle' **77**
Ball-Hortensie 'Grandiflora' → *Hydrangea arborescens* 'Grandiflora' **78**
Balsam-Pappel → *Populus balsamifera* 104
Balsam-Tanne, Zwerg- → *Abies balsamea* 'Nana' **175**
Bambus → *Phyllostachys viridiglaucescens* 101
  → *Sinarundinaria murielae* **151**
  → *Sinarundinaria nitida* **151**
Bambus, Fächer- → *Pseudosasa japonica* 115
Bambus, Knoten- → *Phyllostachys aurea* 101
Bambus, Schwarzer → *Phyllostachys nigra* **101**
Bärentraube, Europäische → *Arctostaphylos uva-ursi* **22**
Bartblume → *Caryopteris × clandonensis* **35**
  → *Caryopteris × clandonensis* 'Heavenly Blue' **35**
  → *Caryopteris × clandonensis* 'Kew Blue' **35**
Baum-Hasel → *Corylus colurna* **45**
Becher-Eibe → *Taxus × media* 'Hicksii' **213**
Berberitze 'Parkjuwel' → *Berberis × media* 'Parkjuwel' **24**
Berberitze, Große Blut- → *Berberis × ottawensis* 'Superba' **24**
Berberitze, Grüne Polster- → *Berberis buxifolia* 'Nana' **22**
Berberitze, Hecken- → *Berberis thunbergii* **25**
Berberitze, Immergrüne → *Berberis × hybrido-gagnepainii* 24
  → *Berberis hookeri* 23 → *Berberis julianae* **24**
Berberitze, Immergrüne Kugel- → *Berberis × frikartii* **23**
Berberitze, Kissen- → *Berberis candidula* **23**
Berberitze, Lanzen- → *Berberis gagnepainii* var. *lanceifolia* 23
Berberitze, Rotblättrige Hecken-
  → *Berberis thunbergii* 'Atropurpurea' **25**
Berberitze, Schmalblättrige → *Berberis × stenophylla* **25**
Berberitze, Warzen- → *Berberis verruculosa* **26**
Berg-Ahorn → *Acer pseudoplatanus* **15**
Berg-Hemlocktanne, Blaue → *Tsuga mertensiana* 'Glauca' 216
Berg-Ulme → *Ulmus glabra* **168**
Berglorbeer, Großer → *Kalmia latifolia* **86**
Berglorbeer, Kleiner → *Kalmia angustifolia* 'Rubra' **85**
Berliner Lorbeer-Pappel → *Populus × berolinensis* 104
Besen-Ginster → Cytisus-Scoparius-Hybriden **55**
Besen-Heide → *Calluna vulgaris* **33**
Bienen-Baum → *Euodia hupehensis* 64
Birke, Blut- → *Betula pendula* 'Purpurea' 29
Birke, Ermans- → *Betula ermanii* **27**
Birke, Gold- → *Betula ermanii* **27**
Birke, Hänge- → *Betula pendula* 'Tristis' 29
Birke, Himalaja- → *Betula utilis* 'Doorenbos' 30
Birke, Japanische Weiß- → *Betula platyphylla* var. *japonica* 29
Birke, Kupfer- → *Betula albosinensis* **26**
Birke, Maximowiczs → *Betula maximowicziana* 27
Birke, Moor- → *Betula pubescens* 30
Birke, Ornäs- → *Betula pendula* 'Crispa' 29
Birke, Papier- → *Betula papyrifera* **28**
Birke, Säulen- → *Betula pendula* 'Fastigiata' 29
Birke, Sand- → *Betula pendula* **28**
Birke, Schwarz- → *Betula nigra* **28**
Birke, Strauch- → *Betula humilis* **27**
Birke, Trauer- → *Betula pendula* 'Youngii' 29
Birke, Weiß- → *Betula pendula* **28**
Birke, Zwerg- → *Betula nana* **27**
Birken-Pappel → *Populus simonii* 106
Birne, Chinesische Wild- → *Pyrus calleryana* 'Chanticleer' **116**
Birne, Holz- → *Pyrus pyraster* **116**
Birne, Weidenblättrige → *Pyrus salicifolia* **116**
Birne, Wild- → *Pyrus pyraster* **116**
Blasenbaum → *Koelreuteria paniculata* **87**
Blasenesche → *Koelreuteria paniculata* **87**
Blasenspiere → *Physocarpus opulifolius* **102**
Blasenstrauch → *Colutea arborescens* **40**
Blau-Fichte → *Picea pungens* 'Glauca' **201**
Blau-Fichte, Kleine → *Picea pungens* 'Glauca Globosa' **204**
Blaue Atlas-Zeder → *Cedrus atlantica* 'Glauca' **179**
Blaue Berg-Hemlocktanne → *Tsuga mertensiana* 'Glauca' 216
Blaue Hänge-Zeder → *Cedrus atlantica* 'Glauca Pendula' **179**
Blaue Igel-Fichte → *Picea glauca* 'Echiniformis' **198**
Blaue Kissen-Fichte → *Picea mariana* 'Nana' **199**
Blaue Kissenzypresse 'Tharandt' → *Chamaecyparis lawsoniana* 'Tharandtensis Caesia' **183**

Deutsch-Botanisches Namensverzeichnis

Blaue Korea-Kiefer → *Pinus koraiensis* 'Glauca' 204
Blaue Kriech-Kiefer → *Pinus pumila* 'Glauca' 207
Blaue Mädchen-Kiefer → *Pinus parviflora* 'Glauca' 206
Blaue Nootkazypresse → *Chamaecyparis nootkatensis* 'Glauca' 183
Blaue Spanische Tanne → *Abies pinsapo* 'Glauca' 177
Blaue Stech-Fichte → *Picea pungens* 'Glauca' 201
Blaue Zirbel-Kiefer → *Pinus cembra* 'Glauca' 203
Blaue Zwerg-Fichte → *Picea abies* 'Pumila Glauca' 197
Blauer Teppich-Wacholder → *Juniperus horizontalis* 'Glauca' 191
Blauglockenbaum → *Paulownia tomentosa* 98
Blauraute → *Perovskia abrotanoides* 99
Blauschote → *Decaisnea fargesii* 57
Blauzeder-Wacholder → *Juniperus squamata* 'Meyeri' 193
Blumen-Esche → *Fraxinus ornus* 70
Blumen-Hartriegel, Amerikanischer → *Cornus florida* 42
Blumen-Hartriegel, Chinesischer → *Cornus kousa* var. *chinesis* 42
Blumen-Hartriegel, Japanischer → *Cornus kousa* 42
Blumen-Hartriegel, Roter → *Cornus florida* f. *rubra* 42
Blut-Berberitze, Große → *Berberis* × *ottawensis* 'Superba' 24
Blut-Birke → *Betula pendula* 'Purpurea' 29
Blut-Buche → *Fagus sylvatica* 'Purpurea' 67
Blut-Buche, Hänge- → *Fagus sylvatica* 'Purpurea Pendula' 67
Blut-Johannisbeere → *Ribes sanguineum* 'Atrorubens' 141
Blut-Pflaume → *Prunus cerasifera* 'Nigra' 108
Blut-Pflaume, Zwerg- → *Prunus* × *cistena* 109
Blüten-Felsenmispel → *Cotoneaster multiflorus* 50
Blüten-Hartriegel → *Cornus nuttallii* 43
Bocksdorn → *Lycium barbarum* 92
Bogen-Flieder → *Syringa reflexa* 162
Borstenrobinie, Großblättrige → *Robinia hispida* 'Macrophylla' 142
Breite Strauchmispel → *Cotoneaster divaricatus* 48
Breiter Säulen-Lebensbaum → *Thuja occidentalis* 'Fastigiata' 214
Brombeere, Echte → *Rubus fruticosus* 144
Bruch-Weide → *Salix fragilis* 147
Buche, Blut- → *Fagus sylvatica* 'Purpurea' 67
Buche, Fiederblättrige → *Fagus sylvatica* 'Laciniata' 67
Buche, Geschlitztblättrige → *Fagus sylvatica* 'Asplenifolia' 67
Buche, Grüne Hänge- → *Fagus sylvatica* 'Pendula' 67
Buche, Hänge-Blut- → *Fagus sylvatica* 'Purpurea Pendula' 67
Buche, Hain- → *Carpinus betulus* 34
Buche, Pyramiden-Hain- → *Carpinus betulus* 'Fastigiata' 34
Buche, Rot- → *Fagus sylvatica* 66
Buche, Säulen- → *Fagus sylvatica* 'Dawyck' 67
Buche, Schein- → *Nothofagus antarctica* 96
Buche, Trauer- → *Fagus sylvatica* 'Pendula' 67
Buche, Weiß- → *Carpinus betulus* 34
Buchsbaum, Einfassungs- → *Buxus sempervirens* 'Suffruticosa' 32
Buchsbaum, Gewöhnlicher → *Buxus sempervirens* var. *arborescens* 32
Buchsblättriger Ilex → *Ilex crenata* 'Convexa' 83
Buddleie → *Buddleja alternifolia* 30 → Buddleja-Davidii-Hybriden 30
Buntlaubige Ölweide → *Elaeagnus pungens* 'Maculata' 61
Busch-Liguster → *Ligustrum obtusifolium* var. *regelianum* 89
Buschklee → *Lespedeza thunbergii* 88

C

Chilenische Schmucktanne → *Araucaria araucana* 178
China-Eberesche → *Sorbus vilmorinii* 156
Chinesische Wildbirne → *Pyrus calleryana* 'Chanticleer' 116
Chinesische Zaubernuß → *Hamamelis mollis* 75
Chinesische Zierquitte → *Chaenomeles speciosa* 38
Chinesischer Blumen-Hartriegel → *Cornus kousa* var. *chinensis* 42
Chinesischer Flieder → *Syringa* × *chinensis* 161
Chinesisches Rotholz → *Metasequoia glyptostroboides* 195
Cornwall-Heide → *Erica vagans* 63

D

Deutzie → *Deutzia* × *kalmiiflora* 58
Deutzie 'Candidissima' → *Deutzia scabra* 'Candidissima' 59
Deutzie, Glöckchen- → *Deutzia* × *rosea* 59
Deutzie, Große → *Deutzia* × *magnifica* 58
Deutzie, Kalmien → *Deutzia* × *kalmiiflora* 58
Deutzie, Kleine → *Deutzia gracilis* 57
Deutzie 'Mont Rose' → *Deutzia* × *hybrida* 'Mont Rose' 58
Deutzie 'Plena' → *Deutzia scabra* 'Plena' 59
Dickmännchen → *Pachysandra terminalis* 97
Dornenlose Gleditschie → *Gleditsia triacanthos* var. *inermis* 72
Dornenloser Lederhülsenbaum → *Gleditsia triacanthos* var. *inermis* 72
Douglasie → *Pseudotsuga menziesii* 210
Dreh-Kiefer → *Pinus contorta* 203
Duft-Schneeball, Großblütiger → *Viburnum* × *carlcephalum* 170
Duft-Schneeball, Koreanischer → *Viburnum carlesii* 171
Duft-Schneeball, Winter- → *Viburnum farreri* 171
Duft-Schneeball, Wintergrüner → *Viburnum* × *burkwoodii* 170
Dunkelroter Schlitz-Ahorn → *Acer palmatum* 'Dissectum Garnet' 13

E

Eberesche → *Sorbus aucuparia* 153
Eberesche, Amerikanische → *Sorbus americana* 153
Eberesche, China- → *Sorbus vilmorinii* 156
Eberesche, Mährische → *Sorbus aucuparia* 'Edulis' 153
Eberesche, Säulen- → *Sorbus aucuparia* 'Fastigiata' 154
Eberesche, Späte → *Sorbus serotina* 155
Eberesche, Thüringische → *Sorbus* × *thuringiaca* 'Fastigiata' 155
Echte Brombeere → *Rubus fruticosus* 144
Echter Gewürzstrauch → *Calycanthus floridus* 33
Echter Kreuzdorn → *Rhamnus carthaticus* 120
Edel-Ginster → Cytisus-Scoparius-Hybriden 55
Edel-Goldregen → *Laburnum* × *watereri* 'Vossii' 88
Edel-Kastanie → *Castanea sativa* 35
Edel-Tanne → *Abies procera* 'Glauca' 178
Efeu, Strauch- → *Hedera helix* 'Arborescens' 75
Eibe, Adlerschwingen- → *Taxus baccata* 'Dovastoniana' 211
Eibe, Becher- → *Taxus* × *media* 'Hicksii' 213
Eibe, Gelbe Säulen- → *Taxus baccata* 'Fastigiata Aurea' 212
Eibe, Gewöhnliche → *Taxus baccata* 211
Eibe, Gold- → *Taxus baccata* 'Aurovariegata' 211
Eibe, Goldgelbe Strauch- → *Taxus baccata* 'Semperaurea' 212
Eibe 'Hicks' → *Taxus* × *media* 'Hicksii' 213
Eibe 'Hillii' → *Taxus* × *media* 'Hillii' 213
Eibe, Japanische Zwerg- → *Taxus cuspidata* 'Nana' 213
Eibe, Kegel- → *Taxus baccata* 'Overeynderi' 212
Eibe, Kissen- → *Taxus baccata* 'Repandens' 212
Eibe, Säulen- → *Taxus baccata* 'Fastigiata' 211
Eibe, Schmale Säulen- → *Taxus baccata* 'Fastigiata Robusta' 212
Eibe 'Strait Hedge' → *Taxus* × *media* 'Strait Hedge' 213
Eibe 'Thayer' → *Taxus* × *media* 'Thayerae' 213
Eibe 'Washington', Strauch- → *Taxus baccata* 'Washingtonii' 213
Eibisch → *Hibiscus syriacus* 75
Eibisch, Rosen- → *Hibiscus syriacus* 75
Eiche, Persische → *Quercus macranthera* 118
Eiche, Pontische → *Quercus pontica* 118
Eiche, Rot- → *Quercus rubra* 119
Eiche, Säulen- → *Quercus robur* 'Fastigiata' 119
Eiche, Scharlach- → *Quercus coccinea* 117
Eiche, Sommer- → *Quercus robur* 119
Eiche, Stiel- → *Quercus robur* 119
Eiche, Sumpf- → *Quercus palustris* 118
Eiche, Trauben- → *Quercus petraea* 118

Eiche, Ungarische → *Quercus frainetto* **117**
Eiche, Wintergrüne → *Quercus × turneri* 'Pseudoturneri' **119**
Eiche, Zerr- → *Quercus cerris* **117**
Einfassungs-Buchsbaum → *Buxus sempervirens* 'Suffruticosa' **32**
Eingriffliger Weißdorn → *Crataegus monogyna* **53**
Eisenholzbaum → *Parrotia persica* **98**
Elfenbein-Ginster → *Cytisus × praecox* **54**
Elsbeere → *Sorbus torminalis* **155**
Engadin-Weide → *Salix hastata* 'Wehrhahnii' **147**
Engelmann-Fichte → *Picea engelmannii* **198**
Englische Felsenmispel → Cotoneaster-Watereri-Hybriden **51**
Erbsenstrauch, Gewöhnlicher → *Caragana arborescens* **34**
Erbsenstrauch, Hängender → *Caragana arborescens* 'Pendula' **34**
Erbsenstrauch 'Lorbergii' → *Caragana arborescens* 'Lorbergii' **34**
Erbsenstrauch, Zwerg- → *Caragana arborescens* 'Pygmaea' **34**
Erle, Grau- → *Alnus incana* **20**
Erle, Grün- → *Alnus viridis* **20**
Erle, Italienische → *Alnus cordata* **19**
Erle, Purpur- → *Alnus × spaethii* **20**
Erle, Rot- → *Alnus glutinosa* **19**
Erle, Schwarz- → *Alnus glutinosa* **19**
Erle, Weiß- → *Alnus incana* **20**
Erle, Zimt- → *Clethra alnifolia* **39**
Ermans-Birke → *Betula ermanii* **27**
Esche → *Fraxinus excelsior* **69**
Esche, Blasen- → *Koelreuteria paniculata* **87**
Esche, Blumen- → *Fraxinus ornus* **70**
Esche, Stink- → *Euodia hupehensis* **64**
Eschen-Ahorn → *Acer negundo* **11**
Espe → *Populus tremula* **106**
Essigbaum → *Rhus typhina* **140**
Essigbaum, Geschlitztblättriger → *Rhus typhina* 'Dissecta' **140**
Etagen-Hartriegel → *Cornus alternifolia* **41**
Etagen-Schneeball → *Viburnum plicatum* 'Mariesii' **172**
Europäische Bärentraube → *Arctostaphylos uva-ursi* **22**
Europäische Lärche → *Larix decidua* **194**

F

Fächer-Ahorn → *Acer palmatum* **12**
Fächer-Ahorn, Roter → *Acer palmatum* 'Atropurpureum' **13**
Fächer-Bambus → *Pseudosasa japonica* **115**
Fächer-Felsenmispel → *Cotoneaster horizontalis* **49**
Fächer-Wacholder → *Microbiota decussata* **195**
Fadenzypresse 'Boulevard' → *Chamaecyparis pisifera* 'Boulevard' **184**
Fadenzypresse, Gelbe → *Chamaecyparis pisifera* 'Filifera Aurea' **185**
Fadenzypresse, Kissenförmige → *Chamaecyparis pisifera* 'Nana' **185**
Färber-Ginster → *Genista tinctoria* **71**
Faulbaum → *Rhamnus frangula* **120**
Federbuschstrauch → *Fothergilla gardenii* **68**
Federbuschstrauch, Großer → *Fothergilla major* **69**
Federzypresse → *Chamaecyparis pisifera* 'Plumosa' **185**
Federzypresse, Gelbe → *Chamaecyparis pisifera* 'Plumosa Aurea' **185**
Feinlaubige Strauch-Spiere → *Spiraea thunbergii* **158**
Feld-Ahorn → *Acer campestre* **9**
Feld-Ulme → *Ulmus minor* **169**
Felsen-Ahorn → *Acer monspessulanum* **11**
Felsen-Kirsche → *Prunus mahaleb* **111**
Felsenbirne, Gewöhnliche → *Amelanchier ovalis* **21**
Felsenbirne, Kahle → *Amelanchier laevis* **20**
Felsenbirne, Kupfer- → *Amelanchier lamarckii* **20**
Felsenmispel, Blüten- → *Cotoneaster multiflorus* **50**
Felsenmispel 'Cornubia' → Cotoneaster-Watereri-Hybride 'Cornubia' **51**
Felsenmispel, Englische → Cotoneaster-Watereri-Hybriden **51**
Felsenmispel, Fächer- → *Cotoneaster horizontalis* **49**
Felsenmispel, Graue → *Cotoneaster dielsianus* **48**
Felsenmispel, Hänge- → Cotoneaster-Watereri-Hybride 'Pendulus' **51**
Felsenmispel, Weidenblättrige
  → *Cotoneaster salicifolius* var. *floccosus* **50**
Feuer-Ahorn → *Acer ginnala* **10**
Feuer-Ahorn, Japanischer → *Acer japonicum* 'Aconitifolium' **10**
Feuerdorn → *Pyracantha coccinea* **115**
Fichte → *Picea abies* **196**
Fichte, Blau- → *Picea pungens* 'Glauca' **201**
Fichte, Blaue Igel- → *Picea glauca* 'Echiniformis' **198**
Fichte, Blaue Kissen- → *Picea mariana* 'Nana' **199**
Fichte, Blaue Stech- → *Picea pungens* 'Glauca' **201**
Fichte, Blaue Zwerg- → *Picea abies* 'Pumila Glauca' **197**
Fichte, Engelmann- → *Picea engelmannii* **198**
Fichte, Gelbe Orientalische → *Picea orientalis* 'Aurea' **200**
Fichte 'Inversa', Hänge- → *Picea abies* 'Inversa' **196**
Fichte, Igel- → *Picea abies* 'Echiniformis' **196**
Fichte 'Maxwell', Kissen- → *Picea abies* 'Maxwellii' **197**
Fichte, Kleine Blau- → *Picea pungens* 'Glauca Globosa' **201**
Fichte, Mähnen- → *Picea breweriana* **198**
Fichte, Nest- → *Picea abies* **197**
Fichte, Omorika- → *Picea omorika* **199**
Fichte, Omorika Zwerg- → *Picea omorika* 'Nana' **199**
Fichte, Orientalische → *Picea orientalis* **200**
Fichte, Purpur- → *Picea purpurea* **202**
Fichte, Rot- → *Picea abies* **196**
Fichte, Schlangen- → *Picea abies* 'Virgata' **198**
Fichte, Silber- → *Picea pungens* 'Hoopsii' **202**
Fichte, Sitka- → *Picea sitchensis* **202**
Fichte, Stech- → *Picea pungens* **200**
Fichte, Zuckerhut- → *Picea glauca* 'Conica' **198**
Fichte 'Procumbens', Zwerg- → *Picea abies* 'Procumbens' **197**
Fichte 'Pygmaea', Zwerg- → *Picea abies* 'Pygmaea' **197**
Fiederblättrige Buche → *Fagus sylvatica* 'Laciniata' **67**
Fiederspiere → *Sorbaria sorbifolia* **152**
Fingerstrauch → *Potentilla fruticosa* **107**
Fingerstrauch, Weißer → *Potentilla fruticosa* var. *mandschurica* **108**
Flachstieliger Spindelstrauch → *Euonymus planipes* **66**
Flatter-Ulme → *Ulmus laevis* **168**
Flieder, Bogen- → *Syringa reflexa* **162**
Flieder, Chinesischer → *Syringa × chinensis* **161**
Flieder, Garten- → Syringa-Vulgaris-Hybriden **162**
Flieder, Herbst- → *Syringa microphylla* 'Superba' **161**
Flieder, Königs- → *Syringa × chinensis* **161**
Flieder, Perlen- → *Syringa × swegiflexa* **162**
Flieder, Sommer- → *Buddleja alternifolia* **30**
  → Buddleja-Davidii-Hybriden **30**
Flieder, Ungarischer → *Syringa josikaea* **161**
Flügel-Ginster → *Genista sagittalis* **71**
Flügel-Spindelstrauch → *Euonymus alatus* **64**
Flügelnuß → *Pterocarya fraxinifolia* **115**
Föhre → *Pinus sylvestris* **208**
Föhre, Leg- → *Pinus mugo* ssp. *mugo* **205**
Föhre, Zwerg- → *Pinus mugo* ssp. *pumilo* **205**
Forsythie → *Forsythia × intermedia* **68**
Franchet´s Strauchmispel → *Cotoneaster franchetii* **49**
Französischer Ahorn → *Acer monspessulanum* **11**
Frühlings-Spiere → *Spiraea thunbergii* **158**
Frühlings-Tamariske → *Tamarix parviflora* **164**
Fuchsschwanz-Kiefer → *Pinus aristata* **203**

G

Garten-Flieder → Syringa-Vulgaris-Hybriden **162**
Garten-Heidelbeere → *Vaccinium corymbosum* **169**
Garten-Hortensie → *Hydrangea macrophylla* **78**
Garten-Jasmin → *Philadelphus coronarius* **99**
Garten-Jasmin, Großblättriger
  → *Philadelphus inodorus* var. *grandiflorus* **99**

Deutsch-Botanisches Namensverzeichnis

Gefülltblühende Kerrie → *Kerria japonica* 'Pleniflora' **86**
Gefülltblühende Roßkastanie
    → *Aesculus hippocastanum* 'Baumannii' **18**
Gefülltblühende Strauch-Spiere → *Spiraea prunifolia* **158**
Geißklee → *Cytisus decumbens* **54**
Gelb-Kiefer → *Pinus ponderosa* **207**
Gelbe Fadenzypresse → *Chamaecyparis pisifera* 'Filifera Aurea' **185**
Gelbe Federzypresse → *Chamaecyparis pisifera* 'Plumosa Aurea' **185**
Gelbe Leyland-Zypresse → × *Cupressocyparis leylandii*
    'Castlewellan Gold' **188**
Gelbe Orientalische Fichte → *Picea orientalis* 'Aurea' **200**
Gelbe Säulen-Eibe → *Taxus baccata* 'Fastigiata Aurea' **212**
Gelber Hartriegel → *Cornus stolonifera* 'Flaviramea' **44**
Gemeine Schneebeere → *Symphoricarpos albus* var. *laevigatus* **160**
Gemeiner Wacholder → *Juniperus communis* **190**
Geschlitztblättrige Buche → *Fagus sylvatica* 'Asplenifolia' **67**
Geschlitztblättriger Essigbaum → *Rhus typhina* 'Dissecta' **140**
Geschlitzter Silber-Ahorn → *Acer saccharinum* 'Laciniatum Wieri' **17**
Geweihbaum → *Gymnocladus dioicus* **72**
Gewöhnliche Eibe → *Taxus baccata* **211**
Gewöhnliche Felsenbirne → *Amelanchier ovalis* **21**
Gewöhnliche Heckenkirsche → *Lonicera xylosteum* **91**
Gewöhnliche Kiefer → *Pinus sylvestris* **208**
Gewöhnliche Roßkastanie → *Aesculus hippocastanum* **18**
Gewöhnlicher Buchsbaum → *Buxus sempervirens* var. *arborescens* **32**
Gewöhnlicher Erbsenstrauch → *Caragana arborescens* **34**
Gewöhnlicher Goldregen → *Laburnum anagyroides* **87**
Gewöhnlicher Judasbaum → *Cercis siliquastrum* **37**
Gewöhnlicher Liguster → *Ligustrum vulgare* **89**
Gewöhnlicher Sanddorn → *Hippophae rhamnoides* **77**
Gewöhnlicher Schneeball → *Viburnum opulus* **171**
Gewürzstrauch, Echter → *Calycanthus floridus* **33**
Ginkgobaum → *Ginkgo biloba* **188**
Ginster, Besen- → *Cytisus*-Scoparius-Hybriden **55**
Ginster, Edel- → *Cytisus*-Scoparius-Hybriden **55**
Ginster, Elfenbein- → *Cytisus* × *praecox* **54**
Ginster, Färber- → *Genista tinctoria* **71**
Ginster, Flügel- → *Genista sagittalis* **71**
Ginster, Kriech- → *Cytisus decumbens* **54**
Ginster, Lydischer → *Genista lydia* **70**
Ginster, Pfeil- → *Genista sagittalis* **71**
Ginster, Purpur- → *Cytisus purpureus* **54**
Ginster, Stein- → *Genista lydia* **70**
Ginster, Strahlen- → *Genista radiata* **71**
Ginster, Zwerg- → *Cytisus* × *beanii* **53**
Ginster, Zwergelfenbein- → *Cytisus* × *kewensis* **54**
Glanzmispel → *Photinia villosa* **100**
Gleditschie → *Gleditsia triacanthos* **71**
Gleditschie, Dornenlose → *Gleditsia triacanthos* var. *inermis* **72**
Glocken-Heide → *Erica tetralix* **63**
Glöckchen-Deutzie → *Deutzia* × *rosea* **59**
Götterbaum → *Ailanthus altissima* **19**
Gold-Birke → *Betula ermanii* **27**
Gold-Eibe → *Taxus baccata* 'Aureovariegata' **211**
Gold-Johannisbeere → *Ribes aureum* **141**
Gold-Lärche → *Pseudolarix amabilis* **209**
Gold-Ulme → *Ulmus minor* 'Wredei' **169**
Goldblatt-Ilex → *Ilex crenata* 'Golden Gem' **83**
Goldblatt-Robinie → *Robinia pseudoacacia* 'Frisia' **143**
Goldeschen-Ahorn → *Acer negundo* 'Aureomarginatum' **11**
Goldgelbe Strauch-Eibe → *Taxus baccata* 'Semperaurea' **212**
Goldregen, Edel- → *Laburnum* × *watereri* 'Vossii' **88**
Goldregen, Gewöhnlicher → *Laburnum anagyroides* **87**
Grannen-Kiefer → *Pinus aristata* **203**
Grau-Erle → *Alnus incana* **20**
Grau-Heide → *Erica cinerea* **62**
Grau-Pappel → *Populus* × *canescens* **105**
Grau-Tanne → *Abies concolor* **175**
Grau-Tanne, Zwerg- → *Abies concolor* 'Compacta' **176**
Grau-Weide → *Salix cinerea* **147**

Graue Felsenmispel → *Cotoneaster dielsianus* **48**
Großblättrige Borstenrobinie → *Robinia hispida* 'Macrophylla' **142**
Großblättriger Garten-Jasmin
    → *Philadelphus inodorus* var. *grandiflorus* **99**
Großblättriger Liguster → *Ligustrum ovalifolium* **89**
Großblättriges Immergrün → *Vinca major* **173**
Großblütiger Duft-Schneeball → *Viburnum* × *carlcephalum* **170**
Große Blut-Berberitze → *Berberis* × *ottawensis* 'Superba' **24**
Große Deutzie → *Deutzia* × *magnifica* **58**
Große Kranzspiere → *Stephanandra tanakae* **159**
Großer Berglorbeer → *Kalmia latifolia* **86**
Großer Federbuschstrauch → *Fothergilla major* **69**
Großfruchtiges Pfaffenhütchen → *Euonymus planipes* **66**
Grün-Erle → *Alnus viridis* **20**
Grüne Hänge-Buche → *Fagus sylvatica* 'Pendula' **67**
Grüne Polster-Berberitze → *Berberis buxifolia* 'Nana' **22**
Grüner Pfitzer Wacholder → *Juniperus* × *chinensis* 'Pfitzeriana' **189**
Grüner Schlitz-Ahorn → *Acer palmatum* 'Dissectum' **13**

H

Hahnendorn → *Crataegus crus-galli* **52**
Hahnenkamm-Sicheltanne → *Cryptomeria japonica* 'Cristata' **186**
Hainbuche → *Carpinus betulus* **34**
Hainbuche, Pyramiden- → *Carpinus betulus* 'Fastigiata' **34**
Hänge-Birke → *Betula pendula* 'Tristis' **29**
Hänge-Blut-Buche → *Fagus sylvatica* 'Purpurea Pendula' **67**
Hänge-Buche, Grüne → *Fagus sylvatica* 'Pendula' **67**
Hänge-Felsenmispel → *Cotoneaster*-Watereri-Hybride 'Pendulus' **51**
Hänge-Fichte 'Inversa' → *Picea abies* 'Inversa' **196**
Hänge-Hemlocktanne → *Tsuga canadensis* 'Pendula' **216**
Hänge-Himalaja-Zeder → *Cedrus deodara* 'Pendula' **180**
Hänge-Kätzchen-Weide → *Salix caprea* 'Pendula' **146**
Hänge-Lärche, Japanische → *Larix kaempferi* 'Pendula' **195**
Hänge-Nootkazypresse → *Chamaecyparis nootkatensis* 'Pendula' **184**
Hänge-Ulme → *Ulmus glabra* 'Horizontalis' **168**
Hänge-Zeder, Blaue → *Cedrus atlantica* 'Glauca Pendula' **179**
Hängender Erbsenstrauch → *Caragana arborescens* 'Pendula' **34**
Hartriegel → *Cornus alba* 'Späthii' **40**
Hartriegel, Amerikanischer Blumen- → *Cornus florida* **42**
Hartriegel, Blumen- → *Cornus kousa* **42**
Hartriegel, Blüten- → *Cornus nuttallii* **43**
Hartriegel, Chinesischer Blumen- → *Cornus kousa* var. *chinensis* **42**
Hartriegel, Etagen- → *Cornus alternifolia* **41**
Hartriegel, Gelber- → *Cornus stolonifera* 'Flaviramea' **44**
Hartriegel, Pagoden- → *Cornus controversa* **41**
Hartriegel, Roter → *Cornus sanguinea* **43**
Hartriegel, Roter Blumen- → *Cornus florida* f. *rubra* **42**
Hartriegel, Sibirischer → *Cornus alba* 'Sibirica' **40**
Hartriegel, Teppich- → *Cornus canadensis* **41**
Hartriegel, Weißer → *Cornus alba* **40**
Hartriegel, Zwerg- → *Cornus stolonifera* 'Kelsey's Dwarf' **44**
Hasel, Ährige Schein- → *Corylopsis spicata* **44**
Hasel, Baum- → *Corylus colurna* **45**
Hasel, Korkenzieher- → *Corylus avellana* 'Contorta' **45**
Hasel, Purpur- → *Corylus maxima* 'Purpurea' **46**
Hasel, Schein- → *Corylopsis pauciflora* **44**
Haselnuß → *Corylus avellana* **45**
Hecken-Berberitze → *Berberis thunbergii* **25**
Hecken-Berberitze, Rotblättrige
    → *Berberis thunbergii* 'Atropurpurea' **25**
Hecken-Liguster → *Ligustrum ovalifolium* **89**
Heckenkirsche, Gewöhnliche → *Lonicera xylosteum* **91**
Heckenkirsche, Immergrüne → *Lonicera nitida* **90** f.
Heckenkirsche, Kalifornische → *Lonicera ledebourii* **90**
Heckenkirsche, Kriechende → *Lonicera acuminata* **90**
Heckenkirsche, Schirm- → *Lonicera maackii* **90**

Deutsch-Botanisches Namensverzeichnis

Heckenkirsche, Tatarische → *Lonicera tatarica* **91**
Heckenkirsche, Wintergrüne → *Lonicera pileata* **91**
Heide-Wacholder 'Meyer' → *Juniperus communis* 'Meyer' **190**
Heide, Besen- → *Calluna vulgaris* **33**
Heide, Cornwall- → *Erica vagans* **63**
Heide, Glocken- → *Erica tetralix* **63**
Heide, Grau- → *Erica cinerea* **62**
Heide, Kahle Rosmarin- → *Andromeda polifolia* **21**
Heide, Lavendel- → *Pieris japonica* **103**
Heide, Moor- → *Erica tetralix* **63**
Heide, Schnee- → *Erica carnea* **62**
Heide, Sommer- → *Calluna vulgaris* **33**
Heide, Trauben- → *Leucothoe walteri* **88**
Heidelbeere, Amerikanische → *Vaccinium corymbosum* **169**
Heidelbeere, Garten- → *Vaccinium corymbosum* **169**
Hemlocktanne, Blaue Berg- → *Tsuga mertensiana* 'Glauca' 216
Hemlocktanne, Hänge- → *Tsuga canadensis* 'Pendula' **216**
Hemlocktanne, Kanadische → *Tsuga canadensis* **216**
Hemlocktanne, Zwerg- → *Tsuga canadensis* 'Nana' **216**
Herbst-Flieder → *Syringa microphylla* 'Superba' **161**
Herbstblühende Zaubernuß → *Hamamelis virginiana* **75**
Hiba-Lebensbaum → *Thujopsis dolabrata* 215
Hibiscus → *Hibiscus syriacus* **75**
Himalaja-Birke → *Betula utilis* 'Doorenbos' **30**
Himalaja-Johanniskraut → *Hypericum patulum* var. *henryi* 81
Himalaja-Zeder → *Cedrus deodara* **180**
Himalaja-Zeder, Hänge- → *Cedrus deodara* 'Pendula' 180
Himbeere → *Rubus idaeus* 144
Himbeere, Zimt- → *Rubus odoratus* **144**
Hohe Scheinquitte → *Choenomeles speciosa* **38**
Holländische Linde → *Tilia × vulgaris* **167**
Holländische Ulme → *Ulmus × hollandica* **168**
Holunder 'Maxima' → *Sambucus canadensis* 'Maxima' **150**
Holunder, Schwarzer → *Sambucus nigra* **150**
Holunder, Trauben- → *Sambucus racemosa* **150**
Holz-Apfel → *Malus sylvestris* **95**
Holz-Birne → *Pyrus pyraster* **116**
Hortensie, Ball- → *Hydrangea arborescens* **77**
Hortensie, Garten- → *Hydrangea macrophylla* **78**
Hortensie, Rispen- → *Hydrangea paniculata* 'Grandiflora' **80**
Hortensie, Samt- → *Hydrangea aspera* ssp. *sargentiana* 78
Hülse → *Ilex aquifolium* **82**

I

Igel-Fichte → *Picea abies* 'Echiniformis' **196**
Igel-Fichte, Blaue → *Picea glauca* 'Echiniformis' **198**
Ilex → *Ilex aquifolium* **82**
Ilex, Amerikanischer → *Ilex × meserveae* **84**
Ilex, Buchsblättriger → *Ilex crenata* 'Convexa' **83**
Ilex, Goldblatt- → *Ilex crenata* 'Golden Gem' **83**
Ilex, Japanischer → *Ilex crenata* 83
Ilex, Pyramiden- → *Ilex aquifolium* 'Pyramidalis' **82**
Ilex, Roter Winterbeeren- → *Ilex verticillata* **84**
Ilex, Rundblättriger → *Ilex crenata* 'Rotundifolia' **83**
Ilex 'Stokes', Zwerg- → *Ilex crenata* 'Stokes' **83**
Immergrün, Großblättriges → *Vinca major* **173**
Immergrün, Kleinblättriges → *Vinca minor* **174**
Immergrüne Berberitze → *Berberis × hybrido-gagnepainii* 24
→ *Berberis hookeri* 23 → *Berberis julianae* **24**
Immergrüne Heckenkirsche → *Lonicera nitida* **90**
Immergrüne Kissenmispel
→ *Cotoneaster microphyllus* var. *cochleatus* 49
Immergrüne Kugel-Berberitze → *Berberis × frikartii* **23**
Immergrüne Lorbeer-Kirsche → *Prunus laurocerasus* 110
Immergrüner Zwerg-Schneeball → *Viburnum davidii* **171**
Irischer Säulen-Wacholder → *Juniperus communis* 'Hibernica' **190**

Italienische Erle → *Alnus cordata* 19
Italienischer Ahorn → *Acer opalus* **12**

J

Japanische Aralie → *Aralia elata* **21**
Japanische Hänge-Lärche → *Larix kaempferi* 'Pendula' 195
Japanische Lärche → *Larix kaempferi* **194**
Japanische Lavendelheide → *Pieris japonica* **102**
Japanische Rot-Kiefer, Kleine → *Pinus densiflora* 'Globosa' 204
Japanische Strauch-Spiere → *Spiraea nipponica* **157**
Japanische Weinbeere → *Rubus phoenicolasius* **145**
Japanische Weiß-Birke → *Betula platyphylla* var. *japonica* 29
Japanische Zaubernuß → *Hamamelis japonica* **74**
Japanische Zierkirsche → *Prunus serrulata* 112
→ *Prunus subhirtella* **113**
→ *Prunus subhirtella* 'Pendula' **113**
Japanische Zierquitte → *Choenomeles japonica* **38**
Japanische Zwerg-Eibe → *Taxus cuspidata* 'Nana' **213**
Japanischer Blumen-Hartriegel → *Cornus kousa* **42**
Japanischer Feuer-Ahorn → *Acer japonicum* 'Aconitifolium' **10**
Japanischer Ilex → *Ilex crenata* 83
Japanischer Schneeball → *Viburnum plicatum* f. *tomentosum* 173
Jasmin, Garten- → *Philadelphus coronarius* **99**
Jasmin, Großblättriger Garten-
→ *Philadelphus inodorus* var. *grandiflorus* **99**
Jasmin, Winter- → *Jasminum nudiflorum* **85**
Johannisbeere, Alpen- → *Ribes alpinum* **141**
Johannisbeere, Blut- → *Ribes sanguineum* 'Atrorubens' **141**
Johannisbeere, Gold- → *Ribes aureum* **141**
Johanniskraut → *Hypericum calycinum* **81**
Johanniskraut, Himalaja- → *Hypericum patulum* var. *henryi* 81
Judasbaum, Gewöhnlicher → *Cercis siliquastrum* 37

K

Kahle Felsenbirne → *Amelanchier laevis* **20**
Kahle Rosmarinheide → *Andromeda polifolia* **21**
Kalifornische Heckenkirsche → *Lonicera ledebourii* **90**
Kalmien-Deutzie → *Deutzia × kalmiiflora* **58**
Kanadische Hemlocktanne → *Tsuga canadensis* **216**
Kanadische Pappel → *Populus-Canadenisis-Hybiden* 105
Kastanie, Edel- → *Castanea sativa* **35**
Kastanie, Gefülltblühende Roß-
→ *Aesculus hippocastanum* 'Baumannii' **18**
Kastanie, Gewöhnliche Roß- → *Aesculus hippocastanum* **18**
Kastanie, Rotblühende Roß- → *Aesculus × carnea* **18**
Kastanie, Strauch-Roß- → *Aesculus parviflora* **18**
Katsurabaum → *Cercidiphyllum japonicum* **37**
Kätzchen-Weide → *Salix caprea* 'Mas' 146
→ *Salix caprea* 'Silberglanz' 147
Kätzchen-Weide, Hänge- → *Salix caprea* 'Pendula' 146
Kegel-Eibe → *Taxus baccata* 'Overeynderi' 212
Kerrie → *Kerria japonica* **86**
Kerrie, Gefülltblühende → *Kerria japonica* 'Pleniflora' **86**
Kiefer, Blaue Korea- → *Pinus koraiensis* 'Glauca' **204**
Kiefer, Blaue Kriech- → *Pinus pumila* 'Glauca' **207**
Kiefer, Blaue Mädchen- → *Pinus parviflora* 'Glauca' **206**
Kiefer, Blaue Zirbel- → *Picea abies* 'Pumila Glauca' **197**
Kiefer, Dreh- → *Pinus contorta* **203**
Kiefer, Fuchsschwanz- → *Pinus aristata* **203**
Kiefer, Gelb- → *Pinus ponderosa* 207
Kiefer, Gewöhnliche → *Pinus sylvestris* **208**

Deutsch-Botanisches Namensverzeichnis

Kiefer, Grannen- → *Pinus aristata* **203**
Kiefer, Kleine Japanische Rot- → *Pinus densiflora* 'Globosa' **204**
Kiefer, Krummholz- → *Pinus mugo* ssp. *mugo* **205**
Kiefer 'Mops', Kugel- → *Pinus mugo* 'Mops' **205**
Kiefer, Mazedonische → *Pinus peuce* **206**
Kiefer, Österreichische Schwarz- → *Pinus nigra* ssp. *nigra* **206**
Kiefer, Säulen- → *Pinus sylvestris* 'Fastigiata' **209**
Kiefer, Schlangenhaut- → *Pinus leucodermis* **204**
Kiefer, Schwerin- → *Pinus* × *schwerinii* **207**
Kiefer 'Gnom', Strauch- → *Pinus mugo* 'Gnom' **204**
Kiefer, Strauch-Wald- → *Pinus sylvestris* 'Watereri' **209**
Kiefer, Tränen- → *Pinus wallichiana* **209**
Kiefer, Weymouth- → *Pinus strobus* **208**
Kiefer, Weymouth-Zwerg- → *Pinus strobus* 'Radiata' **208**
Kiefer, Zirbel- → *Pinus cembra* **203**
Kiefer, Zwerg- → *Pinus mugo* ssp. *pumilo* **205**
Kirsche, Felsen- → *Prunus mahaleb* **111**
Kirsche, Immergrüne Lorbeer- → *Prunus laurocerasus* **110**
Kirsche, Japanische Zier- → *Prunus serrulata* **112**
　　→ *Prunus subhirtella* **113**
Kirsche, Kugel-Steppen- → *Prunus fruticosa* 'Globosa' **109**
Kirsche, Lorbeer- → *Prunus laurocerasus* **110**
Kirsche, Scharlach- → *Prunus sargentii* **111**
Kirsche, Schnee- → *Prunus subhirtella* **113**
Kirsche, Späte Trauben- → *Prunus serotina* **112**
Kirsche, Tokyo- → *Sorbus* × *thuringiaca* 'Fastigiata' **155**
Kirsche, Trauben- → *Prunus padus* **111**
Kirsche, Vogel- → *Prunus avium* **108**
Kirsche, Weiße Strauch- → *Prunus glandulosa* 'Alboplena' **109**
Kirsche, Zier- → *Prunus serrulata* **112**
Kirsch-Pflaume → *Prunus cerasifera* **108**
Kissen-Berberitze → *Berberis candidula* **23**
Kissen-Eibe → *Taxus baccata* 'Repandens' **212**
Kissen-Fichte, Blaue → *Picea mariana* 'Nana' **199**
Kissen-Fichte 'Maxwell' → *Picea abies* 'Maxwellii' **197**
Kissenförmige Fadenzypresse → *Chamaecyparis pisifera* 'Nana' **185**
Kissenmispel, Immergrüne
　　→ *Cotoneaster microphyllus* var. *cochleatus* **49**
Kissenzypresse 'Tharandt', Blaue
　　→ *Chamaecyparis lawsoniana* 'Tharandtensis Caesia' **183**
Kleinblättriges Immergrün → *Vinca minor* **174**
Kleine Blau-Fichte → *Picea pungens* 'Glauca Globosa' **201**
Kleine Deutzie → *Deutzia gracilis* **57**
Kleine Japanische Rot-Kiefer → *Pinus densiflora* 'Globosa' **204**
Kleine Kranzspiere → *Stephanandra incisa* **159**
Kleine Stern-Magnolie → *Magnolia stellata* **94**
Kleiner Berglorbeer → *Kalmia angustifolia* 'Rubra' **85**
Knack-Weide → *Salix fragilis* **147**
Knoten-Bambus → *Phyllostachys aurea* **101**
Kobus-Magnolie → *Magnolia kobus* **92**
Kolchische Pimpernuß → *Staphylea colchica* **158**
Kolchischer Spitz-Ahorn → *Acer cappadocicum* **10**
Kolkwitzie → *Kolkwitzia amabilis* **87**
Kolorado-Tanne → *Abies concolor* **175**
Königs-Flieder → *Syringa* × *chinensis* **161**
Korallenbeere → *Symphoricarpos orbiculatus* **161**
Korb-Weide → *Salix viminalis* **149**
Korea-Kiefer, Blaue → *Pinus koraiensis* 'Glauca' **204**
Korea-Tanne → *Abies koreana* **176**
Koreanischer Duft-Schneeball → *Viburnum carlesii* **171**
Kork-Tanne 'Arizonica' → *Abies lasiocarpa* var. *arizonica* **177**
Kork-Tanne, Zwerg- → *Abies lasiocarpa* 'Compacta' **177**
Korkbaum, Amur- → *Phellodendron amurense* **99**
Korkenzieher-Hasel → *Corylus avellana* 'Contorta' **45**
Korkenzieher-Robinie → *Robinia pseudoacacia* 'Tortuosa' **143**
Korkenzieher-Weide → *Salix matsudana* 'Tortuosa' **148**
Kornelkirsche → *Cornus mas* **43**
Krähenbeere, Schwarze → *Empetrum nigrum* **61**
Kranzspiere → *Stephanandra incisa* 'Crispa' **159**
Kranzspiere, Goße → *Stephanandra tanakae* **159**

Kranzspiere, Kleine → *Stephanandra incisa* **159**
Kreuzdorn, Echter → *Rhamnus carthaticus* **120**
Kriech-Ginster → *Cytisus decumbens* **54**
Kriech-Kiefer, Blaue → *Pinus pumila* 'Glauca' **207**
Kriech-Wacholder → *Juniperus communis* **190**
Kriech-Weide → *Salix repens* ssp. *argentea* **149**
Kriechende Heckenkirsche → *Lonicera acuminata* **90**
Krim-Linde → *Tilia* × *euchlora* **166**
Krummholz-Kiefer → *Pinus mugo* ssp. *mugo* **205**
Kübler-Weide → *Salix* × *sericans* **149**
Kuchenbaum → *Cercidiphyllum japonicum* **37**
Kugel-Beberitze, Immergrüne → *Berberis* × *frikartii* **23**
Kugel-Kiefer 'Mops' → *Pinus mugo* 'Mops' **205**
Kugel-Robinie → *Robinia pseudoacacia* 'Umbraculifera' **144**
Kugel-Steppen-Kirsche → *Prunus fruticosa* 'Globosa' **109**
Kugel-Trompetenbaum → *Catalpa bignonioides* 'Nana' **36**
Kupfer-Birke → *Betula albosinensis* **26**
Kupfer-Felsenbirne → *Amelanchier lamarckii* **20**

L

Lanzen-Berberitze → *Berberis gagnepainii* var. *lanceifolia* **23**
Lärche, Europäische → *Larix decidua* **194**
Lärche, Gold- → *Pseudolarix amabilis* **209**
Lärche, Japanische → *Larix kaempferi* **194**
Lärche, Japanische Hänge- → *Larix kaempferi* 'Pendula' **195**
Laurustinus → *Viburnum tinus* **173**
Lavendelheide → *Pieris japonica* **103**
Lavendelheide, Amerikanische → *Pieris floribunda* **102**
Lavendelheide, Japanische → *Pieris japonica* **102**
Lebensbaum → *Thuja occidentalis* **214** → *Thuja plicata* **215**
Lebensbaum, Abendländischer → *Thuja occidentalis* **213**
Lebensbaum, Breiter Säulen- → *Thuja occidentalis* 'Fastigiata' **214**
Lebensbaum, Hiba- → *Thujopsis dolabrata* **215**
Lebensbaum, Säulen- → *Thuja occidentalis* 'Columna' **214**
Lebensbaum, Zwerg- → *Thuja occidentalis* 'Recurva Nana' **214**
Lederhülsenbaum → *Gleditsia triacanthos* **71** f.
Lederhülsenbaum, Dornenloser → *Gleditsia triacanthos* var. *inermis* **71**
Leg-Föhre → *Pinus mugo* ssp. *mugo* **205**
Leyland-Zypresse → × *Cupressocyparis leylandii* **187**
Leyland-Zypresse, Gelbe
　　→ × *Cupressocyparis leylandii* 'Castlewellan Gold' **188**
Lichtmeß-Zaubernuß → *Hamamelis mollis* **75**
Liebesperlenstrauch → *Callicarpa bodinieri* var. *giraldii* **32**
Liguster, Busch- → *Ligustrum obtusifolium* var. *regelianum* **89**
Liguster, Gewöhnlicher → *Ligustrum vulgare* **89**
Liguster, Großblättriger → *Ligustrum ovalifolium* **89**
Liguster, Hecken- → *Ligustrum ovalifolium* **89**
Liguster, Sumpfblättriger → *Ligustrum obtusifolium* var. *regelianum* **89**
Linde, Amerikanische → *Tilia americana* **165**
Linde 'Glenleven' → *Tilia* × *flavescens* 'Glenleven' **166**
Linde, Holländische → *Tilia* × *vulgaris* **167**
Linde, Krim- → *Tilia* × *euchlora* **166**
Linde, Silber- → *Tilia tomentosa* **167**
Linde, Sommer- → *Tilia platyphyllos* **166**
Linde, Winter- → *Tilia cordata* **165**
Lorbeer, Großer Berg- → *Kalmia latifolia* **86**
Lorbeer, Kleiner Berg- → *Kalmia angustifolia* 'Rubra' **85**
Lorbeer-Kirsche → *Prunus laurocerasus* **110**
Lorbeer-Kirsche, Immergrüne → *Prunus laurocerasus* **110**
Lorbeer-Pappel, Berliner → *Populus* × *berolinensis* **104**
Lydischer Ginster → *Genista lydia* **70**

M

Mädchen-Kiefer, Blaue → *Pinus parviflora* 'Glauca' **206**
Magnolie, Kleine Stern- → *Magnolia stellata* **94**
Magnolie, Kobus- → *Magnolia kobus* **92**
Magnolie 'Leonard Messel', Stern-
　　→ *Magnolia* × *loebneri* 'Leonard Messel' **92**
Magnolie 'Merril', Stern- → *Magnolia* × *loebneri* 'Merril' **93**
Magnolie, Purpur- → *Magnolia liliiflora* 'Nigra' **92**
Magnolie, Sommer- → *Magnolia sieboldii* **93**
Magnolie, Tulpen- → *Magnolia* × *soulangiana* **93**
Mähnen-Fichte → *Picea breweriana* **198**
Mahonie → *Mahonia aquifolium* **94**
Mahonie, Schmuckblatt- → *Mahonia bealei* **95**
Mährische Eberesche → *Sorbus aucuparia* 'Edulis' **153**
Mammutbaum → *Sequoiadendron giganteum* **210**
Mammutbaum, Urwelt- → *Metasequoia glyptostroboides* **195**
Mandel, Zwerg- → *Prunus tenella* **114**
Mandelbäumchen → *Prunus triloba* **114**
Marone → *Castanea sativa* **35**
Maßholder → *Acer campestre* **9**
Maulbeerbaum, Schwarzer → *Morus nigra* **96**
Maulbeerbaum, Weißer → *Morus alba* **96**
Maximowiczs Birke → *Betula maximowicziana* **27**
Mazedonische Kiefer → *Pinus peuce* **206**
Mehlbeere → *Sorbus aria* **153**
Mehlbeere, Schwedische → *Sorbus intermedia* **154**
Mispel → *Mespilus germanica* **96**
Mispel, Blüten-Felsen- → *Cotoneaster multiflorus* **50**
Mispel, Englische Felsen- → Cotoneaster-Watereri-Hybriden **51**
Mispel, Fächer-Felsen- → *Cotoneaster horizontalis* **49**
Mispel, Glanz- → *Photinia villosa* **100**
Mispel, Graue Felsen- → *Cotoneaster dielsianus* **48**
Mispel, Hänge-Felsen- → Cotoneaster-Watereri-Hybride 'Pendulus' **51**
Mispel, Immergrüne Kissen-
　　→ *Cotoneaster microphyllus* var. *cochleatus* **49**
Mispel, Nanshan-Zwerg- → *Cotoneaster praecox* **50**
Mispel, Niedrige Zwerg- → *Cotoneaster adpressus* **46**
Mispel, Runzlige Strauch- → *Cotoneaster bullatus* **47**
Mispel, Zwerg- → *Cotoneaster dammeri* **47**
　　→ *Cotoneaster dammeri* var. *radicans* 'Major' **47**
Moor-Birke → *Betula pubescens* **30**
Moor-Heide → *Erica tetralix* **63**
Mooszypresse → *Chamaecyparis pisifera* 'Squarrosa' **186**
Muschelzypresse, Zwerg- → *Chamaecyparis obtusa* 'Nana Gracilis' **184**
Myrobolane → *Prunus cerasifera* **108**
Myrte, Torf- → *Pernettya mucronata* **98**

N

Nanshan-Zwergmispel → *Cotoneaster praecox* **50**
Nest-Fichte → *Picea abies* **197**
Niedrige Scheinquitte → *Choenomeles japonica* **38**
Niedrige Zwergmispel → *Cotoneaster adpressus* **46**
Nikko-Tanne → *Abies homolepis* **176**
Nissen's Eibe → *Taxus baccata* **212**
Nootkazypresse, Blaue → *Chamaecyparis nootkatensis* 'Glauca' **183**
Nootkazypresse, Hänge- → *Chamaecyparis nootkatensis* 'Pendula' **184**
Nordmanns-Tanne → *Abies nordmanniana* **177**
Norwegische Spiere → *Spiraea* × *cinerea* 'Grefsheim' **157**

O

Ohr-Weide → *Salix aurita* **146**
Ölweide, Buntlaubige → *Elaeagnus pungens* 'Maculata' **61**
Ölweide, Schmalblättrige → *Elaeagnus angustifolia* **60**
Ölweide, Silber- → *Elaeagnus commutata* **60**
Ölweide, Vielblütige → *Elaeagnus multiflora* **60**
Omorika-Fichte → *Picea omorika* **199**
Omorika-Zwergfichte → *Picea omorika* 'Nana' **199**
Orientalische Fichte → *Picea orientalis* **200**
Orientalische Fichte, Gelbe → *Picea orientalis* 'Aurea' **200**
Ornäs-Birke → *Betula pendula* 'Crispa' **29**
Ostasiatische Pappel → *Populus lasiocarpa* **105**
Österreichische Schwarz-Kiefer → *Pinus nigra* ssp. *nigra* **206**

P

Pagoden-Hartriegel → *Cornus controversa* **41**
Päonie → *Paeonia suffruticosa* **97**
　　→ Paeonia-Suffruticosa-Hybriden **97**
Papier-Birke → *Betula papyrifera* **28**
Pappel, Balsam- → *Populus balsamifera* **104**
Pappel, Berliner Lorbeer- → *Populus* × *berolinensis* **104**
Pappel, Birken- → *Populus simonii* **106**
Pappel, Grau- → *Populus* × *canescens* **105**
Pappel, Kanadische → Populus-Canadensis-Hybriden **105**
Pappel, Ostasiatische- → *Populus lasiocarpa* **105**
Pappel, Pyramiden- → *Populus nigra* 'Italica' **106**
Pappel, Säulen- → *Populus nigra* 'Italica' **106**
Pappel, Schwarz- → *Populus nigra* **106**
Pappel, Silber- → *Populus alba* 'Nivea' **104**
Pappel, Zitter- → *Populus tremula* **106**
Parrotie → *Parrotia persica* **98**
Paulownie → *Paulownia tomentosa* **98**
Perlen-Flieder → *Syringa* × *swegiflexa* **162**
Persische Eiche → *Quercus macranthera* **118**
Perückenstrauch → *Cotinus coggygria* **46**
Perückenstrauch, Roter → *Cotinus coggygria* 'Royal Purple' **46**
Pfaffenhütchen → *Euonymus europaeus* **64**
Pfaffenhütchen, Großfruchtiges → *Euonymus planipes* **66**
Pfeifenstrauch → *Philadelphus* 'Belle Etoile' **99**
Pfeil-Ginster → *Genista sagittalis* **71**
Pfingstrose → *Paeonia suffruticosa* **97**
Pfitzer-Wacholder, Grüner → *Juniperus* × *chinensis* 'Pfitzeriana' **189**
Pflaume, Blut- → *Prunus cerasifera* 'Nigra' **108**
Pflaume, Kirsch- → *Prunus cerasifera* **108**
Pflaume, Zwerg-Blut- → *Prunus* × *cistena* **109**
Pflaumenblättriger Weißdorn → *Crataegus persimilis* **53**
Pimpernuß, Kolchische → *Staphylea colchica* **158**
Platane, Ahornblättrige → *Platanus hispanica* **103**
Polster-Beberitze, Grüne → *Berberis buxifolia* 'Nana' **22**
Polster-Spiere, Weiße → *Spiraea decumbens* **157**
Pontische Eiche → *Quercus pontica* **118**
Potentille → *Potentilla fruticosa* **107**
Potentille, Weiße → *Potentilla fruticosa* var. *mandschurica* **108**
Pracht-Spiere → *Spiraea* × *vanhouttii* **158**
Prachtglocke → *Enkianthus campanulatus* **61**
Prager Schneeball → *Viburnum plicatum* 'Pragense' **172**
Preiselbeere → *Vaccinium vitis-idaea* **170**
Pulverholz → *Rhamnus frangula* **120**
Purpur-Erle → *Alnus* × *spaethii* **20**
Purpur-Fichte → *Picea purpurea* **202**
Purpur-Ginster → *Cytisus purpureus* **54**
Purpur-Hasel → *Corylus maxima* 'Purpurea' **46**
Purpur-Magnolie → *Magnolia liliiflora* 'Nigra' **92**

Purpur-Spierstrauch → *Spiraea-Bumalda*-Hybride 'Froebelii' 156
Purpur-Weide → *Salix purpurea* **148**
Pyramiden-Hainbuche → *Carpinus betulus* 'Fastigiata' **34**
Pyramiden-Ilex → *Ilex aquifolium* 'Pyramidalis' 82
Pyramiden-Pappel → *Populus nigra* 'Italica' **106**

Q

Quitte, Hohe Schein- → *Choenomeles speciosa* 38
Quitte, Japanische Zier- → *Choenomeles japonica* 38
Quitte, Niedrige Schein- → *Choenomeles japonica* 38
Quitte, Zier- → *Choenomeles × superba* **39**

R

Radspiere → *Exochorda racemosa* **66**
Raketen-Wacholder → *Juniperus virginiana* 'Skyrocket' **194**
Ranunkelstrauch → *Kerria japonica* **86**
Reif-Weide → *Salix daphnoides* 147
Rhododendron → *Rhododendron* **120**
Rhododendron, Wildarten
 → *Rhododendron calostrum* ssp. *keleticum* **133**
Rispen-Hortensie → *Hydrangea paniculata* 'Grandiflora' **80**
Robinie → *Robinia pseudoacacia* **142**
Robinie, Goldblatt- → *Robinia pseudoacacia* 'Frisia' **143**
Robinie, Großblättrige Borsten- → *Robinia hispida* 'Macrophylla' **142**
Robinie, Korkenzieher- → *Robinia pseudoacacia* 'Tortuosa' **148**
Robinie, Kugel- → *Robinia pseudoacacia* 'Umbraculifera' **144**
Robinie, Säulen- → *Robinia pseudoacacia* 'Pyramidalis' 143
Rosa Zwerg-Spiere → *Spiraea japonica* 'Little Princess' **157**
Roseneibisch → *Hibiscus syriacus* **75**
Rosmarin-Seidelbast → *Daphne cneorum* **56**
Rosmarin-Weide → *Salix repens* ssp. *rosmarinifolia* 149
Rosmarinheide, Kahle → *Andromeda polifolia* **21**
Roßkastanie, Gefülltblühende → *Aesculus hippocastanum* 'Baumannii' **18**
Roßkastanie, Gewöhnliche → *Aesculus hippocastanum* **18**
Roßkastanie, Rotblühende → *Aesculus × carnea* **18**
Roßkastanie, Strauch- → *Aesculus parviflora* **18**
Rostbart-Ahorn → *Acer rufinerve* **16**
Rot-Ahorn → *Acer rubrum* **16**
Rot-Buche → *Fagus sylvatica* **66**
Rot-Eiche → *Quercus rubra* **119**
Rot-Erle → *Alnus glutinosa* **19**
Rot-Kiefer, Kleine Japanische → *Pinus densiflora* 'Globosa' 204
Rotblättrige Hecken-Berberitze → *Berberis thunbergii* 'Atropurpurea' **25**
Rotblühende Roßkastanie → *Aesculus × carnea* **18**
Rotdorn → *Crataegus laevigata* 'Paul's Scarlet' **52**
Rote Teppichbeere → *Gaultheria procumbens* **70**
Roter Blumen-Hartriegel → *Cornus florida* f. *rubra* **42**
Roter Fächer-Ahorn → *Acer palmatum* 'Atropurpureum' **13**
Roter Hartriegel → *Cornus sanguinea* **43**
Roter Perückenstrauch → *Cotinus coggygria* 'Royal Purple' **46**
Roter Schlangenhaut-Ahorn → *Acer capillipes* 9
Roter Schlitz-Ahorn → *Acer palmatum* 'Ornatum' **13**
Roter Winterbeeren-Ilex → *Ilex verticillata* **84**
Rotfichte → *Picea abies* **196**
Rotholz, Chinesisches → *Metasequoia glyptostroboides* **195**
Rundblättriger Ilex → *Ilex crenata* 'Rotundifolia' **83**
Runzelblättriger Schneeball → *Viburnum rhytidophyllum* **173**
Runzlige Strauchmispel → *Cotoneaster bullatus* **47**

S

Säckelblume → *Ceanothus × pallidus* **36**
Sadebaum → *Juniperus sabina* 'Mas' **192**
Sal-Weide → *Salix caprea* **146**
Samt-Hortensie → *Hydrangea aspera* ssp. *sargentiana* 78
Sand-Birke → *Betula pendula* **28**
Sanddorn, Gewöhnlicher → *Hippophae rhamnoides* **77**
Säulen-Birke → *Betula pendula* 'Fastigiata' **29**
Säulen-Buche → *Fagus sylvatica* 'Dawyck' **67**
Säulen-Eberesche → *Sorbus aucuparia* 'Fastigiata' **154**
Säulen-Eibe → *Taxus baccata* 'Fastigiata' **211**
Säulen-Eibe, Gelbe → *Taxus baccata* 'Fastigiata Aurea' **212**
Säulen-Eibe, Schmale → *Taxus baccata* 'Fastigiata Robusta' **212**
Säulen-Eiche → *Quercus robur* 'Fastigiata' **119**
Säulen-Kiefer → *Pinus sylvestris* 'Fastigiata' **209**
Säulen-Lebensbaum → *Thuja occidentalis* 'Columna' 214
Säulen-Lebensbaum, Breiter → *Thuja occidentalis* 'Fastigiata' 214
Säulen-Pappel → *Populus nigra* 'Italica' **106**
Säulen-Robinie → *Robinia pseudoacacia* 'Pyramidalis' 143
Säulen-Wacholder, Irischer → *Juniperus communis* 'Hibernica' **190**
Säulen-Wacholder, Schwedischer → *Juniperus communis* 'Suecica' **191**
Scharlach-Eiche → *Quercus coccinea* **117**
Scharlach-Kirsche → *Prunus sargentii* **111**
Scharlachdorn → *Crataegus pedicellata* 53
Schattenglöckchen → *Pieris floribunda* **102**
 → *Pieris japonica* **102**
Schattengrün → *Pachysandra terminalis* **97**
Scheinbeere → *Gaultheria procumbens* **70**
Scheinbuche → *Nothofagus antarctica* **96**
Scheineller → *Clethra alnifolia* **39**
Scheinhasel → *Corylopsis pauciflora* **44**
Scheinhasel, Ährige → *Corylopsis spicata* **44**
Scheinquitte, Hohe → *Choenomeles speciosa* 38
Scheinquitte, Niedrige → *Choenomeles japonica* 38
Scheinspiere → *Holodiscus discolor* var. *ariifolius* 77
Scheinzypresse → *Chamaecyparis lawsoniana* **180**
Scheinzypresse 'Minima Glauca', Zwerg-
 → *Chamaecyparis lawsoniana* 'Minima Glauca' **182**
Schimmel-Weide → *Salix daphnoides* 147
Schirm-Heckenkirsche → *Lonicera maackii* 90
Schirm-Tanne → *Sciadopitys verticillata* **210**
Schlangen-Fichte → *Picea abies* 'Virgata' **198**
Schlangenhaut-Ahorn, Roter → *Acer capillipes* 9
Schlangenhaut-Kiefer → *Pinus leucodermis* **204**
Schlehe → *Prunus spinosa* **113**
Schlitz-Ahorn, Dunkelroter → *Acer palmatum* 'Dissectum Garnet' **13**
Schlitz-Ahorn, Grüner → *Acer palmatum* 'Dissectum' 13
Schlitz-Ahorn, Roter → *Acer palmatum* 'Ornatum' 13
Schlitz-Ahorn, Schwarzroter → *Acer palmatum* 'Dissectum Nigrum' 13
Schmalblättrige Berberitze → *Berberis × stenophylla* **25**
Schmalblättrige Ölweide → *Elaeagnus angustifolia* **60**
Schmale Säulen-Eibe → *Taxus baccata* 'Fastigiata Robusta' 212
Schmuckblatt-Mahonie → *Mahonia bealei* **95**
Schmucktanne, Chilenische → *Araucaria araucana* **178**
Schnee-Heide → *Erica carnea* **62**
Schnee-Kirsche → *Prunus subhirtella* **113**
Schnee-Spierstrauch → *Spiraea × arguta* **156**
Schneeball → *Viburnum opulus* 'Roseum' **172**
Schneeball, Etagen- → *Viburnum plicatum* 'Mariesii' **172**
Schneeball, Gewöhnlicher → *Viburnum opulus* **171**
Schneeball, Großblütiger Duft- → *Viburnum × carlcephalum* 170
Schneeball, Immergrüner Zwerg- → *Viburnum davidii* **171**
Schneeball, Japanischer → *Viburnum plicatum* f. *tomentosum* 173
Schneeball, Koreanischer Duft- → *Viburnum carlesii* **171**
Schneeball, Prager → *Viburnum plicatum* 'Pragense' **172**
Schneeball, Runzelblättriger → *Viburnum rhytidophyllum* **173**
Schneeball, Winter-Duft- → *Viburnum farreri* **171**

Deutsch-Botanisches Namensverzeichnis

Schneeball, Wintergrüner Duft- → *Viburnum × burkwoodii* **170**
Schneeball, Wolliger → *Viburnum lantana* **171**
Schneeball, Zwerg- → *Viburnum tinus* **173**
Schneebeere → *Symphoricarpos × chenaultii* **160**
   → *Symphoricarpos × doorenbosi* **160**
Schneebeere, Gemeine → *Symphoricarpos albus* var. *laevigatus* **160**
Schneeflockenstrauch → *Chionanthus virginicus* **38**
Schneeglöckchen-Baum → *Halesia carolina* **72** → *Halesia monticola* **73**
Schnurbaum → *Sophora japonica* **152**
Schönfrucht → *Callicarpa bodinieri* var. *giraldii* **32**
Schwarz-Birke → *Betula nigra* **28**
Schwarz-Erle → *Alnus glutinosa* **19**
Schwarz-Kiefer, Österreichische → *Pinus nigra* ssp. *nigra* **206**
Schwarz-Pappel → *Populus nigra* **106**
Schwarzdorn → *Prunus spinosa* **113**
Schwarze Apfelbeere → *Aronia melanocarpa* **22**
Schwarze Krähenbeere → *Empetrum nigrum* **61**
Schwarzer Bambus → *Phyllostachys nigra* **101**
Schwarzer Holunder → *Sambucus nigra* **150**
Schwarzer Maulbeerbaum → *Morus nigra* **96**
Schwarzroter Schlitz-Ahorn → *Acer palmatum* 'Dissectum Nigrum' **13**
Schwedische Mehlbeere → *Sorbus intermedia* **154**
Schwedischer Säulen-Wacholder → *Juniperus communis* 'Suecica' **191**
Schweizer-Weide → *Salix helvetica* **148**
Schwerin-Kiefer → *Pinus × schwerinii* **207**
Seidelbast → *Daphne mezereum* **56**
Seidelbast 'Somerset' → *Daphne × burkwoodii* 'Somerset' **56**
Seidelbast, Rosmarin- → *Daphne cneorum* **56**
Sibirischer Hartriegel → *Cornus alba* 'Sibirica' **40**
Sicheltanne → *Cryptomeria japonica* **186**
Sicheltanne, Hahnenkamm- → *Cryptomeria japonica* 'Cristata' **186**
Sicheltanne 'Vilminiana' → *Cryptomeria japonica* 'Vilminiana' **187**
Silber-Ahorn → *Acer saccharinum* **16**
Silber-Ahorn, Geschlitzter → *Acer saccharinum* 'Laciniatum Wieri' **17**
Silber-Fichte → *Picea pungens* 'Hoopsii' **202**
Silber-Linde → *Tilia tomentosa* **167**
Silber-Ölweide → *Elaeagnus commutata* **60**
Silber-Pappel → *Populus alba* 'Nivea' **104**
Silber-Tanne → *Abies procera* 'Glauca' **178**
Silber-Weide → *Salix alba* **145**
Silberbusch → *Perovskia abrotanoides* **99**
Silbereschen-Ahorn → *Acer negundo* 'Variegatum' **12**
Silberzypresse → *Chamaecyparis pisifera* 'Sqarrosa' **186**
Sitka-Fichte → *Picea sitchensis* **202**
Skimmie → *Skimmia japonica* **151**
Sommer-Eiche → *Quercus robur* **119**
Sommer-Heide → *Calluna vulgaris* **33**
Sommer-Linde → *Tilia platyphyllos* **166**
Sommer-Magnolie → *Magnolia sieboldii* **93**
Sommer-Tamariske → *Tamarix ramosissima* **165**
Sommerflieder → *Buddleja alternifolia* **30**
   → *Buddleja-Davidii-Hybriden* **30**
Spanische Tanne, Blaue → *Abies pinsapo* 'Glauca' **177**
Späte Eberesche → *Sorbus serotina* **155**
Späte Trauben-Kirsche → *Prunus serotina* **112**
Speierling → *Sorbus domestica* **154**
Spiere → *Spiraea-Bumalda-Hybiden* **156**
   → *Spiraea × cinerea* 'Grefsheim' **157**
Spiere, Blasen- → *Physocarpus opulifolius* **102**
Spiere, Feinlaubige Strauch- → *Spiraea thunbergii* 158
Spiere, Frühlings- → *Spiraea thunbergii* 158
Spiere, Gefülltblühende Strauch- → *Spiraea prunifolia* 158
Spiere, Große Kranz- → *Stephanandra tanakae* **159**
Spiere, Japanische Strauch- → *Spiraea nipponica* **157**
Spiere, Kleine Kranz- → *Stephanandra incisa* 159
Spiere, Kranz- → *Stephanandra incisa* 'Crispa' **159**
Spiere, Norwegische → *Spiraea × cinerea* 'Grefsheim' **157**
Spiere, Pracht- → *Spiraea × vanhouttii* 158
Spiere, Rad- → *Exochorda racemosa* **66**
Spiere, Rosa Zwerg- → *Spiraea japonica* 'Little Princess' **157**

Spiere, Schein- → *Holodiscus discolor* var. *ariifolius* **77**
Spiere, Weiße Polster- → *Spiraea decumbens* 157
Spierstrauch, Purpur- → *Spiraea-Bumalda-Hybride* 'Froebelii' **156**
Spierstrauch, Schnee- → *Spiraea × arguta* **156**
Spindelstrauch → *Euonymus fortunei* **65**
Spindelstrauch, Flachstieliger → *Euonymus planipes* **66**
Spindelstrauch, Flügel- → *Euonymus alatus* **64**
Spitz-Ahorn → *Acer platanoides* **14**
Spitz-Ahorn, Kolchischer → *Acer cappadocicum* **10**
Spitz-Weide → *Salix acutifolia* 'Pendulifolia' **145**
Spitzblättrige Strauchmispel → *Cotoneaster lucidus* 49
Stech-Fichte → *Picea pungens* **200**
Stech-Fichte, Blaue → *Picea pungens* 'Glauca' **201**
Stechpalme → *Ilex aquifolium* **82**
Stein-Ginster → *Genista lydia* **70**
Stein-Weichsel → *Prunus mahaleb* **111**
Steppen-Kirsche, Kugel- → *Prunus fruticosa* 'Globosa' **109**
Stern-Magnolie, Kleine → *Magnolia stellata* **94**
Stern-Magnolie 'Leonard Messel' → *Magnolia × loebneri*
   'Leonard Messel' **92**
Stern-Magnolie 'Merril' → *Magnolia × loebneri* 'Merril' **93**
Stiel-Eiche → *Quercus robur* **119**
Stink-Esche → *Euodia hupehensis* **64**
Strahlen-Ginster → *Genista radiata* 71
Stranvesie → *Stranvaesia davidiana* **159**
Strauch-Birke → *Betula humilis* **27**
Strauch-Efeu → *Hedera helix* 'Arborescens' **75**
Strauch-Eibe, Goldgelbe → *Taxus baccata* 'Semperaurea' **212**
Strauch-Eibe 'Washington' → *Taxus baccata* 'Washingtonii' 213
Strauch-Kiefer 'Gnom' → *Pinus mugo* 'Gnom' **204**
Strauch-Kirsche, Weiße → *Prunus glandulosa* 'Alboplena' **109**
Strauch-Roßkastanie → *Aesculus parviflora* **18**
Strauch-Spiere, Feinlaubige → *Spiraea thunbergii* 158
Strauch-Spiere, Gefülltblühende → *Spiraea prunifolia* 158
Strauch-Spiere, Japanische → *Spiraea nipponica* **157**
Strauch-Wacholder → *Juniperus × chinensis* **188**
Strauch-Waldkiefer → *Pinus sylvestris* 'Watereri' **209**
Strauchmispel, Breite → *Cotoneaster divaricatus* **48**
Strauchmispel, Franchet's → *Cotoneaster franchetii* **49**
Strauchmispel, Runzlige → *Cotoneaster bullatus* **47**
Strauchmispel, Spitzblättrige → *Cotoneaster lucidus* 49
Streifen-Ahorn → *Acer pensylvanicum* **14**
Sumach → *Rhus typhina* **140**
Sumpf-Eiche → *Quercus palustris* **118**
Sumpf-Zypresse → *Taxodium distichum* **210**
Sumpfblättriger Liguster → *Ligustrum obtusifolium* var. *regelianum* 89

T

Tamariske → *Tamarix pentandra* **164**
Tamariske, Frühlings- → *Tamarix parviflora* **164**
Tamariske, Sommer- → *Tamarix ramosissima* 165
Tamarisken-Wacholder 'Rockery Gem' → *Juniperus sabina*
   'Rockery Gem' 192
Tanne, Blaue Berg-Hemlock- → *Tsuga mertensiana* 'Glauca' 216
Tanne, Blaue Spanische → *Abies pinsapo* 'Glauca' **177**
Tanne, Chilenische Schmuck- → *Araucaria araucana* **178**
Tanne, Edel- → *Abies procera* 'Glauca' **178**
Tanne, Grau- → *Abies concolor* 175
Tanne, Hahnenkamm-Sichel- → *Cryptomeria japonica* 'Cristata' 186
Tanne, Hänge-Hemlock- → *Tsuga canadensis* 'Pendula' **216**
Tanne, Kanadische Hemlock- → *Tsuga canadensis* **216**
Tanne, Kolorado- → *Abies concolor* 175
Tanne, Korea- → *Abies koreana* **176**
Tanne 'Arizonica', Kork- → *Abies lasiocarpa* var. *arizonica* **177**
Tanne, Nordmanns- → *Abies nordmanniana* **177**
Tanne, Schirm- → *Sciadopitys verticillata* **210**

Deutsch-Botanisches Namensverzeichnis

Tanne, Sichel- → *Cryptomeria japonica* **186**
Tanne, Silber- → *Abies procera* 'Glauca' **178**
Tanne 'Veitch's → *Abies veitchii* **178**
Tanne, Weiß- → *Abies alba* 175
Tanne, Zwerg-Balsam- → *Abies balsamea* 'Nana' **175**
Tanne, Zwerg-Grau- → *Abies concolor* 'Compacta' **176**
Tanne, Zwerg-Hemlock- → *Tsuga canadensis* 'Nana' **216**
Tanne, Zwerg-Kork- → *Abies lasiocarpa* 'Compacta' **177**
Tatarische Heckenkirsche → *Lonicera tatarica* **91**
Taubenbaum → *Davidia involucrata* var. *vilmoriniana* **57**
Teppich-Hartriegel → *Cornus canadensis* **41**
Teppich-Wacholder → *Juniperus horizontalis* **191**
Teppich-Wacholder, Blauer → *Juniperus horizontalis* 'Glauca' **191**
Teppichbeere, Rote → *Gaultheria procumbens* **70**
Thüringische Eberesche → *Sorbus* × *thuringiaca* 'Fastigiata' **155**
Tokyo-Kirsche → *Prunus* × *yedoensis* **114**
Torfmyrte → *Pernettya mucronata* **98**
Tränen-Kiefer → *Pinus wallichiana* **209**
Trauben-Eiche → *Quercus petraea* 118
Trauben-Holunder → *Sambucus racemosa* **150**
Trauben-Kirsche → *Prunus padus* **111**
Trauben-Kirsche, Späte → *Prunus serotina* **112**
Traubenheide → *Leucothoe walteri* **88**
Trauer-Birke → *Betula pendula* 'Youngii' **29**
Trauer-Buche → *Fagus sylvatica* 'Pendula' **67**
Trauer-Weide → *Salix alba* 'Tristis' **146**
Trompetenbaum → *Catalpa bignonioides* **36**
Trompetenbaum, Kugel- → *Catalpa bignonioides* 'Nana' **36**
Tulpenbaum → *Liriodendron tulipifera* **90**
Tulpen-Magnolie → *Magnolia* × *soulangiana* **93**

U

Ulme → Ulmus-Hybride 168
Ulme, Berg- → *Ulmus glabra* **168**
Ulme, Feld- → *Ulmus minor* 169
Ulme, Flatter- → *Ulmus laevis* 168
Ulme, Gold- → *Ulmus minor* 'Wredei' **169**
Ulme, Hänge- → *Ulmus glabra* 'Horizontalis' **168**
Ulme, Holländische → *Ulmus* × *hollandica* **168**
Ungarische Eiche → *Quercus frainetto* **117**
Ungarischer Flieder → *Syringa josikaea* **161**
Urweltmammutbaum → *Metasequoia glyptostroboides* **195**

V

Veitsch's Tanne → *Abies veitchii* **178**
Vielblütige Ölweide → *Elaeagnus multiflora* **60**
Vogelbeere → *Sorbus aucuparia* **153**
Vogel-Kirsche → *Prunus avium* **108**

W

Wacholder, Blauer Teppich- → *Juniperus horizontalis* 'Glauca' **191**
Wacholder, Blauzeder- → *Juniperus squamata* 'Meyeri' **193**
Wacholder, Fächer- → *Microbiota decussata* **195**
Wacholder, Gemeiner → *Juniperus communis* 190
Wacholder, Grüner Pfitzer- → *Juniperus* × *chinensis* 'Pfitzeriana' 189
Wacholder 'Meyer', Heide- → *Juniperus communis* 'Meyer' **190**
Wacholder, Irischer Säulen- → *Juniperus communis* 'Hibernica' **190**
Wacholder, Kriech- → *Juniperus communis* 190

Wacholder, Raketen- → *Juniperus virginiana* 'Skyrocket' **194**
Wacholder, Schwedischer Säulen- → *Juniperus communis* 'Suecica' **191**
Wacholder, Strauch- → *Juniperus* × *chinensis* 'Meyeri' **188**
Wacholder 'Rockery Gem', Tamarisken-
 → *Juniperus sabina* 'Rockery Gem' 192
Wacholder, Teppich- → *Juniperus horizontalis* **191**
Wacholder, Zwerg- → *Juniperus squamata* **192**
Wacholder, Zypressen- → *Juniperus chinensis* 'Spartan' **190**
 → *Juniperus virginiana* **193**
Waldkiefer, Strauch- → *Pinus sylvestris* 'Watereri' **209**
Walnußbaum → *Juglans regia* **85**
Warzen-Berberitze → *Berberis verruculosa* **26**
Weichsel, Stein- → *Prunus mahaleb* **111**
Weide, Asch- → *Salix cinerea* 147
Weide, Bruch- → *Salix fragilis* **147**
Weide, Buntlaubige Öl- → *Elaeagnus pungens* 'Maculata' **61**
Weide, Engadin- → *Salix hastata* 'Wehrhahnii' **147**
Weide, Grau- → *Salix cinerea* 147
Weide, Hänge-Kätzchen- → *Salix caprea* 'Pendula' **146**
Weide, Kätzchen- → *Salix caprea* 'Mas' **146**
 → *Salix caprea* 'Silberglanz' **147**
Weide, Knack- → *Salix fragilis* **147**
Weide, Korb- → *Salix viminalis* **149**
Weide, Korkenzieher- → *Salix matsudana* 'Tortuosa' **148**
Weide, Kriech- → *Salix repens* ssp. *argentea* **149**
Weide, Kübler- → *Salix* × *sericans* **149**
Weide, Ohr- → *Salix aurita* **146**
Weide, Purpur- → *Salix purpurea* **148**
Weide, Reif- → *Salix daphnoides* 147
Weide, Rosmarin- → *Salix repens* ssp. *rosmarinifolia* 149
Weide, Sal- → *Salix caprea* **146**
Weide, Schimmel- → *Salix daphnoides* 147
Weide, Schmalblättrige Öl- → *Elaeagnus angustifolia* **60**
Weide, Schweizer- → *Salix helvetica* **148**
Weide, Silber-Öl- → *Elaeagnus commutata* **60**
Weide, Silber- → *Salix alba* 145
Weide, Spitz- → *Salix acutifolia* 'Pendulifolia' 145
Weide, Trauer- → *Salix alba* 'Tristis' **146**
Weide, Vielblütige Öl- → *Elaeagnus multiflora* **60**
Weide, Woll- → *Salix lanata* **148**
Weidenblättrige Birne → *Pyrus salicifolia* **116**
Weidenblättrige Felsenmispel → *Cotoneaster salicifolius*
 var. *floccosus* **50**
Weigelie → *Weigela florida* **174** → Weigela-Hybriden **174**
Weinbeere, Japanische → *Rubus phoenicolasius* **145**
Weiß-Birke → *Betula pendula* **28**
Weiß-Birke, Japanische → *Betula platyphylla* var. *japanica* 29
Weiß-Erle → *Alnus incana* 20
Weiß-Tanne → *Abies alba* 175
Weißbuche → *Carpinus betulus* **34**
Weißdorn, Eingriffliger → *Crataegus monogyna* **53**
Weißdorn, Pflaumenblättriger → *Crataegus persimilis* **53**
Weißdorn, Zweigriffliger → *Crataegus laevigata* **52**
Weiße Polster-Spiere → *Spiraea decumbens* **157**
Weiße Potentille → *Potentilla fruticosa* var. *mandschurica* **108**
Weiße Strauch-Kirsche → *Prunus glandulosa* 'Alboplena' **109**
Weißer Fingerstrauch → *Potentilla fruticosa* var. *mandschurica* **108**
Weißer Hartriegel → *Cornus alba* **40**
Weißer Maulbeerbaum → *Morus alba* **96**
Weymouth-Kiefer → *Pinus strobus* **208**
Weymouth-Zwergkiefer → *Pinus strobus* 'Radiata' **208**
Wildbirne → *Pyrus pyraster* **116**
Wildbirne, Chinesische → *Pyrus calleryana* 'Chanticleer' **116**
Winter-Duft-Schneeball → *Viburnum farreri* **171**
Winter-Jasmin → *Jasminum nudiflorum* **85**
Winter-Linde → *Tilia cordata* **165**
Winterbeeren-Ilex, Roter → *Ilex verticillata* **84**
Wintergrüne Eiche → *Quercus* × *turneri* 'Pseudoturneri' **119**
Wintergrüne Heckenkirsche → *Lonicera pileata* **91**
Wintergrüner Duft-Schneeball → *Viburnum* × *burkwoodii* **170**

Woll-Weide → *Salix lanata* **148**
Wolliger Schneeball → *Viburnum lantana* **171**

Z

Zaubernuß → *Hamamelis × intermedia* **73**
Zaubernuß, Amerikanische → *Hamamelis virginiana* **75**
Zaubernuß, Chinesische → *Hamamelis mollis* **75**
Zaubernuß, Herbstblühende → *Hamamelis virginiana* **75**
Zaubernuß, Japanische → *Hamamelis japonica* **74**
Zaubernuß, Lichtmeß- → *Hamamelis mollis* **75**
Zeder, Atlas- → *Cedrus atlantica* **179**
Zeder, Blaue Atlas- → *Cedrus atlantica* 'Glauca' **179**
Zeder, Blaue Hänge- → *Cedrus atlantica* 'Glauca Pendula' **179**
Zeder, Hänge-Himalaya- → *Cedrus deodara* 'Pendula' 180
Zeder, Himalaya- → *Cedrus deodara* **180**
Zerr-Eiche → *Quercus cerris* 117
Zierkirsche → *Prunus serrulata* **112**
Zierkirsche, Japanische → *Prunus serrulata* 112
 → *Prunus subhirtella* **113**
Zierquitte → *Choenomeles × superba* **39**
Zierquitte, Chinesische → *Choenomeles speciosa* **38**
Zierquitte, Japanische → *Choenomeles japonica* 38
Zimterle → *Clethra alnifolia* **39**
Zimt-Himbeere → *Rubus odoratus* **144**
Zirbel-Kiefer → *Pinus cembra* **203**
Zirbel-Kiefer, Blaue → *Pinus cembra* 'Glauca' **197**
Zitter-Pappel → *Populus tremula* **106**
Zoeschener Ahorn → *Acer × zoeschense* 'Annae' 17
Zuckerhut-Fichte → *Picea glauca* 'Conica' **198**
Zweigriffliger Weißdorn → *Crataegus laevigata* **52**
Zwerg-Balsam-Tanne → *Abies balsamea* 'Nana' **175**
Zwerg-Birke → *Betula nana* **27**
Zwerg-Blut-Pflaume → *Prunus × cistena* 109
Zwerg-Eibe, Japanische → *Taxus cuspidata* 'Nana' **213**
Zwerg-Erbsenstrauch → *Caragana arborescens* 'Pygmaea' **34**
Zwerg-Fichte, Blaue → *Picea abies* 'Pumila Glauca' **197**
Zwerg-Fichte, Omorika- → *Picea omorika* 'Nana' **199**
Zwerg-Fichte 'Procumbens' → *Picea abies* 'Procumbens' 197
Zwerg-Fichte 'Pygmaea' → *Picea abies* 'Pygmaea' 197
Zwerg-Föhre → *Pinus mugo* ssp. *pumilio* **205**
Zwerg-Ginster → *Cytisus × beanii* **53**
Zwerg-Grau-Tanne → *Abies concolor* 'Compacta' **176**

Zwerg-Hartriegel → *Cornus stolonifera* 'Kelsey's Dwarf' 44
Zwerg-Hemlocktanne → *Tsuga canadensis* 'Nana' **216**
Zwerg-Ilex 'Stokes' → *Ilex crenata* 'Stokes' **83**
Zwerg-Kiefer → *Pinus mugo* ssp. *pumilo* **205**
Zwerg-Kiefer, Weymouth- → *Pinus strobus* 'Radiata' **208**
Zwerg-Kork-Tanne → *Abies lasiocarpa* 'Compacta' **177**
Zwerg-Lebensbaum → *Thuja occidentalis* 'Recurva Nana' 214
Zwerg-Mandel → *Prunus tenella* **114**
Zwerg-Muschelzypresse → *Chamaecyparis obtusa* 'Nana Gracilis' **184**
Zwerg-Scheinzypresse → *Chamaecyparis lawsoniana*
 'Minima Glauca' **182**
Zwerg-Schneeball → *Viburnum tinus* **173**
Zwerg-Schneeball, Immergrüner → *Viburnum davidii* **171**
Zwerg-Spiere, Rosa → *Spiraea japonica* 'Little Princess' **157**
Zwerg-Wacholder → *Juniperus squamata* **192**
Zwerg-Zypresse 'Pygmaea' → *Chamaecyparis obtusa* 'Pygmaea' **184**
Zwergelfenbein-Ginster → *Cytisus × kewensis* **54**
Zwergmispel → *Cotoneaster dammeri* **47**
 → *Cotoneaster dammeri* var. *radicans* 'Major' 47
Zwergmispel, Nanshan- → *Cotoneaster praecox* **50**
Zwergmispel, Niedrige → *Cotoneaster adpressus* 46
Zypresse 'Tharandt', Blaue Kissen-
 → *Chamaecyparis lowsoniana* 'Tharandtensis Caesia' **183**
Zypresse, Blaue Nootka- → *Chamaecyparis nootkatensis* 'Glauca' 183
Zypresse 'Boulevard', Faden-
 → *Chamaecyparis pisifera* 'Boulevard' **184**
Zypresse, Feder- → *Chamaecyparis pisifera* 'Plumosa' 185
Zypresse, Gelbe Faden- → *Chamaecyparis pisifera* 'Filifera Aurea' **185**
Zypresse, Gelbe Feder- → *Chamaecyparis pisifera* 'Plumosa Aurea' **185**
Zypresse, Gelbe Leyland-
 → × *Cupressocyparis leylandii* 'Castlewellan Gold' **188**
Zypresse, Hänge-Nootka- → *Chamaecyparis nootkatensis* 'Pendula' 184
Zypresse, Kissenförmige Faden- → *Chamaecyparis pisifera* 'Nana' **185**
Zypresse, Leyland- → *Chamaecyparis leylandii* **187**
Zypresse, Moos- → *Chamaecyparis pisifera* 'Squarrosa' **186**
Zypresse, Schein- → *Chamaecyparis lawsoniana* **180**
Zypresse, Silber- → *Chamaecyparis pisifera* 'Squarrosa' **186**
Zypresse, Sumpf- → *Taxodium distichum* **210**
Zypresse 'Pygmaea', Zwerg- → *Chamaecyparis obtusa* 'Pygmaea' **184**
Zypresse, Zwerg-Muschel-
 → *Chamaecyparis obtusa* 'Nana Gracilis' **184**
Zypresse 'Minima Glauca', Zwerg-Schein-
 → *Chamaecyparis lawsoniana* 'Minima Glauca' **182**
Zypressen-Wacholder → *Juniperus chinensis* 'Spartan' **190**
 → *Juniperus virginiana* **193**

Botanisches Namensverzeichnis

Die **halbfett** gesetzten Seitenzahlen bedeuten, daß der Eintrag farbig illustriert ist. Die Seitenzahlen verweisen immer auf den Beginn des Eintrags. Bei Synonymen wird auf den Haupteintrag verwiesen.

A

Abies alba 175
Abies balsamea 'Nana' **175**
Abies concolor **175**
Abies concolor 'Compacta' **176**
Abies homolepis **176**
Abies koreana **176**
Abies lasiocarpa 'Compacta' **177**
Abies lasiocarpa var. *arizonica* **177**
Abies nordmanniana **177**
Abies pinsapo 'Glauca' **177**
Abies procera 'Glauca' **178**
Abies veitchii **178**
Acer campestre **9**
Acer campestre 'Elsrijk' **9**
Acer capillipes 9
Acer cappadocicum **10**
Acer ginnala **10**
Acer japonicum 'Aconitifolium' **10**
Acer monspessulanum **11**
Acer neglectum 'Annae' → *Acer × zoeschense* 'Annae' 17
Acer negundo **11**
Acer negundo 'Aureomarginatum' **11**
Acer negundo 'Aureovariegatum'
    → *Acer negundo* 'Aureomarginatum' **11**
Acer negundo 'Flamingo' **11**
Acer negundo 'Odessanum' **12**
Acer negundo 'Variegatum' **12**
Acer opalus **12**
Acer palmatum **12**
Acer palmatum 'Atropurpureum' **13**
Acer palmatum 'Dissectum' **13**
Acer palmatum 'Dissectum Atropurpureum'
    → *Acer palmatum* 'Ornatum' **13**
Acer palmatum 'Dissectum Garnet' **13**
Acer palmatum 'Dissectum Nigrum' 13
Acer palmatum 'Ornatum' **13**
Acer palmatum 'Osakazuki' **13**
Acer pensylvanicum **14**
Acer platanoides **14**
Acer platanoides 'Cleveland' 14
Acer platanoides 'Columnare' 15
Acer platanoides 'Crimson King' **15**
Acer platanoides 'Deborah' **15**
Acer platanoides 'Drummondii' **15**
Acer platanoides 'Emerald Queen' 15
Acer platanoides 'Faassen's Black' **15**
Acer platanoides 'Globosum' **15**
Acer platanoides 'Olmstedt' 15
Acer platanoides 'Reitenbachii' 15
Acer platanoides 'Royal Red' 15
Acer platanoides 'Schwedleri' 15
Acer platanoides 'Summershade' 15
Acer pseudoplatanus **15**
Acer pseudoplatanus 'Atropurpureum' **15**
Acer pseudoplatanus 'Brillantissimum' **15**
Acer pseudoplatanus 'Erectum' **15**
Acer pseudoplatanus 'Negenia' 16
Acer rubrum **16**
Acer rufinerve **16**

Acer saccharinum **16**
Acer saccharinum 'Laciniatum Wieri' **17**
Acer saccharinum 'Pyramidale' **17**
Acer saccharinum 'Wieri' → *Acer saccharinum* 'Laciniatum Wieri' **17**
Acer × zoeschense 'Annae' 17
Aesculus × carnea **18**
Aesculus hippocastanum **18**
Aesculus hippocastanum 'Baumannii' **18**
Aesculus parviflora **18**
Ailanthus altissima **19**
Alnus cordata **19**
Alnus glutinosa **19**
Alnus incana 20
Alnus japonica → *Alnus × spaethii* **20**
Alnus × spaethii **20**
Alnus subcordata → *Alnus × spaethii* **20**
Alnus viridis 20
Amelanchier canadensis → *Amelanchier lamarckii* **20**
Amelanchier laevis 20
Amelanchier lamarckii **20**
Amelanchier lamarckii 'Ballerina' **20**
Amelanchier ovalis **21**
Andromeda polifolia **21**
Aralia elata **21**
Aralia elata 'Variegata' 21
Araucaria araucana **178**
Arctostaphylos uva-ursi **22**
Aronia melanocarpa **22**
Aronia melanocarpa 'Viking' **22**
Azalea japonica → Rhododendron-Japonicum-Hybriden **128**

B

Berberis buxifolia 'Nana' **22**
Berberis candidula **23**
Berberis candidula → *Berberis × frikartii* **23**
Berberis darwinii → *Berberis × stenophylla* **25**
Berberis empetrifolia → *Berberis × stenophylla* **25**
Berberis × frikartii **23**
Berberis × frikartii 'Amstelveen' **23**
Berberis × frikartii 'Telstar' **23**
Berberis × frikartii 'Verrucandi' 23
Berberis gagnepainii → *Berberis × hybrido-gagnepainii* 24
Berberis gagnepainii var. *lanceifolia* 23
Berberis hookeri 23
Berberis × hybrido-gagnepainii **24**
Berberis × hybrido-gagnepainii → *Berberis × media* 'Parkjuwel' **24**
Berberis julianae **24**
Berberis × media 'Parkjuwel' **24**
Berberis × ottawensis 'Superba' **24**
Berberis × stenophylla **25**
Berberis thunbergii **25**
    → *Berberis × media* 'Parkjuwel' **24**
    → *Berberis × ottawensis* 'Superba' **24**
Berberis thunbergii 'Atropurpurea' **25**
Berberis thunbergii 'Atropurpurea Nana' 25
Berberis thunbergii 'Aurea' **25**
Berberis thunbergii 'Bagatelle' **25**
Berberis thunbergii 'Green Carpet' 25
Berberis thunbergii 'Green Ornament' 25
Berberis thunbergii 'Kobold' 25
Berberis thunbergii 'Red Chief' 25
Berberis verruculosa **26**
    → *Berberis × frikartii* **58**
    → *Berberis × hybrido-gagnepainii* 24
Berberis vulgaris → *Berberis × ottawensis* 'Superba' **24**

Betula albosinensis **26**
Betula ermanii **27**
Betula humilis **27**
Betula maximowicziana 27
Betula nana **27**
Betula nigra **28**
Betula papyrifera **28**
Betula pendula **28**
Betula pendula 'Crispa' **29**
Betula pendula 'Fastigiata' **29**
Betula pendula 'Purpurea' 29
Betula pendula 'Tristis' **29**
Betula pendula 'Youngii' **29**
Betula pendula dalecarlica hort. → *Betula pendula* 'Crispa' 29
Betula platyphylla var. *japonica* 29
Betula pubescens **30**
Betula utilis 'Doorenbos' **30**
Buddleja alternifolia **30**
Buddleja-Davidii-Hybriden **30**
Buddleja-Davidii-Hybride 'Black Knight' 31
Buddleja-Davidii-Hybride 'Cardinal' 31
Buddleja-Davidii-Hybride 'Empire Blue' **31**
Buddleja-Davidii-Hybride 'Fascination' **31**
Buddleja-Davidii-Hybride 'Nanho Blue' **31**
Buddleja-Davidii-Hybride 'Nanho Purple' **31**
Buddleja-Davidii-Hybride 'Peace' 31
Buddleja-Davidii-Hybride 'Pink Delight' **31**
Buddleja-Davidii-Hybride 'Purple Prince' 31
Buddleja-Davidii-Hybride 'Royal Red' **31**
Buxus sempervirens 'Suffruticosa' **32**
Buxus sempervirens var. *arborescens* **32**

C

Callicarpa bodinieri var. *giraldii* **32**
Callicarpa bodinieri var. *giraldii* 'Profusion' **32**
Calluna vulgaris **33**
Calycanthus floridus **33**
Caragana arborescens **34**
Caragana arborescens 'Lorbergii' **34**
Caragana arborescens 'Pendula' **34**
Caragana arborescens 'Pygmaea' 34
Carpinus betulus **34**
Carpinus betulus 'Fastigiata' **34**
Caryopteris × *clandonensis* **35**
Caryopteris × *clandonensis* 'Arthur Simmonds' **35**
Caryopteris × *clandonensis* 'Heavenly Blue' **35**
Caryopteris × *clandonensis* 'Kew Blue' **35**
Castanea sativa **35**
Catalpa bignonioides **36**
Catalpa bignonioides 'Aurea' **36**
Catalpa bignonioides 'Nana' **36**
Ceanothus americanus
  → *Ceanothus* × *delilianus* 'Gloire de Versailles' **36**
Ceanothus coeruleus → *Ceanothus* × *delilianus* 'Gloire de Versailles' 36
Ceanothus × *delilianus* 'Gloire de Versailles' **36**
Ceanothus × *pallidus* 'Marie Simon' **37**
Cedrus atlantica **179**
Cedrus atlantica 'Glauca' **179**
Cedrus atlantica 'Glauca Pendula' **179**
Cedrus deodara **180**
Cedrus deodara 'Pendula' 180
Cercidiphyllum japonicum **37**
Cercis siliquastrum **37**
Chaenomeles japonica → *Choenomeles japonica* 38
Chaenomeles lagenaria → *Choenomeles speciosa* **38**
Chaenomeles speciosa → *Choenomeles speciosa* **38**

Chaenomeles × *superba* → *Choenomeles* × *superba* **39**
Chamaecyparis lawsoniana 'Alumii' **180**
Chamaecyparis lawsoniana 'Columnaris' **180**
Chamaecyparis lawsoniana 'Ellwoodii' **181**
Chamaecyparis lawsoniana 'Fletcheri' **181**
Chamaecyparis lawsoniana 'Golden Wonder' **181**
Chamaecyparis lawsoniana 'Kelleriis Gold' 182
Chamaecyparis lawsoniana 'Lane' **182**
Chamaecyparis lawsoniana 'Minima Glauca' **182**
Chamaecyparis lawsoniana 'Spek' **182**
Chamaecyparis lawsoniana 'Stewartii' **182**
Chamaecyparis lawsoniana 'Tharandtensis Caesia' **183**
Chamaecyparis lawsoniana 'White Spot' **183**
Chamaecyparis nootkatensis 'Glauca' 183
Chamaecyparis nootkatensis 'Pendula' **184**
Chamaecyparis obtusa 'Nana Gracilis' **184**
Chamaecyparis obtusa 'Pygmaea' **184**
Chamaecyparis pisifera 'Boulevard' **184**
Chamaecyparis pisifera 'Filifera Aurea' **185**
Chamaecyparis pisifera 'Nana' **185**
Chamaecyparis pisifera 'Plumosa' 185
Chamaecyparis pisifera 'Plumosa Aurea' **185**
Chamaecyparis pisifera 'Squarrosa' **186**
Chamaecyparis pisifera 'Sungold' **186**
Chionanthus virginicus 38
Choenomeles japonica 38
  → *Choenomeles* × *superba* **39**
Choenomeles lagenaria → *Choenomeles* × *superba* **39**
Choenomeles speciosa **38**
Choenomeles speciosa 'Nivalis' **38**
Choenomeles speciosa 'Simonii' **38**
Choenomeles × *superba* **39**
Choenomeles × *superba* 'Andenken an Carl Ramcke' **39**
Choenomeles × *superba* 'Crimson and Gold' 39
Choenomeles × *superba* 'Elli Mossel' **39**
Choenomeles × *superba* 'Fire Dance' **39**
Choenomeles × *superba* 'Nicoline' **39**
Clethra alnifolia 39
Colutea arborescens **40**
Cornus alba **40**
Cornus alba 'Argenteomarginata' 40
Cornus alba 'Kesselringii' 40
Cornus alba 'Sibirica' **40**
Cornus alba 'Späthii' **40**
Cornus alternifolia **41**
Cornus canadensis **41**
Cornus controversa **41**
Cornus florida **42**
Cornus florida f. *rubra* **42**
Cornus kousa **42**
Cornus kousa var. *chinensis* **42**
Cornus mas **43**
Cornus nuttallii **43**
Cornus sanguinea **43**
Cornus stolonifera 'Flaviramea' **44**
Cornus stolonifera 'Kelsey's Dwarf' 44
Corylopsis pauciflora **44**
Corylopsis spicata **44**
Corylus avellana **45**
Corylus avellana 'Contorta' **45**
Corylus colurna **45**
Corylus maxima 'Purpurea' **46**
Cotinus coggygria **46**
Cotinus coggygria 'Royal Purple' **46**
Cotoneaster adpressus 46
Cotoneaster bullatus **47**
Cotoneaster dammeri 'Coral Beauty' **47**
Cotoneaster dammeri 'Eichholz' 47
Cotoneaster dammeri 'Holstein Resi' 47
Cotoneaster dammeri 'Jürgl' 47

Cotoneaster dammeri 'Major' 47
Cotoneaster dammeri 'Skogholm' **47**
Cotoneaster dammeri 'Streib's Findling' **47**
Cotoneaster dammeri 'Thiensen' 47
Cotoneaster dammeri var. *radicans* → *Cotoneaster dammeri* 47
Cotoneaster dielsianus **48**
Cotoneaster divaricatus **48**
Cotoneaster franchetii **49**
Cotoneaster frigidus → Cotoneaster-Watereri-Hybriden 51
Cotoneaster henryanus → Cotoneaster-Watereri-Hybriden 51
Cotoneaster horizontalis **49**
Cotoneaster lucidus 49
Cotoneaster microphyllus var. *cochleatus* **49**
Cotoneaster multiflorus **50**
Cotoneaster praecox **50**
Cotoneaster salicifolius var. *floccosus* **50**
Cotoneaster-Watereri-Hybriden 51
Cotoneaster-Watereri-Hybride 'Cornubia' **51**
Cotoneaster-Watereri-Hybride 'Pendulus' **51**
Cotoneaster × watereri → Cotoneaster-Watereri-Hybriden 51
Cotoneaster × watereri 'Cornubia'
　　→ Cotoneaster-Watereri-Hybride 'Cornubia' **51**
Cotoneaster × watereri 'Pendulus'
　　→ Cotoneaster-Watereri-Hybride 'Pendulus' **51**
Crataegus coccinea → *Crataegus pedicellata* 53
Crataegus crus-galli 52 → *Crataegus × lavallei* 'Carrierei' 52
Crataegus laevigata **52**
Crataegus laevigata 'Paul's Scarlet' **52**
Crataegus × lavallei 'Carrierei' 52
Crataegus monogyna 53
Crataegus oxyacantha → *Crataegus laevigata* **52**
Crataegus pedicellata 53
Crataegus persimilis **53**
Crataegus × prunifolia → *Crataegus persimilis* 53
Crataegus pubescens → *Crataegus × lavallei* 'Carrierei' 52
Cryptomeria japonica **186**
Cryptomeria japonica 'Cristata' **186**
Cryptomeria japonica 'Elegans' **187**
Cryptomeria japonica 'Vilmoriniana' **187**
× *Cupressocyparis leylandii* **187**
× *Cupressocyparis leylandii* 'Castlewellan Gold' **188**
Cytisus ardonii → *Cytisus × beanii* **53**
Cytisus × beanii **53**
Cytisus decumbens **54**
Cytisus × kewensis **54**
Cytisus multiflorus → *Cytisus × praecox* **54**
Cytisus purpureus **54**
Cytisus × praecox **54**
Cytisus × praecox 'Allgold' **54**
Cytisus × praecox 'Hollandia' **54**
Cytisus purgans → *Cytisus × beanii* 53 → *Cytisus × praecox* **54**
Cytisus-Scoparius-Hybriden 55
Cytisus-Scoparius-Hybride 'Andreanus Splendens' **55**
Cytisus-Scoparius-Hybride 'Burkwoodii' **55**
Cytisus-Scoparius-Hybride 'Golden Sunlight' **55**
Cytisus-Scoparius-Hybride 'Luna' **55**
Cytisus-Scoparius-Hybride 'Roter Favorit' 55

D

Daphne × burkwoodii 'Somerset' **56**
Daphne caucasica → *Daphne × burkwoodii* 'Somerset' **56**
Daphne cneorum **56**
　　→ *Daphne × burkwoodii* 'Somerset' **56**
Daphne mezereum **56**
Daphne mezereum 'Alba' **56**
Daphne mezereum 'Rubra Select' **56**

Davidia involucrata var. *vilmoriniana* **57**
Decaisnea fargesii **57**
Deutzia gracilis **57** → *Deutzia × rosea* **59**
Deutzia × hybrida 'Mont Rose' **58**
Deutzia × kalmiiflora **58**
Deutzia × magnifica **58**
Deutzia parviflora → *Deutzia × kalmiiflora* **58**
Deutzia purpurascens → *Deutzia × kalmiiflora* **58**
　　→ *Deutzia × rosea* **59**
Deutzia scabra → *Deutzia × magnifica* **58**
Deutzia scabra 'Candidissima' **59**
Deutzia scabra 'Plena' **59**
Deutzia vilmoriniae → *Deutzia × magnifica* **58**

E

Elaeagnus angustifolia **60**
Elaeagnus commutata **60**
Elaeagnus multiflora **60**
Elaeagnus pungens 'Maculata' **61**
Empetrum nigrum **61**
Enkianthus campanulatus **61**
Erica carnea **62**
Erica carnea 'Atrorubra' **62**
Erica carnea 'Myretoun Ruby' **62**
Erica carnea 'Snow Queen' **62**
Erica carnea 'Vivelli' **62**
Erica carnea 'Winter Beauty' **62**
Erica cinerea **62**
Erica cinerea 'Alba' **62**
Erica cinerea 'C. D. Eason' **62**
Erica cinerea 'Pallas' **62**
Erica cinerea 'Pink Ice' **62**
Erica tetralix **63**
Erica tetralix 'Hookstone Pink' **63**
Erica vagans **63**
Erica vagans 'Lyonesse' 63
Erica vagans 'Mrs. D. F. Maxwell' **63**
Euodia hupehensis 64
Euonymus alatus **64**
Euonymus europaeus **64**
Euonymus fortunei **65**
Euonymus fortunei 'Coloratus' **65**
Euonymus fortunei 'Dart's Blanket' **65**
Euonymus fortunei 'Emerald Gaiety' **65**
Euonymus fortunei 'Emerald'n Gold' **65**
Euonymus fortunei 'Minimus' **65**
Euonymus fortunei 'Variegatus' **65**
Euonymus fortunei 'Vegetus' **65**
Euonymus fortunei var. *radicans* → *Euonymus fortunei* **65**
Euonymus planipes **66**
Exochorda racemosa **66**

F

Fagus sylvatica **66**
Fagus sylvatica 'Asplenifolia' 67
Fagus sylvatica 'Atropunicea' → *Fagus sylvatica* 'Purpurea' **67**
Fagus sylvatica 'Dawyck' **67**
Fagus sylvatica 'Laciniata' **67**
Fagus sylvatica 'Pendula' **67**
Fagus sylvatica 'Purpurea' **67**
Fagus sylvatica 'Purpurea Pendula' **67**
Fargesia murielae (Gamble) Yi → *Sinarundinaria murielae* **151**

Fargesia nitida → *Sinarundinaria nitida* **151**
Forsythia suspensa → *Forsythia × intermedia* **68**
Forsythia viridissima → *Forsythia × intermedia* **68**
Forsythia × intermedia **68**
Forsythia × intermedia 'Beatrix Farrand' **68**
Forsythia × intermedia 'Lynwood' 68
Forsythia × intermedia 'Spectabilis' 68
Fothergilla gardenii **68**
Fothergilla major **69**
Fraxinus excelsior **69**
Fraxinus excelsior 'Altena' 69
Fraxinus excelsior 'Diversifolia' 69
Fraxinus excelsior 'Westhof's Glorie' 69
Fraxinus ornus **70**

G

Gaultheria procumbens **70**
Genista lydia **70**
Genista radiata 71
Genista sagittalis **71**
Genista tinctoria 71
Genista tinctoria 'Plena' 71
Ginkgo biloba **188**
Gleditsia triacanthos **71**
Gleditsia triacanthos 'Shademaster' **72**
Gleditsia triacanthos 'Skyline' **72**
Gleditsia triacanthos 'Sunburst' **72**
Gleditsia triacanthos var. *inermis* 72
Gymnocladus dioicus 72

H

Halesia carolina **72**
Halesia monticola 73
Hamamelis × intermedia **73**
Hamamelis × intermedia 'Barmstedt's Gold' **73**
Hamamelis × intermedia 'Diane' **73**
Hamamelis × intermedia 'Feuerzauber' **73**
Hamamelis × intermedia 'Jelena' **73**
Hamamelis × intermedia 'Ruby Glow' **73**
Hamamelis × intermedia 'Westerstede' **73**
Hamamelis japonica 74 → *Hamamelis × intermedia* **73**
Hamamelis mollis 75 → *Hamamelis × intermedia* **73**
Hamamelis virginiana **75**
Hedera helix 'Arborescens' 75
Hibiscus syriacus **75**
Hibiscus syriacus 'Ardens' **75**
Hibiscus syriacus 'Blue Bird' **75**
Hibiscus syriacus 'Hamabo' **75**
Hibiscus syriacus 'Monstrosus' **76**
Hibiscus syriacus 'Pink Giant' **76**
Hibiscus syriacus 'Red Heart' **76**
Hibiscus syriacus 'Speciosus' **76**
Hibiscus syriacus 'Totus Albus' **76**
Hibiscus syriacus 'Woodbridge' **77**
Hippophae rhamnoides **77**
Holodiscus discolor var. *ariifolius* 77
Hydrangea arborescens 'Annabelle' **77**
Hydrangea arborescens 'Grandiflora' **78**
Hydrangea aspera ssp. *sargentiana* 78
Hydrangea macrophylla 'Alpenglühen' 78
Hydrangea macrophylla 'Blue Wave' **78**
Hydrangea macrophylla 'Bouquet Rose' **79**
Hydrangea macrophylla 'Lanarth White' 79
Hydrangea macrophylla 'Masja' **79**
Hydrangea macrophylla ssp. *serrata* 'Acuminata' 80
Hydrangea macrophylla ssp. *serrata* 'Blue Bird' **80**
Hydrangea macrophylla ssp. *serrata* 'Rosalba' 80
Hydrangea paniculata 'Grandiflora' **80**
Hydrangea sargentiana → *Hydrangea aspera* ssp. *sargentiana* 78
Hydrangea serrata 'Acuminata'
  → *Hydrangea macrophylla* ssp. *serrata* 'Acuminata' 80
Hydrangea serrata 'Blue Bird'
  → *Hydrangea macrophylla* ssp. *serrata* 'Blue Bird' **80**
Hydrangea serrata 'Rosalba'
  → *Hydrangea macrophylla* ssp. *serrata* 'Rosalba' 80
Hypericum calycinum **81**
Hypericum 'Hidcote' 81
Hypericum × moserianum 81
Hypericum patulum var. *henryi* 81

I

Ilex aquifolium **82**
Ilex aquifolium 'Alaska' 82
Ilex aquifolium 'I. C. van Tol' **82**
Ilex aquifolium 'Pyramidalis' 82
Ilex crenata 83
Ilex crenata 'Convexa' **83**
Ilex crenata 'Golden Gem' **83**
Ilex crenata 'Rotundifolia' 83
Ilex crenata 'Stokes' **83**
Ilex × meserveae 'Blue Angel' 84
Ilex × meserveae 'Blue Prince' 84
Ilex × meserveae 'Blue Princess' **84**
Ilex verticillata **84**

J

Jasminum nudiflorum **85**
Juglans regia **85**
Juniperus chinensis 'Blaauw' **188**
Juniperus chinensis 'Helle' → *Juniperus chinensis* 'Spartan' 190
Juniperus chinensis 'Hetzii' **189**
Juniperus chinensis 'Keteleerii' 189
Juniperus chinensis 'Mint Julep' **189**
Juniperus chinensis 'Old Gold' **189**
Juniperus chinensis 'Pfitzeriana' 189
Juniperus chinensis 'Spartan' 190
Juniperus communis **190**
Juniperus communis 'Hibernica' **190**
Juniperus communis 'Hornibrookii' 190
Juniperus communis 'Meyer' **190**
Juniperus communis 'Repanda' **191**
Juniperus communis 'Suecica' **191**
Juniperus horizontalis **191**
Juniperus horizontalis 'Glauca' **191**
Juniperus × media 'Blaauw' → *Juniperus chinensis* 'Blaauw' **188**
Juniperus × media 'Hetzii' → *Juniperus chinensis* 'Hetzii' **189**
Juniperus × media 'Mint Julep' → *Juniperus chinensis* 'Mint Julep' 189
Juniperus × media 'Old Gold' → *Juniperus chinensis* 'Old Gold' **189**
Juniperus × media 'Pfitzeriana Aurea'
  → *Juniperus chinensis* 'Old Gold' **189**
Juniperus × media 'Pfitzeriana' → *Juniperus chinensis* 'Pfitzeriana' **189**
Juniperus sabina → *Juniperus chinensis* 'Blaauw' **188**
Juniperus sabina 'Mas' 192
Juniperus sabina 'Rockery Gem' 192

Juniperus squamata 'Blue Carpet' **192**
Juniperus squamata 'Blue Star' **192**
Juniperus squamata 'Meyeri' **193**
Juniperus virginiana 'Burkii' **193**
Juniperus virginiana 'Canaertii' **193**
Juniperus virginiana 'Glauca' **193**
Juniperus virginiana 'Grey Owl' **194**
Juniperus virginiana 'Helle' → *Juniperus chinensis* 'Spartan' 190
Juniperus virginiana 'Skyrocket' **194**

K

Kalmia angustifolia 'Rubra' **85**
Kalmia latifolia **86**
Kerria japonica **86**
Kerria japonica 'Pleniflora' **86**
Koelreuteria paniculata **87**
Kolkwitzia amabilis **87**

L

Laburnum anagyroides **87**
Laburnum × *watereri* 'Vossii' **88**
Larix decidua **194**
Larix kaempferi **194**
Larix kaempferi 'Pendula' **195**
Lespedeza thunbergii **88**
Leucothoe walteri **88**
Ligustrum obtusifolium var. *regelianum* 89
Ligustrum ovalifolium **89**
Ligustrum vulgare **89**
Liquidambar styraciflua **89**
Liriodendron tulipifera **90**
Lonicera acuminata 90
Lonicera × *brownii* → *Lonicera xylosteum* **91**
Lonicera caprifolium → *Lonicera xylosteum* **91**
Lonicera × *heckrottii* → *Lonicera xylosteum* **91**
Lonicera henryi → *Lonicera xylosteum* **91**
Lonicera ledebourii 90
Lonicera maackii 90
Lonicera nitida 'Elegant' 90
Lonicera nitida 'Maigrün' **91**
Lonicera periclymeum → *Lonicera xylosteum* **91**
Lonicera pileata **91**
Lonicera tatarica **91**
Lonicera × *tellmanniana* → *Lonicera xylosteum* **91**
Lonicera xylosteum **91**
Lycium barbarum 92

M, N

Magnolia denudata → *Magnolia* × *soulangiana* **93**
Magnolia kobus **92**
Magnolia liliiflora → *Magnolia* × *soulangiana* **93**
Magnolia liliiflora 'Nigra' **92**
Magnolia × *loebneri* 'Leonard Messel' **92**
Magnolia × *loebneri* 'Merril' **93**
Magnolia sieboldii **93**
Magnolia × *soulangiana* **93**
Magnolia stellata **94**
Mahonia aquifolium **94**

Mahonia aquifolium 'Apollo' **94**
Mahonia bealei **95**
Malus domestica → *Malus sylvestris* **95**
Malus floribunda → *Malus sylvestris* **95**
Malus × *sargentii* → *Malus sylvestris* **95**
Malus sylvestris **95**
Mespilus germanica **96**
Metasequoia glyptostroboides **195**
Microbiota decussata **195**
Morus alba **96**
Morus nigra **96**
Nothofagus antarctica **96**

P

Pachysandra terminalis **97**
Pachysandra terminalis 'Green Carpet' **97**
Paeonia suffruticosa **97**
Paeonia-Suffruticosa-Hybride 'Beaute de Twickel' **97**
Paeonia-Suffruticosa-Hybride 'Mme. Stuart Low' **97**
Paeonia-Suffruticosa-Hybride 'Reine Elisabeth' **97**
Parrotia persica **98**
Paulownia tomentosa 98
Pernettya mucronata **98**
Pernettya mucronata 'Alba' **98**
Pernettya mucronata 'Purpurea' **98**
Pernettya mucronata 'Rosea' **98**
Perovskia abrotanoides **99**
Phellodendron amurense 99
Philadelphus coronarius **99**
Philadelphus-Hybride 'Belle Etoile' **99**
Philadelphus-Hybride 'Dame Blanche' **99**
Philadelphus-Hybride 'Schneesturm' **99**
Philadelphus-Hybride 'Virginal' **99**
Philadelphus-Hybriden → *Philadelphus inodorus* var. *grandiflorus* **99**
Philadelphus inodorus var. *grandiflorus* **99**
Photinia villosa **100**
Phyllostachys aurea **101**
Phyllostachys nigra **101**
Phyllostachys viridiglaucescens 101
Physocarpus opulifolius **102**
Picea abies **196**
Picea abies 'Echiniformis' **196**
Picea abies 'Inversa' **196**
Picea abies 'Little Gem' **197**
Picea abies 'Maxwellii' **197**
Picea abies 'Nidiformis' **197**
Picea abies 'Procumbens' 197
Picea abies 'Pumila Glauca' **197**
Picea abies 'Pygmaea' **197**
Picea abies 'Virgata' **198**
Picea breweriana **198**
Picea engelmannii 198
Picea exelsa 'Echiniformis' → *Picea abies* 'Echiniformis' **196**
Picea glauca 'Conica' **198**
Picea glauca 'Echiniformis' **198**
Picea mariana 'Nana' **199**
Picea omorika **199**
Picea omorika 'Nana' **199**
Picea orientalis **200**
Picea orientalis 'Aurea' **200**
Picea orientalis 'Nutans' 200
Picea pungens **200**
Picea pungens 'Endtz' **201**
Picea pungens 'Glauca' **201**
Picea pungens 'Glauca Globosa' **201**
Picea pungens 'Hoopsii' **202**

Picea pungens 'Koster' **202**
Picea purpurea 202
Picea sitchensis **202**
Pieris floribunda **102**
Pieris japonica **102**
Pieris japonica 'Debutante' **103**
Pieris japonica 'Forest Flame' **103**
Pieris japonica 'Red Mill' **103**
Pieris japonica 'Variegata' **103**
Pinus aristata **203**
Pinus austriaca → *Pinus nigra* ssp. *nigra* **206**
Pinus cembra **203**
Pinus cembra 'Glauca' 203
Pinus contorta **203**
Pinus densiflora 'Globosa' 204
Pinus excelsa → *Pinus wallichiana* **209**
Pinus griffithii → *Pinus wallichiana* **209**
Pinus koraiensis 'Glauca' 204
Pinus koraiensis 'Silverray' → *Pinus koraiensis* 'Glauca' 204
Pinus leucodermis **204**
Pinus montana hort. → *Pinus mugo* ssp. *mugo* **205**
Pinus mugo 'Gnom' **204**
Pinus mugo 'Mops' **205**
Pinus mugo ssp. *mugo* **205**
Pinus mugo ssp. *pumilio* **205**
Pinus mugo var. *mughus* → *Pinus mugo* ssp. *mugo* **205**
Pinus mugo var. *pumilio* → *Pinus mugo* ssp. *pumilio* **205**
Pinus nigra ssp. *austriaca* → *Pinus nigra* ssp. *nigra* **206**
Pinus nigra ssp. *nigra* **206**
Pinus nigra var. *austriaca* → *Pinus nigra* ssp. *nigra* **206**
Pinus parviflora 'Glauca' **206**
Pinus peuce **206**
Pinus ponderosa **207**
Pinus pumila 'Glauca' **207**
Pinus × *schwerinii* **207**
Pinus strobus **208** → *Pinus* × *schwerinii* **207**
Pinus strobus nana → *Pinus strobus* 'Radiata' **208**
Pinus strobus 'Radiata' **208**
Pinus strobus 'Umbraculifera' → *Pinus strobus* 'Radiata' **208**
Pinus sylvestris **208**
Pinus sylvestris 'Fastigiata' **209**
Pinus sylvestris 'Nana' → *Pinus sylvestris* 'Watereri' **209**
Pinus sylvestris f. *pumila* → *Pinus sylvestris* 'Watereri' **209**
Pinus sylvestris 'Watereri' **209**
Pinus wallichiana **209** → *Pinus* × *schwerinii* **207**
Platanus × *acerifolia* → *Platanus hispanica* **103**
Platanus hispanica **103**
Platanus × *hybrida* → *Platanus hispanica* **103**
Populus alba → *Populus* × *canescens* **105**
Populus alba 'Nivea' **104**
Populus balsamifera 104
Populus × *berolinensis* 104
Populus-Canadensis-Hybiden 105
Populus × *canescens* **105**
Populus × *canescens* 'Aurea' **105**
Populus deltoides → Populus-Canadensis-Hybiden 105
Populus × *euramericana* → Populus-Canadensis-Hybiden 105
Populus lasiocarpa **105**
Populus laurifolia → *Populus* × *berolinensis* 104
Populus nigra 106 → Populus-Canadensis-Hybiden 105
Populus nigra 'Italica' **106** → *Populus* × *berolinensis* 104
Populus simonii 106
Populus tremula **106** → *Populus* × *canescens* **105**
Potentilla fruticosa **107**
Potentilla fruticosa 'Abbotswood' **107**
Potentilla fruticosa 'Klondike' **107**
Potentilla fruticosa 'Red Ace' **107**
Potentilla fruticosa var. *mandschurica* **108**
Prunus avium **108**
Prunus cerasifera 108 → *Prunus* × *cistena* 109

Prunus cerasifera 'Nigra' **108**
Prunus × *cistena* 109
Prunus fruticosa 'Globosa' **109**
Prunus glandulosa 'Alboplena' **109**
Prunus laurocerasus 110
Prunus laurocerasus 'Barmstedt' 110
Prunus laurocerasus 'Otto Luyken' 110
Prunus laurocerasus 'Schipkaensis Macrophylla' 110
Prunus laurocerasus 'Zabeliana' 110
Prunus mahaleb 111
Prunus padus 111
Prunus pumilia → *Prunus* × *cistena* 109
Prunus sargentii 111
Prunus serotina 112
Prunus serrulata 112
Prunus serrulata 'Amanogawa' **112**
Prunus serrulata 'Kanzan' **112**
Prunus serrulata 'Kiku-shidare-zakura' **112**
Prunus serrulata 'Shimidsu-sakura' **113**
Prunus serrulata 'Shiro-fugen' **113**
Prunus spinosa **113**
Prunus subhirtella **113**
Prunus subhirtella 'Autumnalis' **113**
Prunus subhirtella 'Pendula' **113**
Prunus tenella **114**
Prunus triloba **114**
Prunus × *yedoensis* **114**
Pseudolarix amabilis **209**
Pseudolarix kaempferi → *Pseudolarix amabilis* **209**
Pseudosasa japonica **115**
Pseudotsuga menziesii 210
Pterocarya fraxinifolia **115**
Pyracantha coccinea **115**
Pyracantha coccinea 'Orange Charmer' **115**
Pyracantha coccinea 'Orange Glow' **115**
Pyracantha coccinea 'Red Column' **115**
Pyracantha coccinea 'Soleil d'Or' **115**
Pyrus calleryana 'Chanticleer' **116**
Pyrus communis → *Pyrus pyraster* **116**
Pyrus pyraster **116**
Pyrus salicifolia **116**

Q

Quercus cerris 117
Quercus coccinea **117**
Quercus frainetto **117**
Quercus ilex → *Quercus* × *turneri* 'Pseudoturneri' **119**
Quercus macranthera **118**
Quercus palustris **118**
Quercus petraea 118
Quercus pontica **118**
Quercus robur **119** → *Quercus* × *turneri* 'Pseudoturneri' **119**
Quercus robur 'Fastigiata' **119**
Quercus rubra **119**
Quercus × *turneri* 'Pseudoturneri' **119**

R

Rhamnus carthaticus **120**
Rhamnus frangula 120
Rhododendron 120
Rhododendron 'Lavendula' **136**
Rhododendron calostrum ssp. *keleticum* **133**

Botanisches Namensverzeichnis

Rhododendron carolinianum 'Dora Amateis' 133
Rhododendron carolinianum 'P.J. Mezzit' 134
Rhododendron ferrugineum 120, **134**
Rhododendron-Forrestii-Hybriden **127**
Rhododendron-Forrestii-Hybride 'Bad Eilsen' **127**
Rhododendron-Forrestii-Hybride 'Baden Baden' **127**
Rhododendron-Forrestii-Hybride 'Scarlet Wonder' **127**
Rhododendron hanceanum 'Princess Anne' 120, 134
Rhododendron hirsutum 120, **134**
Rhododendron-Hybride 'Azurro' **124**
Rhododendron-Hybride 'Bernstein' **121**
Rhododendron-Hybride 'Blue Peter' **121**
Rhododendron-Hybride 'Blutopia' **121**
Rhododendron-Hybride 'Brasilia' **124**
Rhododendron-Hybride 'Catawbiense Boursault' **120**
Rhododendron-Hybride 'Catawbiense Grandiflorum' **120**
Rhododendron-Hybride 'Cecile' **137**
Rhododendron-Hybride 'Coccinea Speziosa' **137**
Rhododendron-Hybride 'Costanze' **121**
Rhododendron-Hybride 'Cunningham's White' **120**
Rhododendron-Hybride 'Diadem' **124**
Rhododendron-Hybride 'Dr. H.C. Dresselhuys' 121
Rhododendron-Hybride 'Ehrengold' **124**
Rhododendron-Hybride 'Erato' **124**
Rhododendron-Hybride 'Feuerwerk' **137**
Rhododendron-Hybride 'Fireball' **137**
Rhododendron-Hybride 'Furnival's Daughter' **124**
Rhododendron-Hybride 'Gibraltar' **137**
Rhododendron-Hybride 'Goldbukett' **125**
Rhododendron-Hybride 'Golden Sunset' **138**
Rhododendron-Hybride 'Goldflimmer' **125**
Rhododendron-Hybride 'Goldkrone' **125**
Rhododendron-Hybride 'Goldpracht' **138**
Rhododendron-Hybride 'Goldtopas' **138**
Rhododendron-Hybride 'Gomer Waterer' **122**
Rhododendron-Hybride 'Hachmann's Charmant' **125**
Rhododendron-Hybride 'Hachmann's Feuerschein' **125**
Rhododendron-Hybride 'Homebush' **138**
Rhododendron-Hybride 'Humboldt' **122**
Rhododendron-Hybride 'Irene Koster' **138**
Rhododendron-Hybride 'Jacksonii' **122**
Rhododendron-Hybride 'Juanita' **138**
Rhododendron-Hybride 'Junifeuer' **122**
Rhododendron-Hybride 'Klondyke' **139**
Rhododendron-Hybride 'Kokardia' **125**
Rhododendron-Hybride 'Koster's Brilland Red' **139**
Rhododendron-Hybride 'Lee's Dark Purple' 120
Rhododendron-Hybride 'Lilo Fee' **122**
Rhododendron-Hybride 'Nova Zembla' **122**
Rhododendron-Hybride 'Parkfeuer' **139**
Rhododendron-Hybride 'Persil' **139**
Rhododendron-Hybride 'Raimunde' **139**
Rhododendron-Hybride 'Rosabella' **123**
Rhododendron-Hybride 'Roseum Elegans' **121**
Rhododendron-Hybride 'Sarina' **139**
Rhododendron-Hybride 'Schneegold' **139**
Rhododendron-Hybride 'Schneespiegel' **125**
Rhododendron-Hybride 'Scintillation' **125**
Rhododendron-Japonicum-Hybriden 128
Rhododendron-Japonicum-Hybride 'Allotria' **128**
Rhododendron-Japonicum-Hybride 'Diamant' **128**
Rhododendron-Japonicum-Hybride 'Fridoline' 128
Rhododendron-Japonicum-Hybride 'Geisha Satschiko' **128**
Rhododendron-Japonicum-Hybride 'Georg Arends' **128**
Rhododendron-Japonicum-Hybride 'Kermesina' **128**
Rhododendron-Japonicum-Hybride 'Kermesina Alba' **129**
Rhododendron-Japonicum-Hybride 'Kermesina Rose' **129**
Rhododendron-Japonicum-Hybride 'Königstein' **129**
Rhododendron-Japonicum-Hybride 'Ledikanense' **129**
Rhododendron-Japonicum-Hybride 'Maruschka' **129**
Rhododendron-Japonicum-Hybride 'Rokoko' **129**
Rhododendron-Japonicum-Hybride 'Rosalind' **130**
Rhododendron-Japonicum-Hybride 'Rubinetta' **130**
Rhododendron-Japonicum-Hybride 'Schneeglanz' **130**
Rhododendron impeditum **134**
Rhododendron-Impeditum-Hybride 'Azurika' **135**
Rhododendron-Impeditum-Hybride 'Blue Tit Magor' **135**
Rhododendron-Impeditum-Hybride 'Luisella' **135**
Rhododendron-Impeditum-Hybride 'Moerheim' **135**
Rhododendron-Impeditum-Hybride 'Ramapo' **136**
Rhododendron keleticum → *Rhododendron calostrum* ssp. *keleticum* **133**
Rhododendron minus **136**
Rhododendron × *praecox* **136**
Rhododendron punctatum → *Rhododendron minus* **136**
Rhododendron-Repens-Hybriden
 → Rhododendron-Forrestii-Hybriden **127**
Rhododendron russatum 'Azurwolke' **136**
Rhododendron russatum 'Gletschernacht' **136**
Rhododendron-Williamsianum-Hybride 'August Lamken' **126**
Rhododendron-Williamsianum-Hybride 'Gartenbaudirektor Glocker' **126**
Rhododendron-Williamsianum-Hybride 'Gartenbaudirektor Rieger' **126**
Rhododendron-Williamsianum-Hybride 'Jackwill' 126
Rhododendron-Williamsianum-Hybride 'Stadt Essen' **126**
Rhododendron-Williamsianum-Hybride 'Vater Böhlje' **126**
Rhododendron yakushimanum 'Koichiro Wada' 136
Rhododendron-Yakushimanum-Hybriden **130**
Rhododendron-Yakushimanum-Hybride 'Anuschka' **130**
Rhododendron-Yakushimanum-Hybride 'Astrid' **130**
Rhododendron-Yakushimanum-Hybride 'Edelweiß' **130**
Rhododendron-Yakushimanum-Hybride 'Emanuela' **130**
Rhododendron-Yakushimanum-Hybride 'Fantastica' **130**
Rhododendron-Yakushimanum-Hybride 'Flava' **132**
Rhododendron-Yakushimanum-Hybride 'Kalinka' **132**
Rhododendron-Yakushimanum-Hybride 'Loreley' **132**
Rhododendron-Yakushimanum-Hybride 'Marlies' **132**
Rhododendron-Yakushimanum-Hybride 'Morgenrot' **132**
Rhododendron-Yakushimanum-Hybride 'Nicoletta' **132**
Rhododendron-Yakushimanum-Hybride 'Polaris' **132**
Rhododendron-Yakushimanum-Hybride 'Schneekrone' **132**
Rhododendron-Yakushimanum-Hybride 'Silberwolke' **132**
Rhus typhina **140**
Rhus typhina 'Dissecta' **140**
Ribes alpinum **141**
Ribes alpinum 'Schmidt' **141**
Ribes aureum **141**
Ribes sanguineum 'Atrorubens' **141**
Robinia hispida 'Macrophylla' **142**
Robinia hybrida 'Casque Rouge'
 → *Robinia pseudoacacia* 'Casque Rouge' **143**
Robinia pseudoacacia 142
Robinia pseudoacacia 'Bessoniana' **142**
Robinia pseudoacacia 'Casque Rouge' **143**
Robinia pseudoacacia 'Frisia' **143**
Robinia pseudoacacia 'Pyramidalis' 143
Robinia pseudoacacia 'Semperflorens' 143
Robinia pseudoacacia 'Tortuosa' **143**
Robinia pseudoacacia 'Umbraculifera' **144**
Rubus fruticosus **144**
Rubus idaeus 144
Rubus odoratus **144**
Rubus phoenicolasius **145**

S

Salix acutifolia 'Pendulifolia' 145
Salix alba **145**
Salix alba 'Liempde' **145**
Salix alba 'Tristis' **146**
Salix aurita **146** → *Salix caprea* **146**
Salix caprea **146**
Salix caprea → *Salix* × *sericans* **149**
Salix caprea 'Mas' **146**
Salix caprea 'Pendula' **146**
Salix caprea 'Silberglanz' **147**
Salix cinerea 147 → *Salix caprea* **146**
Salix daphnoides 147
Salix fragilis **147**
Salix hastata 'Wehrhahnii' **147**
Salix helvetica **148**
Salix lanata **148**
Salix matsudana 'Tortuosa' **148**
Salix purpurea **148**
Salix repens ssp. *argentea* **149**
Salix repens ssp. *rosmarinifolia* **149**
Salix rosmarinifolia → *Salix repens* ssp. *rosmarinifolia* 149
Salix sepulcralis 'Tristis' → *Salix alba* 'Tristis' **146**
Salix × *sericans* **149**
Salix × *smithiana* → *Salix* × *sericans* **149**
Salix viminalis **149** → *Salix* × *sericans* **149**
Sambucus canadensis 'Maxima' **150**
Sambucus nigra **150**
Sambucus racemosa **150**
Sciadopitys verticillata **210**
Sequoiadendron giganteum **210**
Sinarundinaria murielae **151**
Sinarundinaria nitida **151**
Skimmia japonica **151**
Skimmia japonica 'Rubella' **151**
Sophora japonica **152**
Sorbaria sorbifolia **152**
Sorbus americana 153
Sorbus aria **153**
Sorbus aucuparia **153**
Sorbus aucuparia 'Edulis' **153**
Sorbus aucuparia 'Fastigiata' **154**
Sorbus domestica **154**
Sorbus intermedia **154**
Sorbus serotina **155**
Sorbus torminalis **155**
Sorbus × *thuringiaca* 'Fastigiata' **155**
Sorbus vilmorinii **156**
Spiraea albiflora → Spiraea-Bumalda-Hybide 'Anthony Waterer' **156**
Spiraea × *arguta* **156**
Spiraea × *bumalda* 'Anthony Waterer'
   → Spiraea-Bumalda-Hybide 'Anthony Waterer' **156**
Spiraea × *bumalda* 'Froebelii'
   → Spiraea-Bumalda-Hybide 'Froebelii' **156**
Spiraea-Bumalda-Hybide 'Anthony Waterer' **156**
Spiraea-Bumalda-Hybide 'Froebelii' **156**
Spiraea × *cinerea* 'Grefsheim' **157**
Spiraea decumbens 157
Spiraea hypericifolia × *Spiraea cana*
   → *Spiraea* × *cinerea* 'Grefsheim' **157**
Spiraea japonica → Spiraea-Bumalda-Hybide 'Anthony Waterer' **156**
Spiraea japonica 'Little Princess' **157**
Spiraea multiflora → *Spiraea* × *arguta* **156**
Spiraea nipponica **157**
Spiraea prunifolia 158
Spiraea thunbergii 158 → *Spiraea* × *arguta* **156**
Spiraea × *vanhouttii* **158**

Staphylea colchica **158**
Stephanandra incisa 159
Stephanandra incisa 'Crispa' **159**
Stephanandra tanakae **159**
Stranvaesia davidiana **159**
Symphoricarpos albus var. *laevigatus* **160**
Symphoricarpos × *chenaultii* 160
Symphoricarpos × *chenaultii* 'Hancock' **160**
Symphoricarpos × *doorenbosi* 'Magic Berry' **160**
Symphoricarpos microphyllus → *Symphoricarpos* × *chenaultii* 160
Symphoricarpos orbiculatus 161
   → *Symphoricarpos* × *chenaultii* 160
Symphoricarpos racemosus hort.
   → *Symphoricarpos albus* var. *laevigatus* **160**
Syringa × *chinensis* **161**
Syringa josikaea **161**
Syringa microphylla 'Superba' **161**
Syringa persica → *Syringa* × *chinensis* **161**
Syringa reflexa **162** → *Syringa* × *swegiflexa* **162**
Syringa × *swegiflexa* **162**
Syringa sweginzowii → *Syringa* × *swegiflexa* **162**
Syringa vulgaris → *Syringa* × *chinensis* **161**
Syringa -Vulgaris-Hybride 'Andenken an Ludwig Späth' **163**
Syringa -Vulgaris-Hybride 'Charles Joly' **163**
Syringa -Vulgaris-Hybride 'Katherine Havemeyer' **163**
Syringa -Vulgaris-Hybride 'Michael Buchner' **163**
Syringa -Vulgaris-Hybride 'Mme. Lemoine' **163**
Syringa -Vulgaris-Hybride 'Mrs. Edward Harding' **163**
Syringa -Vulgaris-Hybride 'Primrose' **163**
Syringa -Vulgaris-Hybriden **162**

T

Tamarix parviflora **164**
Tamarix pentandra **164**
Tamarix ramosissima 165
Tamarix ramosissima 'Rubra' → *Tamarix pentandra* **164**
Taxodium distichum **210**
Taxus baccata 211 → *Taxus* × *media* 'Hicksii' **213**
Taxus baccata 'Aureovariegata' 211
Taxus baccata 'Dovastoniana' **211**
Taxus baccata 'Fastigiata' **211**
Taxus baccata 'Fastigiata Aurea' **212**
Taxus baccata 'Fastigiata Robusta' **212**
Taxus baccata 'Nissen's Corona' **212**
Taxus baccata 'Nissen's Präsident' 212
Taxus baccata 'Overeynderi' **212**
Taxus baccata 'Repandens' **212**
Taxus baccata 'Semperaurea' **212**
Taxus baccata 'Washingtonii' 213
Taxus cuspidata → *Taxus* × *media* 'Hicksii' **213**
Taxus cuspidata 'Nana' 213
Taxus × *media* 'Hicksii' **213**
Taxus × *media* 'Hillii' **213**
Taxus × *media* 'Strait Hedge' 213
Taxus × *media* 'Thayerae' 213
Thuja occidentalis 213
Thuja occidentalis 'Columna' **214**
Thuja occidentalis 'Danica' **214**
Thuja occidentalis 'Fastigiata' **214**
Thuja occidentalis 'Holmstrup' **214**
Thuja occidentalis 'Recurva Nana' 214
Thuja occidentalis 'Rheingold' **214**
Thuja occidentalis 'Smaragd' **215**
Thuja occidentalis 'Sunkist' **215**
Thuja plicata 'Excelsa' 215
Thuja plicata 'Zebrina' **215**

Thujopsis dolabrata 215
Tilia americana **165** → *Tilia* × *flavescens* 'Glenleven' 166
Tilia cordata **165** → *Tilia* × *euchlora* **166**
  → *Tilia* × *flavescens* 'Glenleven' 166 → *Tilia* × *vulgaris* **167**
Tilia cordata 'Erecta' 166
Tilia cordata 'Greenspire' **166**
Tilia dasystyla → *Tilia* × *euchlora* **166**
Tilia × *euchlora* **166**
Tilia × *europea* → *Tilia* × *vulgaris* **167**
Tilia × *flavescens* 'Glenleven' 166
Tilia × *intermedia* → *Tilia* × *vulgaris* **167**
Tilia platyphyllos **166** → *Tilia* × *vulgaris* **167**
Tilia tomentosa **167**
Tilia × *vulgaris* **167**
Tsuga canadensis **216**
Tsuga canadensis 'Jeddeloh' **216**
Tsuga canadensis 'Nana' **216**
Tsuga canadensis 'Pendula' **216**
Tsuga mertensiana 'Glauca' 216

U

Ulmus carpinifolia → *Ulmus* × *hollandica* **168**
  → *Ulmus minor* 169
Ulmus carpinifolia 'Wredei' → *Ulmus minor* 'Wredei' **169**
Ulmus glabra **168** → *Ulmus* × *hollandica* **168**
Ulmus glabra 'Horizontalis' **168**
Ulmus glabra 'Pendula' → *Ulmus glabra* 'Horizontalis' **168**
Ulmus × *hollandica* **168**
Ulmus-Hybride 'Dodoens' 168
Ulmus-Hybride 'Lobel' 168
Ulmus-Hybride 'Plantijn' 168
Ulmus laevis 168
Ulmus minor 169
Ulmus minor 'Wredei' **169**

V

Vaccinium corymbosum **169**
Vaccinium vitis-idaea **170**
Vaccinium vitis-idaea 'Koralle' **170**
Viburnum × *bodnantense* 'Dawn' **170**
Viburnum × *burkwoodii* **170**
Viburnum × *carlcephalum* 170
Viburnum carlesii **171** → *Viburnum* × *burkwoodii* **170**
  → *Viburnum* × *carlcephalum* 170
Viburnum davidii **171**
Viburnum farreri 171 → *Viburnum* × *bodnantense* 'Dawn' 170
Viburnum grandiflorum → *Viburnum* × *bodnantense* 'Dawn' 170
Viburnum lantana **171**
Viburnum macrocephalum → *Viburnum* × *carlcephalum* 170
Viburnum opulus **172**
Viburnum opulus 'Roseum' **172**
Viburnum plicatum 'Mariesii' **172**
Viburnum plicatum 'Pragense' 172
Viburnum plicatum f. *tomentosum* 173
Viburnum rhytidophyllum **173**
Viburnum tinus **173**
Viburnum utile → *Viburnum* × *burkwoodii* **170**
Vinca major **173**
Vinca minor **174**

W

Weigela florida **174**
Weigela-Hybride 'Bouquet Rose' **174**
Weigela-Hybride 'Bristol Ruby' **174**
Weigela-Hybride 'Eva Rathke' **174**
Weigela-Hybride 'Styriaca' **174**

Botanische Erläuterungen

Blüten

Blütenformen

radförmige Blüte — Schmetterlingsblüte — Lippenblüte — Korbblüte (Zungenblüte, Röhrenblüte, Hüllkelch, Spreublätter, Außenkelchblätter)

glockenförmige Blüte — Grasblüte (Narben, Staubspelzen, Vorspelzen, Deckspelzen, Hüllspelzen) — Kreuzblüte (Stempel, Staubblätter, Kronblätter, Kelchblätter)

Blütenstände / zusammengesetzte Blüten

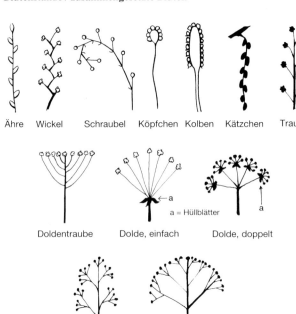

Ähre — Wickel — Schraubel — Köpfchen — Kolben — Kätzchen — Traube

Doldentraube — Dolde, einfach — Dolde, doppelt (a = Hüllblätter)

Rispe — Schirmrispe / Trugdolde

Früchte

Hülse — Balgfrucht — Schote — Kapselfrucht — Steinfrucht — Nuß

Beere — Spaltfrucht — Apfelfrucht — Sammelnußfrucht

Sammelsteinfrucht — Fruchtstand

Blätter

Blattformen

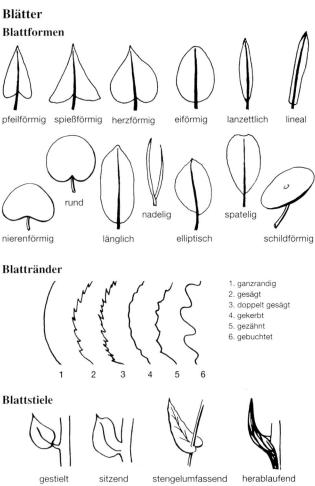

pfeilförmig — spießförmig — herzförmig — eiförmig — lanzettlich — lineal

rund — nadelig — spatelig

nierenförmig — länglich — elliptisch — schildförmig

Blattränder

1. ganzrandig
2. gesägt
3. doppelt gesägt
4. gekerbt
5. gezähnt
6. gebuchtet

Blattstiele

gestielt — sitzend — stengelumfassend — herablaufend

Geteilte und zusammengesetzte Blätter

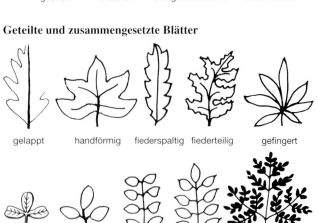

gelappt — handförmig — fiederspaltig — fiederteilig — gefingert

dreizählig gefingert — dreizählig gefiedert — paarig gefiedert — unpaarig gefiedert — mehrfach gefiedert

Blattstellungen

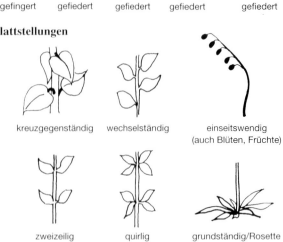

kreuzgegenständig — wechselständig — einseitswendig (auch Blüten, Früchte)

zweizeilig — quirlig — grundständig/Rosette

Kreuzers Gartenpflanzen-Lexikon

Ein umfassendes Nachschlagewerk in sieben Bänden, durchweg farbig illustriert. Nahezu 6.000 Pflanzen, die sich in Nord- und Mitteleuropa durchgesetzt haben, werden in Wort und Bild vorgestellt. Eine vollständige Beschreibung zu jeder Pflanze informiert kurz und bündig u.a. über Herkunft, Standort, Pflege und Verwendung. Alle Textinformationen sind in den einzelnen Bänden nach dem gleichen Schema aufgebaut. Tabellarische Übersichten und Arbeitshilfen vervollständigen das in seiner Art einmalige Werk. Es wird sowohl vom Fachmann als auch vom anspruchsvollen Hobbygärtner geschätzt und behauptet zunehmend seinen Stellenwert in der Ausbildung.

Das bewährte Pflanzenkompendium jetzt in 7 Bänden

Band 1

Laubgehölze und Nadelgehölze

10. überarbeitete und aktualisierte Auflage, 1998.

272 Seiten, 737 Farbfotos, gebunden.

ISBN 3-87815-119-6

Band 2

Stauden, Gräser, Farne und Wasserpflanzen

6. verbesserte und neu zusammengestellte Auflage, 1995.

272 Seiten, 737 Farbfotos, gebunden.

ISBN 3-87815-064-4

Band 3

Beeren-, Kern-, Stein- und Schalenobst

3. neubearbeitete Auflage, 1997.

264 Seiten, 433 Farbfotos, zahlreiche Strichzeichnungen, gebunden.

ISBN 3-87815-076-8

Band 4

Sommerblumen, Blumenzwiebeln und -knollen, Beet- und Balkonpflanzen.

3. verbesserte u. erweiterte Auflage, 1993.

232 Seiten, 577 Farbfotos, gebunden.

ISBN 3-87815-046-6

Band 5

Zimmerpflanzen, Sukkulenten und Kübelpflanzen

2. verbesserte und erweiterte Auflage, 1994.

232 Seiten, 475 Farbfotos, gebunden.

ISBN 3-87815-047-4

Band 6

Rosen und Kletterpflanzen

1. Auflage, 1996.

200 Seiten, 650 Farbfotos, gebunden.

ISBN 3-87815-068-7

Band 7

Gemüse, Kräuter, Kulturpilze

1. Auflage, 1998.

272 Seiten, 568 Abbildungen, gebunden.

ISBN 3-87815-111-X

Jeder Band kostet DM 78,- und ist in jeder Buchhandlung erhältlich.

THALACKER MEDIEN